HEYNE
BUSINESS

Gerd Meissner, Journalist (u. a. für Stern und New York Times) ist der Gründer von Spiegel- und Stern-Online. Er betreibt ein Redaktionsbüro in Mountain View im Silicon Valley, USA (Internet: www.gerdmeissner.com).

Gerd Meissner

SAP – die heimliche Software-Macht

Wie ein mittelständisches Unternehmen den Weltmarkt eroberte

WILHELM HEYNE VERLAG
MÜNCHEN

HEYNE BUSINESS
22/1055

Die Angaben des Autors beruhen auf einer 1997 abgeschlossenen Studie und wurden daher nicht verändert.

Umwelthinweis:
Dieses Buch wurde auf
chlor- und säurefreiem Papier gedruckt.

Ungekürzte Taschenbuchausgabe im
Wilhelm Heyne Verlag GmbH & Co. KG, München
http://www.heyne.de

Printed in Germany 1999
Umschlagillustration: The Stockmarket/William Whitehurst, Düsseldorf
Umschlaggestaltung: Atelier Bachmann & Seidel, Reischach
Technische Betreuung: M. Spinola
Druck und Verarbeitung: Presse-Druck Augsburg

ISBN 3-453-15548-3

Inhalt

Vorwort

SAP – Die Globalisierungschance

Jammern ist modern, jedenfalls in Deutschland. Das jüngste Jammerthema: die sogenannte Globalisierungsfalle. Anhaltende Lohnsenkungen, längere Arbeitszeiten, gekürzte Sozialleistungen in einer computervernetzten Weltwirtschaft beklagen die Theoretiker. Bei dieser mechanistischen Sichtweise bleibt der Blick dafür verstellt, welche Chancen die moderne Informationsgesellschaft auch für Deutschland birgt.

SAP hat sie weltweit mitgestaltet, seit mehr als 25 Jahren. Das Ergebnis: mehr als 10 000 neue Arbeitsplätze. Beschäftigte als Miteigentümer. Spitzengehälter. Selbstbestimmte Arbeitszeiten. Betriebsrat? Nein, danke. Ein Paket von Sozialleistungen, das seinesgleichen sucht. Genauso wie der Wirtschaftsboom, den die Firma der Rhein-Neckar-Region beschert hat. »Die SAP ist nicht nur eine Firma«, schrieb das »Manager Magazin« aus Hamburg, »sie ist ein Beschäftigungsprogramm.«

»Ich könnte mir ein Software-Projekt vorstellen, das in einem 24-Stunden-Zyklus von Osten nach Westen um die Welt reist, von Person zu Person oder von Gruppe zu Gruppe, wobei die einen arbeiten, während die anderen schlafen«, schrieb 1995 Nicholas Negroponte, Direktor des Media Laboratory am Massachusetts Institute of Technology, in seinem Buch »Total digital«. (Das MIT wird mit Hilfe der SAP-Software R/3 verwaltet.) Bei SAP wurde die Vision inzwischen Wirklichkeit. Neue Software wird im Umlaufverfahren zwischen Walldorf, dem kalifornischen Silicon Valley, Singapur und Tokio entwickelt – koordiniert von Deutschland aus.

SAP? »Irgendwas mit Computerprogrammen...« Woran liegt es, daß selbst computerinteressierte Zeitgenossen kaum etwas über die führende deutsche Software-Firma wissen? Zwar haben sensationelle Börsenerfolge und nicht minder spektakuläre Kursverluste die SAP AG auch schon auf die Titelseiten der Boulevardpresse gebracht. Aber anders als beispielsweise Microsoft-Chef Bill Gates, dessen Firma 1975 (drei Jahre nach SAP) gegründet wurde, sind die Namen der High-Tech-Pioniere und Selfmade-Milliardäre, deren Konzern heute den Weltmarkt für Firmen-Software beherrscht, kaum jemandem außerhalb der Branche ein Begriff.

Womöglich liegt es daran, daß die mächtigen Firmenprogramme aus Walldorf diskret im Hintergrund laufen, während etwa »Windows« auf jeder PC-Fassade prangt. Oder daran, wie die fünf Gründer ihre Firma im Team aufgebaut haben: kaum Stoff für Software-Starrummel à la Bill Gates. Dafür reichlich Konfliktstoff, wenn einer im Streit aussteigt und seine Stammaktien verkauft – wie Hans-Werner Hector 1996. Eine mögliche Ursache ist auch, daß SAP ein »sehr technisch orientiertes Unternehmen« geblieben ist, wie 1993 die britische Zeitung »Financial Times« feststellte: High-Tech-Akronyme wie ALE, BAPI oder ABAP/4 steigern nicht unbedingt das öffentliche Interesse. Vielleicht liegt es einfach nur an der Bescheidenheit der kosmopoliten Bürgermilliardäre aus Baden, die sich nie als Software-Gurus gebärdet haben.

Gleichwohl zählt das US-Wirtschaftsmagazin »Forbes« den SAP-Chef Dietmar Hopp zur Power-Elite, zum Kreis der zehn Kreativsten und Erfolgreichsten der Welt. Die meisten multinationalen Konzerne und immer mehr mittelständische Unternehmen rund um den Globus werden mit Hilfe der standardisierten Firmenprogramme aus dem badischen Walldorf gesteuert. Bill Gates, sowohl Kunde als auch Partner von SAP, verwaltet mit Hilfe von R/3 die Microsoft-Milliarden. Die Software R/2 und R/3 hat die Globalisierung der Märkte stärker vorangetrieben, als es bislang das Internet vermochte.

An SAP scheiden sich die Geister. Wie früher der Monopolist IBM wird auch der Software-Hersteller aus Walldorf wegen seiner marktbeherrschenden Position immer wieder heftig attackiert. Meist schlug die Firma hart zurück. Mal berechtigt: etwa, als der Konzern mit Scientology in Zusammenhang gebracht wurde. Mal weniger: beispielsweise mit Anzeigenentzug nach mißliebigen Veröffentlichungen in der Fachpresse. »Der Umgang mit Kritik«, schrieb das Fachblatt »Computer Zeitung« zum 25. Geburtstag der Firma, »fällt SAP noch nicht leicht.« Dennoch sind Vorstand und Mitarbeiter des Unternehmens diesem Buchvorhaben, das von außen an sie herangetragen wurde, von Anfang an mit bemerkenswerter Offenheit begegnet.

Zugang wurde auch zu vertraulichen, heiklen, nicht immer vorteilhaften Interna gewährt. Mehrtägige »Ortstermine« (ohne PR-»Aufpasser«) im Hauptquartier in Walldorf haben den Verfasser davon überzeugt: »Offenheit als Unternehmensprinzip« ist bei SAP keine leere Management-Rhetorik. Sie kennzeichnet einen modernen High-Tech-Konzern mit hochqualifizierten und hochmotivierten Mitarbeitern, die sich für deutsche Verhältnisse ungewöhnlich stark mit ihrer Firma identifizieren.

Warum? Auch diese Frage versucht der vorliegende Band zu beantworten. »Das Paradox eines Buches« hat Nicholas Negroponte den Versuch genannt, die schnellebige Welt der Bits und Bytes in dieser antiquierten Form zu beschreiben. Computerprogramme funktionieren entweder, oder sie funktionieren nicht. Ausprobieren läßt sich das mit vorab verteilten sogenannten Beta-Versionen. Bei Korrektur- und Ergänzungsbedarf werden dann neue Versionen (SAP-Speak: »Put Levels« und »Releases«) auf den Markt gebracht, für die der Anwender zusätzlich bezahlen muß.

Ob ein Buch »funktioniert«, hängt von seiner – subjektiven – Sicht- und Erzählweise ab. Aber letztlich entscheidet es sich im Kopf des Lesers. Kostenpflichtige »Put Levels« lassen sich nicht nachschieben. Wenn in diesem Band das »Abenteuer SAP« auch für Computer-Laien erlebbar wird, hat Release 1.0 seinen Zweck erfüllt. Der Weg aus dem theoretischen Jammertal in die wagnisbereite Informationsgesellschaft führt durch Walldorf in Baden.

Walhalla in Walldorf?

»Der Erfolgsdruck, der auf uns lastet, ist enorm.«
Dietmar Hopp, Vorstandssprecher und Großaktionär der SAP AG

Als Dietmar Hopp, 56, am Morgen des 23. Oktober 1996 erwachte, war er um 978 Millionen Mark ärmer. Das galt zumindest rein rechnerisch. Mit seiner Familie und der von ihm gegründeten Dietmar-Hopp-Stiftung ist der Vorstandssprecher der SAP AG größter Einzelaktionär des Software-Riesen im badischen Walldorf. Die Zeitschrift »Wirtschaftswoche« über das – bislang jedenfalls – erfolgreichste deutsche High-Tech-Unternehmen: »Eine Art germanisches Microsoft.«

An diesem Mittwoch im Herbst jedoch sah es an der Börse in Frankfurt und auf den angeschlossenen PC-Bildschirmen in Walldorf, eine knappe Autostunde südlich der Bankenstadt, eher nach Walhalla aus. Noch am Vortag war die SAP-Aktie hoher gehandelt worden als der Börsenliebling BMW. An diesem Morgen jedoch dauerte es nach Handelsbeginn in Frankfurt insgesamt 25 Minuten, bis sich überhaupt ein erster Kurs feststellen ließ.

Gehetzt mühten sich die Händler, die Verkaufsaufträge abzuhaken. Doch eine derartige Masse, so stellte sich heraus, vermochten sie kaum zu bewältigen. Als der »Ausverkauf« (»Frankfurter Allgemeine Zeitung«) der SAP-Aktie vorbei war, war der Kurs um rund 65 Mark auf 212 Mark abgestürzt. Das Unternehmen, der unangefochtene Weltmarktführer bei betriebswirtschaftlichen Computerprogrammen, hatte rund ein Viertel seines Marktwerts eingebüßt – zirka sieben Milliarden Mark. Diagnose der »Neuen Zürcher Zeitung«: »Frankfurt unter ›SAP‹-Schock.«

»An manchen Tagen«, sagt Dietmar Hopp, »wünsche ich mir schon, nicht Vorstandsvorsitzender der SAP AG zu sein.« Gleichwohl: »Wenn einem so viel Positives widerfahren ist ... Ich habe mir gesagt: Da mußt du jetzt durch.«

Außerhalb Walldorfs hörten die meisten Computerlaien nach dem Kurssturz zum ersten Mal von der SAP. Die Firma, so erfuhren sie aus den Fernsehnachrichten, wurde 1972 von fünf ehemaligen IBM-Angestellten gegründet: Dietmar Hopp, Hans-Werner Hector, Hasso Plattner, Klaus Tschira und Claus Wellenreuther. Das Kürzel SAP, referierten die Börsenreporter weiter, bedeutet »Systeme, Anwendungen, Produkte in der Datenverarbeitung«.

Weltweit werden inzwischen Finanz- und Anlagenbuchhaltung, Materialwirtschaft und Personalwesen mit Hilfe von R/2 und R/3 abgewickelt, den Standard-Programmen aus Walldorf. Ob bei den Chemiemultis DuPont oder Hoechst, bei der Deutschen Bank, bei Coca-Cola, der Deutschen Telekom oder sogar bei Microsoft: Nichts läuft mehr ohne die millionenteure Software der SAP AG.

Bei 95 der 100 größten Unternehmen in Deutschland wird der Betriebsablauf mit Hilfe der Computer-Software aus Walldorf gesteuert. Vom Anpassen der komplexen Programme an die Betriebsabläufe der Kundenfirmen profitiert inzwischen eine hochspezialisierte Beraterkaste. SAP-Experten gehören zu den gefragtesten Fachkräften in der betriebswirtschaftlichen Datenverarbeitung (DV).

Was als Programmierklitsche von fünf IBM-Aussteigern begann, ist zu einem Milliardenunternehmen mit mehr als 10 000 Mitarbeitern herangewachsen, das seinen Aktionären beträchtliche Zuwächse beschert – zuverlässig »fast wie eine Schweizer Uhr«, hatte SAP-Mitgründer Hasso Plattner geprahlt.

In der Nacht zum 23. Oktober jedoch wurde dem Unternehmen sein eigener Erfolg zum Verhängnis. Ausgelöst hatte den Kursrutsch eine Telefonkonferenz mit amerikanischen Branchenbeobachtern und Börsenfachleuten. Die Analysten waren am Abend zuvor von SAP-Vorstandsmitglied Henning Kagermann über neueste Prognosen für den Geschäftsverlauf 1996 »gebrieft« worden. Kagermann hatte eine Korrektur bekanntzugeben.

Nach den Ergebnissen des dritten Quartals, so kündigte der Vorstand mit gepreßter Stimme an, »müssen wir unsere Prognosen für das Geschäftsjahr nach unten korrigieren«. Entgegen früherer Vorhersagen erscheine es nunmehr »unwahrscheinlich«, daß die SAP AG in 1996 ihren Gewinn vor Steuern um »mehr als 40 Prozent« zu steigern vermöge.

Dann, in die gespannte Stille hinein, korrigierte Kagermann sich abermals vorsichtig nach unten: »Wir werden jede Anstrengung unternehmen, um an die 40-Prozent-Marke heranzukommen.«

Bei anderen Unternehmen im krisengeplagten Deutschland hätte die Aussicht auf einen derartigen Gewinnsprung wahrscheinlich wahre Freudentänze an der Börse ausgelöst. Nicht so in der erfolgsverwöhnten SAP-Gemeinde, wie der nervöse Kagermann ahnte.

Noch im Juli nämlich waren die Anleger von SAP-Chef Hopp auf weiter ungebremstes Rekordwachstum eingestimmt worden: »Wir rechnen für 1996 mit einem Plus beim Umsatz von 40 Prozent und beim Gewinn vor Steuern mit einem Plus von über 40 Prozent.« Für die abendliche Telefonrunde faßte Kagermann nun kleinlaut den aktuellen Stand zusammen: »Ganz klar ist, daß wir mit diesem Ergebnis nicht glücklich sind.«

Die Folgen am nächsten Morgen waren verheerend. »Daß eine deutliche Korrektur kommen würde«, erinnert Hopp sich, »war uns klar. Aber es war schon überraschend in dem Ausmaß.« Fassungslos verharrte der Firmenboß am 23. Oktober noch abends um halb sechs vor dem PC-Bildschirm, wo sich per Mausklick die letzten Börsenstatistiken abrufen ließen.

»Das ist schon unglaublich«, stöhnte Hopp. »Das haut mich jetzt selbst um.« Vier Millionen SAP-Vorzugsaktien, zehn Prozent des Gesamtvolumens, waren an diesem Tag gehandelt worden. Die trockene Tagesbilanz des Vorstandsvorsitzenden: »Da ist heute ganz schön was durchgemischt worden.«

Er selbst, räumte der Chef des weltweit fünftgrößten Software-Herstellers später ein, sei an dieser Entwicklung womöglich nicht unschuldig. »Dietmar Hopp«, bezog sich die »Wirtschaftswoche« nach dem spektakulären Absturz auf seine Prognose vom Frühjahr, »hat aus dem Überoptimismus der Vergangenheit nichts gelernt.« Hopp: »Das kann man so sehen.« Da ahnte er selbst noch nicht, daß er mit seiner Jahresprognose doch recht behalten sollte.

Mit einem schmerzlichen Lächeln erinnert sich der SAP-Chef an eine Schlagzeile der »Münchner Abendzeitung«: »Dieser Mann«, so verkündete das Boulevardblatt nach dem Crash auf Seite eins, »verlor über Nacht eine Milliarde.«

Garniert hatte die »Abendzeitung« ihren Aufmacher mit einem seltenen, wenig schmeichelhaften Farbfoto von Hopp. Das verwaschene Bild zeigt den stets kerzengeraden Konzernchef (als »hölzern« beschreiben auch langjährige Vertraute immer noch sein Auftreten) als Häuflein Elend im Maßanzug: mit hochgezogenen Schultern, gesenktem Blick und sorgenumwölkter Stirn. Hopp: »Meine Frau hat gesagt: ›Du armer Hund.‹«

»Ich habe da nicht empfindlich reagiert«, schiebt der SAP-Chef eilig hinterher. Denn Deutschlands mächtigstem High-Tech-Unternehmer wurde, auch im eigenen Haus, ein problematisches Verhältnis zur Presse nachgesagt. Publizität außerhalb der Börsenspalten war dem zurückhaltenden Badener nie ganz geheuer: »Ich bin immer gut ohne ausgekommen.«

»Geht es also mit SAP«, sorgte sich nach dem Kurssturz im Oktober die Wochenzeitung »Die Zeit«, »neuerdings bergab?« Und lieferte gleich selbst die Antwort mit: »Mitnichten.« Auch Dietmar Hopp wußte sich anschließend mit seinen ärgsten Kritikern einig: »SAP geht es so gut wie nie.« Nur neun Monate später, im Juli 1997, war der Kurs der Software-Aktie bereits wieder auf mehr als 430 Mark geklettert.

Die Ironie der Firmengeschichte: Erst seit den Negativschlagzeilen im Oktober 1996 (»Deutsche Wunder-Aktie abgestürzt«) wird die SAP im krisengeplagten Deutschland überhaupt als Weltunternehmen wahrgenommen. Ihr Erfolg gründet sich auf eine einzigartige Firmenkultur: risikofreudige Manager, flache Hierarchien, globale Ausrichtung, selbstbestimmte Arbeitszeit, ständige Weiterbildung und eine großzügige Gewinnbeteiligung. Fast wie im Silicon Valley.

Vor dem spektakulären Kurssturz hatten sich allenfalls Börsianer und Computerfachleute für den diskreten Software-Riesen aus Walldorf interessiert. Und noch im Januar 1997 fragte das Nachrichtenmagazin »Der Spiegel«: »Wer weiß schon auf Anhieb etwas mit Dietmar Hopp, Klaus Tschira, Hans-Werner Hector und Hasso Plattner anzufangen?«

Da gab es SAP schon fast 25 Jahre. Begonnen hatte es an einem Sonnabend im Frühjahr 1972. Nicht in einer Garage wie im Silicon Valley, sondern im engen Wohnzimmer eines unscheinbaren Reihenhauses am Ortsrand von Walldorf.

Aufbruch aus dem Großraum

> »Wir fünf SAP-Gründer arbeiteten in der IBM-Geschäftsstelle Mannheim. Und kleine Einheiten werden ja oft geprägt von den Menschen, die dort beschäftigt sind. So war es auch bei uns. Es gab nur eine überschaubare, ganz flache Hierarchie. Dieses Konzept haben wir für die SAP übernommen und beibehalten.«
>
> *SAP-Mitgründer Dietmar Hopp,*
> *»Manager Magazin«* 11/1995

Wer etwas werden wollte in der Welt, der mußte weg aus Walldorf. »Die Not war vielseitig und groß« – so beschreibt eine Ortschronik lakonisch die Lage der Walldörfler im 18. Jahrhundert. Rund zweihundert Familien lebten damals in dem »Dorf zwischen den Wäldern« am Ostrand der Rheinebene, 15 Kilometer südlich von Heidelberg.

Despotische Landesherren, Mißernten und Naturkatastrophen ließen damals die Söhne des Dorfes scharenweise das Weite suchen. Als letzter von vier Brüdern wanderte 1783 auch ein Walldorfer nach Amerika aus, der später den Namen seines Heimatdorfs in der Neuen Welt bekannt machen sollte: Johann Jakob Astor (1763–1848).

Zunächst als Kürschner, dann als Handelsfahrer und Grundstücksspekulant in New York brachte es der Sohn eines trunksüchtigen Metzgers zum reichsten Mann im Amerika seiner Zeit. In seinem Auftrag wurde 1811 Astoria gegründet, der Pelzhandelsposten an der Mündung des Columbia River. Heute zählt die Kleinstadt an der Pazifikküste im US-Staat Oregon zu den internationalen Partnerstädten von Walldorf.

Historiker und Biographen hatten es mit dem 1789 als »John Jacob« Astor in den USA naturalisierten Sohn Walldorfs später nicht leicht. War er ein wagemutiger Selfmade-Magnat? Oder nur ein skrupelloser Gierhals? Nicht mehr als ein gewiefter Ausbeuter und Geschäftemacher? Oder gar ein großzügiger Menschenfreund?

Für die in der alten Heimat Zurückgebliebenen indes war der

Fall klar, sie behalten den großen Sohn bis heute in bester Erinnerung. Denn Astor hatte sich den Walldorfern nach seinem Tod durch eine testamentarisch verfügte Schenkung von 50 000 Dollar wirkungsvoll ins Gedächtnis gerufen. Mit seinem Vermächtnis sollte ein Heim für gefährdete Jugendliche und arbeitsunfähige Bedürftige errichtet werden. Das von der Astor-Stiftung erbaute »Astorhaus« an der Johann-Jakob-Astor-Straße, ein langgestreckter Backsteinbau im Stil der fünfziger Jahre des vorigen Jahrhunderts, wurde zum Wahrzeichen von Walldorf.

Erst 1901 erhielt die Gemeinde mit dem von zwei Kirchtürmen überragten Ortskern aus Fachwerkhäusern das Stadtrecht. Walldorf, das inzwischen zu den wohlhabendsten Gemeinden im Bundesland Baden-Württemberg gehört, nennt sich heute »Astorstadt«. Ortsansässige Spötter meinen: noch.

Seit wenigen Jahren strömen aus aller Welt junge Software-Experten, Datenverarbeitungsmanager und Schulungsgäste in den gemütlichen Fachwerkort im Badenland. Seitdem gibt es auch »Walldorf – das Video zur Stadt« für die MTV-Generation. So können Neubürger aus Norddeutschland, aus China oder den USA sich in die Mysterien der lokalen Mundart (»Walderferisch babble«) und die multikulturellen Vorzüge der badischen Boomtown einführen lassen.

Vom Musikcomputer begleitet, präsentiert TV-Sprecherin Dagmar Berghoff dazu auch das neueste Wahrzeichen der 14000-Einwohner-Stadt: ein sechsgeschossiges High-Tech-Gebäude mit abgetönten Fensterfluchten, das grau und gewaltig aus den Maisfeldern östlich der Autobahn Frankfurt–Basel aufragt – wie die notgelandete Konzernzentrale einer außerirdischen Versicherungsmacht. Weithin sichtbar leuchtet nachts in Neonschrift das neue – inoffizielle – Wappen von Walldorf, das aus drei Buchstaben in schlichtem Weiß gebildet wird: SAP.

Die Walldörfler wissen wohl, wem sie ihren wachsenden Wohlstand zu verdanken haben. Pflichtschuldig verzichtet das »Video zur Stadt« auf die üblichen Grußworte des Bürgermeisters (und Vorsitzenden des Astor-Stiftungsrats). Statt dessen preist SAP-Chef Dietmar Hopp den Standort: »Die Firma SAP«, bilanziert der makellos gewandete Mittfünfziger mit badischem Zungenschlag, »ist hier in Walldorf zu einem Unternehmen mit Weltgeltung geworden.«

Die Kreiszeitung nennt den Namen des SAP-Mitgründers inzwischen gleichrangig mit dem anderen Walldorfer, der mit Bauernschläue und kosmopolitischem Geschäftssinn ein gigantisches Vermögen anhäufte: »Eine Sternstunde für die Astor-Stiftung«, jubelt die in Heidelberg erscheinende »Rhein-Neckar-Zeitung«: »Die ›Dietmar-Hopp-Stiftung‹ finanziert in Walldorf den Bau neuer Seniorenwohnungen.«

Doch sein prall gefülltes Stadtsäckel verdankt Walldorf nicht allein dem Software-Unternehmen. SAP ließ sich erst 1977 am Ort nieder. Bereits in den fünfziger Jahren war am Südrand der Stadt ein damals 85 Hektar großes Industriegebiet geschaffen worden, auf der Grenze zur Nachbargemeinde Wiesloch.

Bis Ende der sechziger Jahre hatten sich dort, zwischen Autobahn und Bundesstraße 39, bereits 70 Firmen angesiedelt, darunter zahlreiche metallverarbeitende Betriebe. Zu den größten Gewerbesteuerzahlern gehört seitdem auch die Heidelberger Druckmaschinen AG. Das Werk Wiesloch-Walldorf des Weltmarktführers befindet sich zum Teil auf Walldorfer Gebiet. »Dank seiner stabilen Wirtschaftsstruktur«, so schließt eine Stadtchronik aus dem Jahr 1970, »kann Walldorf getrost den Schritt in das Jahr 2000 wagen.«

So weit voraus dachte an diesem sonnigen Morgen im Mai 1972 noch keiner der jungen Männer, die sich in die enge Diele des Reihenhauses an der Odenwaldstraße drängten. Nur eine Straßenecke von dem im englischen Landhaus- und Hospitalstil erbauten Astorhaus war in Sichtweite des Industriegebiets eine Neubausiedlung entstanden, in der hauptsächlich gutverdienende junge Familien mit kleinen Kindern wohnten. Zu ihnen gehörten auch Dietmar und Anneliese Hopp.

Bis zum 1. April war der schlaksige Diplomingenieur bei IBM beschäftigt gewesen, als Systemberater in der Geschäftsstelle des Computerriesen in Mannheim, eine halbe Autostunde von Walldorf. An diesem warmen Sonnabend jedoch diente die dunkelgrüne Ledercouch-Ecke der Hoppschen Wohnung als Personalbüro seiner neuen Firma. Der frischgebackene Familienvater mit dem jungenhaften Gesicht hatte sich gerade mit vier ehemaligen IBM-

Kollegen selbständig gemacht, um Computerprogramme zu entwickeln und zu verkaufen.

Draußen polierten Nachbarn in kurzärmeligen Nylonhemden die Statussymbole der ausgehenden Wirtschaftswunderjahre auf Hochglanz: kantige BMWs vom Typ »2002«, pummelige »Rekord«-Opel und das hochbeinige Handelsvertretermobil Audi »100«. Auf der rückwärtigen Terrasse wickelte Anneliese Hopp den im April geborenen Sohn Oliver.

Sein lautstarkes Krähen drang durch das geöffnete Fenster direkt ins Wohnzimmer. Drinnen bestärkte es die Besucher in dem Gefühl, daß ihr Gastgeber schon aus Verantwortung seiner Familie gegenüber nichts dem Zufall überlassen würde.

Gleichwohl hatte Hopp nicht auf den wohlmeinenden Rat von Verwandten und Freunden gehört, lieber eine sichere Laufbahn bei IBM weiterzuverfolgen. Die Zentrale der IBM Deutschland befindet sich in der Landeshauptstadt Stuttgart. Das Logo mit den blauen Lettern – »Big Blue« wurde das Unternehmen im amerikanischen Branchenjargon genannt – versprach auch im konservativen Südwesten Deutschlands eine solide Karriere ohne Überraschungen.

Computer kannten die meisten Deutschen 1972 allenfalls aus dem Fernsehen. Zu IBM fiel ihnen eher noch die Schreibmaschine ein, die sie im Büro benutzten. »Computer« war damals gleichbedeutend mit »Großrechner«, zumeist vom Typ IBM/360. Die laufenden Programme mußten sich im besten Fall mit bescheidenen 512 Kilobytes an Arbeitsspeicher begnügen – ein Bruchteil des RAM-Speichers (»Random Access Memory«) moderner Personalcomputer. Als Datenspeicher dienten oftmals noch Lochkarten aus dünner Pappe.

Dietmar Hopp galt bei IBM in Mannheim als »der Supermann für Dialogprogrammierung«, wie es ein Kollege von damals formuliert. Bei diesem Verfahren wurden frisch aneinandergefügte Befehlszeilen nicht mehr, wie vorher, zeitversetzt vom Computer abgearbeitet – etwa nachts, wenn der Rechner nicht fürs Tagesgeschäft gebraucht wurde.

Statt dessen brachte der Dialogprogrammierer die Maschine dazu, die Programmbefehle direkt nach der Eingabe auszuführen. In der modernen PC-Welt gilt das als Selbstverständlichkeit, nach demselben Prinzip funktioniert inzwischen jeder Arbeitsplatzrechner. Damals jedoch ließ sich dadurch das Entwickeln und Testen von Software erheblich beschleunigen. »Man mußte dafür hohes technisches Verständnis haben, viel Energie hineinstecken«, erklärt ein ehemaliger IBM-Kollege. »Das hat er brillant beherrscht.«

Während es in den USA immerhin schon 80000 Computer gab, standen in Deutschland erst 8000 solcher raumgreifenden Systeme. Die riesigen Anlagen summten in vollklimatisierten Rechnersälen vor sich hin. Inmitten wuchtiger Elektronikschränke saßen die Datenverarbeitungsspezialisten an Konsolen, die an die Schaltzentralen von Großkraftwerken erinnerten. Beherrscht wurde das Geschäft mit der Hardware von IBM mit seiner erfolgreichen Computer-Baureihe /360 und dem neuen Nachfolgemodell /370, das gerade auf den Markt gekommen war.

Ein Markt für sogenannte Anwendungs-Software hingegen, die Computerprogramme für den betrieblichen Einsatz beispielsweise in der Lohnbuchhaltung, begann sich gerade erst zu entwickeln. Solche Software wurde zwar von IBM gleichsam als »Dreingabe« zum Rechnersystem verkauft. Aber in der Regel lag die Anwendungsentwicklung bei den Kunden, die sich ihre Software für den jeweiligen Einsatzzweck selbst schreiben und anpassen mußten.

Bei IBM waren Programme den Computerkäufern zunächst nicht einmal gesondert berechnet worden. Sie dienten schlicht als Kaufanreiz für das Gesamtsystem. Erst 1969 war der Rechnerhersteller durch eine Wettbewerbsklage von Software-Firmen in den USA zum »Unbundling« gezwungen worden.

Durch die gesonderte Preisberechnung von Hard- und Software beim Verkauf von Computersystemen, die nun auch in Deutschland eingeführt wurde, erhielten erstmals auf Programmentwicklung spezialisierte Firmen in dem IBM-dominierten Markt eine Chance. Die Kunden des Computerherstellers begannen, die für ihre Rechner benötigten Programme außer bei »Big Blue« auch auf dem freien Markt zu bestellen.

Von der Öffentlichkeit noch völlig unbemerkt, war dort eine Nische entstanden, die sich in Deutschland inzwischen knapp zwei Dutzend Firmen teilten: die Software-Branche. Software? »Durch den PC wissen die meisten heute, was Computerprogramme sind«, sagt Dietmar Hopp. »Damals konnte außerhalb der Branche mit dem Begriff noch niemand etwas anfangen.«

»Ich habe immer gesagt, ich will mich selbständig machen«, erinnert Hopp sich. Doch daß der junge Familienvater sich nach nur vier Jahren IBM nun ausgerechnet für eine ungewisse Perspektive in einem noch kaum wahrnehmbaren Markt entschieden hatte, stieß in der Familie und im Bekanntenkreis auf Unverständnis: »Meine Schwiegereltern waren nicht begeistert«, erinnert sich der SAP-Mitgründer. »Die waren sehr ängstlich.«

Aber der begeisterte Freizeitfußballer Hopp war kein Hasardeur. »Wegen der Verantwortung« (Hopp) hatte sich der Computerfachmann vor dem Sprung in die Selbständigkeit gründlich medizinisch untersuchen lassen, wie seine Kollegen wußten. Der Vorstandsvorsitzende der SAP AG spricht heute von einem »kalkulierten Risiko«, das er damals eingegangen sei.

»Die Badener«, erläutert Hopp, der aus der kleinen Gemeinde Hoffenheim im Kraichgau stammt, »werden gemeinhin für besonders risikofeindlich gehalten, mehr noch als der Rest Deutschlands. Damit geht auch eine gewisse Technologiefeindlichkeit einher. Nach diesem Klischee bin ich kein typischer Badener. Ich bin durchaus immer bereit gewesen, Risiken einzugehen.«

Seinen ehemaligen Kollegen bei IBM hatte er gesagt: »Das ist etwas, das in Deutschland völlig fehlt.«

An diesem Morgen im Mai hatten Hopp und Firmenmitgründer Klaus Tschira zwei vielversprechende Nachwuchsprogrammierer eingeladen, die ihnen bereits während ihrer IBM-Zeit aufgefallen waren. Sie schienen den beiden Jungunternehmern »fähig und unternehmungslustig genug« (Tschira), um ihre sicheren Arbeitsplätze für einen Neuanfang in der frischgegründeten Software-Firma aufzugeben.

Das Problem: Beide waren bei IBM-Kunden beschäftigt, die von Hopp und Tschira betreut worden waren – beim Traktorenhersteller John Deere in Mannheim und bei den Pfaudler-Werken, einem Behälter- und Apparatehersteller in Schwetzingen. »Wenn man so will«, sagt Tschira heute, »war das eine Abwerbung.« Und viel mehr als eine Idee und »solide Pläne« (Tschira) vermochte die junge Firma ihren prospektiven Angestellten noch nicht zu bieten. »Es wäre nicht seriös gewesen«, sagt Dietmar Hopp, »denen groß was zu versprechen.«

»Nie und nimmer«, versicherte Hopp 23 Jahre später, 1995, dem

Nachrichtenmagazin »Der Spiegel«, habe er im Gründungsjahr der SAP selbst »daran geglaubt, daß wir je so erfolgreich sein werden«. So schwirrten, statt großartiger Visionen, an diesem Vormittag bald betriebswirtschaftliche und computertechnische Fachbegriffe durch den Raum: Heftig gefachsimpelt wurde über »Stammdatenverwaltumg« und »Dialogbetrieb«, über »Routinen«, »Makros« und »Daten-Pool«.

Beim Bier am Couchtisch erläuterte Hopp den beiden Besuchern die einfache Idee, auf die das Geschäft der jungen Firma sich gründen sollte: »Wir wollen«, begann der Gastgeber, »schneller Software entwickeln.«

Ob bei der Buchhaltung, im Rechnungswesen oder für die Materialwirtschaft: Alle IBM-Kunden, so fuhr Hopp fort, hätten bislang beim Entwickeln ihrer jeweiligen Anwendungsprogramme vor ganz ähnlichen oder sogar denselben Problemen gestanden. Die Rechnerbetreiber hätten, jeder für sich, gleichsam das Rad immer wieder neu erfinden müssen – und dabei Unsummen für Berater ausgegeben.

Diese Chance wollten die ausgestiegenen Systemberater nun nutzen, schloß Hopp – »indem wir eine Standard-Software entwikkeln, die eines Tages in möglichst vielen Unternehmen eingesetzt werden kann«. Computer wurden schließlich auch vorkonfektioniert ausgeliefert. Warum also nicht die betriebswirtschaftlichen Anwendungsprogramme, die darauf laufen sollten?

Heute betont der SAP-Mitgründer: »Das war von Beginn an die Idee: einen Standard zu setzen.«

Blieb nur eine – gleichwohl nicht unwesentliche – Frage: Auf wessen Computer? Nur Industrieriesen, Banken, Versicherungen, Versandhäuser oder Forschungszentren konnten sich 1972 solche sensiblen und kostspieligen Monstren leisten. Daß eine derartige Maschine für die neue Firma noch lange unerschwinglich bleiben würde, war auch den beiden Kandidaten klar.

Die Antwort räumte ihre letzten Zweifel aus. Denn einen namhaften ersten Auftraggeber, so erfuhren die Besucher, gab es auch schon – ganz in der Nähe: das Nylonfaserwerk des britischen Chemieriesen International Chemical Industries (ICI) in der Kleinstadt Östringen, zehn Kilometer von Walldorf. Das frischgegründete Unternehmen würde den Computer dieses ersten Kunden benutzen.

Eingefädelt hatte das Geschäft Dietmar Hopp. Die ICI Europa Fibres GmbH hatte bei ihrem früheren IBM-Betreuer ein integriertes Programmpaket für Finanzbuchhaltung, Materialwirtschaft und Auftragsabwicklung bestellt. Darauf wollte die frischgegründete Firma aufbauen: Als Standardsoftware, so der Plan der Software-Experten, sollte das System später auch an weitere Abnehmer verkauft werden. Der IBM-Großrechner im Faserwerk Östringen, so hatte es Hopp mit dem Pilotkunden vereinbart, würde seinem jungen Unternehmen in der Anfangszeit gleichsam als elektronische Werkbank und Testumgebung beim Entwickeln und Einrichten der neuen Software dienen.

»Ich habe gesagt, daß wir gute Chancen sehen – vorausgesetzt, die Mannschaft paßt zusammen«, erinnert Hopp sich an das Ende des ersten SAP-Vorstellungsgesprächs in Walldorf: »Die beiden haben ohne Zögern zugesagt.«

Einen eigenen Computer würde die Firma erst 1980 anschaffen, acht Jahre später. Um die laufenden Kosten für die ersten Monate zu decken, hatten die Gründer im Frühjahr 1972 sogar ihre Sparkonten abgeräumt. »Unser Kapital«, faßt SAP-Chef Dietmar Hopp zusammen, »waren die Köpfe.«

Dr. Claus Wellenreuther war eine auffällige Erscheinung im Großraumbüro der IBM-Geschäftsstelle in Mannheim, wo »Big Blue« in einem Bürohaus gegenüber dem Hauptbahnhof residierte. Der hagere Blonde trug nicht nur seine dünnen Haare halblang. Der Diplomkaufmann mit der IBM-untypischen Musikermähne hatte überdies auch eine Vorliebe für kräftigfarbene Sakkos und – krawattenlose – grelle Hemden.

Zwar ging es bei IBM Mannheim im Jahr 1971 längst nicht mehr so steif zu wie noch zur selben Zeit am Stammsitz des Elektronikgiganten in Armonk im US-Staat New York. Dort herrschte gewissermaßen Uniformzwang: Den Spitznamen »Big Blue« verdankt das Computerunternehmen nicht nur seinem Firmenlogo, sondern auch den inzwischen dunkelblauen Anzügen seines schlagkräftigen Systemberater- und Managerheeres. (»The suites«, spottete später Bill Gates, der seine Firma Microsoft 1975 startete.)

Aber mindestens ein grauer Anzug mußte Anfang der siebziger Jahre auch bei IBM Mannheim noch sein. Doch genausowenig wie um die Kleiderordnung scherte Wellenreuther sich um die Rangordnung auf dem Parkplatz, wie altgediente IBM-Soldaten stirnrunzelnd zur Kenntnis nahmen. Erlaubt war »Mittelklasse – alles außer Sportwagen«, wie ein Wellenreuther-Kollege von damals sich erinnert. Doch statt im neutralen Opel, Audi oder Ford fuhr der Paradiesvogel aus dem badischen Weinheim im röhrenden Porsche vor.

Zu dem bodenständigen, eher farblosen Dietmar Hopp steht der ruhelose Claus Wellenreuther rein äußerlich in unübersehbarem Kontrast – bis heute. Doch die beiden IBM-Kollegen verband bereits damals weit mehr, als der erste Anschein vermuten ließ. »Wellenreuther und ich«, sagt Dietmar Hopp, »waren die Hauptinitiatoren der ganzen Geschichte.«

Claus Wellenreuther hatte 1966 nach dem Studium an der Universität Mannheim als Systemberater bei IBM angefangen. Damals stellte das Unternehmen noch hauptsächlich Physiker, Mathematiker und Diplomingenieure ein. »Als gelernter Diplomkaufmann«, erinnert Wellenreuther sich, »war ich in dieser Zeit sozusagen ein Exot.« Doch schon bald, so zeigte sich, sollten seine betriebswirtschaftlichen Vorkenntnisse sich als Vorteil erweisen.

Der Diplomkaufmann galt als Pionier auf einem Spezialgebiet, für das ein wachsender Kreis von IBM-Kunden sich interessierte: Computerprogramme für die Finanzbuchhaltung. Die Buchhaltungs-Software für IBM-Computer wurde noch Jahre nach dem Ausscheiden des SAP-Mitgründers als Wellenreuther-Buchhaltung bezeichnet. »Buchhaltung und Wellenreuther«, faßt Dietmar Hopp zusammen, »war bei der IBM ein Begriff.«

Gleichwohl gab Wellenreuther sich 1971 keinen Illusionen hin, was seine Karrierechancen bei IBM betraf. Das Entwickeln und Einrichten (Branchenjargon: »implementieren«) von Anwendungs-Software, mittels derer sich praktische Aufgaben aus dem betrieblichen Alltag bewältigen ließen, hatte der Konzern bislang hauptsächlich seinen Kunden überlassen. Spezialisten für Anwendungs-Software galten als neuartige Spezies. Ihre Aufstiegschancen in der hausinternen Hierarchie waren dementsprechend gering.

»IBM«, so beschreibt auch Dietmar Hopp die Situation, »war sicherlich zu dieser Zeit eine ganz agile, flexible Firma, bei der eindeutig im Vordergrund stand, die Computer zu verkaufen. Alles hat sich nur um die Hardware gedreht – Software galt nur als Zutat, um die Hardware attraktiver zu machen. Diesen Stellenwert hatte somit auch die Wellenreuther-Buchhaltung.«

Im Sommer 1971 fand sich der freigeistige Sportwagenfan bei IBM Mannheim in einer Sackgasse. Das Unternehmen hatte beschlossen, Buchhaltungs-Software künftig zentral entwickeln zu lassen. »Ich hatte mir vorgestellt«, sagt Wellenreuther, »daß ich bei der Projektführung berücksichtigt würde. Ich hatte mich ja die ganze Zeit fast ausschließlich um Finanzbuchhaltung gekümmert.«

Monatelang war er kreuz und quer durch Deutschland getingelt, um durch Vorträge und bei Seminaren den Ruhm des Rechnerriesen als kundenorientiertes Unternehmen zu mehren. Doch für die gehobene Laufbahn als IBM-Manager, so befanden die zuständigen Offiziere der IBM Deutschland nun, sei der – zwischenzeitlich promovierte – Software-Experte untauglich. Wellenreuther: »Mir wurde bedeutet, daß solche Projekte nur von Managern geführt werden könnten. Das war deprimierend.«

»Wenn sie was bei IBM werden wollten«, erinnert der SAP-Mitgründer sich, »dann war es Manager. Ich mußte mir die Frage stellen: Wie sieht meine Zukunft bei IBM aus?« Wellenreuther nahm den bis dahin aufgelaufenen Urlaub von zwei Kalendermonaten, um in Ruhe seine nächsten Schritte zu planen.

»Ich verfügte ja über damals seltene Kenntnisse«, beschreibt der promovierte Volkswirt und Software-Fachmann seine damaligen Überlegungen: »Wenn man zulange wartet, sind solche Kenntnisse verfallen, und man hat nichts mehr in der Hand.«

Nach der Rückkehr aus der Denkpause kündigte Dr. Claus Wellenreuther bei IBM. Zum 1. Oktober 1971 machte er sich selbständig. Als Geschäftsadresse diente dem Software-Entrepreneur zunächst seine Privatanschrift in Weinheim an der Bergstraße, nördlich von Heidelberg.

Rechts oben auf dem neuen Briefkopf war der Geschäftszweck angegegeben, branchentypisch weit gefaßt und ziemlich nichtssagend: »Systemanalyse Programmentwicklung«.

Wellenreuthers Weggang hatte für beträchtliche Unruhe im IBM-Großraumbüro in Mannheim gesorgt. Noch 25 Jahre später bleibt in den Aussagen der damaligen Bürogenossen der dadurch ausgelöste Betriebsklimasturz spürbar.

Nicht wenige der Software-Fachleute im 7. und 8. Stock teilten seine »Enttäuschung über die Personalpolitik«, wie Wellenreuther es heute neutral formuliert. Gleichzeitig machte Aufbruchstimmung sich breit. »Das Ergebnis«, bilanziert trocken ein Ex-Kollege, »war eine Massenflucht.«

Für einige der jungen Berater war der vielseitig bewanderte Software-Pionier Wellenreuther so etwas wie ein Vorbild geworden. So hatte er 1966, nach dem Einstieg bei IBM, seine Promotion am Lehrstuhl für Volkswirtschaftslehre in Mannheim in den knappen Abendstunden bewältigt, die ihm neben den firmeninternen Schulungen blieben.

Mit den Kollegen diskutierte er sein Thema: »Die Anwendung der Markoffschen Prozesse in der Theorie der Warteschlangen«, eine mathematisch anspruchsvolle Arbeit über betriebswirtschaftliche Optimierungsrechnung. »Wir haben ihn dafür bewundert«, erzählt ein damaliger IBM-»Mitschüler«, »wie er das alles geschafft hat.«

Der eigenwillige Experte für betriebswirtschaftliche Computerprogramme hatte den richtigen Weg gewählt – darin waren die zumeist jüngeren Kollegen nach seinem Abschied von IBM sich einig. Sein Schritt, so stellte Wellenreuther bald fest, »hatte bei den anderen – insbesondere bei Dietmar Hopp und Hasso Plattner – Nachdenken ausgelöst«. Seine Darstellung, die auch von den anderen vier SAP-Mitgründern bestätigt wird: »Als die beiden sich dann entschieden haben, haben auch Hans-Werner Hector und Klaus Tschira gesagt: Auch wir machen mit.«

Wellenreuthers erster Besucher nach dem Neustart in Weinheim war ein Ex-Kollege aus der Mannheimer IBM-Geschäftsstelle, mit dem er dort eng zusammengearbeitet hatte. Privat verband die beiden musisch interessierten Computerexperten auch ihre gemeinsame Vorliebe für schnelle Autos und schöne Frauen. Der Name des Besuchers: Hasso Plattner.

Ähnlich wie Wellenreuther erschien Hasso Plattner, Jahrgang 1944, als genau der Typ von Junggeselle, dem ein im Dienst von »Big Blue« ergrauter deutscher IBM-Manager damals wohl kaum seine Tochter anvertraut hätte. Der umtriebige Diplomingenieur mit den durchdringenden Augen, dessen dunkle Locken nicht am Hemdkragen haltmachten, ähnelte auf den ersten Blick dem zeittypischen Klischeebild vom studentischen Rebellen, der das Lustzum Lebensprinzip erhoben hat.

Dieser Typus (spätere Gattungsbezeichnung: »Sponti«), vor dem die Boulevardzeitung »Bild« eindringlich gewarnt hatte, war zum Entsetzen der arbeitsamen und biederen Badener nach Berlin und Hamburg neuerdings auch an der Universität und auf öffentlichen Plätzen in Heidelberg gesichtet worden.

Doch in Wirklichkeit hatte der charmante Arztsohn mit dem verschmitzten Gesichtsausdruck mit diesen Post-68ern nur wenig gemeinsam – außer vielleicht die Vorliebe für harten Gitarren-Rock, seine schöpferische Rastlosigkeit und eine gewisse – bei der SAP später sprichwörtliche – Impulsivität. Noch nach der Börseneinführung der SAP, als stellvertretender Vorstandschef, posierte ein breit grinsender Hasso Plattner als einziger mit offenem Hemdkragen und ohne Krawatte zum Gruppenfoto für den AG-Geschäftsbericht.

Der lebenslustige Nonkonformist war 1968 zur IBM gekommen. Nach dem Studium der Nachrichtentechnik an der Technischen Universität in Karlsruhe hatte Plattner sich zunächst beim Siemens-Konzern beworben. Im Interview mit dem »Wall Street Journal« erinnerte der SAP-Mitgründer sich 1995 an sein Vorstellungsgespräch: »Ich wußte schon während des Interviews, daß ich nie für Siemens würde arbeiten können. Ich kam mir vor wie im Postamt.«

Ganz so leicht sei ihm die Entscheidung allerdings doch nicht gefallen, räumt Plattner nachträglich ein. Denn eigentlich habe er damals einen »Superjob« ausgeschlagen. Siemens hatte dem jungen Elektronikspezialisten (Diplomarbeit: »Die Minimierung logischer Schaltkreise mit Hilfe topologischer Methoden«) angeboten, sich bei der amerikanischen Partnerfirma RCA zwei Jahre lang mit einem neuen Höchstleistungscomputer vertraut zu machen.

Der »Spectra 47« war ein sogenannter Timesharing-Rechner auf dem neuesten Stand der Betriebssystem-Entwicklung. »Siemens bedeutete Entwicklung«, erklärt der Ingenieur, »eigentlich das, was ich machen wollte – viel näher an der Technik.« Heute ist der Vater des SAP-Erfolgsprogramms R/3 sich sicher: »Ich hätte in der Zeit bei Siemens viel mehr gelernt als bei IBM.«

Seinen Einstieg bei IBM erklärt der Computerfachmann rückblickend als »emotionale Entscheidung«. Plattner: »IBM war das Feld, die Praxis, der Kommerz. Irgendwie hatte ich eine Eingebung: Kommerzialisieren ist besser als spezialisieren. IBM«, so faßt der heute rund um den Globus erfolgreiche Regattasegler zusammen, »sah irgendwie sportlicher aus.«

Der Systemingenieur galt bei IBM als Meister seines Faches. Die Intensität, die Vorgesetzte und Kollegen an ihm schätzten – analytische Schärfe, technische Kreativität sowie die ihm eigene mitreißende Art und Überzeugungskraft (»Es ist kein Geheimnis, daß Plattner bis heute besser reden als zuhören kann«, kommentiert mit trockener Ironie ein SAP-Mitgründer), kam auch bei den von ihm betreuten IBM-Kunden bestens an.

Hasso Plattner war seinem Kollegen Dietmar Hopp zugeteilt worden, der eine Auftragsabwicklung auf dem IBM-Computersystem im ICI-Faserwerk in Östringen einrichten sollte. »Der Plattner«, begeisterte Hopp sich, »hat sich dort ganz schnell wirklich höchste Anerkennung verdient.«

Die beiden Software-Experten hatten das System so schnell zur Einsatzreife entwickelt, daß die begeisterten ICI-Manager sie nun umgehend für einen Anschlußauftrag buchen wollten: ein Materialwirtschaftsprogramm, das auf dem Computer dann direkt mit der bereits fertiggestellten Auftragsabwicklung verzahnt werden sollte.

So jedenfalls hatten es sich ICI und die beiden erfolgreichen Systemberater vorgestellt. Plattner galt – ebenso wie der auf Dialogprogramme spezialisierte Hopp – bei IBM als »TP«-Fachmann. Das sogenannte Tele-Processing, die Datenfernverarbeitung, steckte 1971 noch in den Anfängen. Mit dieser Technik wurden über Telefonverbindungen die Daten von entfernten Standorten in den Computer geschleust und dann dort verarbeitet. Erfaßt wurden sie oftmals noch per Lochkarten-Lesegerät. 1972 kosteten klobige Bildschirmarbeitsplätze für den Großrechner, die sogenannten Terminals, pro Stück noch mehr als 25 000 Mark.

Das Problem: IBM war nicht bereit, seine beiden gefragten TP-Spezialisten einem einzigen Kunden für ein längeres Folgeprojekt zur Seite zu stellen. Das Unternehmen hatte andere Pläne, wie das Duo kurz nach Wellenreuthers Weggang erfuhr: Hopp und Plattner sahen sich plötzlich mit der Perspektive konfrontiert, die Folgejahre gleichsam als Software-Landfahrer zu verbringen, deren Spezialwissen nun vielseitig bei wechselnden Kunden eingesetzt werden sollte.

Wiederholt hatten die beiden Systemberater bereits diskutiert, wie Anwendungsprogramme sich womöglich nach dem Baukastenprinzip aus vorgefertigten Modulen zusammensetzen ließen. Von dem ICI-Folgeauftrag hatte das Gespann sich eine Chance erhofft, womöglich einen weiteren Standardbaustein für ein derartiges Modell entwickeln und gleichzeitig seine Expertise bei betriebswirtschaftlichen Anwendungen erweitern zu können.

Daß die Nachfrage nach solchen Standardlösungen stetig anwuchs, wußten Hopp und Plattner aus ihren Gesprächen mit den Kunden. Das »Unbundling«, die getrennte Preisberechnung von Hard- und Software beim Verkauf von IBM-Computern, würde das Gesicht der Branche nachhaltig verändern. Wenn sie es nicht schafften, würde womöglich eine der neu gegründeten Software-Firmen die Gunst der Stunde nutzen.

»Wir hatten das Gefühl«, faßt Dietmar Hopp zusammen, »innerhalb der IBM nicht die Freiheiten zu haben, um so etwas zu einem wirklichen Erfolg zu machen.« So war bei den Gesprächen mit Plattner die Idee entstanden, dieses Geschäft auf eigene Faust anzugehen. Und als Partner für den Bereich Buchhaltungs-Software, so hatten die beiden IBMler sich überlegt, könnten sie womöglich ihren – inzwischen selbständigen – Ex-Kollegen Claus Wellenreuther gewinnen.

Das war der Anlaß von Plattners Besuch: Der IBM-Berater hatte es übernommen, seinen Freund in Weinheim einzuweihen. »Sehr bestimmt«, erinnert Wellenreuther sich, sei sein Besucher zur Sache gekommen und habe ihm den Plan en detail präsentiert. Er selbst jedenfalls, so machte der Emissär dabei deutlich, habe sich bereits entschieden: »Ich«, schloß Plattner, »bin dafür offen.«

»Eine deutlich spürbare Aufbruchstimmung«, erinnert Klaus Tschira sich, habe in diesen Tagen »im Großraum« auf der IBM-Etage geherrscht. Tschira blieb davon nicht unberührt: Ihr Bürogenosse, so planten es Dietmar Hopp und Hasso Plattner, sollte der vierte im Bund werden.

»Wir hatten«, erklärt der Diplomphysiker, »bei IBM den Eindruck gewonnen, daß Leute mit technisch-wissenschaftlichem und naturwissenschaftlichem Hintergrund sich viel besser in betriebswirtschaftliche Sachverhalte hineinfinden können als umgekehrt. Heute gibt es ja Wirtschaftsinformatik und viele Betriebswirte, die wenigstens Wirtschaftsinformatik als Zusatzfach studiert haben.«

Der untersetzte Diplomphysiker mit dem schütteren Haar und dem leicht rundlichen Gesicht hatte ebenfalls an der Technischen Universität in Karlsruhe studiert. Er war 1966 zu IBM gekommen, als Systemberater im kaufmännischen Außendienst. Bei seinen Kollegen galt der universell interessierte Tschira als »Praktiker in vielen Dingen« (Hopp).

Dabei entsprach der bibliophile Brillenträger äußerlich wohl noch am ehesten dem Klischeebild, das Fachfremde sich gern von Naturwissenschaftlern – und Computerexperten – machen. Unterstrichen wurde dieser Eindruck noch durch den Akademiker-Vollbart, den der SAP-Mitgründer sich später stehen ließ. Seine Kollegen bewundern sein Zahlengedächtnis und fürchten seine zuweilen beißende Ironie.

Als »Planetenheini« war der Hobby-Astronom als Gymnasiast von seinem Vater verspottet worden. Als einziger aus der Gründermannschaft (»Ich halte es da inzwischen mit Winston Churchill«) gibt der humanistisch gebildete Sohn eines Kaufmanns und einer Krankenschwester geistigen und körperlichen Genüssen den Vorzug vor sportlichem Engagement. Tschira: »Mein Hobby ist das Lesen.«

Betriebswirtschaft gehörte bei seinem Start bei IBM nicht zu seinen Stärken: »Für mich als Physiker«, erinnert Tschira sich, »bedeuteten Begriffe wie Soll und Haben zunächst einen Kulturschock.« Beim Einstellungsgespräch war ihm nahegelegt worden, bei IBM womöglich eine EDV-Instruktorenlaufbahn einzuschlagen. Erste didaktische Erfahrungen hatte Tschira bereits während des Studiums gesammelt. Der Naturwissenschaftler hatte Elektrotechniker, Volks- und Betriebswirte in Mathematik unterrichtet. »Erklären«, sagt Tschira, »kann ich ganz gut.«

So verordnete der Physiker sich bei IBM vor seinen ersten Kundenkontakten als Systemberater zunächst einen betriebswirtschaftlichen Crashkurs. »Die Betriebswirte« in der Geschäftsstelle, erinnert der Autodidakt sich, »hatten damals den Dünkel, daß sie dazu bestimmt seien, auf kürzestem Wege ins Auge des Taifuns zu kommen. Diejenigen unter ihnen, die mit uns im selben Großraum saßen, wurden bei der IBM zumeist VBs – Vertriebsbeauftragte.« Einzige Ausnahme von dieser Regel laut Tschira: Claus Wellenreuther.

Nicht zuletzt auch durch die Zusammenarbeit mit Dietmar Hopp und Hasso Plattner verfestigte sich bei Tschira dann der Eindruck, daß die Entwicklung moderner betriebswirtschaftlicher Computeranwendungen womöglich bei naturwissenschaftlich-technisch vorgebildeten Fachleuten besser aufgehoben sei als bei denjenigen, »die von der Fachrichtung dafür eigentlich prädestiniert schienen« (Tschira). »Wir hatten das Gefühl«, erzählt der SAP-Mitgründer, »die packen das nicht.«

Als SE (»System Engineer«) für IBM-Computer der /360-Serie betreute Tschira hauptsächlich drei Kunden: den Traktorenhersteller John Deere, den Autozulieferer Freudenberg sowie die Baufirma Bilfinger + Berger in Mannheim. Dabei fiel ihm auch die Aufgabe zu, Datenverarbeitungsfachleute aus dem IBM-Kundenkreis in der komplexen Programmiersprache COBOL zu unterweisen.

Die »Common Business Oriented Language«, deren Wurzeln in die fünfziger Jahre zurückreichen, sollte sich in den folgenden Jahrzehnten weltweit als Norm-Programmiersprache für die kaufmännische Datenverarbeitung durchsetzen. »Ich habe nie wieder in so kurzer Zeit so viel gelernt«, erinnert der humorige Referent sich an seine COBOL-Lehrgänge, »weil 20 Eleven für mich Fehler machten.« Tschira: »So viele Fehler kann man allein gar nicht machen.«

Für den Auftrag bei John Deere hatte der Systemingenieur sich frühzeitig mit den technischen Feinheiten des IBM-Betriebssystems DOS (»Disk Operating System«) vertraut gemacht. Diese Basis-Software steuerte die Grundfunktionen und Peripheriegeräte des /360-Systems und erlaubte bereits das gleichzeitige Ausführen mehrerer Programme auf einem Computer.

Das Programmsystem war von IBM Anfang der sechziger Jahre entwickelt worden; es gilt heute als Urahn moderner Betriebssysteme. So kam dem DOS-Fachmann seine Sachkenntnis zugute, als IBM das erheblich leistungsstärkere Nachfolgesystem »OS« einführte. Die geplante Standard-Software, so hatten es Dietmar Hopp, Hasso Plattner und Claus Wellenreuther sich überlegt, sollte bereits für die nächste Computergeneration ausgelegt sein.

»Dann hat Hopp wohl angefangen, sich umzuschauen, was noch eine schöne Ergänzung wäre«, beschreibt der Vater der Personalmanagement-Software der SAP mit selbstironischem Understatement seinen Eintritt in den Gründerkreis: »Und ich war Spezialist für Umstellung vom DOS ins OS.«

»Hast du Lust mitzumachen?« Hans-Werner Hector erinnert sich noch genau daran, wie ihm Dietmar Hopp – »schlicht und einfach« – in einer stillen Ecke des IBM-Büros diese Frage stellte. »Was wir bei IBM machen«, fuhr Hopp fort, »ist bei jedem Kunden immer dasselbe. Das können wir doch standardisieren.«

Der hagere Diplommathematiker, Jahrgang 1940, war nach dem Studium an der Universität des Saarlands in Saarbrücken 1967 zur IBM-Geschäftsstelle in Mannheim gekommen. Auf der IBM-Schule war er gemeinsam mit Claus Wellenreuther ausgebildet worden.

»Ich hatte bei IBM einen sehr einfachen Start«, erzählt der fünfte SAP-Mitgründer, »weil ich bereits über mehrere Jahre Programmiererfahrung verfügte.« Als Student hatte er – noch auf einem Lochkartensystem – Computerprogramme für ein Ingenieurbüro entwickelt. Hector: »Die Rheinbrücke in Maxau basiert auch auf meinen Programmen.«

Bei IBM war der hochgewachsene Berater mit der markanten Nase hauptsächlich für finanztechnische Aufgaben eingesetzt worden. »Ich kam frisch von der Schule«, berichtet Hector über seinen ersten Kundeneinsatz, »da hat mich ein VB geschnappt und hat gesagt: Gehn Sie da mal mit.«

»Wir kommen da rein«, erinnert Hector sich, »und er stellt mich vor und sagt: Das ist der Spezialist für Ihre Lohnbuchhaltung. Auf Wiedersehen.« Das Problem war, erklärt der Mathematiker: »Ich hatte noch nie eine Lohnbuchhaltung gesehen.«

Wie seine späteren SAP-Kollegen behalf Hector sich mit »learning by doing«: Er habe mit dem Gehaltsbuchhalter detailliert durchgesprochen, »was er braucht, wie er es macht«. Hector: »So hat man sich halt schrittweise herangetastet.«

Auf diese Weise, erzählt Hector, sei er »in Wellenreuthers Domäne, die Finanzbuchhaltung, hineingerutscht«. Bei anderen Kunden richtete der Systemberater ein Programm zur Stücklistenverwaltung ein. Außerdem habe Hector, sagt Dietmar Hopp heute, »den Ruf gehabt, daß er von Fertigungssteuerung viel verstehen würde«.

Gemeinsam mit Claus Wellenreuther, so hatten die IBM-Softwerker sich überlegt, könnte Hans-Werner Hector die Programme für das Gebiet »Finanzbuchhaltung« entwickeln. Plattner, Wellenreuther und Tschira, erfuhr Hector nun von Hopp, »sind auch schon dabei«. Anschließend, so erinnert Hector sich an das Ergebnis des Gesprächs, »habe ich meine Frau überzeugen müssen, daß wir nicht demnächst am Hungertuch nagen würden«.

Nachdem Hector zugesagt hatte, suchten die fünf gemeinsam den IBM-Niederlassungsleiter in seinem Büro auf, um ihm ihre Entscheidung mitzuteilen. Seine Reaktion: »Wie könnt ihr so etwas machen?«

»Wir durften dann«, erinnert Hector sich, »sofort gehen.«

Zum 1. April 1972 wurde die neue Firma als Gesellschaft des bürgerlichen Rechts gegründet. Als Adresse diente dem Unternehmen zunächst die Weinheimer Privatanschrift von Claus Wellenreuther, dessen neuem Briefpapier die Gründer praktischerweise ihren Firmennamen entlehnen konnten: »Systemanalyse Programmentwicklung«.

Die SAP-Angestellten Nr. 1 und 2, Paul Neugart und Ulrich Daub (heute SAP-Vertriebsleiter Deutschland und Leiter Corporate NCR Alliance Management bei SAP), kündigten nach dem Wohnzimmergespräch im Mai bei Pfaudler und John Deere. Sie traten ihre neue Stelle am 1. Oktober 1972 an.

»Mir kam es darauf an«, faßt SAP-Chef Dietmar Hopp rückblickend zusammen, »eine Mannschaft zu finden, die eine möglichst große Breite der betrieblichen Anwendungen abdeckt. Insofern schien mir das die ideale Mannschaft zu sein. Wir haben uns alle geduzt und waren von Beginn an befreundet, aber nicht so eng, daß wir uns auch ständig privat auf der Pelle gesessen haben. Das war möglicherweise gut so, denn Konflikte entstehen ja oft im privaten Bereich.«

Geschäftliche Konflikte seien 24 Jahre lang ausnahmslos »mit aller Kraft, aber immer fair« ausgetragen worden, ergänzt Hopp: »Letztlich gab es dann immer eine Plattform für eine Einigung, weil jeder gesagt hat: Es kann nicht sein, daß wir auseinanderdriften.«

Auch Claus Wellenreuther, der die SAP 1980 verließ und heute in Mannheim das auf betriebswirtschaftliche Anwendungen spezialisierte Unternehmen DCW Software leitet, bestätigt: »Streit gab es nie – nur Methodenstreits.«

»Insofern«, schließt Hopp fast 25 Jahre später, im Herbst 1996, »waren wir wirklich ein Superteam.« Einen Nachsatz jedoch kann sich der Vorstandschef der SAP AG dazu nicht verkneifen: »Auch der fünfte, der offensichtlich jetzt andere Berater gefunden hat. Damit meine ich Hans-Werner Hector.«

»Bei jeder Installation dazugelernt«

»Nachtschichten an geliehenen Computern verschafften ihnen die ersten Aufträge. 23 harte Arbeitsjahre später waren sie Deutschlands erste Software-Milliardäre.«
»The Wall Street Journal«, 11. April 1995

In den Aufbaujahren der SAP paßten die Geschäftsgeheimnisse der kleinen Firma auf ein paar schmale Karten aus farbiger Dünnpappe. Ein zusammengehefteter Stoß farbiger Computerlochkarten, deren Vorder- und Rückseiten eng beschrieben waren, diente Dietmar Hopp als mobiler Datenspeicher. Auf seinem Lochkarten-»Laptop« vermerkte der Software-Entrepreneur wichtige Kundendaten, Details über Abschlüsse sowie den Entwicklungsstand neuer Computerprogramme. Mehr als zehn Jahre verließ sich der SAP-Chef auf den Papp-Planer. In der Innentasche seines Sakkos hatte er ihn immer parat. Denn in ihrem Büro in Mannheim, dem Industrie- und Handelszentrum der Rhein-Neckar-Region, hielten sich die Jungunternehmer nur selten auf.

Heute würde die »Systemanalyse Programmentwicklung«, eine freischwebende Firma ohne feste Betriebsstätte, womöglich als »virtuelles Unternehmen« bezeichnet. Doch damals gab es diesen Begriff noch nicht. Erst 20 Jahre später wurde er auf findige Pioniere angewandt, die sich per Personalcomputer und Datennetz zu Bürogemeinschaften im Cyberspace zusammenschalteten. Die fünf IBM-Abtrünnigen und ihre Mitarbeiter hingegen waren zur Unstetigkeit verurteilt, weil sie sich keinen eigenen Computer leisten konnten. Deshalb mußten sie ihre Programme in den Rechenzentren ihrer Kunden entwickeln. »Jeder hatte seinen Computer beim Kunden kostenlos zur Verfügung«, erzählt Claus Wellenreuther. Programmiert wurde, so beschreibt es der Firmenmitgründer, »in der Fremde«.

Ihr erstes »Entwicklungszentrum« richteten die Jungunternehmer im Chemiefaserwerk der ICI am Ortsrand von Östringen ein, wo ihnen großzügig Büroraum und Maschinenlaufzeit im Rechenzentrum gewährt wurden. Rund 3000 Beschäftigte führte das 1965 eingerichtete »Nylonwerk«, wie es in der Region genannt wurde, damals auf seiner Lohnliste. Auf dem IBM-Computersystem des Betriebs (er wurde später vom amerikanischen Chemiemulti Du-Pont übernommen) tüftelten die Computerpioniere die Urform der mittlerweile marktbeherrschenden SAP-Standardsoftware R/2 und R/3 aus: das »System R« (später auch R/1 genannt). Am Ende des ersten Geschäftsjahres standen neun Mitarbeiter auf der Personalliste der Firma, die einen Umsatz von 620000 Mark und sogar einen bescheidenen Gewinn erwirtschaftet hatte. »Wir werden nie mehr als 30 Mitarbeiter haben«, zitieren mehrere SAP-Beschäftigte der ersten Stunde übereinstimmend ihren Chef Dietmar Hopp, »sonst wird es unüberschaubar.«

Buchstäblich den Grundbaustein zum Erfolg bildete das neuartige Finanzbuchhaltungsprogramm »System RF«, das 1973 fertiggestellt wurde. Noch im selben Jahr konnte SAP zwei weitere namhafte Firmen auf die Kundenliste setzen, deren IBM-Großrechner der kleinen Firma fortan ebenfalls als Entwicklungscomputer dienten: den Zigarettenhersteller Roth-Händle im badischen Lahr sowie das Pharmaunternehmen Knoll im pfälzischen Ludwigshafen. 1977 verlegte die Firma ihren Geschäftssitz nach Walldorf, wo sie sich zunächst in einem Bürogebäude einmietete. Drei Jahre später, 1980, war die »Aufbauphase« (Dietmar Hopp) abgeschlossen: Erstmals wurde SAP in einer Rangliste der 20 größten Software-Häuser in Deutschland aufgeführt, unter denen die Firma den 17. Platz belegte. Das Unternehmen, das bis dahin auf verschiedene Einsatzorte verteilt war, bezog sein erstes eigenes Gebäude im Gewerbegebiet von Walldorf. Zu diesem Zeitpunkt zählten immerhin bereits 50 der 100 größten deutschen Industrieunternehmen zu den SAP-Kunden, aber das war erst der Anfang: »Ab 1980«, sagt der SAP-Chef rückblickend, »ging es aufwärts.«

1982, zehn Jahre nach der Firmengründung, erwirtschafteten 100 Beschäftigte einen Umsatz von 24 Millionen Mark, die Kundenliste umfaßte 250 Großunternehmen und Konzerne. Erstmals vermochte die Firma mit dem neuen Standardsoftware-Paket R/2, dessen Entwicklung 1978 begonnen worden war, alle betriebswirtschaftlichen Anwendungsgebiete abzudecken. Mit R/2 und dem ab 1987 entwickelten Programmpaket R/3 für vernetzte Arbeitsplatzrechner und Personalcomputer, das inzwischen den Weltmarkt für Wirtschafts-Software dominiert, stieg das mittelständische High-Tech-Unternehmen dann rasant und doch von der Öffentlichkeit fast unbemerkt zum multinationalen Konzern auf. »Hopp leitet eine Firma«, schrieb noch 1994 das Nachrichtenmagazin »Der Spiegel«, »die kaum einer kennt.«

»It is a very engineering-oriented company«, versuchte ein Börsenanalyst das Phänomen SAP in der britischen Wirtschaftszeitung »Financial Times« zu erklären. Dazu paßt, daß erst Anfang 1988 erste Produkt- und Image-Anzeigen des Unternehmens in Fachzeitschriften erschienen; auf der Computermesse CeBIT in Hannover hatte sich die Firma erst zwei Jahre zuvor zum ersten Mal gezeigt. Bis dahin verließ sich SAP auf den Ruf ihrer Programme und die Mundpropaganda von Managern und externen Systemberatern. »Wenn irgendwas nicht überzeugt hat«, erzählt R/2-Fachmann Jürgen Hachenberger, »standen wir auf der Matte. Alle, Hopp und Plattner vorneweg, haben mitprogrammiert.« Zahlreiche R/2-Programme, die noch in deutschen Großunternehmen eingesetzt werden, weisen noch deutlich die Programmier-»Handschrift« der SAP-Gründer auf, erklärt Hachenberger: »Wir wußten wirklich, daß wir an einem einmaligen Produkt basteln.«

Doch was machte diese »Einmaligkeit« aus? Standardsoftware an sich ist keine SAP-Erfindung. Vorgefertigte betriebswirtschaftliche Anwendungsprogramme »von der Stange« wurden in Deutschland ebenfalls von der ADV/Orga angeboten, einem bereits 1969 gegründeten Software-Unternehmen in Wilhelmshaven, das Anfang der neunziger Jahre von der Sema-Group übernommen wurde. Mit der ADV/Orga schloß SAP 1974 einen Vertriebsbund, der allerdings 1980 im Streit geschieden wurde. Andere Firmen wie das Hoesch-Tochterunternehmen MBP oder SCS aus Hamburg offerierten ebenfalls »Stangen-Software«, wie die Standardprogramme in der Branche tituliert werden. Bestätigt wurde auch die Ahnung der SAP-Gründer, daß ihre Ideen »von den Großen aufgegriffen würden, sobald sich ein Erfolg am Markt abzeichnete«, wie Dietmar Hopp erläutert. Das R/2-Paket mußte sich gegen harte Konkurrenz durch die IBM-Systeme IFS und Copics behaupten. Weshalb gelang es also ausgerechnet der SAP, ihre Standardsoftware als Software-Standard zu etablieren?

Im Gründungsjahr 1972 hatte die »lockere Gesellschaft bürgerlichen Rechts«, wie Jahre später der »Mannheimer Morgen« schrieb, ihren Geschäftssitz noch in Weinheim. Erst 1976 – noch immer verfügte das junge Unternehmen weder über einen eigenen Computer noch über Firmenräume, in denen alle 25 Beschäftigten hätten untergebracht werden können – entstand daraus die »SAP GmbH Systeme, Anwendungen, Produkte in der Datenverarbeitung«, Geschäftsführer: Dietmar Hopp und Claus Wellenreuther. Zu diesem Zeitpunkt galten die ehemaligen IBM-Programmiersöldner bereits als Veteranen im Software-Geschäft – anders als beispielsweise die beiden jungen Computertüftler Paul Allen und Bill Gates in Amerika, die erst im April 1975 ihre Firma Microsoft gegründet hatten.

In Mannheim hatte Claus Wellenreuther eine Altbauwohnung angemietet, die der GbR am Anfang als Sekretariat und Telefonzentrale diente. O7/12, die Büroadresse der Entrepreneure, galt als »gute Lage« im Kern der »Quadrate-Stadt«, der im 17. Jahrhundert von kurfürstlichen Stadtplanern in durch Buchstaben und Ziffern gekennzeichnete Planquadrate aufgeteilt worden war. Das Gebäude O7/12 lag an den Planken, einer mittlerweile zur Fußgängerzone umgestalteten Geschäftsstraße. Eine wuchtige Xerox-Kopiermaschine, Kugelkopfschreibmaschinen von IBM, Telefon – darauf beschränkte sich in den Gründerjahren die technische Ausstattung der High-Tech-Firma, die im 4. Stock ihr schmuckloses Basislager aufgeschlagen hatte.

Um das Sekretariat kümmerte sich Anneliese Vogel, die den fliegenden Programmiertrupp in den Anfangsjahren telefonisch zusammenhielt (»Systemanalyse und Programmentwicklung, guten Tag«). Ihre »bewunderungswürdige Behendigkeit« (Klaus Tschira) beim Aussprechen des sperrigen Firmennamens trug ihr intern bald den Beinamen »System-Anneliese« ein. Die Firmengründer bekam sie »in den Planken«, wie die Geschäftslage auf mannheimerisch beschrieben wird, nur selten zu Gesicht. Sie schauten gelegentlich zu Besprechungen vorbei oder zum »Codieren«, dem Programmeschreiben auf Papier.

Denn zum Programmieren genügte in den Gründerjahren der deutschen Software-Industrie noch ein Schreibtisch. Einen Arbeitsplatz am Computer benötigten die Programmierer erst zum anschließenden Testen ihrer Werke. Als wichtigstes Handwerkszeug beim Codieren dienten ihnen Bleistifte und Radiergummis, die bald in Tausenderpacks bestellt werden mußten. Der Grund: Software wurde damals noch handschriftlich erstellt. Mühselig mußten die einzelnen Befehlsschritte zuerst auf speziellem Formularpapier eingetragen und anschließend mittels Lochgerät auf computerlesbare Lochkarten übertragen werden, von wo sie dann auf den Großrechner »aufgespielt« wurden.

Als einziger der SAP-Gründer verfügte Claus Wellenreuther in Mannheim über einen eigenen Büroraum. Denn der Spezialist für Finanzprogramme betreute, gleichsam als »Firma in der Firma«, noch zusätzlich einen eigenen Kundenkreis von Unternehmen, die eine von ihm encwickelte Buchhaltungs-Software für IBM-Computer erworben hatten. Anders als der stets korrekt gewandete Dietmar Hopp absolvierte der langmähnige Wellenreuther seine Kundenbesuche und Präsentationen bedenkenlos im offenen Seidenhemd, Leinenhose und Jesuslatschen. Kunden wunderten sich damals über ein eigentümliches Ritual, das sie für eine weitere Marotte des genialischen Software-Gurus hielten. Wenn ihr hochgewachsener Besucher nach einem Gespräch aufstand, hängte er sich auf dem Weg nach draußen für ein paar Sekunden mit beiden Händen in den Türrahmen.

Als SAP in den Markt startete, dominierte das Batch-Prinzip die Datenverarbeitung. Auch bei der – später modifizierten – Wellenreuther-Software handelte es sich um eine sogenannte Batch-Buchhaltung. Das bedeutete, daß die zu verbuchenden Geschäftsvorfälle zuerst von Datatypistinnen an speziellen Erfassungsgeräten eingegeben, abgespeichert und dann zeitversetzt – etwa abends oder zu einem bestimmten Stichtag – bei einem Programmdurchlauf im Rechenzentrum im »Stapel«-Verfahren (Batch) vom Computer verarbeitet wurden. Das Problem bei diesem Verfahren war, daß die EDV den Unternehmensprozessen dadurch stets hinterherhinkte.

Denn beim »Stapelbetrieb mit sequentiellen Datenträgern« befanden sich die Firmendaten auf durchnumerierten Magnetbändern, die während des Batch-Laufs nacheinander vom Operator in ein Computerbandlesegerät eingelegt werden mußten. Erst dann, also lange nach dem Erfassen, ließen sich die Informationen im

Arbeitsspeicher des Computers vergleichen und auf den neuesten Stand bringen.

So erlaubte das Batch-Verfahren keinen wirklich aktuellen elektronischen Überblick über relevante Firmenprozesse. Bevor beispielsweise Auftragseingänge digital verbucht und mit den Beständen am Lager verglichen wurden, hatte sich das benötigte Material dort womöglich längst kritisch verknappt. Außerdem galt die Batch-Methode als besonders fehleranfällig: Falsch eingetippte Konto- oder Bestellnummern beispielsweise wurden nicht selten erst dann erkannt, wenn der Buchführungs-Batch bereits vollzogen war. Deshalb erforderten solche Eingabefehler anschließend aufwendige Korrekturen.

Die Lösung sollte das »R« symbolisieren, mit dem die badischen Software-Spezialisten ihre neuen Computerprogramme kennzeichneten. Es signalisierte der Fachwelt, daß die Software für die »Realtime«-Datenverarbeitung konzipiert war. So wird im Gegensatz zum Batch-Betrieb die Echtzeitmethode bezeichnet, bei der Informationen vom Computer unmittelbar nach der Eingabe verarbeitet werden. Was den Benutzern moderner Personalcomputer als pure Selbstverständlichkeit erscheint, galt damals noch als revolutionäres Konzept. Denn die »schritthaltende Datenverarbeitung«, wie das Realtime-Verfahren im Techniker-Deutsch genannt wurde, belastete den ohnehin knappen Arbeitsspeicher der Großrechner gleich doppelt. Dort mußte neben dem eigentlichen Rechenprozeß nun auch noch der Dialog mit dem Bildschirm-Terminal gesteuert werden. »Immer wieder«, erinnert sich Hasso Plattner, »stießen wir an technische Grenzen der vorhandenen Hard- und Software.«

In amerikanischen Forschungseinrichtungen wurde zu dieser Zeit bereits mit einem Datennetz experimentiert, durch das sich Botschaften von Computer zu Computer senden ließen; es wurde später als Internet bekannt. Doch die EDV-Fachleute in den Rechenzentren amerikanischer oder deutscher Firmen verstanden Datenfernverarbeitung damals häufig noch als die Kunst, die Kabelkommunikation mit dem Computerdrucker oder mit den neumodischen Bildschirm-Terminals sicherzustellen. Solche Eingabestationen mit Minimonitor begannen sich gerade erst durchzusetzen. Zwar hatte bereits 1970 der US-Ingenieur Doug Engelbart ein Rechnersystem entwickelt, das mit Hilfe von Funktionsfenstern auf einem Bildschirm bedient wurde. Derselbe Forscher hatte schon 1964 ein Instrument zum Steuern von Computern vorgestellt, das er »The Mouse« nannte. Aber davon nahm in der EDV-Branche zunächst kaum jemand Notiz. Die Spezialcomputer, auf denen solche Innovationen sich ausprobieren ließen, blieben vorerst dem US-Militär, Großforschungseinrichtungen oder privaten High-Tech-Zentren wie dem kalifornischen Xerox Parc vorbehalten. Erst 1971 zeichnete sich erstmals ab, daß die Computerwelt eines Tages durch neuartige, hochintegrierte Bauteile auf den Kopf gestellt werden könnte. Die kleine Elektronikfirma Intel präsentierte in Kalifornien den ersten kommerziell verfügbaren Mikroprozessor 4004 – den Urahn der modernen PC-Prozessoren. Allerdings sollten von da ab noch zehn Jahre vergehen, bis der erste IBM-PC auf den Markt kam, mit einem Betriebssystem, das »Big Blue« von Microsoft lizensiert hatte.

In den Gründerjahren der SAP füllten Computer und Peripheriegeräte noch einen ganzen »Maschinensaal«, wie das Rechenzentrum in den Kundenfirmen damals genannt wurde. Die umherschweifenden Software-Fachleute waren auf das Wohlwollen des jeweiligen »Maschinensaalleiters« und seiner Mannschaft angewiesen, wenn sie zwischendurch kostbare »Maschinenlaufzeit« zum Aufspielen, Testen und Weiterentwickeln der SAP-Programme auf dem Großrechner eines Kunden ergattern wollten. Am besten standen ihre Chancen nachts und während der Wochenenden. Dann hatte der Computer seine planmäßigen Batch-Läufe absolviert und summte ungenutzt vor sich hin. Wenn die mit Lochkartenschubern, Bleistiften und Radiergummis bewaffneten Entwickler bei ihren Kunden einrückten, brachten sie zumeist auch eine Bierkiste mit. Dadurch ließ sich die Hilfsbereitschaft der Hüter des trockenluftigen Maschinensaals beträchtlich steigern. Anschließend wurde oftmals bis zum frühen Morgen durchprogrammiert.

»Modernes Management« war unter diesen Verhältnissen bei SAP schlicht nackte Notwendigkeit. Weil die Programmierer »beim Kunden« allein zurechtkommen mußten und sich in Zweifelsfällen nur schwer hätten rückversichern können, verließen sich die Firmengründer untereinander und bei ihren Mitarbeitern auf die Sachkompetenz und Eigeninitiative der Kollegen. »Jeder hat an seinem Strick gezogen«, erzählt Klaus Tschira, »alle in dieselbe Richtung, aber ohne zu gucken, ob der Nachbar auch richtig zieht.« Dietmar Hopp übernahm es, den losen Haufen aus eigenwilligen Codierkünstlern mit sehr unterschiedlichen Temperamenten zu einem Team zusammenzuschweißen. In dieser Zeit, berichtet Hasso Plattner, habe sich erstmals »Hopps große Stärke« offenbart, »den Laden wie eine Fußballmannschaft zusammenzuhalten«.

Dieser bei Firmendarstellungen oft strapazierte Vergleich hat bei SAP eine besondere Berechtigung. Jeweils am Freitagnachmittag trafen sich die sonst über Land verstreuten Softwerker zur wöchentlichen »Betriebsversammlung« in der Pizzeria »Venezia« an der Hauptstraße in Östringen, wo bei »Pizza Monte Carlo« und Moninger-Bier aus Karlsruhe neue Codier- und Vertriebsstrategien erörtert wurden. »Eiserne Regel« (so SAP-Beratungschef Hartmut Engel) für das Anschlußprogramm: »Um 18 Uhr spielen wir alle zusammen Fußball.« So wurde die Sporttradition der Firma begründet, auf die sich auch junge Bewerber für eine der heißbegehrten SAP-Stellen am besten beizeiten einstellen: »Ich beurteile Kandidaten auch danach«, erklärt etwa Vorstandsmitglied Gerhard Oswald, »ob sie Mannschaftssport betreiben.«

In Walldorf richtete SAP später ausgedehnte eigene Sportanlagen ein. Mittlerweile messen sich die Mitarbeiter regelmäßig in internationalen Fußball- und Tennisturnieren, die von der Firma ausgerichtet werden. Zwar zieht Firmenchef Hopp inzwischen das Golf-Green (Handicap: 15) dem Fußballrasen vor – »in aller Regel«, sagt der SAP-Gründer, begleitet von »Leuten, die dann auch bereit sind, zu wetten, wer am besten spielt«. (Im unweit von Walldorf gelegenen St. Leon-Rot, wo SAP ein Druck- und Versandzentrum betreibt, gründete der Milliardär einen privaten Golfklub, der auch SAP-Mitarbeitern und Firmengästen offensteht.) Aber auf die Frage, was oder wer er in einem anderen Leben hätte sein mögen, antwortet der Bayern-München-Fan, immer noch ohne zu zögern: »Franz Beckenbauer.«

In den ersten SAP-Jahren hatte es Dietmar Hopp nicht weit zum Freitagstreffen. Bei der gastfreien EDV-Abteilung der ICI in Östringen war die junge Firma im 1. Stock des Werksgebäudes untergebracht. Das erste »Entwicklungszentrum« der SAP bestand aus zwei Räumen, von denen einer dem SAP-Chef in der Aufbauphase als Büro diente. ICI gestattete es, daß die Software-Spezialisten potentiellen Kunden ihre Programme auf dem Computer des Faserwerks vorführten. Hopp übernahm zumeist die Verkaufsverhandlungen. »Er war derjenige, der am besten Verträge aushandeln konnte, der die positivsten Dinge für uns herausgeholt hat«, erzählt Hans-Werner Hector. Der SAP-Mitgründer rühmt Hopps »Mentalität, auf jeden Fall zu gewinnen und weniger einen Stolz zu haben. Wenn mich einer rausgeschmissen hätte, zu dem wäre ich nicht mehr hingegangen, was beim Geschäftemachen wahrscheinlich falsch ist.« Für eine Firmenfeier bedichteten die Softwerker ihren Chef: »Wirft ihn der Kunde vorne raus, kommt er von hinten in das Haus.«

Anders als in der vergleichsweise ruhigen Geschäftsstelle in Mannheim herrschte in der SAP-Dependance in Östringen von Anfang an Hochbetrieb. Bald meldeten sich die Sekretärinnen am Telefon nur noch mit der Kurzform »SAP«, statt wertvolle Sekunden mit dem ganzen Firmennamen zu vergeuden. Der zweite Raum wurde hauptsächlich als Codierstube genutzt. Dort entwickelten die Firmengründer einige der grundlegenden Verfahren, die seither Maßstäbe im Markt für betriebswirtschaftliche Software gesetzt haben. Die Maschinensaal-Gastarbeiter behalfen sich dabei mit einem technischen Kniff, um mit den beschränkten Mitteln der Gegenwart eine Programmfamilie mit Zukunft zu entwerfen.

Ihr Computertrick: Sie benutzten den im Faserwerk installierten IBM-Großrechner vom Typ /360 dazu, mittels speziell dafür geschriebener Programme die höhere Hardware-Leistung des Nachfolgemodells aus der Baureihe /370 zu simulieren. Dieser neue Rechner, den das Faserwerk erst später installierte, war als Zielplattform für die anspruchsvolle SAP-Software vorgesehen. Auf den mit dem /360-System verbundenen Bildschirmgeräten vom Typ IBM 2260 wiederum wurden die technischen Möglichkeiten des leistungsfähigen Großrechner-Terminals 3270 simuliert, das bald die Standardbenutzerstation für IBM-Mainframes bilden sollte. Es sei ein bewährtes SAP-Prinzip, erklärt Dietmar Hopp, »daß wir uns nicht an den gegenwärtigen Restriktionen der Computer orientiert haben, sondern daß wir oft auf noch nicht vorhandene Leistungen und Funktionen der Hardware gesetzt und damit zukunftsträchtige Produkte entwickelt haben«.

Auf diese Weise positionierten die Entrepreneure aus Baden ihre Finanzbuchhaltungs-Software RF, die erste Standardsoftware des neuen Unternehmens, als technisch überlegene Alternative zu klassischen Batch-Programmen wie dem von IBM angebotenen System »Integrierte Finanzbuchhaltung« (IFB). Beim Realtime-Verfahren von SAP wurde erstmals das Terminal als interaktive Arbeitsstation genutzt und sogenannte Dialogverarbeitung praktiziert. Statt monotoner Dateneingabe nach dem Muster »eintippen, abspeichern – verarbeitet wird später« erlaubte die Realtime-Software erstmals die direkte Kommunikation mit dem Computer. Vorteil: So ließen sich beispielsweise Informationen der Buchhaltung noch beim Erfassen am Bildschirm einer Plausibilitätskontrolle unterziehen.

Um die knappen Rechnerressourcen optimal zu nutzen, teilten die SAP-Pioniere dazu ihre Programme in Dialog- und Datenbankprozesse auf. Dafür entwarfen sie die »Dynamischen Programme« (Dynpros), die den Informationsaustausch zwischen Computer und Benutzer mit Hilfe von Bildschirmmasken regeln sollten und die flexibel dem jeweiligen Programmzweck angepaßt werden konnten. Eine Erfindung mit Folgen: Mehr als 25 Jahre danach werden im SAP-Sprachgebrauch selbst die modernen Windows-Bildschirmfenster der dritten Programmgeneration R/3, die 1992 auf den Markt kam, noch als »Dynpros« bezeichnet.

Auch die moderne SAP-Programmiersprache ABAP/4, mit deren Hilfe sich R/3-Module für die unterschiedlichsten Einsatzzwecke am Bildschirm komponieren lassen, hatte ihren Ursprung bei ICI. Die Urform von ABAP wurde von Klaus Tschira entwickelt. Sie bündelte als Spezialprogramm – »Berichtsgenerator« – spezielle Abfragebefehle (»Makros«), die das automatische Auswerten von Firmendaten nach bestimmten Kriterien erleichterten. Das hochkomplexe R/3-Entwicklerwerkzeug ABAP/4, eine mächtige sogenannte 4GL-Programmiersprache (Fourth Generation Language), hat mit diesem Vorläufer allerdings nur noch den Namen gemein. SAP-Entwickler benutzen ABAP/4 zum Schreiben von R/3-Anwendungen. Den aktuellen ABAP-Stellenwert verdeutlicht ein Slogan der Firma: »R/3 wird mit R/3 entwickelt.«

Als Standard in der modernen betriebswirtschaftlichen Datenverarbeitung hat sich das Belegprinzip durchgesetzt, nach dem die SAP-Softwerker bereits früh ihre Firmenprogramme organisierten. Um den Grundsätzen der ordnungsgemäßen Buchführung auch im Computerspeicher zu genügen, mußten sich die einzelnen Buchungsvorgänge detailliert zurückverfolgen lassen. Das von den SAP-Gründern entwickelte Verfahren legte erstmals statt Einzelinformationen die Gesamtdaten jeder Transaktion in einer Datenbank ab. Dadurch ließ sich gewährleisten, daß die gesamte Beleggeschichte eines Saldos auf Tastendruck rekonstruiert und auf Unstimmigkeiten überprüft werden konnte.

Doch »Realtime Processing«, Dialogbetrieb oder Belegprinzip waren in Wirklichkeit nur – technische – Mittel zum Zweck. Wie erwähnt: »Wir wußten wirklich, daß wir an einem einmaligen Produkt basteln.« Diese »Einmaligkeit« des Produkts bestand von Anfang an in der Radikalität, mit der die Software erstmals die verschiedenen betriebswirtschaftlichen Informationskreise der SAP-Kundenunternehmen per Computer zu einem integrierten Ganzen verband. »Realtime und Integration«, erklärt SAP-Mitgründer Klaus Tschira, »waren für uns Bruder und Schwester.«

Denn bis dahin waren betriebswirtschaftliche Daten entweder in zahlreiche Batch-Läufe zergliedert oder gar nicht elektronisch aufbereitet worden; Finanzdaten beispielsweise wurden zentral von Datatypistinnen erfaßt; der zuständige Buchhalter mußte den Batch-Lauf abwarten, bis ihn ein Stapel Druckerpapier auf den (nicht mehr ganz) neuesten Stand brachte. Doch nun erlaubte es der Computerfortschritt erstmals, das Erfassen und das Auswerten von Firmeninformationen an einem Arbeitsplatz zu vereinen.

Mehr noch: Geschäftsprozesse, die sich vorher derart zersplittert auf mehrere Abteilungen verteilten, daß dieselben Informationen bei jeder Station neu erfaßt wurden, konnten nun mit Hilfe des Computers zu überschaubaren Vorgängen zusammengefügt werden, die sich zentral planen, steuern und auswerten ließen – so jedenfalls die Vision. Die SAP-Gründer hatten gewissermaßen die Zeichen der Echtzeit erkannt: »Es ging darum«, erläutert Klaus Tschira, »ein jederzeit auskunftsbereites System verfügbar zu machen.«

Der Grundgedanke der Pioniere: Betriebswichtige Informationen sollten zukünftig nur einmal erfaßt werden, an der Quelle gewissermaßen. Beispiel Lieferantenrechnung: Warum sie bei der Kreditorenbuchführung mühsam Posten für Posten am Terminal abtippen? Schließlich ließ sich der Aufwand durch den Rückgriff auf die zugrundeliegende Bestellung reduzieren – vorausgesetzt, daß bereits die Order elektronisch erfaßt wurde. Denn die Rechnung gibt zu einem Großteil solche Daten wieder (beispielsweise Bestellnummern oder Mengenangaben), die bereits beim Bestellen aufgeführt werden mußten. Wird auch der Wareneingang elektronisch vermerkt? Dann läßt sich die Rechnungsprüfung ebenfalls mit Hilfe der im Computer registrierten Daten automatisieren. Die Rolle des kreativen Schrittmachers beim Umsetzen solcher Ideen in Computerprogramme übernahm durch seinen technischen Einfallsreichtum und seine Motivationsgabe bald Hasso Plattner. »Plattner«, sagt Paul Neugart, SAP-Vertriebsleiter Deutschland, »war ganz klar der Motor. Der hatte die guten Ideen.«

Durch die neuartige Software trug SAP in Deutschland dazu bei, daß die monotonen Datatypistentätigkeiten der Großrechnerfrühzeit mehr und mehr durch anspruchsvolle Sachbearbeiteraufgaben abgelöst wurden. Bereits 1973 wurde der hohe Integrationsgrad, der auch als Hauptqualität der jüngsten SAP-Software R/3 gilt, in einem Verfahrenshandbuch zum ICI-Buchhaltungsprogramm hervorgehoben: »Arbeitsgebiete, die in einer konventionell geführten Buchhaltung über mehrere Mitarbeiter oder Gruppen verteilt werden müssen«, betonte die Software-Firma in dem frühen Manual, »können nunmehr logisch zusammengefaßt werden, wodurch Personaleinsparungen möglich werden.«

Computerprogramme mit derart weitreichenden Folgen für den Produktionsprozeß mußten in Deutschland zwangsläufig die Betriebsräte und Gewerkschaften auf den Plan rufen. Schließlich wurde die Standardsoftware nicht in einem gesellschaftlichen Vakuum produziert. Historisch betrachtet, hat sie als Katalysator in deutschen Konzernen den Strukturwandel von der Industrie- zur Informationsgesellschaft beschleunigt und auf diese Weise auch zur verstärkten Globalisierung beigetragen. Bis heute läßt sich die Investition in Standardsoftware in Deutschland nicht einfach als technische Infrastrukturmaßnahme handhaben. Vielmehr wird sie oftmals noch als mitbestimmungspflichtiges Politikum behandelt, das spezieller Betriebsvereinbarungen bedarf.

Daß manche Kritiker, besonders in der Computerphobie der achtziger Jahre, SAP zum Synonym für Mitarbeiterüberwachung und Arbeitsplatzvernichtung hochstilisierten, mag zum Teil die langjährige vorsichtige Zurückhaltung der Firma in der Öffentlichkeit erklären. Der heikle Vorwurf hallte immerhin noch 1997 so stark nach, daß Dietmar Hopp darauf ausführlich in seiner Festrede zum 25jährigen Bestehen des Unternehmens antwortete. »In den meisten Fällen«, unterstrich der Vorstandschef, habe der Einsatz von SAP-Software nicht Arbeitsplätze vernichtet, sondern »zu einer veränderten Struktur der Arbeitsplätze geführt«. Hopp: »Während hochqualifizierte Stellen hinzukommen, kann das Wachstum weniger qualifizierter Arbeitsplätze geringer gehalten werden.«

Auch bei Computerfachleuten derjenigen Großunternehmen, die ihre Software bis dahin noch selbst entwickelt hatten, stieß SAP von Anfang an oftmals auf Widerstand. Die mit den Eigenentwicklungen betrauten Mitarbeiter, zuweilen Hüter eines längst unentwirrbaren »Spaghetti-Codes« von Spezialprogrammen, sahen durch den Einsatz vorgefertigter Programme ihre Arbeitsplätze gefährdet. Auch EDV-Leiter fürchteten nach dem Vorstandsentscheid für die hinzugekaufte Standardsoftware um ihren Status als Oberbefehlshaber eines stehenden Heeres hauseigener Programmierer.

Schließlich, kommentierte die Branchenzeitung »Computerwoche« (CW) aus München, war die Unternehmensentscheidung für Standardsoftware von außen in der Regel »alles andere als ein Vertrauensbeweis« für die bis dahin für die Software-Entwicklung zuständige Fachabteilung.

Die »Computerwoche«, zwei Jahre jünger als SAP und lange Zeit gleichsam das Zentralorgan der betrieblichen Datenverarbeiter in Deutschland, hat den Aufstieg der mittelständischen Software-Firma zum Weltkonzern mehr als 20 Jahre – zuweilen kritisch, oftmals streitlustig, nie langweilig – mit Berichten und Kommentaren begleitet. Im August 1977 führten die CW-Redakteure Dieter Eckbauer, der auf dem Umweg über die Betriebswirtschaft zu seinem Metier gekommen war, und Elmar Elmauer das erste Interview mit den beiden SAP-Geschäftsführern Dietmar Hopp und Claus Wellenreuther. An das Gespräch in München-Schwabing und sein

Ergebnis erinnern sich alle Beteiligten mit ziemlich gemischten Gefühlen.

Denn Dietmar Hopp, der sich als Jugendlicher in Hoffenheim ein Taschengeld als Lokalkorrespondent für die »Rhein-Neckar-Zeitung« verdient hatte (10 Pfennig Zeilenhonorar), erlebte hier seine Interviewfeuertaufe durch einen versierten Befrager. »Eckbauer war ja immer ein Profi«, sagt der SAP-Chef heute. Claus Wellenreuther (der beschreibt es mit ähnlichen Worten) und er selbst seien sich nach diesem ersten Interview allerdings »verschaukelt« vorgekommen: in die »Journalistenfalle« getappt, sozusagen. »Eine Firma wie SAP«, resümiert wiederum Dieter Eckbauer, Chefredakteur der »Computerwoche« von 1979 bis 1995, »wußte einfach nicht, wie man mit der Presse umgeht.«

Grund für den Ärger der beiden SAP-Geschäftsführer: Die »Computerwoche« hatte keck an den wunden Punkt ihrer Firmenstrategie gerührt. Die Branchenzeitung widmete sich dem Thema in den folgenden Jahren mit wachsender Verve: der Abhängigkeit der Standardsoftwerker vom marktbeherrschenden Computergiganten IBM. Denn seit ihrem aufsehenerregenden Abgang bei »Big Blue« (Hopp: »Wir hatten ein halbes Jahr Spannungen mit IBM, weil wir gekündigt haben«) basierte der SAP-Erfolg im Grunde auch auf einem Balanceakt.

Einerseits war das junge Unternehmen auf partnerschaftliche Beziehungen zu dem Rechnerriesen angewiesen, für dessen Computer ihre Standardsoftware entwickelt wurde. Für die »Computerwoche« war SAP deshalb nur eine unter Dutzenden deutscher Firmen, die seit dem »Unbundling« dem unbestrittenen Marktführer als treue Software-Vasallen in die Rechenzentren folgten. Die SAP-Gründer galten aufgrund ihrer beruflichen Vergangenheit ohnehin als typische IBM-Abkömmlinge. »In den ersten 15 Jahren«, sagt Dieter Eckbauer, »war die Firma so uninteressant wie nur was.«

Andererseits mußte sich SAP aber auch gegen den Wettbewerber IBM behaupten, der seinen ehemaligen Angestellten nun Konkurrenz machte: erst mit dem Batch-Programmpaket IFB, dann mit der Standardsoftware IFS (Interaktive Finanz-Systeme) für IBM-Großrechner der /370-Baureihe. Von diesem Zwiespalt profitierte publizistisch 1977 erstmals, und später immer wieder, auch die »Computerwoche« aus der IDG-Gruppe.

Hinterlistig forderte das Fachblatt seine Interviewpartner dazu heraus, die beiden IBM-Konkurrenzprodukte – IFS war erst kurz zuvor angekündigt worden – mit der eigenen Finanz-Software zu vergleichen (Hopp: »Wir haben gerade eine IFB-Buchhaltung abgelöst und können phantastische Zahlen nennen ...«). Die »Computerwoche«, sagt der SAP-Chef, habe die ergiebigen Aussagen – »wir haben viel geredet« – dann »so montiert, daß ein Schuß gegen IBM dabei herauskam«. Den beiden Redaktionsbesuchern war nicht mehr so wohl in ihrer Haut: »Wir hatten Angst«, erzählt Dietmar Hopp, »wie IBM reagieren würde.«

Das Interview erschien als erster Höhepunkt einer inzwischen zwei Jahrzehnte währenden SAP-»Fortsetzungsgeschichte« in der »CW«, die seither zuverlässig für Gesprächsstoff in der Branche gesorgt hat. Die Software-Firma und die Branchenzeitung gerieten später noch mehrfach aneinander. 1995 beantwortete das Unternehmen einen R/3-kritischen Technologieessay in dem Fachblatt sogar mit Anzeigenboykott.

Oft genug jedoch hat die »CW« auch positiv oder zumindest neutral über den Standardsoftware-Hersteller berichtet. Eine Dauerfehde, wie Beobachter vermuteten, läßt sich aus solchen Episoden also nicht ableiten. Selbst das Interview 1977 war in Wirklichkeit harmlos genug, wie mit historischem Abstand nun auch Dietmar Hopp einräumt: »Insgesamt hat es schon Sinn gemacht«, relativiert der SAP-Chef. »Das hat dann nicht so geschadet wie befürchtet.«

Von »Standardsoftware« war in dem Gespräch mit der »Computerwoche« noch keine Rede. Im Gegenteil: »Man muß«, verkündete SAP-Chef Hopp dort sogar, »den Anwendern Maßgeschneidertes bieten.« Doch diese taktische Aussage sollte nur die SAP-Programme von den Finanzprogrammen abheben, die IBM-Computerkunden im Paket mit dem Großrechner »angedreht« (Wellenreuther) wurden. Hatte doch seine Firma, wie der SAP-Mitgründer im Gespräch hervorhob, »die Anwender von dem Druck befreit, Produkte einsetzen zu müssen, die sie an IBM binden«. Klartext: Besser, sie banden sich an SAP.

Von ihrem Vorhaben, den Markt für standardisierte Anwendungs-Software zu erobern, ließen sich die SAP-Gründer nicht ablenken. Darauf hatten bereits ihre Verträge mit ICI abgezielt, die ausdrücklich die Weitervermarktung des für die Faserwerke entwickelten Programmpakets vorsahen. Die Konkurrenz schwankte noch jahrelang zwischen dem Vorfertigen von Standard- und dem Maßschneidern von Individual-Software oder verausgabte sich auf Spezialgebieten, etwa bei der Büro- oder bei der Fabrikautomation. Statt beispielsweise das Service-Geschäft auszuweiten oder lukrative Software-Spezialanfertigungen zu übernehmen, nutzte SAP von Anfang an jeden neuen Auftrag, um Zug um Zug die gängigsten Geschäftsprozesse nachzubilden und auf diese Weise das hochintegrierte Standardprogrammwerk weiterzuentwickeln. »Die beste Halbfertigware, die es gibt«, spotteten Branchenkenner. »Naja«, kommentiert Klaus Tschira, »wir haben natürlich bei jeder Installation dazugelernt, gell?«

So habe etwa die Einführung der ersten Produktgeneration, berichtet Hasso Plattner, bei den SAP-Kunden Freudenberg, Jacobs Kaffee und Grundig zunächst »erhebliche technische Probleme aufgeworfen«. Gleichzeitig zeichnete sich jedoch bereits ab, wie durch den Einsatz neuer, leistungsfähigerer Großrechner sowie eines von IBM entwickelten speziellen Programmsystems zur Datenbank- und Dialogsteuerung derartige Engpässe sich zukünftig vermeiden ließen. 1978 begannen die Softwerker deshalb, das System R für die neue Computergeneration umzuschreiben.

Den ersten eigenen Computer, einen Siemens-Großrechner vom Typ 7738 (Betriebssystem: BS 2000), konnte SAP 1979 in Betrieb nehmen. 1980 bezog die Firma ihr erstes eigenes Gebäude, einen großflächig verglasten zweistöckigen Zweckbau an der Max-Planck-Straße im Industriegebiet von Walldorf. Noch im selben Jahr wurde der hauseigene Rechnerpark erweitert: zunächst durch einen IBM-Mainframe aus der /370-Baureihe, dann durch einen IBM-Rechner vom Typ 4341. Der Siemens-Computer sowie der erste IBM-Großrechner verfügten jeweils über zwei, der 4341-Rechner immerhin schon über sagenhafte vier Megabyte Arbeitsspeicher. Zum Vergleich: 1997 wurde kaum noch ein Kaufhaus-PC mit weniger als 16 Megabyte RAM angeboten.

»In Tag- und Nachtarbeit, diesmal auf unserem ersten eigenen Rechner«, erzählt Hasso Plattner, »überarbeiteten wir das gesamte Konzept.« 50 Bildschirmarbeitsplätze waren an das System angeschlossen, auf dem nun das Programmpaket R/2 entwickelt wurde.

So erlaubte es der größere Arbeitsspeicher der neuen Rechnergeneration beispielsweise, mehr Dialoginformationen zwischenzuspeichern (Fachjargon: »puffern«) und dadurch den Programmablauf zu vereinfachen und zu beschleunigen. Damit R/2 zukünftig nicht mehr nur mit IBM-Computern, sondern auch mit den neuen Siemens-Rechnern eingesetzt werden konnte, wurde das Programmpaket überdies auf ein sogenanntes Basissystem »gesockelt«, das gleichsam als Adapter zu verschiedenen Betriebssystemen dienen würde. »Vieles, fast alles«, sagt Plattner, »wurde noch einmal neu programmiert.«

1980 war längst offenbar geworden, wozu das rätselhafte Ritual diente, das Claus Wellenreuther nach Besprechungen im Türrahmen vollzogen hatte. Es war ein Versuch gewesen, seine schmerzhaft entzündeten Wirbelgelenke zu entlasten. Inzwischen ließ der verkrümmte Körper des SAP-Mitgeschäftsführers solche Dehnungsübungen nicht mehr zu. Wellenreuther litt unter einer heimtückischen Krankheit, die schubweise auftritt und die auch die kleinste Bewegung zur Qual werden läßt. Sechs bis sieben Jahre dauert es selbst mit modernen Methoden, bis eine klare Diagnose gestellt werden kann: »Morbus Bechterew«.

Als Ursache der unheilbaren Bechterewschen Krankheit, die nach dem russischen Neurologen Wladimir von Bechterew (1857–1927) benannt wurde, wird eine Infektion durch bestimmte Bakterien vermutet, die eine Immunschwäche auslösen. Die entzündeten Gelenke versteifen sich und zwingen den Körper in eine zusammengekrümmte Haltung. Der Erkrankte leidet unter Fieber, Mattigkeit und Gewichtsverlust. 1980 brachte Claus Wellenreuther nicht mehr die Kraft auf, die ihm der Umbruch in der Firma nun zusätzlich abverlangte. »Wellenreuther war ein schwerkranker Mann«, erinnert sich Dietmar Hopp. »Er hat permanente Schmerzen gehabt. Sich zu engagieren hieß ja damals, vor Ort sein zu müssen. Das konnte er ja nicht. Er hat Behandlungen gebraucht.«

Den Anwendern der von Wellenreuther betreuten (und zwischenzeitlich »dialogisierten«) »kleinen« Finanzbuchhaltung wurde ein Freundschaftsangebot zum Umstieg auf das RF-Programm unterbreitet. Claus Wellenreuther nahm die Invaliditätsklausel des Gesellschaftsvertrags in Anspruch und verließ, mit einer Abfindung von einer Million Mark, das von ihm mitgegründete Unternehmen zum 1. März 1980. Und weil eine richtige Erfolgsgeschichte auch einen Unglücksraben benötigt, wurde Wellenreuther von Journalisten später als derjenige dargestellt, »der nicht so recht an den Erfolg glauben wollte«.

Daß er damals nicht mehr die Kraft für das Neue hatte, räumt Wellenreuther bereitwillig ein. Er habe sich damals »noch ein, vielleicht zwei Jahre« gegeben, sagt der SAP-Mitgründer. Doch das Klischee vom (gewiß verbitterten) Pechvogel, der sich eine Milliardenchance entgehen ließ, trifft auf den lebenslustigen und humorigen Computerpionier nicht zu. Der Mann mit der ungebrochenen Vorliebe für schlecht gefederte »Kleinwagen« (Wellenreuther) aus Zuffenhausen betrachtet sich ebenfalls als Gewinner. Denn nicht lange nach seinem Ausscheiden aus der Firma wurde ihm durch eine spezielle Therapie, wie er es beschreibt, »ein zweites Leben geschenkt«: Die Krankheit, die ihn heute noch zeichnet, konnte zumindest gestoppt werden.

Wellenreuthers neue Firma DCW in Mannheim hat sich auf Finanz-Software für mittelgroße IBM-Computer der AS/400-Klasse spezialisiert. Zu ihren Kunden zählen Weltunternehmen wie Alva Laval, Nike, Escada oder Joop!. Claus Wellenreuther gehörte zu den Gästen der 25-Jahr-Feier der SAP im April 1997 in Mannheim, bei der Dietmar Hopp noch einmal ausführlich die Verdienste des Standardsoftware-Pioniers und SAP-Mitgründers würdigte.

Nicht anwesend war hingegen der fünfte Mitgründer, der auch mit keinem Wort erwähnt wurde. Hans-Werner Hector hatte das Unternehmen erst vier Monate zuvor, im Dezember 1996, im Streit verlassen.

1981, im selben Jahr, in dem IBM den ersten PC vorstellte, war die Entwicklung der Großrechner-Software R/2 abgeschlossen: »Kein Stein«, teilte SAP stolz der Fachpresse mit, »ist auf dem anderen geblieben.« Was die Software-Experten zu diesem Zeitpunkt noch nicht ahnen konnten: Längst war in den USA schon die nächste Phase der Computerrevolution eingeleitet worden. Sie führte dazu, daß zehn Jahre darauf vielerorts die Großrechentechnik durch einen Verbund von mittelgroßen Computern, Arbeitsplatzrechnern und Personalcomputern abgelöst wurde, was den bis dahin marktbeherrschenden IBM-Konzern in die Krise stürzte. Ironie der Geschichte: Ihren Ausgang hatte diese Entwicklung bei »Big Blue« genommen.

Dort hatte der Ingenieur John Cooke bereits 1974 den ersten RISC-Rechner entworfen. Der Zentralprozessor dieses »Reduced-Instruction-Set«-Computermodells funktionierte im Gegensatz zu den herkömmlichen Großrechnern, die auf der CISC-Architektur basierten (»Complete Instruction Set Computer«), mit einem etwa um die Hälfte verringerten Befehlsvorrat von »fest eingebauten« Standardinstruktionen; moderne PC-Prozessoren wie der »Pentium« von Intel basieren auf einer Mischform, der sogenannten Harvard-Architektur.

Wie bei einem Rennrad, das ohne Schutzbleche, Scheinwerfer, Klingel oder Gepäckträger gebaut wird, ließ sich durch die RISC-Bauweise die Geschwindigkeit des Prozessors erheblich beschleunigen. 1982 gründeten im kalifornischen Silicon Valley der »Jugend-forscht«-Preisträger Andreas Bechtolsheim und sein Kommilitone Scott McNealy die Computerfirma Sun Microsystems. Sie wollten RISC-basierte Rechner konstruieren, die sich mit dem – nicht an IBM, Siemens oder einen anderen Hardware-Hersteller gebundenen – »offenen« Betriebssystem Unix einsetzen ließen. 1987 stellte Sun seine hochleistungsfähige »Sparc Station« vor und veränderte dadurch schlagartig den Markt für kommerziell eingesetzte Hardware: Solche Rechner teilten sich bald als sogenannte »Server« oder »Workstations« (Arbeitsplatzrechner) im Netzwerk die Hauptlast der Datenverarbeitung, als Benutzerstation genügte später vielfach ein Standard-Personalcomputer.

Doch diese Entwicklung war 1981 noch ebensowenig absehbar wie der Erfolg des PC, von dem IBM selbst überrascht wurde. SAP nicht minder, wie Hasso Plattner in einem Gespräch mit dem Nachrichtenmagazin »Der Spiegel« 1997 erzählte: »In den Achtzigern waren wir zu nah dran an IBM und waren dadurch zu sehr fixiert auf die Welt der Großrechner«, resümierte Plattner. »Anfangs wollten wir einfach nicht wahr haben, daß da ein neuer Megatrend kommt.«

SAP überließ nach dem Marktstart seiner neuen Großrechner-Software R/2 immer öfter die Installation und Programmpflege besonders dafür ausgewählten Beratungsfirmen, die auch spezielle

Fach- oder Branchenkenntnisse zu Neuentwicklungen beizusteuern vermochten. Schon früh übernahm beispielsweise das EDV-Studio Ploenzke aus Wiesbaden (heute: CSC Ploenzke AG) die »Implementation« von SAP-Software; 1982 wurde ein Bündnis mit der Organisation Plaut AG geschlossen, um den Software-Bereich »Rechnungswesen« zu stärken.

Ein lukratives Geschäft auch für die Berater: Ausgaben für neue Computer-Hardware und, oftmals damit verbunden, für Standard-Software waren noch auf Investitionszeiträume von 10 bis 15 Jahren angelegt. »Da hat man dann erst die Finanzbuchführung implementiert«, erklärt Paul-Michael Dahlheim, Sprecher der Geschäftsführung des global operierenden Beratungsunternehmens Price Waterhouse und Europamanager für das gemeinsame Geschäft mit SAP, »im nächsten Jahr die Kostenrechnung, dann die Anlagenbuchführung, die Auftragsabwicklung oder die Materialwirtschaft und ist irgendwann in die Produktion gegangen. Und so war die Implementierung der Standardsoftware ein Prozeß, der sich über sechs, acht Jahre hinzog.«

Mit der Partnerstrategie nahm SAP allerdings auch einen Grundkonflikt in Kauf, der seither das Image des Unternehmens geprägt hat. »Der gute Ruf unserer Produkte und vor allem die Wirtschaftlichkeit ihres Einsatzes«, warnte bereits 1986 unter dem Stichwort »Beratungsengpaß« ein mit »SAP-intern/vertraulich« gekennzeichnetes Schreiben, »leidet unter den hohen Einführungs- und vor allem Betreuungskosten.« Auch mehr als zehn Jahre danach hängt die Zukunft der SAP, meinen Branchenbeobachter, weiter hauptsächlich von der Antwort auf eine Frage ab: Was läßt sich das Unternehmen organisatorisch und technisch einfallen, um diese Kosten weiter zu senken – ohne seine Partner zu verprellen?

R/2 hatte die Firma bei Großunternehmen und Konzernen an die Spitze gebracht. »Nahezu unbemerkt von der breiten Öffentlichkeit«, faßte 1990 die »Computerwoche« zusammen, »hat sich die SAP AG, Walldorf, mit dem modularen Standardsoftware-Paket R/2 eine Quasi-Monopol-Position auf dem Gebiet der kommerziellen Standardsoftware für /370-Rechner in der Bundesrepublik geschaffen.« 1996 umfaßte die Großrechner-Software, die noch über die Jahrtausendwende hinaus weitergepflegt werden soll, die Module RA (Anlagenbuchhaltung), RF (Finanzbuchhaltung), RK (Kostenrechnung), RK-P (Projektsysteme), RM (Instandhaltung), RM-Mat (Materialwirtschaft), RM-PPS (Produktion), RM-QSS (Qualitätssicherung), RP (Personal) sowie RV (Vertrieb, Fakturierung, Versand).

Als entscheidenden Erfolgsfaktor bewerten Branchenkenner auch die Vorsicht, mit der das Unternehmen in der Aufbauphase expandierte. »Ich denke«, erklärt Dietmar Hopp, »es hat uns sehr gut getan, daß wir uns in dieser Zeit darauf konzentrieren konnten, unsere Produkte zu entwickeln – ohne die Probleme und Sorgen, die eine rasche Expansion ja auch mit sich bringt.« In den Jahren 1982 bis 1984 rückte dann die sogenannte Doktorenriege bei SAP ein: zahlreiche promovierte Neueinsteiger, die im Dutzend direkt von der Hochschule geheuert wurden. Einer der ersten war der habilitierte Physiker Henning Kagermann, der 1982 in das Unternehmen eintrat.

»Wir waren diejenigen, die zehn Jahre später kamen«, sagt der Mann der zweiten SAP-Generation. Kagermann rückte 1991 in den Vorstand auf und ist dort für die Software-Entwicklung im Finanz- und Rechnungswesen sowie für Branchenlösungen zuständig. 1993 und 1996 zogen mit Peter Zencke, Gerhard Oswald, Claus Heinrich und Paul Wahl weitere Vertreter der »zweiten SAP-Generation« in den Konzernvorstand ein. Ihr Meisterstück hatten sie als Mitgestalter des jüngsten Standardsoftware-Pakets R/3 und seines Erfolgs geliefert. R/3 brachte dem Unternehmen ab 1992 den entscheidenden Durchbruch auf dem Weltmarkt.

Wie beim Ausbau seines Programmsystems hatte sich SAP bis dahin auch beim stufenweisen Aufbau des Auslandsgeschäfts, der sich zunächst in zwei Schüben vollzog, vom Bedarf seiner Kunden und Partnerfirmen leiten lassen:

- 1978 wollte der US-Landmaschinenhersteller John Deere in Mannheim die SAP-Finanzbuchhaltung RF in europäischen und afrikanischen Tochterfirmen einführen. Für SAP bedeutete das den Einstieg ins internationale Finanzwesen, wo die Softwerker sich auf andere Formen des Zahlungsverkehrs, Währungsfragen und länderspezifische Bilanzierungsvorschriften einstellen mußten. Die Traktorenfirma übernahm es in Eigenleistung, die Software ins Französische zu übertragen. »Dieser Kunde«, sagt Hasso Plattner, »hat uns exportiert.«

- 1984 wurde in Biel in der Schweiz die SAP (International) AG gegründet, die das R/2-Auslandsgeschäft koordinieren sollte; Hintergrund: Weil R/2 sich auch auf Großrechnern der Siemens AG unter dem Betriebssystem BS 2000 einsetzen ließ, bestückte der Elektronikkonzern nun weltweit die Computer seiner Landesgesellschaften mit der Software aus Baden und trug dadurch zum zweiten Internationalisierungsschub bei.

Aufgebaut hatte das Auslandsgeschäft der Schweizer Manager Hans Schlegel, der 1984 von der Hilti AG im Fürstentum Liechtenstein zur SAP stieß. Bis zu seinem Ausstieg 1993 war Schlegel im Vorstand für den internationalen Vertrieb zuständig. »Ich möchte«, hatte Schlegel zum Amtsantritt programmatisch verkündet, »daß eines Tages die Taxifahrer in Philadelphia oder Singapur genauso Bescheid wissen, wohin es geht, wie die Fahrer in Heidelberg, wenn ich sage: Bitte zur SAP.«

Amerikanische Investmentclubs raten ihren Mitgliedern, gelegentlich am Firmensitz der von ihnen favorisierten Aktiengesellschaften vorbeizufahren. Denn dort ließen sich, etwa aus der Belegdichte der Parkplätze (besonders nach Feierabend) oder aus verstärkter Bautätigkeit, hilfreiche Rückschlüsse auf die Kursaussichten des börsennotierten Unternehmens ziehen. 5000 Kleinanleger-Clubs soll es immerhin auch schon im vom Börsenfieber erfaßten Deutschland geben. Motorisierte Freizeitanalysten kämen mittlerweile auch im Industriegebiet von Walldorf voll auf ihre Kosten.

Das fehlte uns gerade noch, meinen Anwohner. »Morgens und abends«, beschwert sich Gerhard Mayer, 56, »hat man fast keine Möglichkeit heimzukommen, steht ewig im Stau.« An jeder zweiten Straßenecke werden inzwischen SAP-Bürogebäude oder Parkhäuser errichtet oder erweitert. Weil die Gebäude zum Teil weit auseinander liegen, stützt sich die alltägliche SAP-Kommunikation nicht nur international, sondern auch im Gewerbegebiet mittlerweile hauptsächlich auf »das Mail«, die elektronische Post von PC zu PC. Per MLP, so der Name des auf SAP-Software basierenden Bürokommunikationssystems, sind auch Firmenchef Hopp und seine Kollegen für ihre Mitarbeiter erreichbar.

»Wir kommen nicht mehr ohne Mail aus«, erklärt Anton Dillinger, seit 1978 bei SAP und damit einer der Firmenveteranen. »Manche kommunizieren nur noch über Mail und igeln sich in ihrem Zimmer ein. Die unmittelbare Kommunikation wie in den Anfangsjahren funktioniert nicht mehr, wenn man so groß wird.« Indes wünscht sich mancher Walldorfer, daß die Softwerker endlich ganz auf Telearbeit umsteigen mögen: Werktags streben allein 3500 SAP-Beschäftigte ins Industriegebiet, weitere 800 sollten 1997 hinzukommen. Verstärkt wird dieses Heer von Software-Pendlern durch rund 1000 Schulungsteilnehmer sowie mehrere hundert Kunden und Angestellte von Partnerfirmen des Konzerns. Dazu kommen noch die Beschäftigten der anderen Betriebe im Industriegebiet, beispielsweise der »Heidelberger Druck«. Das Ergebnis sei »verkehrsmäßig wirklich eine Katastrophe«, findet nicht nur Anrainer Mayer.

Andererseits, sagt der Walldorfer Kaufmann Rolf Kübler, 47, »hat jeder hier im Umfeld Vorteile durch die SAP«. 1988 eröffnete das Unternehmen sein Internationales Schulungszentrum an der Neurottstraße, wo seitdem Tausende Software-Entwickler, EDV-Berater und Beschäftigte von Partnerfirmen und Kundenunternehmen aus aller Welt mit den Feinheiten der Standardsoftware aus Walldorf vertraut gemacht werden. Zu den ersten Nutznießern gehörte das Hotel- und Gaststättengewerbe.

Von der »relativ sicheren Grundauslastung« (so ein Hotelier) durch den Software-Tourismus profitieren neben dem Hotel Vorfelder oder dem Holiday Inn in Walldorf zahlreiche – zum Teil neugebaute – Beherbergungsbetriebe in Nachbarorten wie Wiesloch oder Rauenberg und sogar noch in Heidelberg.

Manche sind zu mehr als 90 Prozent mit SAP-Gästen belegt. »Trotz gut ausgebauter Hotellerie«, warnt Walldorfs Bürgermeister Jürgen Criegee, »kriegt man von Montag bis Freitag sehr schlecht ein Hotelzimmer, weil alles ausgebucht ist.« Einen »Geldregen für die Region« meldete die in Heidelberg erscheinende »Rhein-Neckar-Zeitung« als Folge des High-Tech-Booms, der das Baugeschäft ebenso zum Brummen brachte wie den Einzelhandel oder die Dienstleistungsbranche. »Von dieser Art Unternehmen«, sagt Chefredakteur Manfred Fritz, »brauchten wir in Deutschland ein paar hundert, dann wäre die Standortdebatte überflüssig.«

Um den Unmut der Stauopfer zu dämpfen, hat der Software-Riese eine Million Mark zum Bau einer dritten Spur auf der B39 spendiert. Zusätzlich sollen Jobtickets für öffentliche Verkehrsmittel sowie der firmeneigene Shuttle-Dienst mit Kleinbussen die Situation entspannen. Als nächstes will die Stadt Walldorf – Gewerbesteuereinnahmen 1996: rund 79 Millionen Mark – auf eigene Kosten die ganze Bundesstraße, vierspurig, nach Süden verlegen. »Ungewöhnliche Entwicklungen«, hat der Walldorfer Technische Beigeordnete und Stadtbaumeister Wilhelm Schneider seit dem Einzug von SAP ins Gewerbegebiet gelernt, »erfordern eben ungewöhnliche Wege.«

»Der Erfolg ist ein Wahnsinn«, schrieb 1995 die Illustrierte »Stern« in einer Reportage über SAP, »und dessen Zentrale auf dem Acker bei Walldorf ist ein Wahnsinn für sich.« Als heimlicher Herrscher im Gewerbegebiet gilt Ewald Engelbert. Der SAP-Mann, offizieller Titel: »Facilities Manager«, ist der James Bond des SAP-Gebäudewesens: Engelbert, heute noch in Walldorf, morgen schon in Moskau, San Francisco oder Kapstadt, hat die Lizenz zum Bauen. Besonders beliebt ist der Gebäudemanager in Walldorf. Der SAP-Bauboom vor der Stadt hat so manchem Landwirt beim Verkauf seiner Scholle einen prächtigen Software-Bonus beschert. »Ich bin herummarschiert«, erklärt Ewald Engelbert, »und habe Schecks an die Bauern verteilt. Seitdem weiß ich, wieviel ein Hektar Sonnenblumen bringen kann.«

Insgesamt siebenmal wurde seit 1980 allein das erste SAP-Hauptquartier an der Max-Planck-Straße erweitert und aufgestockt. »Im Keller habe ich einen Tischtennisraum gehabt«, erzählt Improvisario Engelbert, »und auf der Seite waren Lichtschächte. Da kamen 25 Leute rein.« Als nächsten Großbau nach dem Internationalen Schulungszentrum errichtete die Firma dann direkt daneben an der Neurottstraße das sechsgeschossige Entwicklungs- und Vertriebszentrum (EVZ), das 1992 eingeweiht wurde, sowie ein Parkhaus mit 1600 Stellplätzen. Bereits vier Jahre später war die neue Konzernzentrale, ursprünglich konzipiert für 1800 Beschäftigte, zu eng geworden. Hochbezahlte Software-Experten mußten auf der Galerie über der Empfangshalle untergebracht werden. An den Raumteiler haben sie einen Zettel gepinnt: »Freigehege«.

»Ein düsteres Kapitel«, kommentiert Engelbert mit gerunzelter Stirn und setzt hinzu: »Heute sind die Dimensionen so groß, daß auch die Flure nicht mehr ausreichen.« Deshalb soll ein gegenüber vom EVZ neu errichtetes Bürogebäude zusätzlich Platz für 600 Beschäftigte schaffen. Sein Notebook-PC vermag dem SAP-Gebäudemanager bei seinem Logistikpuzzle nur begrenzt zu helfen: »Die Software versagt, weil die Perspektiven so unterschiedlich sind«, erklärt Engelbert. »Das ganze Ding ist irgendwie wie ein Kaleidoskop. Wenn du es einen Millimeter weiterdrehst, sieht es schon ganz anders aus.«

Personalbestandsaufnahmen und Kostenstellenanalysen, führt Engelbert aus, hätten eben nur geringen Aussagewert, wenn beispielsweise in einer Abteilung kurzfristig »25 Externe aus Indien« untergebracht werden müßten. Mit den informellen Hausbräuchen unvertraute Neulinge versuchten zuweilen, »mit Imponiergesten und Machtgehabe« die Räume für ihre Mannschaften zu erzwingen, so Engelbert, »und dann haben sie keine Feder mehr am Kopf«. Das SAP-Prinzip mute zwar chaotisch an, philosophiert der »Facilities Manager« des Weltkonzerns mit einem Grinsen, »aber da ist sehr wohl ein System drin. Daß da keine Abteilungen so richtig definiert sind, das hängt halt damit zusammen, daß alles fließt.«

SAP-Chef Hopp wohnt weiter in Walldorf. Verglichen etwa mit den Domizilen halbwegs erfolgreicher Software-Manager im Silicon Valley, nimmt sich seine Villa im Landhausstil bescheiden aus. Anders als ihr Bundeskanzler, der gegenüber auf der anderen Rheinseite in Oggersheim wohnt und noch »Softwahre« sagt, wenn er Zukunftsindustrie meint, sprechen selbst konservative Walldorfer korrekt von »Software«. Ob SAP auch im globalen Internet-Geschäft mithalten kann, ist für sie keine abstrakte Frage. Wenn die SAP-Aktie an der Börse abrutscht oder, wie im Frühjahr 1997, ein Verdacht auf illegale Insider-Spekulationen für Schlagzeilen sorgt, gibt es abends in den Biergärten und morgens an der Theke beim Bäcker Rutz kaum ein anderes Gesprächsthema. Auf die Frage, wie viele seiner am Börsenerfolg beteiligten Angestellten inzwischen Aktienmillionäre sind, muß SAP-Chef Hopp allerdings passen: »Das wüßte ich selbst gern.«

Vor dem Hotel Vorfelder am Ortseingang der Kleinstadt weht die Europaflagge. Für die Walldorfer würde sich der Euro in jedem Fall bezahlt machen: Weltweit werden Unternehmen den Übergang zur neuen Währung mit der dafür speziell vorbereiteten SAP-Software bewerkstelligen müssen. Doch die Internationalität erschöpft sich am Ort nicht nur in Hotelfahnen und ausländischen Restaurants. Der »Mannheimer Morgen« prämierte 1993 eine Neujahrsanzeige gegen Ausländerfeindlichkeit in Deutschland, die (ohne Werbung) von Mitarbeitern der SAP AG gestaltet worden war und durch private Spenden finanziert werden sollte. Doch zum Sammeln kam es nicht mehr. Als er von der Initiative erfuhr, sagte Dietmar Hopp spontan Finanzhilfe zu.

»Unsere Botschaft ist ganz klar«, sagt Walldorfs Bürgermeister Criegee, »wir sind international verflochten. Unser Wohlstand beruht auf dieser Verflechtung. Wir können uns nicht leisten, hier auch nur im Ansatz eine Ausländerfeindlichkeit zu entwickeln.« So wirkt das Erbe des einstigen Arbeitsemigranten Johann Jakob Astor bis in die Informationsgesellschaft nach. Nicht auszuschließen, fand das »Manager Magazin«, »daß Walldorf, das sich heute nach seinem berühmtesten Sohn stolz ›Astorstadt‹ nennt, eines Tages SAP-City heißen wird«.

Denn eigentlich hat der Boom in Walldorf gerade erst begonnen. Anlaß für die Prognose des »Manager Magazins«: der in der deutschen Software-Industrie bislang beispiellose Welterfolg des SAP-Systems R/3.

R/3: Kunden, Kanban, Känguruhs

> »Unsere wichtigste und auch richtigste Entscheidung haben wir 1987/88 getroffen, als wir uns entschlossen, R/3 zu entwickeln. Der Großrechner war in seiner Hochblüte, R/2 boomte, eigentlich hätten wir uns zurücklehnen können. Aber es reizte uns, eine multiplattformfähige Software zu entwickeln – zu unserem Glück, denn der Großrechner erlebte kurz danach einen fast dramatischen Niedergang.«
>
> *SAP-Vorstandschef Dietmar Hopp*

Jahrelang mußten die Verkäufer sich in den Filialen der Vobis Microcomputer AG von PC-Käufern und in der Fachpresse als »Kistenschieber« schmähen lassen. Für ihre ratsuchende Klientel brachten sie wenig Zeit und noch weniger Geduld auf. Kartonweise schoben sie die Massenware Personalcomputer samt Zubehör von der Lkw-Rampe in den Lagerraum und dann über den Tresen. Zum genauen Prüfen der Ware blieb indes selten Gelegenheit. Nicht immer erhielt der Kunde auf diese Weise wirklich das, was er sich im Katalog ausgesucht hatte. Doch das fiel ihm meist erst zu Hause auf. Seit 1995 allerdings hat sich das Bild komplett gewandelt.

PC-Käufer bei Vobis (lateinisch: »für euch«) treffen neuerdings auf Fachverkäufer, die sich nicht mehr beim Umschichten von Kisten oder mit hastiger Computerklempnerei im Hinterraum abplacken müssen. Statt dessen wird der PC-Kaufwillige neuerdings behandelt wie ein BMW-Kunde, der sich in seinem Autohaus die Extras für das neue Cabrio zusammenstellen läßt. Vor seinen Augen bestimmt der Verkäufer am Computerbildschirm die passende Konfiguration des »persönlichen Wunsch-PC« (Vobis-Werbung), die anschließend per ISDN-Digitalnetz oder via Satellit direkt an die Vobis-Zentrale im rheinischen Würselen weitergeleitet wird. Oftmals schon 48 Stunden später kann der Kunde dann seinen maßgefertigten Personalcomputer bei der Filiale abholen.

Daß in der Kiste dann wirklich drin ist, was auf der Rechnung steht, etwa ein PC »Highscreen Mini Tower« mit 32 Megabyte Arbeitsspeicher, 17-Zoll-Farbmonitor und »Software Stapel Plus«, garantiert ein ausgeklügeltes computergestütztes Fertigungs- und Vertriebssystem. »Built to Customer« (BTC) heißt das Verfahren, das bei Vobis die Lagerbestände und damit auch die Kistenschieberei reduziert sowie die Lieferzeiten erheblich verkürzt hat. So konnte Europas größte PC-Fachhandelskette ihre Wettbewerbsposition, betont Heribert Kraus, Bereichsleiter Organisation und EDV bei Vobis, »nachhaltig ausbauen«: 1996 stieg das Unternehmen, das zum Kaufhof/Metro-Konzern gehört, zum Führer im deutschen PC-Markt auf. Für mehr als eine halbe Million Kunden begann die persönliche Computerrevolution bei Vobis.

Was die meisten Kunden nicht ahnen: Ihr einzelgefertigter Highscreen-Computer, nach dem BTC-Konzept »just in time« produziert und geliefert, wurde mit Hilfe von SAP-Programmen hergestellt. Bei Vobis zeigt sich, wie der dezentrale Einsatz moderner Standardsoftware gleichzeitig Management, Produktion, Logistik und Service verändert. Das Vobis-System zählt zu den weltweit mehr als 9000 Installationen von R/3. Das jüngste und leistungsfähigste Programmpaket aus Walldorf, befand die amerikanische Zeitschrift »Datamation«, sei »nicht weniger als ein erstklassiges Software-Gegenstück zum Schweizer Armeemesser«.

Das mächtige Management-Instrument, mit dessen Hilfe Geschäftsprozesse und Produktionsabläufe sich blitzschnell bis in kleinste Details planen, simulieren, abbilden, steuern, kontrollieren und auswerten lassen, paßt auf zwei CD-Rom-Datenscheiben – silberglänzende Programmdisks wie diejenigen, die Vobis-Kunden beim PC-Kauf gleich stapelweise als Dreingabe erhalten. Doch mit R/3, verspricht SAP, erwirbt das Kundenunternehmen nicht einfach eine schnell verderbliche Allerwelts-Weichware – wie etwa ein Textprogramm, das morgen schon überholt sein kann. Vielmehr haben die Walldorfer mustergültig und »mehrwährungsfähig« den betriebswirtschaftlichen Fahrplan der vielfältig vernetzten Informationsgesellschaft auf die Digitalscheiben gepreßt. Mit Hilfe der Standardsoftware, so hoffen die Kunden, können sie auf dem neuesten Stand der Technik von den Methoden profitieren, die sich als wegweisend bei der modernen Betriebsführung herausgestellt haben – neudeutsch: »best business practices«.

Hauptunterschied von R/3, das in Deutschland erstmals im Juli 1992 bei einem SAP-Kunden installiert wurde, zum Vorgängerprodukt R/2: Die Standardsoftware der jüngsten Generation benötigt keine zentralen Großrechner mehr, die sich in zahlreichen Unternehmen als Bremsklotz im Datenverkehr erwiesen haben. Statt dessen wurde R/3 (Entwicklungsaufwand bis 1996: 1,5 Milliarden Mark) für eine neue Klasse kleinerer Spezialrechner (»Server«), Arbeitsplatzcomputer (»Workstations«) sowie Standard-Personalcomputer entwickelt, die sich nach dem sogenannten Client/Server-Modell die immense Datenlast in einem Computernetzwerk teilen. Auf diese Weise lassen sich Vorgänge, die vorher Stunden oder sogar Tage dauerten, inzwischen binnen Sekunden am Bildschirm eines PC abwickeln. Dort präsentiert sich die hochkomplexe Standardsoftware dann – wie etwa in der Vobis-Filiale oder auf dem Vorstands-PC in Würselen – vertraut als mausbedienbares Windows-Programm. »Mit R/3«, erklärt SAP-Vorstandssprecher Hasso Plattner, »hatten wir das richtige Produkt genau zur richtigen Zeit.«

Zwar wird auch R/2 von SAP noch über die Jahrtausendwende hinaus gepflegt und weiterentwickelt werden. Aber seit der Version 3.0, die 1995 freigegeben wurde, übertrifft die Funktionsfülle von R/3 diejenige des Vorgängerpakets bei weitem. SAP hatte R/3 ursprünglich als Mittelstandsvariante von R/2 geplant. Doch vom Start weg stürzten sich auch Großunternehmen und Konzerne auf R/3, denen ihre mainframe-basierte Informationsmaschinerie für den globalen Wettbewerb zu sperrig geworden war. Die Kunden konnten 1996 unter einem Dutzend von R/3-Hauptmodulen auswählen, etwa für das Finanzwesen (FI), das Controlling (CO) oder die Personalwirtschaft (HR). Darauf aufbauend bieten SAP und zahlreiche Partnerfirmen spezielle Standardpakete für ganze Branchen oder Anwendungsgebiete an, etwa Industry Specific Oil (IS-Oil) für Mineralölkonzerne oder IS-Health für das Gesundheitswesen. Ergänzt wird die Standardpalette durch zahllose Spezialprogramme für besondere Einsatzzwecke, etwa für die R/3-Anbindung von Außendienstlern mittels Handy-Funktelefon.

Länderspezifische Bedienmenüs sorgen dafür, daß die Software weltweit eingesetzt werden kann – im amerikanischen, japanischen oder europäischen Firmen-Headquarter ebenso wie im mexikanischen Zweigwerk oder in einem Zulieferbetrieb in China. Dabei lassen sich nicht nur die R/3-Standardmodule im jeweiligen Unternehmen oder Konzern auf vielfältige Weise miteinander verknüpfen. Vielmehr erlauben standardisierte Software-Schnittstellen den Online-Datenverkehr zwischen verschiedenen R/3-Anwendern rund um den Globus. Die Standardsoftware aus Deutschland dient als informationstechnischer Schrittmacher im Globalisierungsprozeß, vor allem für die schnellebige High-Tech-Industrie, die Investitions- und die Konsumgüterhersteller.

Durch R/3 erhielt das SAP-Auslandsgeschäft seinen entscheidenden Schub, zuerst ab Anfang 1993 in den USA. Wie das Edelcabrio Z 3 von SAP-Kunde BMW, so eilt auch dem Exportschlager R/3 der Ruf eines Spitzenprodukts deutscher Ingenieurskunst voraus. Vor R/3 galt Deutschland, anders als beim Automobilbau, auf dem Software-Markt längst als weit abgeschlagen. 1994 wurde Hasso Plattner von der angesehenen US-Zeitschrift »Industry Week« für das bahnbrechende Programmwerk als einer von »50 R&D Stars« aus Forschung und Entwicklung ausgezeichnet, die das Magazin jährlich für ihren Beitrag zur industriellen Kultur und Technologie ehrt. Im eigenen Land hingegen, so wurde bald darauf deutlich, galten die Visionäre aus Walldorf etwas weniger. Ausgerechnet am krisengeplagten Standort Deutschland erhob sich herbe Kritik am R/3-Konzept: Die »Komplexität von R/3«, titelte etwa das Fachblatt »Computerwoche«, »ist verhängnisvoll für SAP«.

Die Walldorfer reagierten überempfindlich und vergrätzt. Mit breit angelegten Leserbriefkampagnen und sogar durch Anzeigenboykott versuchten sie, derartige Einwände wegzubügeln. Dabei hat der Streit um die richtige technologische Linie das Produkt von Anfang an begleitet. SAP hat sich dabei als durchaus lernfähig und flexibel erwiesen – auch das gehört zum R/3-Erfolgsrezept. Die meisten R/3-Kunden messen derlei Technologiedebatten ohnehin nur akademische Bedeutung bei. Denn noch gibt es auf dem Markt für Standardsoftware kaum Alternativen zu den SAP-Programmen.

1995 benutzten 200 000 Menschen weltweit die Software aus Walldorf, Anfang 1997 waren es bereits mehr als 1,5 Millionen. Die R/3-Kundenfirmen bilden den exklusivsten Software »User Club« der Welt. Die reine R/3-Software-Lizenz wird jeweils für

»Funktionsblöcke« erworben und nach der Zahl der angeschlossenen Benutzer abgerechnet; sie kostete 1996 zwischen 4000 und 6000 Mark pro Arbeitsplatz. Für eine Komplettinstallation von Hard- und Software muß ein mittelständischer Betrieb mehrere hunderttausend Mark berappen. Großunternehmen, die gleich mit dem gesamten Konzern dem globalen R/3-Klub beitreten wollen, wird nicht selten eine Aufnahmegebühr in zweistelliger Millionenhöhe abverlangt. 20 Millionen Mark ließ es sich beispielsweise die Vobis Microcomputer AG kosten, Fertigung und Vertrieb mit Hilfe der R/3-Module SD (Logistik/Sales and Distribution), MM (Materialwirtschaft) und PP (Produktionsplanung) vom Kistenschieberaufs »Built-to-Customer«-Konzept umzustellen.

Die Idee stammt vom Firmengründer und damaligen Vorstandschef Theo Lieven, der sie im Mai 1995 bei einer Managerkonferenz in den Raum stellte. Als seine Manager darüber nachsannen, wie sich europaweit die kostentreibenden Lagerbestände in den Filialen verringern und gleichzeitig die Kunden schneller und besser bedienen ließen, warf Lieven das Zauberwort »online« in die Runde: Optimal, so führte der Vobis-Gründer aus, wäre ein DV-System, das die Bestell- und Konfigurationsdaten der von den Kunden ausgewählten Personalcomputer aus den Filialen direkt in die Zentrale in Würselen übertrüge. Vobis war ein Serienfertiger, in dessen Zentrale die Personalcomputer bis dahin gleichsam auf Verdacht nach Absatzprognosen zusammengebaut und ausgeliefert wurden (»Built to Forecast«). Die Endkonfiguration der Rechner wurde zumeist in den Vobis-Geschäftsstellen vor Ort vorgenommen.

Künftig könnten die Computer, so schwebte es Lieven vor, unmittelbar nach Ordereingang in Würselen maßgefertigt werden. Der Vobis-Gründer: »Dadurch würden die bisherigen dezentralen Lager in den Filialen überflüssig.« Wenn auf diese Weise sich auch noch die Lieferzeiten der Highscreen-PCs verkürzen ließen, rechnete der findige Firmenchef seiner Mannschaft vor, »hätte Vobis einen echten Wettbewerbsvorteil«. Das Unternehmen verfügt in elf europäischen Ländern über mehr als 1100 Verkaufsstellen, darunter rund 340 in Deutschland. Wollte die Firma ihre Marktposition gegenüber anderen Handelsketten, Kaufhäusern und PC-Direktversendern ausbauen, dann erforderte das verbesserten Service bei gleichzeitiger Qualitätssteigerung. Durch das neue Verfahren, berichtet Ulrich Flatten, Controlling-Chef bei Vobis, wollte die Firma »den Kunden unbedingt eine Dienstleistung offerieren, die unsere Mitbewerber nicht bieten können«.

Flatten war es auch, der gemeinsam mit seinem Kollegen Heribert Kraus (Leiter Sonderprojekte) den Einsatz des R/3-Logistik-Moduls für diesen Zweck vorschlug. Vobis nutzte bereits die R/3-Module FI (Finanzwesen), CO (Controlling) und AM (Anlagenwirtschaft). Die Leistungsfähigkeit der Logistikkomponente »Configuration Management«, die speziell für Anwender mit variantenreichen Produktlinien entwickelt worden war, verlockte die beiden Manager nun zum Aufrüsten. Ihr Plan: Mit Hilfe von R/3 wollten sie die gesamte Geschäftsprozeßkette – vom Auswählen der passenden PC-Konfiguration (mit automatischer Sperre beim Versuch, miteinander unvereinbare Komponenten zu kombinieren) über Preisfindung und Bestellung bis zur Produktion und Auslieferung – im Computernetz durchorganisieren und dadurch auch einem lückenlosen Auftrags-Controlling unterwerfen. Die dabei anfallenden Geschäftsdaten sollten vielfältig mit anderen R/3-Modulen rückgekoppelt werden, etwa im Bereich Finanzwesen. Soweit die Theorie.

In der Praxis bedeutete das jedoch, daß Serienfertiger Vobis seine komplette logistische Prozeßkette für die Einzelauftragsproduktion umkrempeln mußte. »All unsere Abläufe«, erläutert Projektleiter Kraus, »mußten von A bis Z untersucht und mit den neuen Erfordernissen harmonisiert werden.« So schlug die Stunde der Berater, die in diesem Fall von SAP selbst sowie von der Kölner Unternehmensberatung GMO entsandt wurden. In dieser Phase entscheidet sich, so eine R/3-Faustregel, welchen personellen, finanziellen und zeitlichen Aufwand die SAP-Installation erfordert.

Für Vobis fiel die Prognose günstig aus, zumal die PC-Handelsfirma in Teilbereichen bereits R/3 einsetzte. Binnen drei Monaten, versicherten die Fachleute aufgrund einer eingehenden Ist-Analyse, sollte das BTC-Konzept sich realisieren lassen. Um den logistischen Kraftakt zu bewältigen, engagierte sich der gesamte Vobis-Vorstand, vorneweg die »Leitfigur Lieven« (Controller Flatten), beim radikalen Umbau von Fertigung und Vertrieb. 17 Projektgruppen wurden gebildet, die parallel die vielfältigen Teilaufgaben des R/3-Vorhabens in Angriff nahmen. Die R/3-Logistikprogramme beherrschen den impulsgesteuerten Materialnachschub nach der sogenannten Kanban-Methode. Dabei werden die benötigten Teile – etwa ein PC-Gehäuse oder ein Festplattenspeicher – erst dann nach dem »Just-in-time«-Prinzip aus dem Lager an den betreffenden Arbeitsplatz geliefert, wenn sie dort benötigt werden. Doch dafür mußte zuerst das Vobis-Zentrallager entsprechend umgestaltet werden.

So galt es beispielsweise, neue Kommissionierboxen und Transportwagen anzuschaffen sowie die Fertigungsstraßen neu einzurichten. Überdies wurden Barcode-Systeme installiert, die mittels spezieller Lesegeräte (»Scanner«) eine lückenlose Auftragsverfolgung erlauben. Die SAP-Logistik-Software beinhaltet ein Frühwarnsystem, das rechtzeitig auf mögliche Fehlentwicklungen und Engpässe im Produktionsablauf hinweist. Um solchen Situationen vorzubeugen, läßt sich das R/3-Produktionsplanungsmodul PP verwenden. Damit kann der Herstellungsablauf für eine neue Produktlinie, etwa eines speziellen Internet-PC, bereits am Schreibtisch-PC durchgespielt und auf diese Weise der Bedarf an Material, Maschinen und Personal durchgerechnet werden. Bei kurzfristig erhöhtem Bestellaufkommen – etwa in Folge einer besonders erfolgreichen regionalen Anzeigenkampagne – hilft die Software, binnen Sekunden diejenigen Produktionsteams zu bestimmen, die noch freie Kapazitäten zum Auffangen solcher Bestellspitzen haben.

5000 Personalcomputer pro Tag sollten sich so in der Anfangsphase herstellen lassen. Das bedeutete, daß bei Vobis rund 1000 R/3-Anwender – von den Verkäufern in den Filialen bis zu den Produktstrategen beim Vorstand – im Computernetz zusammengeschaltet werden mußten. Denn nur so läßt sich der eigentliche Hauptvorteil des hochintegrierten Systems nutzen: Es erlaubt jederzeit den unmittelbaren Durchgriff auf aktuelle Plan-, Produktions- und Absatzdaten von jedem Arbeitsplatz aus, wo diese Informationen gerade benötigt werden. So gestattet es R/3 beispielsweise den Marketingspezialisten in der Firmenzentrale, sich per Balkendiagramm auf dem PC-Monitor anzeigen zu lassen, wie ein neuer TV-Spot sich auf die Bestellungen in einem ausgewählten Verkaufsgebiet ausgewirkt hat. Gleichzeitig erfährt der Verkäufer bei der Bestelleingabe in der Filiale, ob dieselbe Reklame womöglich derart werbewirksam war, daß durch unerwartet hohes Bestellaufkommen und die daraus resultierende Materialknappheit ein bestimmter Multimedia-PC erst nach vier statt nach zwei Werktagen aus Würselen eintreffen wird.

Der immense Datenumsatz, der dabei rund um die Uhr vom Vobis-Rechnernetz bewältigt werden muß, läßt sich bei einem Blick in die Verkaufsprospekte der Handelskette erahnen. Dort können die Kunden inzwischen unter Dutzenden von Gerätetypen auswählen, deren Hard- und Software-Ausstattung vielfältig variiert werden kann. Mehr als eine Million Varianten sind möglich. So mußten für die Einzelauftragsfertigung mit Hilfe des R/3-Moduls SD Maximalstücklisten für den Highscreen-PC erstellt werden, die in dem vielschichtig verflochtenen R/3-Computerkosmos auch Steuerfunktionen übernehmen. Durch dauernden Abgleich mit den Bestandslisten des Zentrallagers läßt sich sofort feststellen, wenn der Vorrat an Komponenten für eine bestimmte Produktlinie unter eine vorher festgelegte kritische Grenze sinkt. Dadurch wird dann vollautomatisch ein Einkaufsvorgang angestoßen, um den Materialnachschub sicherzustellen. Auf diesem Prinzip der »ereignisgesteuerten Prozeßketten« basiert das gesamte R/3-System.

Nicht gerechnet hatten die Computerhändler aus dem Rheinland mit dem Speicherhunger der weitverzweigten Standardsoftware. Vorher war Vobis noch mit einem einzigen mittelgroßen Computer von Hewlett-Packard als R/3-Server ausgekommen. Doch die zusätzlich zu erwartende Datenmasse, so mußten sich die Manager in Würselen von ihren SAP-Beratern vorrechnen lassen, würde diese Maschine allein hoffnungslos überfordern. Die gewaltige Verarbeitungslast, kalkulierten die Fachleute, müßte auf insgesamt zwölf Hochleistungsserver von Hewlett-Packard (HP) unter dem Betriebssystem Unix verteilt werden. Diese könnten dann wiederum 1000 Standard-PCs (Microsoft Windows) als »Clients« in Echtzeit mit Daten bedienen. Heribert Kraus wurde klar, worauf er sich eingelassen hatte: »Das bedeutete«, erinnert der Vobis-Projektleiter sich, »daß wir damit auf einmal deutschlandweit die größte Client/Server-Anlage in Verbindung mit R/3 aufbauen mußten, und das in sehr kurzer Zeit.« Ernüchtert stellte die Vobis-Mannschaft fest, so Kraus: »Dafür fehlten uns sowohl die Ressourcen als auch das Know-how.«

Zum Glück für das Unternehmen offenbarte sich in dieser Projektphase ein Hauptvorzug der Mitgliedschaft im gehobenen R/3-Klüngel: »Sondereinsatzkommandos« von SAP und HP (sowohl langjähriger SAP-Partner als auch Vobis-Lieferant) sorgten dafür, daß der Innovationsschub nicht im Ansatz steckenblieb. Hewlett-Packard hat als ein führender Hersteller von Unix-Maschinen für Client/Server-Netzwerke schon zum Entstehen der R/3-Software beigetragen. Mittlerweile profitiert der Elektronikriese als SAP-Logopartner vom weltweiten Hardware-, Software- und Beratungsgeschäft mit den Standardprogrammen aus Walldorf. Ohne HP, betont R/3-Urheber Hasso Plattner, »hätte die Entwicklung nicht so rasant verlaufen können«.

Denn HP, Pionierfirma bei den »offenen Systemen«, stand Pate, als die SAP-Software zu Beginn der neunziger Jahre gleichsam im Hauruckverfahren auf Computer mit dem Betriebssystem Unix übertragen (EDV-Jargon: »portiert«) wurde – ein folgenreicher Kurswechsel, durch den SAP zum Weltunternehmen aufstieg.

Ursprünglich hatten die SAP-Gründer das R/3-System für den Einsatz mit einer neuen Klasse mittlerer IBM-Computer vorgesehen, der späteren Baureihe AS/400. »Big Blue« wollte diese Rechner, die von einem IBM-Betriebssystem gesteuert werden, speziell in mittelständischen Firmen plazieren. Erst buchstäblich im letzten Moment, berichtet Plattner, hatte SAP dann das Ruder Richtung Unix herumgerissen. Grund: Das IBM-System erwies sich damals als zu schwach für das komplexe R/3-Paket.

Bis zum Beginn der neunziger Jahre galten die Walldorfer noch als loyale IBM-Gefolgsleute. Im Schlepptau des Marktführers bei Computer-»Dickschiffen«, wie die Großrechner im EDV-Jargon spöttisch genannt werden, brachte SAP seine R/2-Standardsoftware bei Konzernen und Großunternehmen unter. Auch die Idee für eine neue Software-Generation, die für den Einsatz in den Tochterunternehmen der Konzerne sowie in der mittelständischen Industrie maßgeschneidert sein sollte, folgte zunächst im Grunde ebenfalls der IBM-Linie. Dietmar Hopp, Hasso Plattner und Klaus Tschira schmiedeten den Plan 1987 bei einer gemeinsamen Autofahrt von Frankfurt am Main nach Walldorf, auf dem Heimweg von einer IBM-Konferenz.

Dort hatte der Computerkonzern ein neuartiges Rechnerkonzept präsentiert, die sogenannte »System-Anwendungs-Architektur« (SAA). Das SAA-Konzept sah vor, erstmals alle IBM-Computer und deren Betriebssysteme – vom PC über mittelgroße Rechner bis hin zum Mainframe-Computer – informationstechnisch derart zu vereinheitlichen, daß dadurch auch die Produktion künftiger Computerprogramme stark vereinfacht würde – jedenfalls für die IBM-Welt. Nach diesen Plänen sollten Anwendungsprogramme, statt wie bisher in Assembler, nunmehr vorwiegend in der Programmiersprache C geschrieben werden, die als zukunftsträchtiges »Esperanto« der Software-Welt galt.

C war bereits Anfang der siebziger Jahre in den legendären Bell Laboratories des amerikanischen Elektronikgiganten AT&T entwickelt worden. Sowohl das Betriebssystem Unix, dessen Urform bei AT&T ausgetüftelt worden war, als auch die meisten Unix-Anwendungsprogramme wurden in C programmiert. Aber die immer beliebtere Programmiersprache vereinfachte auch erheblich die Anwendungsentwicklung für andere Betriebssysteme, etwa für IBM-Computer.

Die geplante SAA-Computerarchitektur sah den Einsatz moderner relationaler Datenbanken vor, bei denen die einzelnen Datensätze – etwa bei Kunden- oder Lagerlisten – sich vielfältig miteinander verknüpfen und auswerten lassen. Damals dominierten im Großrechnerbereich noch die sogenannten hierarchischen Datenbanksysteme. Derartige Datenbanken waren zwar einfacher aufgebaut und für Programmierer pflegeleichter. Dafür vermochten sie die Informationen aber nur nach einem starren Grundmuster zu speichern. Auch bei R/2 wurden die Unternehmensdaten noch nach diesem Modell vorgehalten, das sich besonders für standardisierte Informationsabfragen nach stets wiederkehrenden Mustern eignete. In der nächsten Generation ihrer Standardsoftware, meinten die SAP-Experten, müßten die Firmendaten sich flexibler querverbinden und auswerten lassen. Dadurch könnten die Kunden dann die Daten leichter in Kombinationen abfragen, die sich womöglich bei Erwerb und Installation der Software noch gar nicht absehen ließen.

Nach der IBM-Konferenz in Frankfurt stand für die SAP-Gründer fest, daß IBM und SAA die Zukunft der Standardsoftware aus

Walldorf bestimmen würden. Die neue Software-Architektur würde SAP einen riesigen finanziellen, personellen und technischen Aufwand abverlangen. Denn die SAP-Software mußte, ausgehend von R/2 und unter Einsatz der Programmiersprache C, praktisch neu geschrieben werden. Gleich nach ihrer Rückkehr, beschlossen die SAP-Lenker noch auf der Heimfahrt nach Walldorf, wollten sie die Kollegen in der Firma auf den geplanten Kraftakt einstimmen. »Es war ein trüber Tag«, erinnert SAP-Vizechef Plattner sich, »aber auf dem Rückweg waren wir ganz high.«

Unix, das herstellerunabhängige (»offene«) Betriebssystem für leistungsstarke Netzwerkcomputer auf Basis sogenannter 32-Bit-Prozessoren, spielte bei den Plänen der SAP-Gründer damals nur eine Nebenrolle. Die Offenheit des Systems, das sich plattformübergreifend auf Rechnern verschiedener Computerfirmen einsetzen ließ und deshalb seine Benutzer nicht in Abhängigkeit von einzelnen Herstellern wie IBM brachte, hatte Unix bereits zum bevorzugten Betriebssystem an Universitäten und in Forschungseinrichtungen werden lassen. Doch in den Rechenzentren von Unternehmen und Behörden dominierten noch die Großcomputer und mittelgroßen Rechner von Herstellern wie IBM, Siemens oder Digital Equipment, die sich nur mit ihren herstellerabhängigen (»proprietären«) Betriebssystemen einsetzen ließen. Dort galt Unix oftmals noch als Spielwiese für akademische Hacker. Die konservativen Hüter der Datenschätze sahen Unix noch nicht als ernst zu nehmendes Betriebssystem für die unternehmensweite Datenverarbeitung.

Ihre Standardsoftware-Lieferanten bei der SAP, die mit IBM und Siemens eng verbandelt waren, teilten diese Ansicht – jedenfalls öffentlich. Die ehemaligen IBM-Berater an der Firmenspitze waren peinlichst darauf bedacht, nicht das Vertrauen ihrer IBM-abhängigen R/2-Klientel in die Zukunftssicherheit der SAP-Programme zu erschüttern. Deshalb reagierte Dietmar Hopp auch prompt mit einem bösen Leserbrief, als die »Computerwoche« im November 1987 unter der Überschrift »Unix vor SAA: SAP ändert Software-Strategie« über vermeintliche Unstimmigkeiten zwischen IBM und SAP über SAA und die Rolle von Unix berichtete. Hintergrund: Hasso Plattner hatte ausgeplaudert, daß SAP die Programmentwicklung des neuen Systems auch auf Unix-Computern verschiedener Hersteller betreiben werde. Gleichwohl distanzierten sich die Walldorfer nach dem »Computerwoche«-Artikel eilfertig davon, »daß diesmal die SAP dazu benutzt wurde, die IBM anzugreifen«. Ausdrücklich betonte SAP-Chef Hopp: »Wir haben auch nicht unsere Software-Strategie geändert und stellen Unix nicht vor SAA.«

Der damalige »Computerwoche«-Chefredakteur Dieter Eckbauer konnte es sich nicht verkneifen, an diese Episode zu erinnern, als SAP-Chef Hopp sieben Jahre später – 1994 – bei einem Vortrag an der Fachhochschule Karlsruhe mit einer leicht veränderten Version der R/3-Entstehungsgeschichte aufwartete: SAP habe, so stellte es Hopp dar, »bereits 1987 den Entschluß gefaßt, eine neue SAP-Produktgeneration auf Basis des Unix-Betriebssystems zu entwickeln«. Der SAP-Chef: »Das war ein sehr unbequemer Entschluß, denn er implizierte ein hohes finanzielles Risiko einerseits und ein hohes Erfolgsrisiko andererseits, weil 1987 niemand wissen konnte, wie der Unix-Markt sich entwickeln wird.«

Die »Computerwoche« wußte es zwar besser und konnte das belegen. Doch ihrem Kommentar haftete auch der Geruch von rechthaberischer Technikhuberei an. Zwar diente Unix bei SAP lange nur als Entwicklungssystem für den internen Gebrauch. Aber an dem Ergebnis läßt sich nicht rütteln: Lange vor der Konkurrenz, und ohne seine konservativen Kunden zu verunsichern, nahm SAP mit R/3 rechtzeitig die Innovationskurve zur unix-basierten Client/Server-Datenverarbeitung. Damit setzte das Unternehmen einen neuen Weltmaßstab für Standardsoftware.

Wirklich am Wendepunkt stand SAP erst Ende Januar 1991. Denn da kam, erinnert sich SAP-Mitgründer Hasso Plattner, »der Tag, an dem ich erklärte, daß die Schlacht um R/3 verloren ist«. SAP wollte die rundumerneuerte Standardsoftware erstmals im März öffentlich präsentieren, anläßlich der Computermesse CeBIT in Hannover. Als Vorführsystem für die Software, die sowohl in C als auch in der SAP-eigenen Programmiersprache ABAP/4 geschrieben war, sollte dabei ein IBM-Mainframe dienen. Als R/3-Datenbank war ein speziell für diesen Zweck angepaßtes System für IBM-Computer vorgesehen. Doch dann stellte sich bei Testläufen heraus, daß weder der IBM-Großrechner noch das IBM-Datenbanksystem der anspruchsvollen SAP-Software gewachsen war:

»Die Performance war so schlecht«, erzählt Hasso Plattner, »daß die ganze Crew die Arbeit verweigert und erklärt hat, die Hannover-Messe würden wir nicht hinbekommen.« Der SAP-Vizechef: »Ich habe dann offiziell erklärt, daß damit das Projekt am Ende sei und wir uns neu sammeln müßten.«

Bis zur CeBIT blieben den SAP-Softwerkern noch knapp sechs Wochen. Doch die vermeintliche Niederlage stellte sich als eine der stärksten Stunden der SAP heraus. Wegen der Zeitknappheit fand der Krisentreff der R/3-Mannschaft im Stehen statt. Stolz erinnert Plattner sich, wie als erster Peter Zencke die bedrückte Stille im Raum durchbrach.

Der SAP-Mann, damals Mitglied des R/3-Kernteams, ist seit 1984 bei der Firma und mittlerweile als Vorstandsmitglied für die R/3-Entwicklung sowie für das Japangeschäft zuständig. »Wie wäre es denn«, fragte Zencke in die Runde, »wenn wir es umgekehrt machen? Wir packen nicht alles auf den größten Computer, den wir haben, sondern auf den kleinsten.« Damit meinte der R/3-Fachmann eine Unix-Workstation des Herstellers Digital Equipment Corporation, die DEC-Station 5000. Das kompakte Kraftpaket war kaum größer als ein Schreibtisch-PC und diente den SAP-Programmierern als Entwicklungsrechner beim Austüfteln der R/3-Bestandteile.

Um den schnellen Kleincomputer nun als Server für das gesamte R/3-System einsetzen zu können, mußte jedoch zuerst die komplette IBM-Datenbank in das unix-verträgliche Datenbanksystem des US-Herstellers Oracle umgewandelt werden. Plattner entschied: »Wir bringen alles rüber.« Die Crew reagierte begeistert: »15 Mann jubelten auf«, erinnert sich der SAP-Vizechef, »weil sie sowieso alle Unix-Leute waren und den Mainframe ohnehin nicht leiden konnten. Dann ackerten sie alle gleichzeitig an dieser einen Workstation.« Plattner schwärmt: »Es war eine apokalyptische Arbeitsatmosphäre.«

»Was? Das soll R/3 sein?« Noch Jahre nach der SAP-Schau auf der CeBIT strahlt der SAP-Vorstandssprecher über die Reaktionen, die das Resultat des Kurswechsels beim Messepublikum in Hannover auslöste. Gerhard Oswald, seit 1981 bei SAP und an der R/3-Entwicklung maßgeblich beteiligt (als Mitglied des erweiterten SAP-Vorstands ist Oswald inzwischen für den R/3-Service zuständig), führte den verblüfften Messegästen vor, wieviel hochkomplexe Standardsoftware aus Walldorf sich auf einen unscheinbaren Unix-Computer packen ließ: »Diese winzige Maschine mit ein paar Speicherplatten nebendran«, erzählt Hasso Plattner, »es war geradezu lächerlich. Das sollte die große SAP sein?«

Es geht auch ohne Großrechner, lautete die SAP-Botschaft auf der CeBIT '91. Faszinierter noch als von der neuen Standardsoftware (Plattner: »Es lief immerhin schon ziemlich viel von einer Finanzbuchhaltung«) zeigten sich die Besucher aber von dem, was nicht auf dem angeschlossenen Bildschirm zu sehen war.

Denn als lupenreine Client/Server-Lösung auf Unix-Basis vermag R/3 den Hauptvorteil moderner Server-Systeme zu nutzen. Die leistungsstarken Prozessoren und modernen Netzwerkbetriebssysteme sind darauf ausgelegt, daß sich bei Bedarf mehrere Maschinen zu einem einzigen System verschweißen lassen, dessen Rechenkraft dann sogar riesige Großrechneranlagen auszustechen vermag. Das bedeutet, daß R/3-Installationen sich flexibel dem Bedarf und den Größenverhältnissen des jeweiligen Anwenderunternehmens anpassen (»skalieren«) lassen. Früher mußte, wer für künftige Mehrlast gewappnet sein wollte, entweder von vornherein eine überdimensionierte Computeranlage aufstellen oder im »Ernstfall« einen neuen Großrechner anschaffen.

Um hingegen – wie seit 1995 bei Vobis – das R/3-System für zusätzliche Aufgaben erweitern zu können, wird statt dessen einfach der bestehende Server-Park derart ergänzt, daß dadurch mehrere hundert oder gar tausend zusätzliche PC-Clients mitversorgt werden können. So erklärt Hasso Plattner den »sensationellen Erfolg von R/3« auch damit, »daß wir eine Technologie gewählt haben, die uns eine Skalierung nach unten und nach oben in nie gekanntem Ausmaß gewährleistet«. R/3, so Plattner, »skaliert heute höher als R/2«.

Bis dahin allerdings war es von der R/3-Vorführung auf der CeBIT noch ein weiter Weg. Durch den kurzfristigen Kurswechsel war SAP mit seinem R/3-Zeitplan heftig unter Druck geraten. Nun galt es, das voluminöse R/3-Programmwerk mit Millionen Zeilen Befehlscode derart mit Unix zu »verheiraten« (Plattner), daß die auf der CeBIT gegebenen Leistungsversprechen auch eingehalten werden konnten. Die als Vorführrechner eingesetzte DEC-Station bewältigte zwar 20 Millionen Instruktionen pro Sekunde (MIPs), war aber bereits bei der Messe-Demo bedenklich ausgelastet. Das komplette R/3 würde erheblich mehr Computerkraft benötigen.

»Und wieder hatten wir Glück, was die Computerleistung betrifft«, erinnert sich SAP-Chef Hopp. »Die Prozessoren für die Unix-Rechner sprengten alle bis dato denkbaren Grenzen.« Gerettet wurde der R/3-Zeitplan durch eine Präsentation von Hewlett-Packard auf der CeBIT, bei der die Computerbauer dem R/3-Strategen Hasso Plattner ihre neueste Unix-Maschine HP720 vorführten. Deren Prozessor brachte mit 50 MIPs mehr als doppelt soviel Leistung wie derjenige der DEC-Station. HP half SAP aus der Klemme, indem der Hersteller eine Eillieferung gleich mehrerer Lastwagenladungen von dem neuen Gerät zusagte, das in den Entwicklungslabors in Walldorf stationiert werden sollte: »Ich habe da aus dem Stand 200 Stück gekauft«, erzählt Hasso Plattner, »die dann innerhalb von sechs Wochen geliefert wurden.«

Anderthalb Jahre später, im Juli 1992, konnte das fertige R/3 in Deutschland ausgeliefert werden. Die neue Standardsoftware ließ sich zunächst auf Unix-Computern von Bull, Digital Equipment, Hewlett Packard, IBM und Siemens Nixdorf einsetzen. Allerdings lief es noch nicht auf dem ursprünglich angepeilten IBM-Rechner AS/400 mit seinem proprietären Betriebssystem OS/400. Fünf Jahre nach der produktiven Autofahrt von Frankfurt nach Walldorf warteten die SAP-Gründer nun mit einem radikal neugestalteten Programmpaket auf, das ohne die mächtigen Mainframes von IBM oder Siemens auskam. Gleichzeitig ließ es sich, wie SAP in den folgenden Jahren bewies, kurzfristig für neue Server-Modelle und Netzwerkbetriebssysteme anpassen – so beispielsweise 1993 für Windows NT, die erfolgreiche Unix-Konkurrenz von Microsoft.

Erreicht wurde die Anpassungsfähigkeit der R/3-Software durch den modularen Aufbau für den »dreistufigen« Client/Server-Einsatz. Dieses Konzept spiegelt sich beispielsweise auch in der R/3-Installation bei der PC-Handelskette Vobis wider:

- Stufe 1 bildet der Datenbank-Server. R/3 läßt sich mit Datenbanken beispielsweise der Software AG, Informix, Oracle, Microsoft oder IBM einsetzen. Auf diesem Server sind auch mehrere tausend Tabellen (SAP-Sprachgebrauch: »transparente Tabellen«) gespeichert, die den gesamten R/3-Datenverkehr regeln.

Bei Vobis wurde als Datenbank-Server ein potenter Hewlett-Packard-Computer vom Typ HP 9000/T500 gewählt.

- Stufe 2 stellt der sogenannte R/3-Anwendungs-Server dar, wobei sich bei größeren Installationen mehrere vernetzte Spezialcomputer diese Aufgabe teilen – bei Vobis zum Beispiel elf weitere HP-Server mit Unix-Betriebssystem. Der Applikations-Server birgt den Kern des R/3-Systems. Dort sind betriebswirtschaftliche Basisprozesse einprogrammiert, etwa Buchungen. Darauf setzen die R/3-Anwendungsmodule auf, die für typische Unternehmensabläufe programmiert wurden und deren Zusammenspiel im Systemkern koordiniert wird.
- Stufe 3 stellen die sogenannten Präsentations-Server dar – zumeist herkömmliche Arbeitsplatz-PCs mit grafischer Windows-Oberfläche, wo R/3 sich per Mausklick bedienen läßt. Die rechenintensive Aufgabe, dem Benutzer eine optisch gefällige Bedienoberfläche zu präsentieren sowie Unternehmensdaten grafisch und in Farbe aufzubereiten, schiebt R/3 den Prozessoren der Personalcomputer am Firmennetz zu.

So glänzte SAP 1992 als erster Hersteller von Standardsoftware mit einer zeitgemäßen Benutzeroberfläche. Währenddessen mußten sich die Anwender von Konkurrenzprodukten (und von R/2) noch mit textorientierten Bildschirmmasken aus der Großrechnervorzeit abmühen. Besonders in den PC-begeisterten USA trug diese »Äußerlichkeit« erheblich zum R/3-Erfolg bei. SAP, beschrieb etwa Bruce Richardson von der Beratungs- und Marktforschungsfirma Advanced Manufacturing Research in Boston (US-Staat Massachusetts) die Präsentationen der Softwerker, habe ein »wunderschönes front end« vorgeführt: »Es hat die Konkurrenz mit den grünen Bildschirmen einfach weggeblasen.«

Hinter der aufgeräumten Fassade bleibt das wuchtige Grundgerüst der R/3-Maschinerie verborgen, in der gewissermaßen alles mit allem zusammenhängt. Weil aber kein Unternehmen dem anderen gleicht und die meisten Firmen nur einen Teil der fest eingebauten R/3-Geschäftsprozeßmodule benötigen, muß die Standardsoftware bei der Installation oder vor Inbetriebnahme zusätzlicher Komponenten entsprechend eingestellt – Fachjargon: »parametrisiert« – werden. Vobis beispielsweise brachte es 1996 bereits auf einen Datenumsatz von insgesamt rund 300 Gigabyte, was 300

Milliarden Informationseinheiten entspricht. Damit es dabei nicht zum Chaos kommt und der R/3-Datenverkehr reibungslos funktioniert, bedarf es wie bei einem modernen Rangierbahnhof eines exakt ausgefeilten Fahrplans.

Als R/3-Fahrplan dient das »transparente« Tabellenwerk mit Abertausenden von Schaltfeldern, die vor Inbetriebnahme des Systems am Bildschirm ausgefüllt werden müssen. Allein für Lohn- und Gehaltsabrechnung beispielsweise sind rund 100 Tabellen vorgesehen. Mit Hilfe der Schaltfelder werden die Weichen gestellt, welche Firmendaten wann bei welchem Geschäftsvorgang von welchen Benutzern oder Programmfunktionen erzeugt oder abgerufen werden. So muß die Anwenderfirma beispielsweise in R/3 festschreiben, welchen Weg ein Auftrag nimmt, welche Kostenstellen es gibt oder wie zusätzlich aktivierte R/3-Module mit den bereits eingesetzten zusammenwirken sollen – bei Vobis zum Beispiel die Controlling-Software mit den Programmteilen für Produktion und Vertrieb.

Beim Anpassen der hochintegrierten Standardsoftware an das jeweilige Unternehmen sind die EDV-Spezialisten der SAP-Kunden zumeist auf R/3-kundige Fachberater von außen angewiesen, die sich mit den Feinheiten des komplexen Systems auskennen. Denn ein einziges falsch ausgefülltes Steuerfeld kann bereits fatale Folgen für den Programmablauf haben. Sachkundige R/3-Berater zählen deshalb zu den gefragtesten Fachkräften auf dem EDV-Arbeitsmarkt (s. S. 189 ff.). Je aufwendiger und langwieriger ein R/3-Vorhaben gerät, um so höher steigt auch ihr in der Regel auf Stundenbasis berechnetes Honorar. Mitte 1995 geriet die komplexe Konstruktion der R/3-Standardsoftware wegen des damit verbundenen Aufwands öffentlich in die Kritik.

»Komplexität von R/3 ist verhängnisvoll für SAP«, titelte kurz vor der CeBIT 1995 das Fachblatt »Computerwoche«. In einem provokativen Essay, das eine hitzige Technologiedebatte auslöste, begründete der SAP-Kenner Karl Schmitz aus Hamburg, warum seiner Ansicht nach »die Zukunft von SAP schon aufgehört hat«. Dabei plädierte der Software-Fachmann, der beispielsweise auch die Betriebsräte der Verlagsgruppe Gruner + Jahr sowie des Nachrichtenmagazins »Der Spiegel« bei der SAP-Einführung beraten hat, für eine flexiblere Software-Bauweise, das sogenannte objektorientierte Programmieren. Bei diesem Verfahren werden bestimmte Grundfunktionen in einfach überschaubaren Programmodulen »gekapselt«, die sich dann nach dem Baukastenprinzip vielfältig für neue Anwendungszwecke kombinieren lassen. SAP und vergleichbare Software-Systeme hätten demgegenüber keine große Zukunft, orakelte Schmitz: »Diese Programme werden förmlich an ihrer eigenen Komplexität ersticken.«

SAP reagierte hypersensibel. Das lag wohl auch daran, daß die Managerzeitschrift »Wirtschaftswoche« die Polemik des Hamburgers zum Anlaß für eine spektakuläre Titelgeschichte nahm, in der SAP zusätzlich noch unsaubere Geschäftsmethoden unterstellt wurden (s. S. 136 ff.). Die Ausführungen des »vermeintlichen Technologieexperten«, wie Unternehmenssprecher Michael Pfister schimpfte, wurden bei SAP immerhin derart ernst genommen, daß die Walldorfer mit Anzeigenboykott antworteten: »Da die SAP, deren Zukunft laut CW schon aufgehört hat, folglich in einem High-Tech-Journal nichts zu suchen hat«, so die gewagte Begründung, werde die Firma ihre Anzeigenpräsenz »deutlich reduzieren«. SAP wolle sich »schließlich nicht dem Vorwurf aussetzen«, so Pfister weiter, »wir würden über unsere Anzeigen, deren Volumen 1994 immerhin 800 000 Mark ausmachte, Einfluß auf redaktionelle Inhalte ausüben«.

Intern jedoch wurde berechtigte Kritik durchaus ernst genommen, wie sich in den folgenden Monaten zeigte. So lief auf allen SAP-Ebenen eine Innovationswelle an, die den Implementionsaufwand erheblich verringern und den Einsatz der Bestseller-Programme weiter vereinfachen sollte. »SAP reagiert auf die Kritik«, attestiert R/3-Kritiker Schmitz rückblickend dem Unternehmen. Sein Anliegen sei es, die Software für die Anwender transparenter und handhabbarer zu gestalten (Schmitz: »Mein Konzept der Humanisierung«). Dafür, befand der Software-Experte im Frühjahr 1997, »habe ich bei SAP-Projekten nun eine bessere Ausgangssituation als vor zwei Jahren«.

Gleichwohl empfehlen selbst SAP-Berater noch Galgenhumor, wenn es ans Einstellen des Systems geht. So kursierte bei der CSC Ploenzke AG, einem der größten Beratungspartner des Walldorfer Unternehmens, ein Flußdiagramm mit »Verhaltensregeln für SAP-Basisberatung«, das SAP-Einrichtern mit drastischem Witz die

Startphase verkürzen soll: »Funktioniert SAP?« lautet die Ausgangsfrage; von der Antwortoption »nein« führt ein Pfeil zur Frage: »Wird man dich verantwortlich machen?« Als »armes Schwein« gilt, wer darauf mit »ja« antworten muß. Wird hingegen bereits die Ausgangsfrage mit »ja« beantwortet, folgt der Ratschlag »Fummel bloß nicht dran rum« – dann geht der Ablaufgrafik zufolge mit der Standardsoftware »alles klar«.

Bei der PC-Handelskette Vobis konnte Projektleiter Kraus am 4. September 1995 »alles klar« melden. Nur drei Monate nach Projektstart war das europaweit modernste Fertigungs- und Vertriebssystem der Branche »produktiv« (SAP-Jargon). Ausdrücklich lobte Vobis »die gute SAP-Beratung«, ohne die das Vorhaben in der geplanten Zeit nicht durchzuführen gewesen wäre. Seitdem lösen die Kunden, die in der Vobis-Filiale einen neuen PC auswählen und bestellen, unbewußt eine gewaltige R/3-Kettenreaktion im Hintergrund aus.

Zuerst wird mit Hilfe eines R/3-Spezialprogramms (»Konfigurator«) am PC-Bildschirm die Konfiguration des »persönlichen Wunsch-PC« bestimmt und dabei online überprüft, ob und wie schnell die gewünschten Komponenten lieferbar sind. Daraufhin erhält der Käufer eine gedruckte Auftragsbestätigung, die alle Details der Bestellung enthält. Anschließend wird der Auftrag via Satellit oder ISDN zum Vobis-Rechenzentrum in Würselen übermittelt, das die Daten dann für die Produktion aufbereitet.

Knapp 20 Minuten später kann in der Zentrale bereits die Fertigung anlaufen. Die vom Käufer gewünschten Komponenten werden im High-Tech-Lager zusammengestellt und an die Montagegruppe weitergeleitet. R/3 dokumentiert lückenlos den Weg des neuen Geräts vom Zusammenbau über das Aufspielen der vom Besteller ausgewählten Software und die anschließende Qualitätskontrolle bis zum Versand. Dabei soll ein speziell für den Computerhändler entwickeltes Qualitätssicherungsprogramm mit Schnittstelle zur Produktionsplanungs-Software PP laut Vobis gewährleisten, »daß der Computer exakt der Bestellung und den hohen Qualitätsanforderungen entspricht«.

Selbst beim leidigen »Kistenschieben« hilft nun dort, wo es noch nötig ist, das R/3-System. Die »just in time« gefertigten Personalcomputer samt Zubehör werden programmgesteuert nach einem ausgeklügelten Verfahren auf Paletten unterschiedlicher Größe gepackt, um den Lkw-Frachtraum bei der Tour zu den Filialen optimal auszunutzen. »Wir konnten die Lieferzeiten auf zwei Tage verkürzen«, beschreibt Vobis-Projektleiter Kraus den R/3-Effekt, »und das bei einem 20 Prozent geringeren Lagerbestand.«

In der Filiale kann der Käufer dann seinen Highscreen-PC in Empfang nehmen, komplett mit Pentium-Chip von Intel (R/3-Kunde), »Windows-95«-Software von Microsoft (R/3-Kunde und SAP-Partner), Monitor von Philips (SAP–Kunde), Drucker von Hewlett-Packard (R/3-Kunde und SAP-Partner), Spracheingabe-Set von IBM (R/3-Kunde und SAP-Partner) und Modem von Motorola (R/3-Kunde). Wenn er zu Hause dann das Modem mit der Anschlußdose der Telekom (R/3-Kunde) verbunden hat, kann sich der frischgebackene User bei Vobis online neue Software abholen oder das weltumspannende Internet durchstreifen. Womöglich stößt er im multimedialen »World Wide Web« (WWW) dann auf die Informationsseite (»Homepage«), auf der sich der Taronga Park Zoo in der australischen Hafenstadt Sydney vorstellt.

Dort werden die Känguruhs seit Frühjahr 1996 ebenfalls mit Hilfe der R/3-Software aus Walldorf verwaltet. SAP-Mitgründer Hasso Plattner hat den Technologiesprung ermöglicht, indem er die Software kostenlos zur Verfügung stellte. Den passenden Computer stiftete IBM: einen mittelgroßen Hochleistungsrechner der Baureihe AS/400 mit starkem 64-Bit-Prozessor. Der Tierpark diente als Testinstallation, als R/3 schließlich 1996 auf den IBM-Computer gebracht wurde, für den die Standardsoftware einst geplant war.

Oben angesetzt: Der SAP-Markt

»Im heutigen Geschäftsleben entscheidet einzig und allein Schnelligkeit über Erfolg und Mißerfolg – Schnelligkeit in der Entscheidungsfindung, bei der Umsetzung der Kundenwünsche und Schnelligkeit bei der Auslieferung der Produkte.«

Andy Grove, Chef des Chip-Riesen Intel, auf dem Weltwirtschaftsforum in Davos am 3. Februar 1997

Bei einer Stippvisite im kalifornischen Silicon Valley packte Gerhard Schröder der pure Neid. Sowohl Deutschland als auch seine Partei, die SPD, müsse dringend modernisiert werden, konstatierte der niedersächsische Ministerpräsident: »Wir sind kompetent und stehen auf der Bremse«, beklagte Schröder und forderte: »Wir müssen einfach schneller werden.« Mächtig beeindruckt zeigte sich der reisende SPD-Kanzlerkandidat auf Abruf nach einem Treffen mit den holländischen Brüdern Jan und Paul Baan, Bosse des weltweit operierenden Software-Herstellers Baan aus Putten in Holland.

Wie SAP, so hat auch Baan sich inzwischen im Silicon Valley niedergelassen. Das Deutschlandgeschäft der Firma wird von der niedersächsischen Landeshauptstadt Hannover aus gelenkt. Mit Baan, so vertraute der innovationsbeflissene Schröder (»Wir brauchen so 'ne Art industrieller Führerschaft«) einer mitreisenden Journalistin von der Illustrierten »Stern« an, wolle die Landesregierung in Hannover nun ein High-Tech-Zentrum schaffen. Schröder über Baan: »Wahrscheinlich eine der wichtigsten Firmen, und wir wissen es nicht.«

Dadurch offenbarte der Ministerpräsident, daß er zu diesem Zeitpunkt wohl weder SAP- noch Baan-Aktien besaß. Sonst hätte er es wahrscheinlich gewußt. Denn die »industrielle Führerschaft« auf diesem Markt hat bereits das Unternehmen aus Südwestdeutschland errungen: »Innerhalb von drei Jahren«, bilanzierte 1996 die US-Zeitschrift »Computer Business Review«, »ist die SAP in die Spitzenklasse der fünf größten Software-Unternehmen aufgestiegen und beherrscht heute das rasch wachsende Marktsegment für Client/Server-Enterprise-Software.« Die holländische Firma Baan wiederum gehört auf dem Weltmarkt zu den aggressivsten Widersachern der Softwerker aus Deutschland. Beispielsweise dann, wenn es um Großaufträge der in Niedersachsen beheimateten Volkswagen AG geht.

So aber gelang den fixen PR-Strategen der SAP-Konkurrenz ein öffentlichkeitswirksamer Treffer, der in Walldorf unfroh vermerkt wurde. Denn das Unternehmen aus den Niederlanden stilisiert sich erfolgreich zum Software-David, der behende den Branchen-Goliath aus Deutschland umtänzelt. Doch der Riese aus Walldorf ist schwer zu verunsichern: SAP belegte 1996 als größtes unabhängiges Software-Unternehmen in Europa (Umsatz 1996: 3,72 Milliarden Mark) auf der Weltrangliste den fünften Platz hinter Microsoft, Oracle, Computer Associates International und Novell. Die Firma hat ihren Vorsprung im Markt für Client/Server-Firmenprogramme auch 1996 weiter ausgebaut. Die Firma befindet sich, stellte das »Handelsblatt« fest, »auf bestem Wege, ihre Systeme als Industriestandard zu etablieren«.

Auf 5,4 Milliarden Dollar wurde 1996 das Weltmarktvolumen für Standardsoftware beziffert. Davon hat SAP, den Analysten der International Data Corporation (IDC) in Framingham (US-Staat Massachusetts) zufolge, sich 28 Prozent gesichert – dreimal soviel wie Oracle, der nächstgrößere Konkurrent. In seinem 25. Geschäftsjahr stand das Unternehmen so gut da wie noch nie. So hatten zwar die Ergebnisse des 3. Quartals 1996 die traditionell hohen Erwartungen der verwöhnten Anleger im Oktober spektakulär gedämpft. Aber am Ende des Geschäftsjahrs war in Walldorf dann die Welt wieder in Ordnung – und der SAP-Börsenkurs wie gewohnt am Klettern. 38 Prozent Umsatzwachstum wies das Jahresergebnis aus, dazu ein Gewinnplus von 43 Prozent. »Rehabilitiert« wurde dadurch auch SAP-Chef Dietmar Hopp: Seine Prognose vom April 1996 (40 Prozent oder etwas mehr) war also doch nicht »überoptimistisch« gewesen.

Der Produktumsatz von R/3 stieg um 44 Prozent auf 2,38 Milliarden Mark, bei R/2 verringerte er sich erwartungsgemäß von 269 Millionen auf 243 Millionen Mark. In den Sparten Beratung und Schulung wurden 1,4 Milliarden Mark erwirtschaftet, was einem Anteil am Konzernumsatz von 28 Prozent entsprach. SAP sei deshalb so erfolgreich, erklärt Dietmar Hopp, »weil wir einen überdurchschnittlich qualifizierten und motivierten Mitarbeiterstab haben und weil wir das Glück hatten, die Zukunftstendenzen in der Datenverarbeitung richtig vorherzusehen«. Seit der Gründung hat SAP am Standort Deutschland insgesamt mehr als 5000 Arbeitsplätze geschaffen.

Die Union der Europäischen Wirtschaftspresse (UPEFE), in der 42 führende Zeitungen und Zeitschriften zusammengeschlossen sind, bewertete nicht das Glück, sondern die Kennziffern. Sie zeichnete die Walldorfer 1996 als »Europäisches Unternehmen des Jahres« aus. Mit Computerhilfe waren dafür 4000 Spitzenfirmen nach Eigen- und Gesamtkapitalrente, Gewinn pro Mitarbeiter sowie Wachstumsraten von Ergebnis und Belegschaft verglichen worden. Das Erfolgsrezept? »Ich denke«, sagt SAP-Gründer Dietmar Hopp, »wir haben die Tugenden des David, nämlich Flexibilität und Wendigkeit, bewahren können.« Die wird das Unternehmen allerdings in Zukunft auch dringend brauchen.

Denn obwohl 1996 erstmals ein Umsatzwachstum von mehr als einer Milliarde Mark erreicht wurde, hat die relative Zuwachsquote seit 1994 (plus 66 Prozent) sich deutlich verringert – SAP wuchs 1995 und 1996 wieder langsamer. Ein Grund dafür: Zahlreiche große Unternehmen und Konzerne, die klassische SAP-Klientel, haben ihre SAP-Revolution bereits begonnen oder abgeschlossen: 1996 standen bereits mehr als 450 der 500 größten europäischen Konzerne und neun der zehn größten »Fortune-500«-Firmen in Walldorf auf der Kundenliste. Der bis dahin größte Auftrag der Firmengeschichte kam Ende 1995 von der Deutschen Telekom, die R/3 an 30000 Arbeitsplätzen einsetzen will.

Allerdings gehen Branchenbeobachter davon aus, daß bald Unternehmen mittlerer Größe das größte Marktsegment für Standardsoftware bilden werden. Doch auf diese Klientel haben es nun auch andere abgesehen. Darin liegt eine weitere Ursache, warum es SAP zukünftig nicht leichter haben wird: Die Konkurrenz, die vom R/3-Erfolg zunächst regelrecht überrollt wurde, wird sich in der nächsten Runde nicht so schnell geschlagen geben. »Wenn SAP weiter führend sein will«, erklärt Helmuth Gümbel von der Analystengruppe Strategy Partners in München,

»müssen die Manager in Walldorf ein strammes Entwicklungstempo vorlegen.«

»Das Marketing«, antwortet der langjährige SAP-Beobachter und -Kritiker Dieter Eckbauer auf die Frage, welche Leistung der Firma er uneingeschränkt anerkenne. Rund drei Wochen vor dem Schröder-Trip ins Silicon Valley hatten die Walldorfer öffentlichkeitswirksam gezeigt, daß sie sich auch aufs Politmarketing verstehen. Dabei setzten sie gleich ganz oben an: Anläßlich des 25-Jahre-Jubiläums der SAP bot sich Dietmar Hopp dem Festredner Bundeskanzler Helmut Kohl als »Partner der Bundesregierung« bei dem Versuch an, dem deutschen Mittelstand ans globale Internet zu verhelfen: »Wir erbitten uns zusätzliche Unterstützung durch Sie, Herr Bundeskanzler.«

Um ihre Marktposition auch nach unten abzusichern und auszubauen, muß sich SAP auch bei Vertrieb und Technologie verstärkt auf den Mittelstand einstellen, bevor dort die Wettbewerber zum Zuge kommen. Denn R/3 hat sich zunächst im klassischen R/2-Markt durchgesetzt, was sich bereits 1992 mit der ersten Installation in Deutschland abzeichnete: Die Metallfirma Würth aus dem schwäbischen Künzelsau erwirtschaftete mit rund 80 Filialen rund um den Erdball damals fast zwei Milliarden Mark Umsatz. »Der Traum vom kleinen Bruder des R/2«, erzählt Hasso Plattner, »war damit ausgeträumt, ehe er begann.«

Abschreckend für potentielle Kunden im Mittelstand wirkte jahrelang der hohe Preis, der für den Programmgebrauch zu entrichten war: »Wer SAP kauft«, stellte das »Manager Magazin« fest, »der zahlt den Preis für ein Luxusprodukt.« Für die Investition sprach: Kein anderer Anbieter kann mit einem betriebswirtschaftlichen Programmbündel aufwarten, das auch nur annähernd eine vergleichbare Fülle von Funktionen zum Planen, Steuern und Auswerten von Unternehmensprozessen bietet. Dagegen sprach: Der hohe Integrationsgrad des Systems wird zuweilen mit zusätzlich kostentreibendem Installations- und Wartungsaufwand erkauft. Denn bis 1996 ließ sich das Standardsoftware-Paket nur komplett installieren, auch wenn anschließend viele Funktionen ungenutzt blieben. Ein Angebot, als würde »einem Privathaushalt der gesamte Inhalt eines Versandhauskatalogs zwangsgeliefert: zehn große Lkw mit Kleidern, Geräten, Konsumgütern, die niemand braucht«, kritisierte Friedrich Freiherr von Löffelholz, Professor für betriebliche Datenverarbeitung und Organisation an der Fachhochschule in Dortmund.

»Wir haben sicher eine Menge zu tun«, räumte SAP-Chef Hopp noch im März 1997 gegenüber der Zeitschrift »Focus« ein, »um unser Produkt noch einfacher zu gestalten.« Immerhin konnte der Walldorfer bei dieser Gelegenheit schon auf Fälle verweisen, »in denen wir R/3 in wenigen Wochen zum Einsatz brachten«. Die waren allerdings zu diesem Zeitpunkt noch die Ausnahme. 60 Prozent derjenigen R/3-Installationen, die im Frühjahr 1997 »live gingen« (SAP-Speak), hatten bis zu neun Monaten beansprucht, der Rest noch länger. Doch neue computergestützte Methoden sollen helfen, die Implementationsphase künftig noch mehr abzukürzen. Erhard Pohle etwa, Geschäftsführer der Ravensburger Spieleverlag GmbH, bestätigt zufrieden: »Wir konnten die R/3-Software schon nach sechs Monaten produktiv nutzen.«

Vorteil der Walldorfer: Sie haben sich einen Milliardenspielraum geschaffen, der es nun erlaubt, Technologie und Service besser dem Bedarf mittlerer und kleiner Firmen anzupassen. Ähnlich wie bei einem neuen Medikament in der Pharmaindustrie, so sind auch bei der Software die Herstellungskosten beinahe mit dem Entwicklungsaufwand abgegolten. Durch den Markterfolg eines Produkts wie R/3 ergibt sich eine gewaltige Kostendegression. Deshalb kann das Unternehmen problemlos zusätzliche Mittel in die Weiterentwicklung seiner Software investieren. So wird beispielsweise rapide das Angebot an speziellen Branchenkomponenten erweitert. 1996 war R/3 am weitesten im Industriesektor verbreitet, etwa in Chemiekonzernen oder bei High-Tech-Herstellern.

Als Wachstumsbereiche galten u.a. noch die Automobilindustrie, Banken und Versicherungen, der Groß- und Einzelhandel sowie das Gesundheitswesen und öffentliche Verwaltungen. Spezielle Vertriebskonzepte sollen überdies die Marktdurchdringung im Mittelstand beschleunigen. Den entscheidenden Durchbruch dabei soll allerdings die Wende zu einer neuen R/3-Software-Architektur bringen, die seit Herbst 1996 vollzogen wird.

Name des neuen Konzepts: »Business Framework«. Stufenweise, um die Investitionssicherheit bestehender R/3-Installationen nicht zu gefährden, soll das gewaltige Programmwerk in branchenübergreifende und branchenspezifische Komponenten zerlegt werden, die sich dann auch unabhängig voneinander installieren lassen. In einem Gespräch mit dem »Spiegel« schwor Hasso Plattner im Frühjahr 1997 öffentlich der früheren SAP-Linie ab, mit einem einzigen Software-Paket alle betriebswirtschaftlichen Prozesse abdecken zu wollen: »Ich habe bis vor einem Jahr behauptet, wir müssen nur die unendlich vielen Organisationsmuster der Firmen so lange übereinanderlegen, bis wir ein Muster erkennen. Dann können wir daraus eine Standardsoftware entwickeln. Heute sage ich, das ist falsch, ich widerrufe.«

Ein erstes Ergebnis der »Business-Framework«-Wende: Bereits Ende 1996, lange vor den Wettbewerbern, vermochte SAP Dutzende von Spezialkomponenten für den Geschäftsverkehr im Internet auszuliefern. Allerdings bleibt der Firma auch nicht viel Zeit, um ihre Position auszubauen. »Eine wirklich starke Ungeduld im Markt« hat Branchenbeobachter Bruce Richardson von der US-Firma AMR festgestellt. Wichtiger allerdings als die Internet-Funktionen finden die meisten Kunden, wie schnell die SAP-Standardsoftware bei ihnen »produktiv« wird.

Die EDV-Leiter der Unternehmen, so Richardson, »wollen die Projekte in sechs Monaten oder kürzer abschließen, weil sie wissen, wie schnell das Geschäft sich verändert. Und die Konkurrenz nutzt das jetzt aus.« So muß das Unternehmen sich mittlerweile einer Reihe von Konkurrenten erwehren, die ebenfalls Firmen-Software für Client/Server-Systeme feilbieten und damit ihren Umsatz von Jahr zu Jahr fast verdoppeln:

- Der kalifornische Software-Gigant Oracle (Redwood Shores), 1977 gegründet und 1996 die Nummer 2 auf der Weltrangliste, hat sich auf Datenbankprogramme, Firmen- und Multimedia-Software spezialisiert. Die USA-Firma verdient sowohl mit als auch gegen SAP am Geschäft mit der Standardsoftware. So stützte sich SAP beim Marktstart von R/3 hauptsächlich auf das Datenbanksystem von Oracle. Noch 1996 basierten 80 Prozent aller R/3-Installationen in den USA auf Oracle-Datenbanken, die sich sowohl auf Unix-Servern als auch mit dem erfolgreichen Microsoft-Betriebssystem Windows NT betreiben lassen. Im selben Jahr standen 3000 Unternehmen auf der Kundenliste für die

Firmen-Software Oracle Applications, darunter der Bürotechnikhersteller Xerox, der Nahrungsmittelkonzern Kellogg oder der Aluminiumgigant Alcoa. Oracle konnte erst 1995, drei Jahre nach dem Start von R/3 in den USA, eine grafische Bedienoberfläche für sein System präsentieren. Seither hat die Firma den Funktionsumfang ihrer Software ausgeweitet und gilt überdies als eine treibende Kraft im Markt für Internet-Software. »Sie bereiten uns die Hölle in den USA«, so Oracle-Vorstandsmitglied Raymond Lane 1994 über die SAP-Softwerker, »und wir werden ihnen dasselbe in Europa antun.« Doch bis zum Frühjahr 1997 war davon noch nichts zu merken. Hasso Plattner höhnte im »Spiegel«: »Wir haben Oracle überholt, und heute sind wir so weit entfernt von Oracle, daß sie unsere Rücklichter nicht mehr sehen.«

- Die Firma Peoplesoft aus Walnut Creek (US-Staat Kalifornien), 1987 gegründet, war mit Anwendungsprogrammen für das Personalwesen (»Peoplesoft HRMS«) und die Gehaltsbuchhaltung gestartet. Doch inzwischen zählt Peoplesoft zu den am schnellsten wachsenden US-Firmen und liefert auch Module für Fertigung und Vertrieb. »Für SAP haben die Früchte in den vergangenen Jahren ohne Konkurrenz niedrig gehangen«, erklärt Peoplesoft-Gründer Dave Duffield. »Nun gibt's Konkurrenz.« Wie die SAP-Gründer ist Duffield ein ehemaliger IBM-Mann, dessen Software-Idee bei seinen Vorgesetzten auf Unverständnis gestoßen war. Bei R/3 galt das Personalwesenmodul lange als schwächere Komponente, was Peoplesoft im Wettbewerb auszunutzen verstand – sogar in Deutschland. Von allen Konkurrenten, erklärt SAP-Stratege Plattner, flöße ihm Peoplesoft »am meisten Respekt« ein. Die Firma, von Plattner als »fairer und solider Gegner« eingestuft, habe SAP 1996 »mächtig aufgeschreckt in Sachen Internet«. Plattner: »Ab und zu braucht man so einen Gegner.«
- Baan, gegründet 1978, wird von den Walldorfern hingegen weniger lobend erwähnt. Die Firma startete mit Client/Server-Programmen speziell für den Fertigungssektor. Das Software-Paket »Baan IV« (früher: »Triton«) wird vorwiegend in der Automobilbranche sowie in der Luftfahrtindustrie zur Produktionsplanung und -steuerung eingesetzt. Baan hat sich als aggressivster

SAP-Konkurrent profiliert und den Deutschen prestigeträchtige Aufträge weggeschnappt. Das holländische Unternehmen, dessen Aktien auch an der amerikanischen High-Tech-Börse NASDAQ gehandelt werden, erweitert seine Programmpalette ebenfalls. Das Konfigurieren und Rekonfigurieren der Software, hebt US-Manager Doug Sallen hervor, sei »eine Stärke von uns und eine Schwäche von SAP«. Baan, sagt Hasso Plattner, »war längst Marktführer im Geschäft mit Fertigungs-Software, als wir uns noch fast ausschließlich mit Rechnungswesen und Einkauf beschäftigten. Jetzt machen wir auch Fertigungs-Software und haben Baan in seinem eigenen Markt überholt.«

Darüber hinaus muß SAP sich vor zahlreichen weiteren Anbietern in acht nehmen, die ebenfalls im Kommen sind – etwa die amerikanischen Firmen J.D. Edwards (Denver, Colorado) oder SSA/System Software Associates (Chicago, Illinois), die erfolgreich Firmen-Software für das in mittelgroßen Unternehmen weitverbreitete 64-Bit-Computersystem AS/400 von IBM anbieten.

Nach dem Vorbild von SAP sind zahlreiche Anbieter seit 1995 dazu übergegangen, die Implementation ihrer Programmpakete einflußreichen Beratungsunternehmen und Spezialfirmen zu überlassen, den sogenannten »Systemintegratoren«. So kooperiert Baan beispielsweise mit der auf Standardsoftware spezialisierten Firma IDS Prof. Scheer aus Saarbrücken, die seit Jahren auch eine enge Partnerschaft mit SAP verbindet.

Wohl nirgends in der Datenverarbeitungsbranche, das zeigt dieses Beispiel, sind die Grenzen zwischen Wettbewerb und Kooperation so fließend wie im Markt für Standardsoftware. Der Grund: Kein einzelner Anbieter vermag mehr allein – wie früher IBM, Siemens oder Nixdorf – den gesamten Soft- oder Hardware-Bedarf einer unternehmensweiten EDV-Installation abzudecken. Bei großen Konzerninstallationen, etwa bei Siemens oder bei der Deutschen Telekom, werden nicht selten Produkte konkurrierender Anbieter für verschiedene Teilbereiche eingesetzt. So kann es sich bereits lohnen, bei einem branchenführenden Unternehmen nur mit Standardsoftware für Fertigung und Logistik einzusteigen. Nach dem Domino-Prinzip lassen sich dadurch oftmals Folgeaufträge aus der Zulieferindustrie des betreffenden Kunden buchen. Nach dieser

SAP-erprobten Methode gelang es beispielsweise Baan, zuerst den Luftfahrtkonzern Boeing und anschließend den Boeing-Zulieferer Contour Aerospace auf die Referenzliste zu setzen.

Mit der Vertragsunterschrift ist die heikle Phase im Kampf um die Kunden allerdings noch lange nicht abgeschlossen. Richtig gefährlich wird es für einen Anbieter für Standardsoftware, zumal für den Marktführer, wenn eine prestigeträchtige »Großbaustelle« (SAP-Jargon) nicht in der vorgesehenen Zeit »produktiv« wird. Solche Mißerfolgs-Storys werden dann von der Konkurrenz gnadenlos ausgeschlachtet. Auch die Walldorfer sind wenig zimperlich, werbewirksame Vergleiche anzustellen; Hasso Plattner im »Spiegel«-Gespräch: »Schauen Sie sich doch an, wie lange Baan schon bei Boeing installiert.«

Wo derart hart um Marktanteile gerungen wird, gedeihen auch böse Gerüchte. »Um das Unternehmen in Mißkredit zu bringen«, meldete 1995 ein Analystenbericht der Bayerischen Vereinsbank über SAP, »wurden sogar Gerüchte über die vermeintliche Sektenzugehörigkeit von Vorstandsmitgliedern lanciert.« Hinter dem gefährlichen Scientology-Geraune, so stellte sich heraus, steckte jedoch nicht die Konkurrenz.

Handicap fast aller SAP-Wettbewerber: Soweit sie integrierte Pakete mit Anwendungsprogrammen für Finanz- und Personalwesen sowie für den Fertigungsbereich anbieten, handelt es sich dabei zumeist um Stückwerk aus Komponenten, die zum Teil hinzugekauft wurden oder durch Bündnisse mit Partnerfirmen addiert werden konnten. Als schwerwiegender Wettbewerbsnachteil hat sich ebenfalls der zumeist niedrige Grad der Internationalisierung von Software und Service erwiesen.

Bei SAP hingegen betrug 1996 der Anteil des Auslandsgeschäfts am Umsatz, der hauptsächlich vom Exporthit R/3 getragen wird, bereits 75 Prozent. Das international ausgerichtete Unternehmen pflegt auch intern »multikulturelles Management« als Erfolgsfaktor: »Wenn ein deutscher Teamleiter eine Gruppe aus europäischen, amerikanischen und chinesischen Mitarbeitern erfolgreich führen soll«, erklärt Wolfgang Fürniß, beim SAP-Vorstand zuständig für Unternehmensbeziehungen, »muß er dafür sorgen, daß diese Mitarbeiter untereinander so viel Wissen von der Kultur der anderen und so viel Einfühlungsvermögen haben, daß sie damit umgehen können.« Fürniß betont: »Multikulturelles Management ist eine bewußte unternehmerische Entscheidung.«

Die aus Angehörigen zahlreicher Nationen zusammengewürfelten Teams haben SAP beispielsweise den Wettbewerbsvorteil verschafft, daß R/3 mittlerweile in zwei Dutzend Sprachversionen angeboten werden kann. Die Bedienoberfläche läßt sich nicht nur auf kyrillische Schriftzeichen einstellen, sondern mit Hilfe einer speziellen technischen Methode (»Doppelbyte«-Verfahren) auch auf chinesische Mandarin- oder japanische Kanji-Schriftzeichen, die wegen ihres grafischen Charakters dem PC-Prozessor wesentlich mehr Mühe bereiten. Doch die Mehrsprachigkeit bildet bei der Internationalisierung von Standardsoftware noch die geringste Herausforderung, wie sich in der zuständigen SAP-Abteilung in Walldorf zeigt. Sie dient als »Bindeglied zwischen Landesgesellschaften, weltweiten Partnern und globalen Kunden vor Ort einerseits sowie den SAP-Entwicklungszentren andererseits«, erklärt SAP-Manager Georg Hage-Hülsmann, der die R/3-Internationalisierung leitet. Hülsmann: »Wir haben hier einen eindeutigen Vorteil gegenüber der Konkurrenz, den wir nicht verspielen dürfen.«

Beispiel: Konzernweite SAP-Installationen wie in der Chemie- oder in der Mineralölindustrie können sich über mehrere Zeitzonen erstrecken. Ein bestimmtes Datum jedoch bezieht sich immer auf den Standort des jeweiligen Anwenders. Mittels spezieller Auswahlmenüs vereinfacht die Standardsoftware es beispielsweise für den Vertriebschef eines global operierenden Multis, den Auftragseingang von »heute« abzufragen.

Ein weiteres Beispiel: In manchen Ländern muß R/3 dreistellige Inflationswerte und 15stellige Beträge abbilden und, wie in Brasilien, gleich drei Währungen: den Real, eine Indexwährung und den US-Dollar beziehungsweise eine andere Hartwährung. Überdies muß SAP die rechtliche und steuerliche Entwicklung in den R/3-Ländern beobachten, weil die Standardsoftware sonst schnell Makulatur würde: »Schließlich«, so Teamchef Hage-Hülsmann, »sind die Finanzminister weltweit im Erfinden von Steuern sehr innovativ.«

Auch der SAP-Kundendienst, neudeutsch: »Support«, kennt keine Zeitgrenzen. So wird zumindest in Walldorf das Diktum des amerikanischen Nachrichtenmagazins »Newsweek« widerlegt, die Begriffe »Deutschland« und »Service« schlössen sich gegenseitig aus. Die meisten neuen Mitarbeiter, rund 1100, wurden 1996 im Bereich Service und Beratung eingestellt, wo damit etwa die Hälfte der mehr als 10 000 SAP-Angestellten beschäftigt war. Rund um die Uhr stehen SAP-Spezialisten den R/2- und R/3-Anwendern auf der ganzen Welt am Telefon und per Online-Service-System (OSS) sowie via Telekonferenz-PC zur Seite. Wenn an der Neurottstraße in Walldorf der Arbeitstag sich dem Ende zuneigt, leisten Kollegen in Kalifornien und nach denen dann die SAP-Kundendienstler in Singapur sachkundige Hilfe. Service-Motto: »Follow the sun.«

Auf der SAP-Weltkarte waren die USA 1996 das umsatzstärkste Land (rund 31 Prozent) vor Deutschland (rund 25 Prozent) und Japan (rund sechs Prozent), dem am schnellsten wachsenden der etablierten Märkte für die Standardsoftware aus Walldorf. Nach übereinstimmenden Schätzungen verschiedener Marktbeobachter soll das Weltmarktvolumen für Standardsoftware bis zur Jahrtausendwende pro Jahr um etwa 30 Prozent oder mehr wachsen. Zwei bis vier Jahre nach der Jahrtausendwende, prognostiziert SAP-Chef Hopp, werde sein Unternehmen je ein Drittel des Umsatzes in Amerika, dem asiatisch-pazifischen Raum und in Europa verbuchen.

Bis SAP mit R/3 ab 1993 zunächst den US- und dann den Weltmarkt aufrollte, beherbergte Großbritannien die stärkste Software-Industrie außerhalb der USA, woher immer noch rund 90 Prozent aller Computerprogramme kommen. Auf der Liste der größten Software-Unternehmen in Deutschland, die jährlich von der Beratungsfirma Lünendonk in Unteregg (Allgäu) herausgegeben wird und auch deutsche Tochterunternehmen von US-Konzernen aufführt, erreichten die 25 größten Firmen zusammen 1996 einen Gesamtumsatz von rund 9,8 Milliarden Mark; nach SAP folgen auf den Plätzen 2 bis 5 Microsoft, der Datenbankspezialist und SAP-Partner Software AG, der Deutschland-Ableger von Oracle sowie der SAP-Beratungspartner CSC Ploenzke AG, der zum US-Konzern Computer Science Corporation gehört.

Weil beim Herstellen hochwertiger Computerprogramme »die richtige Kombination von Köpfen« (Dietmar Hopp) entscheidend ist, bewertet die Branche die Produktivität eines Software-Unternehmens auch nach dem rechnerischen Umsatz, der pro Mitarbeiter erwirtschaftet wird. 1996 belief er sich bei den »Top 25« auf durchschnittlich 371 000 Mark. Mit 455 000 Mark pro Softwerker lag SAP dabei deutlich über dem Mittel. Damit das so bleibt, pflegen die SAP-Bosse persönlich – wie Microsoft-Chef Bill Gates oder Chip-Großmeister Andy Grove bei Intel – die produktive Paranoia im Haus. Stillstand in Technologie und Service gilt als Todsünde in der schnellebigen High-Tech-Industrie, in der kein Quasi-Monopolist mehr sich seiner Marktposition sicher sein kann. Deshalb hat SAP 1996 insgesamt 589 Millionen Mark, 16 Prozent vom Umsatz, allein für Forschung und Entwicklung ausgegeben, 151 Millionen Mark mehr als 1995. »Innovationsfähigkeit«, erklärt Dietmar Hopp, »ist für uns gleichbedeutend mit Wirtschaftlichkeit.« Gleichwohl, sagt der SAP-Chef, gehöre der Selbstzweifel, »ob nicht andere besser sind und uns überholen könnten«, zur SAP-Kultur: »Diese Unsicherheit hat uns immer wieder angetrieben.«

Als »warnendes Beispiel« führt der SAP-Chef das Scheitern des früheren Vorzeigeunternehmens Nixdorf im westfälischen Paderborn an, das dann vom Siemens-Konzern übernommen wurde. Firmengründer Heinz Nixdorf habe seine Firma »voll auf den Vertrieb ausgerichtet und auf der Erfolgswelle die Produktentwicklung sträflich vernachlässigt«. Erfolg, mahnt Hopp seine Leute mit den Worten von Branchenprimus Gates, sei »ein schlechter Lehrmeister. Er läßt gescheite Leute glauben, sie könnten nicht verlieren.« Und Hasso Plattner empfiehlt den Mitarbeitern schon mal, es im Interesse der Firma mit Andy Grove zu halten: »Nur wer paranoid ist, überlebt.«

Daran wurde SAP verstärkt 1995 und 1996 in Amerika erinnert, von Wettbewerbern, Fachpresse und Analysten. Der amerikanische Markt für Standardsoftware ist am härtesten umkämpft. Dort wird unter Hinweis auf SAP und Baan sogar die Furcht vor einer europäischen Software-Invasion angestachelt: »Die Europäer«, warnte schon Gisella Wilson, Marktbeobachterin bei IDC, »sind einfach hungriger.« R/3, jubelte zunächst noch Mark Harwood vom Consulting-Riesen Ernst & Young LLP, sei in den USA »mehr als ein Produkt – es hat eine ganze Bewegung geschaffen«. Dem Chef der SAP-Abteilung der weltweit tätigen Beraterfirma fiel dazu nur der Vergleich mit IBM ein: »Es ist ein De-facto-Standard wie in den glorreichen Tagen von Big Blue.«

Als dann aber der Newcomer-Bonus verbraucht war und der Marktführer kritischer angegangen wurde, zogen Beobachter eine weitere hypothetische Parallele: »Für IBM brach eine Welt zusammen«, schrieb die einflußreiche Branchenzeitschrift »Chemical Week«, »als Hardware zum Allerweltsgut wurde. Könnte SAP, auf dem Höhepunkt seiner Laufbahn, ein ähnlicher Fall bevorstehen?«

Wer dem Branchenführer am Zeug flicken wollte, wurde schnell fündig. Denn SAP hatte sich auch in den USA mit einer »Marketing-Geheimwaffe« (so die US-Zeitschrift »CIO – Chief Information Officer«) den Weg in den Markt gebahnt, die sich schon vor R/3 bewährt hatte. Durch ihren Einsatz hat die Firma sich manchen Feind in den Informationstechnik-Fachabteilungen gemacht: »Im Prinzip«, beschreibt Alice Greene, Marktbeobachterin bei Industry Directions in Newburyport (US-Staat Massachusetts) den Walldorfer »Way of Business«, »hat SAP die Datenverarbeitungsabteilung übergangen.«

Statt die Standardsoftware wie ein gewöhnliches Programmpaket den EDV-Zuständigen anzutragen, setzte SAP gleich ganz oben an und verkaufte sie Firmenchefs und Finanzvorständen als Infrastrukturmaßnahme, Motto: »A Better Return on Information.« Statt einen Technologieverkauf zu versuchen, erläutert Analystin Greene, »ist SAP zu den Finanzentscheidern gegangen und hat sie überzeugt, daß diese Software ihre Unternehmen verändern würde«. SAP-Kritiker Dieter Eckbauer (»Wie beim IBM-Marketing früher, wo sie's auch gelernt haben«) beschreibt einen möglichen Folgeeffekt: »Der Vorstand entscheidet, und der EDV-Leiter muß es ausbaden.« Andererseits, so beschreibt der sonst durchaus SAP-kritische Technologieberater Karl Schmitz aus Hamburg ein weiteres Erfolgsgeheimnis der Firma: »Hopp, Plattner und andere Vorstände sind sich nicht zu schade, ans Telefon zu gehen und selbst mit einem Projektleiter beim Kunden zu reden, wenn es der Sache hilft« – wohl eine krasse Ausnahme in den standesbewußten deutschen Großunternehmerkreisen. Schmitz: »Das muß man bewundern.«

Als »Türöffner« für das Unternehmen im Ausland betätigen sich oftmals die SAP-Partner. Führende Beratungsfirmen wie die »Big Six«, die sechs weltgrößten Wirtschaftsprüfungsgesellschaften, sowie Hardware-Hersteller wie Bull, IBM, Siemens Nixdorf Informationssysteme, Hewlett-Packard, Digital Equipment und Sun bringen R/3 weltweit in den Chefetagen ins Gespräch. »SAP hat es praktisch geschafft«, sagt IDC-Analystin Clare Gillan, »die Big Six als Software-Vertreter einzuspannen.« Die Partner übernehmen es dann, die Software in die Unternehmen einzupassen, und helfen dabei, spezielle Branchenlösungen zu entwickeln. Das erlaubt es SAP, sich auf das Kerngeschäft, Weiterentwicklung und Service, zu konzentrieren. Gleichzeitig hat diese Arbeitsteilung allerdings auch dazu geführt, den Ruf von R/3 als Jahrhundertprojekt für Großunternehmen zu befördern. Szenario der US-Wirtschaftszeitschrift »Fortune« (1995): »Consultants werden in Ihrer Firma ein Camp aufschlagen.«

»Wir wollen den Wettbewerb auch am unteren Ende haben«, beteuerte zwar Hasso Plattner bereits 1994: »Wir können jeden Preis mitgehen.« Doch damit haperte es lange Zeit. Aus einer abgespeckten »Light«-Version von R/3, die SAP in den USA verheißungsvoll unter dem Namen »Heidelberg« angekündigt hatte, wurde nichts: Die Anforderungen potentieller Kundenfirmen erwiesen sich als zu vielfältig, um daraus eine »typische« Mittelstandslösung ableiten zu können. »Einige unserer kleineren Kunden«, erklärt Günther Tolkmit, bei SAP für das Technologiemarketing zuständig, »haben die kompliziertesten Betriebsabläufe.«

Auch eine 1995 gestartete »Mittelstandsoffensive« im Vertrieb verlief zunächst, so SAP-Chef Hopp, »schleppender als erwartet«. So hat die Firma insgesamt 29 R/3-Systemhäusern (Stand: Frühjahr 1997) den Vertrieb von R/3-Lizenzen bei mittelständischen Firmen mit einem Jahresumsatz von maximal 250 Millionen Mark (»Unnamed Accounts«) überlassen; die Systemhäuser übernehmen auch die R/3-Beratung, Schulung und den Service. Ein ähnliches Modell des »indirekten Vertriebs« wurde 1996 mit zehn Partnerfirmen in den USA gestartet. Doch die deutschen Systemhaus-Partner, erklärte Dietmar Hopp in der Zeitschrift »Focus«, »investierten am Anfang nur zögerlich in R/3. Wohl, weil sie auch noch ihre alten eigenen Produkte vermarkten wollten.«

Doch Wirtschaftskrise und verschärfter Wettbewerb haben dazu geführt, daß immer weniger mittelständische Firmen sich ihre Software für Rechnungswesen, Personalwirtschaft und Logistik in der eigenen Fachabteilung oder von eigens damit beauftragten Systemhäusern maßschneidern lassen können. Laut einer Studie des Beratungsunternehmens Diebold ist der Marktanteil der kleinen und mittleren Software-Häuser in Deutschland in der ersten Hälfte der neunziger Jahre von 67 auf 49 Prozent gesunken. So werden SAP neue Kunden zugetrieben, die der Abhängigkeit von den eigenen EDV-Gurus oder von einem kleineren Anbieter diejenige vom Marktführer vorziehen: Die Standardsoftware erscheint zukunftssicherer und kostengünstiger. »Seitdem wir die R/3-Software einsetzen, sind unsere DV-Kosten deutlich gesunken«, bestätigt etwa Ullrich Masberg, Vorstandssprecher der Clouth Gummiwerke AG in Köln.

Ein weiterer Vorteil für SAP: Gleichzeitig haben die Pläne für die europäische Währungsunion sowie die bevorstehende Jahrtausendwende den Druck auf die Firmen erhöht, Neuinvestitionen in der Datenverarbeitung vorzunehmen. Anderenfalls droht beim Übergang zum Euro und ins Jahr 2000 ein Computerchaos, weil die Währungs- und Datumsfelder der veralteten Firmen-Software darauf nicht vorbereitet sind (s. S. 267 ff.). Überdies führt die fortschreitende Globalisierung auch zu einem R/3-Domino-Effekt bei kleineren Zulieferbetrieben von SAP-Großkunden: »Viele Unternehmen haben erkannt«, erklärt Hasso Plattner, »daß es einen Vorteil bringt, die identische Technologie eines international operierenden Multis zu verwenden.«

Mit dem Konzept des »Business Framework« hat SAP im Herbst 1996 einen Weg gefunden, seine Marktbasis zu verbreitern und den technologischen Vorsprung zu den Wettbewerbern auszubauen, ohne dabei R/3-Kunden zu verprellen. Das höchst komplexe R/3-Programmwerk soll stufenweise in drei branchenübergreifende Hauptmodule für Personalwirtschaft, Logistik und Rechnungswesen »entzerrt« werden, die sich dann auch unabhängig voneinander installieren lassen und durch einfach konfigurierbare Branchenprogramme ergänzt werden können. Damit richtet SAP seine Standardsoftware verstärkt »objektorientiert« aus, wie es R/3-Kritiker seit 1995 verstärkt angemahnt hatten. Das bedeutet, daß auf der Grundlage der neuen Software-Architektur verschiedene Komponenten für spezielle Geschäftsprozesse sich nun einfacher koppeln und wieder entkoppeln lassen.

Ähnlich wie Lego-Bauteile können solche Programme vielfältig gestaltet sein und höchst unterschiedliche Funktionen erfüllen. Entscheidend für die Integration ins Gesamtsystem sind, wie die Lego-Pocken an der Oberfläche der Spielelemente, bei R/3 die Programmschnittstellen (»Interfaces«) der »Business-Framework«-Architektur. Durch sogenannte BAPIs (»Business Applications Programming Interface«) wurde, in enger Zusammenarbeit mit Software-Marktführer Microsoft, die Datenübergabe zwischen betriebswirtschaftlichen Anwendungsprogrammen verschiedener Hersteller vereinheitlicht und dabei so »offen« gestaltet, daß Software-Firmen komplementäre Komponenten für das R/3-System entwickeln können. »Auch wenn man eine Standardsoftware verwendet«, erklärt dazu Hasso Plattner, »muß man spezielle Angebote haben, zum Beispiel für den Ladenverkauf, für Telefonverkauf, für Internet-Verkauf und für Vertreterverkauf.«

In den USA wurden die Konkurrenten durch die Auslieferung der ersten »Business-Framework«-Komponenten für den Internet-Einsatz von SAP regelrecht überrumpelt. Es war nicht das erste Mal. Bereits im August 1992 hatten Dietmar Hopp und Hasso Plattner zuerst ihre eigene Firma und dann den US-Markt verblüfft, indem sie kurzfristig den offiziell für Januar 1993 angekündigten Start von R/2 in Amerika vorzogen.

Auf einer SAP-Anwenderkonferenz in Orlando (US-Staat Florida) überraschte Plattner mit dem Angebot, das Paket könne sofort gekauft und binnen sechs Wochen geliefert werden; etwaige Fehler im Englischen würden spätestens sechs Wochen nach Lieferung auf SAP-Kosten behoben. Begeistert feierte die Presse das seltene Beispiel einer Software-Firma, die ihr Produkt früher als angekündigt auf den Markt brachte.

»Mit einem amerikanischen Marketingtrick«, freut Plattner sich, »wurde aus einem deutschen ›Nicht mehr in diesem Jahr‹ ein amerikanisches ›Praktisch ab heute, spätestens in sechs Wochen‹.« Der erste amerikanische R/3-Kunde, der Computerhersteller Convex, unterschrieb zwei Wochen nach der Konferenz.

Erfolg in den USA: Der »Klaus«-Faktor

> »Je komplexer, desto besser. Wir Deutsche könnten nie so etwas Einfaches wie Coca-Cola erfinden.«
> *Hasso Plattner*

»Ohne SAP«, behauptete ein Sprecher des amerikanischen Beratungsunternehmens Gartner Group, »würde die deutsche Wirtschaft zusammenbrechen.« Und was wäre in den USA? Ohne die Software aus Walldorf gingen mittlerweile auch dort die Lichter aus – zum Beispiel im Silicon Valley.

Denn von einem SAP-Totalausfall betroffen wären als erste die rund acht Millionen Kunden des Energiekonzerns Pacific Gas and Electric (PG&E) im mittleren und nördlichen Kalifornien. Im Rechnungswesen und bei der Kostenplanung, in der Logistik und Materialwirtschaft, bei Projektkoordination, im Personalwesen und bei der Lohnbuchhaltung verläßt sich der in San Francisco ansässige Strom- und Gasriese seit 1994 auf die Standardsoftware R/3.

Abgeschlossen wurde die Installation des SAP-Systems in den 300 PG&E-Niederlassungen im Mai 1996. Mit einer einzigen Bildschirmtransaktion, erläutert John Danielson, Leiter der PG&E-Datenverarbeitung, läßt sich seitdem beispielsweise eine Materialbestellung abwickeln. Wenige Mausklicks genügen, um den gewünschten Posten aus der Materialdatenbank in ein Bestellformular zu übernehmen und anschließend einen Liefertermin festzulegen. Mehr als 5000 der insgesamt 21 000 PG&E-Angestellten nutzten 1996 bereits die Möglichkeit, direkt am PC-Arbeitsplatz unter anderem Kunden- und Plandaten abzurufen oder die Installationskosten eines neuen Transformators durchzurechnen.

Maximal zwei Sekunden dauert es dabei, bis die benötigten Angaben aus allen Bereichen des Riesenunternehmens auf den Computerbildschirmen im Wolkenkratzer an der Beale Street in San Francisco erscheinen. Das funktioniert selbst dann, wenn gerade 600 »User« sich gleichzeitig im PG&E-Datennetz tummeln. R/3, schwärmt Danielson, »dient unseren Leuten als mächtiges Werkzeug, um Kostenanalysen in Echtzeit durchzuführen«.

Die Software, bestätigt Harry Tse vom Marktforschungsunternehmen Yankee Group in Boston (US-Staat Massachusetts), sei »ein Traum für Führungskräfte, die schnellen Durchblick bei Organisations-, Finanz- und Produktionsdaten brauchen«. Gewissermaßen um die Ecke vom Büro des Software-Spezialisten, in Cambridge auf der anderen Seite des Charles River, residiert ein weiterer SAP-Nutzer, der sich von R/3 mehr Durchblick verspricht. Insgesamt gleich 8000 Arbeitsplätze wurden deshalb dort mit der Software made in Germany ausgestattet. Auf der SAP-Kundenliste, sagt Dietmar Hopp, habe dieser Kunde »einen ganz besonderen Stellenwert«: das Massachusetts Institute of Technology (MIT), Amerikas berühmteste private High-Tech-Universität.

Vom MIT an der amerikanischen Ost- bis zum Silicon Valley an der Westküste – alles fest in Walldorfer Hand: »Die USA«, sagt Hasso Plattner, »sind der Schlüsselmarkt für SAP.« Inzwischen hängt das Wohlergehen der Firmenaktie deshalb erheblich vom Kurs des US-Dollars ab: 1996 hat die Software-Firma mehr als 31 Prozent ihres Umsatzes (1,16 Milliarden Mark) in den USA erwirtschaftet, der Zuwachs gegenüber dem Vorjahr betrug 38 Prozent. Die Zahl der US-Mitarbeiter stieg im selben Zeitraum um 463 auf 1730. Als neue Großkunden wurden der Elektronikhersteller Motorola, der Chemieriese Eastman-Kodak sowie Coca-Cola gewonnen. Bis 1993 hatten die meisten amerikanischen DV-Manager noch nicht einmal von dem Software-Unternehmen aus Deutschland gehört. Damals war es immerhin schon fünf Jahre mit einer Tochterfirma in den USA vertreten.

Mit R/3 schaffte SAP in den USA die Wende. R/3 katapultierte den Umsatz der amerikanischen SAP-Filiale von 92 Millionen Mark 1992 auf 231 Millionen Mark im Jahr 1993. Gleichsam über Nacht wurden die USA zum wichtigsten Einzelmarkt für die Walldorfer. Bevor die Manager der führenden amerikanischen Software-Firmen die drei Buchstaben »SAP« überhaupt korrekt auszusprechen wußten, verwunderte sich das Branchenblatt »Information Week«, habe sich der Außenseiter aus Germany bereits in ihrem angestammten Markt breitgemacht. Die R/3-CD, fand plötzlich nicht nur »Information Week«, sei »die heißeste Scheibe seit Michael Jacksons ›Thriller‹«.

Und die Walldorfer waren nicht zu bremsen: Mittlerweile steuert die Standardsoftware aus Baden in fast allen Branchen die betriebswirtschaftlichen Abläufe des »American Way of Life«: Nicht nur SAP-Neukunde Coca-Cola will mittels R/3 seine Sprudelwasserlizenzen kalkulieren. Auch der Klopskonzern Burger King berechnet mit dem SAP-Programm seine Bulettenumsätze; Sportschuhproduzent Reebok brachte mit R/3 seinen Vertrieb auf Trab. Und auch die amerikanischen Dünnbierbrauer dürstete es nach der Software aus dem deutschen Weinland: Als erster Gerstenversafter installierte Anheuser-Busch das R/3-Paket. Kurz darauf folgte auch Konkurrent Coor's seinem Beispiel.

»Wir sind«, freut Paul Wahl sich, seit Anfang 1996 Chef der SAP America, »in einen Markt eingedrungen, der nach dem Selbstverständnis der Amerikaner eigentlich nur von Amerikanern zu bedienen ist.« Fast die gesamte High-Tech-Avantgarde der amerikanischen Industrie deckte sich bei den Walldorfern mit »Enterprise Software« ein: Im kalifornischen Silicon Valley verbucht der Chip-Riese Intel seine Gewinne mit SAP-Standardprogrammen, der Computerhersteller Apple seine Verluste. In Redmond (US-Staat Washington) hat Software-Gigant Microsoft sein Finanzwesen auf R/3 umgestellt. PC-Fan Bill Gates erfüllte sich auf diese Weise seinen Traum, ganz vom Großrechner wegzukommen: Die Firma, gab der Multimilliardär zur Freude der Walldorfer bekannt, sei mit Hilfe von R/3 nunmehr »totally pure« PC-steuerbar.

»Eine Geschichte wie aus dem Silicon Valley« – auf diese Formel brachte das »Wall Street Journal« im Frühjahr 1995 den rasanten Aufstieg des deutschen Software-Herstellers in den USA. Die SAP-Softwerker, berichtete das Journal von der Hunnenfront, hätten »das Valley im Sturm erobert«. In der ersten Hälfte der neunziger Jahre verging kaum ein Tag ohne Erfolgserlebnisse für Paul Wahl, der von Walldorf aus das internationale Marketing steuerte: Der triumphale Siegeszug der High-Tech-Teutonen war so recht nach dem Geschmack der US-Medien.

Die Hauptrolle in seiner amerikanischen Software-Show hatte SAP zunächst sogar doppelt besetzt, was die Computerbranche noch zusätzlich begeisterte. Gleich zwei schlagfertige und medienbewußte Gladiatoren aus Germany stiegen bei dem Business-Spektakel mit aggressivem Sportsgeist gegen heimische Software-Schwergewichte wie Dun & Bradstreet, Oracle und Computer Associates in die Arena. Aufmerksame Zuschauer ahnten indes: Bei zwei Egos dieser Größenordnung war auch SAP-intern der Schlagabtausch vorprogrammiert.

Im März 1993 jedenfalls schmückten die beiden, noch einträchtig strahlend, gemeinsam die Titelseite des Magazins »Datamation«, das zur Pflichtlektüre amerikanischer DV-Manager zählt: SAP-Mitgründer, »R/3-Vater« und Teilzeit-Kalifornier Dr. Hasso Plattner, krawattenfrei im Pullunder; zu seiner Linken, ihn überragend und im makellosen business dress, der braungebrannte SAP-Amerika-Statthalter mit dem All-American-Boy-Image: Klaus Besier. »Klaus« nannten ihn die amerikanischen Branchenbeobachter kurz. Gemeinsam präsentierten Plattner und Besier, so der »Datamation«-Titel, »SAP's Client/Server Battle Plan«.

»Einfach jeder« im Markt, mokierte sich später die US-Zeitschrift »PC Week« über den selbst für amerikanische DV-Verhältnisse ungewöhnlichen Personenkult bei SAP, »will heutzutage Klaus' bester Freund sein.« Denn »Klaus« hatte etwas, was alle wollten. Das jedenfalls vermittelte der Deutsche wie vor ihm (und auch nach ihm) kein anderer SAP-Manager in den USA: R/3 – nicht weniger als der »heilige Gral der Informationstechnologie«, wie der amerikanische EDV-Managementexperte James Jones unkte.

Vermittels der Wunder-Software aus Walldorf, repetierte unermüdlich die SAP-Marketingmaschine, könnten US-Unternehmen schnell und flexibel wie nie zuvor ihre betriebswirtschaftlichen Abläufe optimieren. »Information at your fingertips«: Diese Vision von Microsoft-Gründer Bill Gates würde damit auch in denjenigen Unternehmen endlich Wirklichkeit, die bislang unter dem Vermächtnis schwerfälliger Großrechnersysteme gestöhnt hatten. Durch R/3, so hofften sie nun, ließen sich betriebswichtige Daten bald blitzschnell jederzeit und überall bereitstellen. »Wenn SAP Wort hält«, kommentierte James Jones nicht ohne Ironie, »dann hat es genau das zu bieten, was die Datenverarbeitung schon seit Jahrzehnten versprochen hat.«

Für das Software-Wunder aus Deutschland war allerdings auch ein stolzer Preis fällig. Nicht nur lagen die Lizenzkosten, die SAP den US-Kunden abknöpfte, 50 Prozent höher als in Deutschland; die Firma begründete das beispielsweise mit dem beträchtlich höheren Marketingaufwand, den sie in den USA treiben mußte. Sondern auch die – zumeist unvorhergesehenen – Folgekosten konnten immens zu Buche schlagen. Das stellte bald auch der Energieriese PG&E fest. Der SAP-Kunde hatte zunächst rund 35 Millionen Dollar für das neue System veranschlagt – und sich dabei »schlimm verkalkuliert«, wie das PG&E-Management inzwischen einräumt: »Wir hatten 25 Jahre keinen größeren Systemwechsel«, erklärt Gordon Smith, Senior Vice President und leitender Finanzmanager des Unternehmens, »und keine Erfahrung, was ein Projekt wie dieses kosten würde.«

Das Doppelte – 70 Millionen Dollar, wie sich herausstellte: Für jeden Dollar an Software-Ausgaben, jammert Smith, seien zehn Dollar für die Implementation aufgewendet worden: »Am Ende war ich froh, daß es nicht 20 Dollar waren.« Gleichwohl kam ein Rückzug für die PG&E-Konzernspitze nicht in Frage. Denn das Vorgängersystem, das aus behäbigen Mainframe-Computern und zum Teil mehr als 20 Jahre alten Rechnernetzwerken bestand, wäre auf die Dauer noch weit teurer gekommen.

So gehörte der unmittelbare Durchgriff auf Daten, die zur kurzfristigen Optimierung laufender Geschäftsvorgänge benötigt werden, beim alten Modell in den Bereich der Science fiction. Von einer Integration konnte keine Rede sein: Wer einen Finanzreport benötigte, griff zum Telefonhörer. Anschließend dauerte es gewöhnlich mehrere Tage, bis der Computerausdruck aus dem Rechenzentrum im Eingangskorb des Bestellers lag. Bei R/3 genügen wenige Mausklicks, bis der Report auf dem Monitor abrollt.

Inzwischen faßt PG&E mit Hilfe eines speziellen R/3-Moduls sogar die sogenannten FERC-Berichte für die amerikanische Energie-Aufsichtsbehörde Federal Energy Regulatory Commission ab. Vor der Inbetriebnahme des R/3-Systems erforderten diese Pflichtberichte eine aufwendige zusätzliche Dateneingabe. Durch eine Spezial-Software, die von der badischen Firma Heck & Partner Consulting aus Weinheim als R/3-Zusatz für die US-Energiebranche entwickelt wurde, lassen sich die Reports nun weitgehend automatisieren. Als PG&E sich für SAP entschieden habe, erzählt Finanzmanager Smith, sei noch nicht klar gewesen, welche Rolle der Software-Hersteller bald darauf spielen würde. »Jetzt sind wir verdammt froh, daß wir uns dafür entschieden haben.«

Vom Nobody zum – umstrittenen – »King Kong« (so die US-Investmentbank Salomon Brothers in einer Studie 1996) der Branche: Bei SAP, stellten US-Analysten und Fachjournalisten schnell fest, fanden sich alle Ingredienzen für eine klassische »Success Story« nach dem Geschmack ihrer Klientel: deutsche Ingenieurskunst, »German Grundlichkeit« plus R/3, die Wirtschaftswunder-Software made in Germany für eine wiedererstarkte US-Konjunktur. Das Interesse an den pfiffigen Entrepreneuren aus Deutschland wuchs noch, als aggressive Konkurrenten wie die junge US-Firma Peoplesoft und Baan aus Holland in den SAP-Markt drängten und dabei dem übermächtig erscheinenden Client/Server-Riesen erste schmerzhafte Blessuren zufügten.

Aus ähnlich »kleinen« Verhältnissen, erinnerten sich da die Analysten, war schließlich auch die SAP 1988 in den amerikanischen Markt gestartet.

Nach amerikanischen Maßstäben war es nicht gerade eine »gute« Adresse. Als erstes Domizil diente der Firma aus Deutschland nicht etwa eines der Spiegelglasgebäude, die zu Dutzenden den Highway 101 durchs sonnige Silicon Valley flankieren. SAP America mietete sich in einem weitläufigen, wenig repräsentativen Zweckbau am Rand des Flughafens ein – bei Philadelphia (US-Staat Pennsylvania).

Die schmucklosen – und bald schon zu engen – Büros des ersten US-»Headquarters« im unscheinbaren Airport Business Center vermittelten Besuchern einen zutreffenden Eindruck, welche Bedeutung der sparsame Vorstand am badischen Stammsitz des Unternehmens dem US-Geschäft beimaß. Kundennähe hatte die Ortswahl entschieden: Wie bereits 1972 bei der Firmengründung spielte auch beim Start in den US-Markt der britische Chemiekonzern ICI eine wichtige Rolle: ICI America, der erste R/2-Kunde in den USA, hatte seinen Sitz bei Philadelphia, in Wilmington (US-Staat Delaware).

Auch der Chemiemulti DuPont, ein weiterer R/2-Kunde, hatte

sein Hauptquartier in Wilmington. Den SAP-Brückenkopf im US-Markt bildeten die R/2-Installationen in der Chemie- und Mineralölindustrie. So führten SAP-Aufträge in Europa wie bei ICI zu Anschlußprojekten in den US-Betrieben der jeweiligen Konzerne. In seinem ursprünglichen Kernbereich lief das SAP-Geschäft gleichsam wie von selbst – allerdings mit verhaltenerem Zuwachs als in Europa.

Das neue US-Hauptquartier – mittlerweile residiert SAP America in Wayne bei Philadelphia – diente zunächst hauptsächlich als Service-Außenstelle für die amerikanische R/2-Klientel. Technologie- oder Marketingerwägungen hingegen waren bei der Ortswahl für die Amerikazentrale der SAP nicht ins Gewicht gefallen. Die Lage im sogenannten North East Corridor (100 Meilen von New York City, 125 Meilen von Washington, D.C.) schien verkehrsgünstig; seit 1993 gilt der Standort allerdings »eher als Nachteil«, wie ein US-Manager einräumte. Die Leitung der Niederlassung, die bis 1993 wechselnd besetzt war, übernahm zunächst der deutsche SAP-Fachmann Heinz Roggenkemper.

»Wir sehen den Wachstumsmarkt im Ausland«, verkündete Dietmar Hopp 1989. Doch statt auch das US-Marketing entsprechend auszurichten, verließ sich der Vorstand der jungen AG in den ersten Jahren des Amerika-Engagements weitgehend auf den gewohnten Nachahmungseffekt. Ihre Produkte, meinten die Walldorfer, würden sich auch jenseits des Atlantik schließlich nach der bewährten SAP-Methode durchsetzen: durch Mundpropaganda, Kontakte auf Vorstandsebene und die Hilfe von Pilotkunden, die in ihrer Branche den R/2-Einsatz vorexerzierten.

Ein »klangvoller Name in der Kundenkartei«, begründete Hasso Plattner noch 1990 den Verzicht auf größere Werbekampagnen, sei »tausendmal mehr wert als ein wunderschöner Hochglanzprospekt«. Es genüge, so Plattner, wenn SAP und R/2 bei Managementkonferenzen und Fachkongressen im Gespräch seien – dann könne »eigentlich nichts mehr schiefgehen«. Mit einer großen Schlüsselinstallation, verwies der SAP-Mitgründer dazu selbstbewußt auf das bewährte SAP-Rezept, »sei der Markt schon halb erobert«.

In den USA jedoch, lernten die Walldorfer, reichte diese Methode allein nicht aus. Zwar konnte bereits 1988 – als 1000. SAP-

Kunde – der Chemieriese Dow Chemical in die Kundendatei aufgenommen werden, im Mai 1989 kam SAP America bereits auf sieben Kunden. Aber in den ersten beiden Jahren nach der Eröffnung der amerikanischen Filiale blieben die Umsätze zunächst deutlich »hinter den Erwartungen des Vorstands« zurück, wie es später für die Börsenpresse formuliert wurde: 1989 wurden sieben Millionen Dollar erwirtschaftet, 1990 belief sich der Umsatz dann auf 16 Millionen Dollar. Mehr als eine lukrative Marktnische also vermochte der deutsche R/2-Marketender, der im Troß der Chemieindustrie nach Amerika gekommen war, im Wettbewerb mit der übermächtigen US-Konkurrenz nicht zu erobern.

So befanden sich noch im Frühjahr 1993 von den damals 1800 R/2-Kunden nur 70 in den USA. Allein Dun & Bradstreet Software aus Atlanta (US-Staat Georgia) brachte es zu diesem Zeitpunkt bereits auf 12 000 Lizensenten für seine betriebswirtschaftlichen Software-Pakete, die auf Mainframe-Systemen eingesetzt wurden. Das »ganz große Geschäft in den USA«, mußte SAP-Chef Dietmar Hopp einsehen, würde nur dann gelingen, »wenn wir zum einen unsere Organisation stark ausweiten. Und zum anderen, wenn wir zu unserem Produkt auch das richtige Marketinglied singen.«

Ein weiteres Handicap, das den Newcomern aus Deutschland zu schaffen machte: »Bevor wir nach Amerika gingen«, erzählt SAP-Mitgründer Klaus Tschira, »haben wir lange überlegt, ob wir uns einen anderen Namen zulegen sollten. In Europa war der Name aber schon so verbreitet, daß man davon nicht mehr wegkam.« Denn in der US-Computerbranche und bei potentiellen Kunden löste die Buchstabenfolge »SAP« zunächst belustigtes Kopfschütteln aus. Der Produktname »R/2« (und ab 1992/93 »R/3«) war zwar nicht gerade selbsterklärend, aber immerhin neutral. Beim Firmenkürzel jedoch lag die Sache anders: Die Hoffnung, »SAP« in den USA als Synonym ausgerechnet für Kompetenz und Produktqualität bekannt zu machen, erhielt schnell einen Dämpfer.

»Aaah, Säpp«, ließen sich die Amerikaner das Akronym auf der Zunge zergehen – und lächelten dabei mokant. Vielleicht, besagte ihre Miene, sollte mal jemand die »Säpps« aus Germany darüber aufklären, was »sap« im Englischen bedeutet. Seit dem Start in den US-Markt, erzählt SAP-Mitgründer Klaus Tschira, schlage er bei Vorstößen in neue Länder zunächst im Wörterbuch nach, »ob es ›Sap‹ womöglich auch als Wort in der jeweiligen Sprache gibt«. Als Hauptwort bedeutet der Firmenname im britischen Englisch soviel wie »Besserwisser«. Das war jedoch noch vorteilhaft im Vergleich zu dem, was Amerikaner üblicherweise unter einem »sap« verstehen, so der zweite Teil der Lektion für die »Säpps« aus Deutschland: Im amerikanischen Englisch, erläutert Klaus Tschira, bedeute der Firmenname »soviel wie im süddeutschen Sprachgebrauch der Tappschrat oder Halbseckel. Ein Seckel ist ein Trottel.«

Und ein Halbseckel? Bücherfreund Tschira (»Ich beurteile auch amerikanische Städte nach der Qualität ihrer Buchhandlungen«) stieß erstmals in einem Krimi des US-Autors Rex Stout darauf, was die drei Buchstaben im Amerikanischen wirklich bedeuten. Inzwischen erheitert der bibliophile Softwerker bei Vorträgen seine Zuhörer dadurch, daß er ihnen (mit Hilfe eines Englisch-Deutsch-Wörterbuchs aus dem Klett-Verlag) durch Rückgriff auf den süddeutschen Dialekt vermittelt, warum »sap« mehr bedeutet als schlicht »Volltrottel«: »Halbseckel«, erklärt der SAP-Vorstand, »ist eine Steigerung – weil es zum Volltrottel nicht gereicht hat.«

Der Effekt: »Schwer vorstellbar«, schrieb das US-Wirtschaftsmagazin »Fortune«, »daß eine Firma, die sich selbst ›SAP‹ nennt, irgend jemanden interessieren sollte.« Zunächst behalfen sich die Walldorfer in Amerika damit, daß sie ihrem Akronym drei – sinnlose – Punkte beigaben: S. A. P. Weil offensiveres Marketing beim Amerika-Start der SAP nicht auf dem Plan stand, kam eine klärende Imagekampagne oder gar weiteres sprachkosmetisches Herumdoktern an den »anticool initials« (»Fortune«) nicht in Frage. Doch auch auf die provisorischen Pünktchen konnte bald wieder verzichtet werden.

Denn R/3 war »cool« und kam genau rechtzeitig, fanden Anfang 1993 die Kunden. Hasso Plattners multifunktionale Standardsoftware, die seit 1989 für die vernetzte Datenverarbeitung unterhalb der Großrechnerebene maßgeschneidert worden war, wurde in den USA begeistert aufgenommen. Frotzeleien nahmen die Softwerker bei SAP fortan mit Humor. »Unser Name«, konterte SAP-Manager Jeremy Coote die Spötter, »ist das einzig Uncoole an unserer Firma.«

»Kalt erwischt worden« sei die SAP-Konkurrenz, etwa Dun & Bradstreet Software, von dem Umschwung zu Client/Server-Systemen in den USA. So lautet das Resümee von Clare Gillan, Spezialistin für Standardsoftware beim Marktforschungsriesen IDC in Framingham (US-Staat Massachusetts). »Außerhalb Deutschlands«, hatte noch 1992 zum Beispiel John Imlay, Chairman von Dun & Bradstreet Software, auf die Frage nach SAP geantwortet, »hat man nicht besonders viel von ihnen mitbekommen.«

Durch Klaus Besier, der von Januar 1993 bis Januar 1996 die US-Geschäfte der SAP führte, erhielt die weithin unbekannte Firma mit dem komplexen Produkt in den USA plötzlich ein Gesicht. Durch den Amerika-Kenner, bescheinigte ihm 1995 auch das »Handelsblatt«, kam »zum guten Produktkonzept auch unternehmerischer Esprit und eine auf den amerikanischen Markt ausgerichtete Vertriebsstrategie«. SAP habe R/3 »am rechten Ort, nämlich in den USA, zur rechten Zeit« eingeführt – »während einige Konkurrenten noch dabei waren, ihre Produktlinien umzugestalten«, erinnert sich Marktbeobachterin Gillan: »SAP hat die enge Partnerschaft mit den ›Big-Six‹-Consulting-Firmen genutzt und ist durchgestartet.«

Denn unterschätzt hatten die Mitwettbewerber auch, welche Folgen der Umstieg auf die neue Informationstechnik für die Betriebsstruktur der betreffenden Unternehmen haben mußte. Durch seine Partnerstrategie war SAP dafür gewappnet. Für den europäischen Hersteller, der zum Amerika-Start eigens ein Joint-venture mit Arthur Andersen & Co. gegründet hatte, zahlte sich nun die gedeihliche Partnerschaft mit den großen Consulting-Firmen aus, die mit dem US-Markt bestens vertraut waren. »Wenn ein Unternehmen wie SAP mit einem Partner wie Andersen Consulting in die Vereinigten Staaten kommt«, kommentierten die Marktbeobachter bei IDC in Massachusetts, »ist Glaubwürdigkeit das Ergebnis.«

R/3, warb Dietmar Hopp, diene als »Vehikel für eine schlanke Produktion«. Die Implementation der Systeme würden eingeführte US-Partner bewerkstelligen, die sich mit den Anforderungen der amerikanischen Industrie auskannten. Topmanager nutzen die Gunst der Stunde, um mit Hilfe der Berater ihre Firma durch grundlegendes »Business Reengineering« umzugestalten. »Der US-Markt war reif für Reengineering und Client/Server«, erklärt Karl

Newkirk, der für das weltweite SAP-Geschäft zuständige Manager bei Andersen Consulting. Newkirk: »Bang! Und da kam SAP.«

Für gehörigen Knalleffekt sorgte Klaus Besier. »Klaus«, witzelte auf dem Höhepunkt der R/3-Kampagne die amerikanische EDV-Zeitschrift »Information Week«, »ist ein blonder, blauäugiger, kräftig gebauter Kerl. In der Wirklichkeit sieht er genauso wohlgekleidet aus wie in den Anzeigen für Digital und SAP, genauso glatt rasiert wie in den Anzeigen für Hewlett-Packard und SAP und genauso frisch frisiert wie in den Anzeigen für IBM und SAP, allerdings nicht ganz so hoch gewachsen wie in den Anzeigen für Microsoft und SAP.«

Für den R/3-Missionar, als »Botschafter der German Gründlichkeit« (»Handelsblatt«) ein Phänomen, waren Produkt und seine Person eins. »Er neigte ein wenig dazu, seine Person überzubewerten«, formuliert SAP-Mitgründer Hans-Werner Hector. »Vielleicht«, sagt rückblickend auch SAP-Vorstandsmitglied Henning Kagermann, »hat Besier etwas zu wenig beachtet, daß Erfolg die Kombination von mehreren Leuten ist.«

Besier, Jahrgang 1951, war bereits im Juli 1982 für die Hoechst-Tochterfirma Messer-Griesheim in die USA gekommen. Nach Lehre (Industriekaufmann bei Messer-Griesheim) und Studium (Betriebswirtschaft an der Fachhochschule für Wirtschaft in Berlin) hatte sich der Wiesbadener zunächst in Riad verdingt. In der saudi-arabischen Hauptstadt richtete der weltgewandte Manager für eine Berliner Baufirma die Buchhaltung und Kostenrechnung ein. Nach Amerika wechselte der computererfahrene Betriebswirt dann, um dort Nixdorf-Computersysteme zu installieren. 1991 ging er als Vertriebsspezialist zu SAP America. »Der Vorteil«, erinnert sich der umtriebige EDV-Mann, »war nicht nur, daß ich bereits das Land kannte, sondern auch, daß ich vom Fach war.« Besier, fand auch sein damaliger Chef Hans-Werner Hector, »hat ein Händchen dafür, neue Kunden aufzureißen. Er kannte sich im amerikanischen Marketing sehr gut aus.«

Hector war im Februar 1992 in die USA gekommen, als CEO der SAP America. Interimsweise übernahm der Firmenmitgründer auch die Position des President. Der Grund dafür lag darin, daß der Wachwechsel auf dem US-Außenposten nicht so reibungslos verlaufen war, wie die Walldorfer gehofft hatten. »Meine erste Aufgabe bestand darin, den damaligen Präsidenten davon zu überzeugen, daß er entweder gut kooperiert oder geht.«

Doch Jim Bensman, President der SAP America seit 1989, verwahrte sich dagegen, daß der ehrgeizige Vertriebsmann Besier ihm quasi gleichgestellt werden sollte. Hector übernahm es daraufhin, mit Bensman über die Vertragsauflösung zu verhandeln. Dabei erlebte er eine Überraschung. »Der zog dann plötzlich«, erinnert sich der SAP-Mitgründer, »ein Papier aus der Tasche, was er alles an Abfindungen zu bekommen hätte – unterschrieben von Hopp und Plattner. Mir war das nicht bekannt.«

Bitter beklagte sich Hector später darüber, daß seine Mitgründer ihn damals im Stich gelassen hätten. »Ich war neu in Amerika, das war sozusagen meine erste Erfahrung in den USA.« Ein juristisches Tauziehen war die Folge: »Ich und ein Anwalt, er und ein Anwalt, und dann gab es wochenlang ein zähes Ringen.« Bei den US-Abgesandten wuchs der Frust. »Wenn wir Partner sind«, habe er damals seinen Vorstandskollegen zu verstehen gegeben, »dann reden wir miteinander und versuchen nicht, uns gegenseitig ein Bein zu stellen.«

Bensman ging, im März 1992 stieg Klaus Besier zum Chief Operating Officer (COO) und Executive Vice President der amerikanischen SAP-Tochterfirma auf. Bereits im darauffolgenden Januar wurde der Manager zum President von SAP America ernannt und übernahm damit auch die Leitung der SAP-Landesgesellschaften in Kanada, Mexiko, Australien, Neuseeland und Lateinamerika. »Leader-Eigenschaften«, sagt Hector, hätten Besier ausgezeichnet: »Er hat die Mannschaft gut zusammengehalten. Wie er das Geschäft angegangen ist, wie er die Mitarbeiter geführt hat, wie er mit der Presse umgesprungen ist – das war manchmal sogar hart am Rande dessen, was man erlauben konnte. Er ist mit einer sehr feinen Ironie und einer sehr feinen Aggression die Konkurrenz angegangen – aber immer gerade so, daß die nicht klagen konnte.«

Im EDV-Magazin »Datamation« erklärte der Neue programmatisch: »Wir haben sehr aggressive Ziele. Wir wollen in den USA in kürzester Zeit den größtmöglichen Effekt erreichen.« Erst sechs Kunden in Nordamerika hatten sich zu diesem Zeitpunkt für R/3 erwärmen lassen. So markierte die Titelstory des Fachblatts für

EDV-Manager im März 1993 den Auftakt zu einer Medienkampagne, wie sie die USA von einem High-Tech-Hersteller aus Deutschland noch nicht erlebt hatten. Die überlegene R/3-Technologie, so lautete der Refrain des SAP-Marketinglieds, garantiere Zukunftssicherheit, musterhafte Integration betriebswirtschaftlicher Vorgänge, internationale Einsatzfähigkeit und einfache Installation; dahinter stehe »deutsches Branchen-Know-how und Ehrlichkeit« statt »Abzockermentalität« (Besier).

»Daß SAP nur verspricht, was wir auch halten können«, verkündete der Chef der US-Filiale großspurig, »unterscheidet uns von anderen US-Software-Häusern und hat uns die größte Anerkennung eingebracht.« In Walldorf unterstrich unterdessen Dietmar Hopp, daß er amerikanische Marketingmethoden nicht grundsätzlich ablehne. Hauptsache, sie nützten SAP: »Wenn wir nicht zukünftige Inhalte von Versionen verkaufen«, mahnte Hopp schlitzohrig seine Mannschaft, »gehört der Markt anderen.«

Dieser Maxime folgt auch der Großmeister der verfrühten Produktankündigung, Microsoft-Chef Bill Gates. Ausgerechnet der in Sachen High-Tech als besonders wählerisch bekannte Multimilliardär, so wurde im April 1993 bekannt, werde mit der deutschen Software-Firma kooperieren, um R/3 für das erfolgreiche Netzwerkbetriebssystem Windows NT anzupassen. Zusätzliche Glaubwürdigkeit verlieh der Zwei-Millionen-Dollar-Kampagne der SAP ein namhafter Kunde aus der Medienbranche: die Tageszeitung »Seattle Times« in der Heimatstadt des Microsoft-Gründers. Der Verlag hatte sein Rechnungswesen mit einer Mainframe-Software von Dun & Bradstreet Software (DBS) abgewickelt. Als das System auf ein Client/Server-Netz umgestellt werden sollte, entschied sich die »Times« (gegen Software-Pakete von DBS) für R/3. SAP, begründeten die Zeitungsmanager ihre Entscheidung für die modularisierte Standardsoftware, »hat unseren finanziellen Vorstellungen entsprochen. Außerdem konnten wir auf diese Weise sicher sein, daß zukünftige Erweiterungen sich voll integrieren ließen.«

Das als kritisch bekannte Fachmagazin »Datamation« bescheinigte der Verlags-EDV eine Rekordleistung bei der R/3-Implementation. Nach einem abschließenden Hardcore-Testlauf von nur zwei Wochen hatte die »Seattle Times« mit Hilfe von Beratern der ICS Deloitte ihr Rechnungswesen im Hauruckverfahren komplett vom Großrechner auf ein dezentrales R/3-Netz aus Servern und Workstations umgeschaltet. Wenn das Experiment schiefgegangen wäre, hätte es kein Zurück mehr gegeben. Parallel das alte System als Ausfallsicherung (»Backup«) weiterzubetreiben hätte eine Verdoppelung der Arbeitslast bedeutet, beispielsweise bei der Dateneingabe: »Die ›Seattle Times‹ brauchte nur 88 Tage«, rechnete »Datamation« vor, »um die Kritiker zu widerlegen, die meinen, es brauche Ewigkeiten und koste Riesensummen, auf R/3 umzustellen.«

Die wahren Kosten für die »Seattle Times« offenbarten sich allerdings erst drei Jahre später. SAP brauchte sich deshalb nicht zu grämen. Denn da lagen längst Dutzende weiterer begeisterter US-Referenzen für R/3 vor.

Ihren Durchbruch im amerikanischen Markt bewerkstelligten die SAP-Softwerker mit Hilfe einer Doppelstrategie. So bemühte sich das Unternehmen einerseits, die klassische Klientel in der Mineralölbranche sowie in der chemischen und pharmazeutischen Industrie von den Vorzügen des R/3-Pakets zu überzeugen. Gleichzeitig konzentrierte sich die Firma darauf, führende Hersteller der Computer- und Software-Branche als Kunden – oder auch Partner – zu gewinnen. Wenn erst einmal Amerikas Zukunftsfirmen die Software made in Germany installierten und empfahlen, so rechnete sich SAP aus, so würden sie damit zum Schrittmacher auch für andere Branchen.

Als wichtiges Schmiermittel der R/3-Verkaufsmaschine diente dabei das Sales-Bonus-Programm, das Besier und Hector gemeinsam entwickelt hatten. Sie hoben die Obergrenze von jährlich 140 000 Dollar bei Verkaufsprovisionen auf. Manche SAP-Topmanager, schrieb »Business Week«, »krümmen sich heute noch, wenn sie hören, daß ein Verkäufer nun mehr verdienen kann als sie selbst« – bis zu zwei Millionen Dollar pro Jahr. »Der Plattner wollte es zuerst an der Westküste machen, da hatten wir das eigentlich schon für ganz Amerika beschlossen«, erinnert Hans-Werner Hector sich. »Hopp«, sagt Hector, »hat mich halb gefressen deshalb.«

Der erste R/3-Großauftrag kam vom Ölmulti Chevron, der sein Hauptquartier in San Ramon bei San Francisco hat. Der Branchenführer in den USA orderte ein Software-Paket, das zunächst die Module Financial Accounting (FI), Controlling (CO), Assets Management (AM) und Materials Management (MM) umfassen sollte. Betreut wurde der erste R/3-Großkunde von den SAP-Spezialisten an der amerikanischen Westküste. Bereits Anfang 1991 hatte das Unternehmen in Redwood City, am Nordende des Silicon Valley, seine erste Niederlassung in Kalifornien eröffnet. Zwölf Angestellte kümmerten sich dort zunächst um Kunden wie den Elektronikhersteller Hitachi oder den Getränkeproduzenten Nestlé Beverages.

Die R/3-Einführung bei Chevron wurde zur Bewährungsprobe in einem Markt, dem bisher nur das mächtige Vorgängerprodukt R/2 für den Großrechnerbereich gewachsen schien. Skepsis schlug den Deutschen entgegen, als sie nun für denselben Einsatzbereich ein Client/Server-Modell empfahlen, das eher für Betriebe mittlerer Größenordnung geeignet schien. Solche Skepsis ließ sich nur durch schmerzliche Zugeständnisse bei den Vertragsverhandlungen ausräumen, wie Hasso Plattner sich erinnert: »Wir haben geblutet in dieser Chevron-Installation.«

Die meisten Ölfirmen, erläutert Plattner, hätten ihre Software früher sicherheitshalber selbst geschrieben. Später dann habe es für kleinere Firmen als Chevron mindestens R/2 sein müssen. Nun, erzählt Plattner, »waren wir plötzlich in amerikanisches Kernland vorgestoßen, mit einem Produkt, das im Weltmaßstab eher als Mittelstandslösung galt«. Mit R/3, jubelte der Vater der Standardsoftware nach seiner Rückkehr aus Amerika auf einer Veranstaltung in Berlin, sei die Firma in den USA endlich »voll konkurrenzfähig«.

Vergleichbar integrierte Standard-Software für den Client/Server-Bereich von Mitbewerbern war in der ersten Hälfte der neunziger Jahre weit und breit nicht in Sicht. Plattner frohlockte: »Denen haben wir einen derartigen Schock versetzt, daß sie drei Jahre eingefroren waren.«

Die SAP-Kalkulation ging auf: 1993 verdreifachte sich das Volumen der Neuaufträge auf 187 Millionen Mark. In rascher Folge richtete die Firma zusätzliche Niederlassungen in weiteren nordamerikanischen Städten ein. SAP, räumte später Oracle-Vorstandsmitglied Raymond Lane ein, »hat uns mit heruntergelassenen Hosen erwischt«. Nun konnten der Oracle-Manager und sein Boß Larry Ellison in Redwood Shores an der Bucht von San Francisco fast aus ihren Fenstern zusehen, wie die Deutschen sich in unmittelbarer Nachbarschaft ansiedelten.

Wie vordem in Walldorf breitete sich SAP nun über die ganze Bay Area aus, die von Hochtechnologiefirmen bevorzugte Region um die Bucht von San Francisco. Gleichsam auf Möwenrufweite vom Oracle-Hauptquartier quartierten sich Hasso Plattner und seine Mitarbeiter ein: In Foster City, einer künstlichen Wohn-, Büro- und Seenlandschaft auf halbem Weg zwischen dem Silicon Valley und San Francisco, eröffnete das Unternehmen 1993 sein erstes Entwicklungszentrum außerhalb Deutschlands.

Nur wenige Meilen südlich, in Menlo Park, hat sich auch der niederländische SAP-Konkurrent Baan niedergelassen. »Alle unsere Konkurrenten sitzen in Amerika oder sind dort hingegangen«, sagt Plattner. »Sie sitzen alle auf einem Haufen. Es war richtig, nicht nur eine Vertriebsorganisation aufzubauen, sondern auch eine Entwicklungsfirma zu errichten. Inzwischen reden alle vom Globalisieren – wir waren dabei an vorderster Front.«

Technologische Evolutionen und Revolutionen in der Informationsindustrie deuten sich oftmals zuerst im Silicon Valley an. Daß diese Regel unverändert gilt, wurde den Walldorfern nach ihrem Einzug immer wieder vor Augen geführt.

Zunächst waren es nur Kleinigkeiten, in denen die Renaissance des »Valley« sich ankündigte. Junge Entwickler brachten ein grellbuntes Hochglanzmagazin mit ins Büro, das in San Francisco erschien und das neuerdings in den Endlosregalen der Elektronikhandelskette »Fry's« auslag; sein Titel: »Wired«.

Elektronische Postadressen mit dem E-Mail-Zeichen @ (»at«), eine Art elektronisches »c/o«, prangten neuerdings auf den Autoschildern von jungen Programmierern. An der sechsspurigen Schnellstraße 101 ragten Reklametafeln aus der Salzmarsch auf, auf denen die Frequenzen von Radiostationen oder Service-Telefonnummern von Fluggesellschaften zu sehen waren. Neuerdings bewarben sie auch Kundendienste, deren Bezeichnung zumeist mit der kryptischen Zeichenfolge »Internet: http://www« begann.

Gestandene Standardsoftwerker mochten es zunächst noch für Spielerei gehalten haben. Bis sie dann merkten, daß womöglich auch die Zukunft von SAP im Internet entschieden würde.

Foster City hat rund 30 000 Einwohner, etwa doppelt so viele wie Walldorf. Die Stadt liegt im Marschland des San-Mateo-Bezirks an der Bucht von San Francisco. Softwerker aus Deutschland oder SAP-Kunden, die den Stammsitz des Unternehmens in Baden kennen, erleben in der Kulisse der Bay-Side-Gemeinde das Kontrastprogramm zur geschichtsträchtigen Fachwerkidylle von Walldorf.

»California's First Planned Community«, wie die Gemeinde wirbt, ist eine Stadt vom Reißbrett und aus dem Computer – und stolz darauf. Die ersten Wohnhäuser wurden erst 1963 errichtet. Heute dient die Massensiedlung mit ihren zwölf Wohninseln inmitten künstlicher Seen hauptsächlich als Schlafstadt für Pendler, von denen die meisten ins nördlich gelegene San Francisco oder nach San José zur Arbeit fahren, das eine Autostunde südlich liegt.

Eine Hauptstraße, die diesen Namen verdient hätte, gibt es in Foster City nicht. Wer nach einem Ortskern sucht, findet sich nach wenigen hundert Metern unvermittelt in windzerzaustem, offenem Brachland wieder. Den künstlichen Mittelpunkt der Siedlung bildet ein Büroturm, der 20 Stockwerke hoch über einem weitläufigen Ensemble aus Shopping-Zentren, Parkhäusern und gleichförmigen Reihenhäusern aufragt.

Der »Metro Tower«, wie das Hochhaus heißt, liegt an der Tower Lane 950. Während ringsum die Stadt tagsüber wie ausgestorben wirkt, surren im Büroturm die Fahrstühle. Viele der zumeist jungen Passagiere sind Computerfachleute. Microsoft hat in dem Gebäude eine Bürofluch bezogen, ebenso der japanische Softbank-Konzern, dem der amerikanische Fachzeitschriftenverlag Ziff-Davis gehört, und auch die führende US-Computermesse Comdex. Der 16. Stock des »Tower« beherbergt die SAP Technology, Inc., eine hundertprozentige Tochterfirma von SAP America.

Das Entwicklungszentrum in Foster City hat sich neben Walldorf zum zweiten, heimlichen Hauptquartier des rasant wachsenden Weltkonzerns entwickelt. Im vollklimatisierten Cyber-Tower scheint Walldorf weit weg – und dann doch wieder nicht: Zur Stoßzeit, etwa gegen Ende der Mittagspause, ist oftmals Badisch oder Schwäbisch die Verkehrssprache in den Aufzügen an der Tower Lane 950.

Mit einer reinen Alibi-Filiale in diesem Industriegebiet zukünftiger Weltmärkte wollte sich Hasso Plattner nicht begnügen. Der

Vorstandssprecher, der das Entwicklungszentrum der SAP als President und CEO leitet, verbringt inzwischen ein Drittel seiner Zeit in Kalifornien. Denn im Silicon Valley, begeistert sich Plattner, schlage »das Herz technologischer Innovation«.

Als das Unternehmen in den USA die Marktführerschaft bei Client/Server-Anwendungen übernommen hatte, investierte es bereits mehr in Forschung und Entwicklung als seine fünf größten Konkurrenten zusammen. Marktbeobachter etwa bei IDC registrierten aufmerksam, daß die deutsche Firma mit dem bislang in den USA Erreichten offenbar noch längst nicht zufrieden war. Die Deutschen hätten »erkannt, wie wichtig es ist, ständig in Bewegung zu bleiben. Sie gehen nicht einfach davon aus, daß ihr Erfolg so anhalten muß.«

Hauptziel bei der Gründung des Entwicklungszentrums sei gewesen, erklärt Plattner, »so eng wie möglich mit unseren wichtigsten Geschäftspartnern verbunden und in die Technologiewelt integriert zu sein«. Das gelang – auch im Vertrieb – so gründlich, daß »Business Week« titelte: »Amerikas jüngste Software-Erfolgsgeschichte ist deutsch«. Mit R/3, stellte das US-Magazin fest, habe der Anbieter aus Walldorf eine anspruchsvolle Fangemeinde erobert: Die Kundenliste von SAP, so »Business Week« bereits 1994, »liest sich wie ein Who's Who des Silicon Valley«.

Eigentlich, erinnert Hasso Plattner sich, habe Klaus Besier das Geschäft in der Bay Area zunächst »auf kleiner Flamme kochen« wollen. Doch die Anfangsresonanz, die das Produkt gerade bei High-Tech-Unternehmen fand, hätten den Vorstand in Walldorf dann zur Eile bewogen: »Wir haben uns gesagt, wenn schon – dann richtig.« Dabei konnten sich die Software-Experten auch auf die »Early Adopters« im experimentierfreudigen Nordkalifornien verlassen: mutige Erstkunden, die sich auf die Installation eines noch nicht im jahrelangen Dauerbetrieb bewährten Systems einließen.

Den Ausschlag gab dabei zumeist der strategische Vorteil, den solche Firmen sich von dem hohen Integrationsgrad der Software versprachen. Ein typisches Beispiel dafür ist der Software-Hersteller Autodesk, der sich auf Computerprogramme für den Design- und Konstruktionsbereich spezialisiert hat. Nach der R/3-Installation avancierte Autodesk vom SAP-Kunden zum SAP-Partner im »Golden-Gate«-Projekt, bei dem R/3-Module für die Software-Industrie maßgeschneidert werden. »Wenn unsere Lagerbestände in Singapur nicht mehr ausreichen«, erläutert Bill Kredel, IT-Chef bei Autodesk, den R/3-Effekt, »können wir nun das Produkt direkt von den Vereinigten Staaten aus liefern und setzen die Bestellung nicht mehr durch Verzögerungen aufs Spiel.« Für die nördlich von San Francisco in San Rafael beheimatete Firma hat sich laut Kredel die Einführung der R/3-Software bereits nach den ersten sechs Monaten durch reduzierte Lagerbestände mehr als doppelt bezahlt gemacht.

So mußte sich das Unternehmen vor der Umstellung auf Standardsoftware mit 20 000 verschiedenen internen Warencodes herumplagen – für insgesamt nur 40 Produkte. Mit Hilfe von R/3 ließ sich die Zahl auf insgesamt 1600 reduzieren. Die technische Vereinheitlichung des Systems kam durch verkürzte Lieferzeiten auch direkt den Kunden zugute: Vergingen vorher noch zwei Wochen zwischen Bestelleingang und Versand, so beträgt die Spanne nach dem Abschied vom Mainframe-System nunmehr noch 24 Stunden.

Den SAP-Neukunden aus der High-Tech-Branche wurde der Umstieg auf die Software aus Deutschland auch durch ein gefälliges Äußeres schmackhaft gemacht: Als erste Enterprise-Software konnte R/3 mit einer grafischen Benutzeroberfläche aufwarten. Die oftmals durch R/3 abgelösten Mainframe-Systeme mußten noch mühsam mittels textorientierter Bildschirmmasken bedient werden. Das neue »Graphical User Interface« (GUI) der SAP-Software bestand – ähnlich wie beim Windows-Programmsystem für den Microsoft-PC – aus Bildschirmfenstern und Befehlssymbolen (»Icons«), die sich auch per Mausklick bedienen ließen.

In der fortschrittsbewußten Bay Area waren, ganz anders als in Europa, sogar viele Topmanager schon den unkomplizierten Umgang mit Apple- oder Windows-Software gewohnt. Deshalb fielen auch solche Äußerlichkeiten ins Gewicht. Gleichwohl war, wie in der Branche üblich, offenbar auf das »GUI« weniger Mühe verwendet worden als auf die dahinter verborgene Technologie. Branchenfachleute und Anwender monierten, daß die grafische Oberfläche optisch – beispielsweise bei den »Icons« – vom eingeführten De-facto-Standard Windows abwich. Diesen Makel jedoch nahmen die Walldorfer in Kauf – schließlich war SAP als erster Anbieter mit einem derartigen Produkt am Markt: »Man kann mäkeln, daß wir die eine oder andere Verzierungsleiste nicht so gemacht haben wie Microsoft«, wischte Hasso Plattner solche Einwände beiseite: »Aber entscheidend bleibt: Es sah aus wie Windows-Software.«

Genauso wie Besier hatte Hasso Plattner ein Gespür dafür, wie sehr es im amerikanischen Markt auf die Show-Effekte ankam – und das nicht allein auf dem Computerbildschirm. So wurde beispielsweise die User-Konferenz »Sapphire«, die SAP erstmals 1990 in den USA ausgerichtet hatte, zu einer glanzvollen Messe- und Konferenzveranstaltung erweitert, die jährlich Tausende von SAP-Fachleuten anlockt. Dabei steht traditionell nicht nur Software-Speak auf dem Konferenzplan. Als »Sapphire«-Sprecher wurden beispielsweise der Zukunftsforscher Alvin Toffler gewonnen, ebenso der Verleger Malcolm Forbes, Apollo-13-Kommandant James Lovell und Microsoft-Chef Bill Gates. Hatte vorher die US-Bühne hauptsächlich Klaus Besier gehört, so hatte Hasso Plattner seinen großen Auftritt in den USA im August 1994 bei der »Sapphire« im Freizeit- und Kongreßzentrum Disney World in Florida.

4400 EDV-Fachleute aus 31 Ländern erlebten dort den wohl ungewöhnlichsten Vortrag, den je ein Botschafter der deutschen High-Tech-Industrie im Ausland gehalten hat. Angekündigt war ein R/3-»Technology-Update«. Neugierig oder schicksalsergeben harrte das Publikum der Folien über ABAP/4- und Business Workflow. Doch als es dann soweit war, wallten künstliche Nebel auf, und grelle Lichtblitze durchzuckten den abgedunkelten Saal. Dann dröhnten rockige Akkorde aus den Bühnenlautsprechern; schemenhaft tauchte aus dem Nebel die Gestalt des Mannes an der elektrischen Gitarre auf, der sie angestimmt hatte: »It's only Rock 'n' Roll, but I like it...«, featuring Mr. R/3 himself – Dr. h. c. Hasso Plattner, damals Stellvertretender Vorstandsvorsitzender der SAP AG. »Ich wollte immer mal wissen«, sagte Plattner anschließend, »wie es ist, vor mehreren tausend Leuten zu spielen.«

Für die Amerikaner verkörpert der Selfmade-Milliardär einen neuen Typus des deutschen Industriellen. Auch der Sportsgeist des SAP-Mitgründers kam besonders im wettbewerbsbegeisterten Silicon Valley gut an. Schlagzeilen machte Plattner nicht nur mit R/3, sondern weil er auch in seiner spärlichen Freizeit, beim Segelsport, offenbar nichts dem Zufall überläßt. So ließ der rund um den Globus erfolgreiche Regattasegler seine potente Rennyacht ›Morning Glory‹ (der Eigner selbst verweist auf den Doppelsinn des Bootsnamens im Englischen) mit Hilfe modernster Computer- und Werkstofftechnologie von kalifornischen Designern und Bootsbauern maßschneidern. »Dr. Plattner«, erzählt John Reichel, Chef von Reichel/Pugh Yacht Design in San Diego, »wollte die besten Berater in unserem Team haben, weil mit den heutigen Programmen für computerisierte Strömungsberechnung und Geschwindigkeitsvorhersage nur Experten die besten Resultate erzielen.«

Auch gebaut wurde die 80-Fuß-Rennyacht der America's-Cup-Klasse (ILC Maxi) in Rekordzeit: Nur sieben Monate (Designbeginn: Frühjahr 1995) dauerte es, bis das Superboot auf der McConaghy-Yachtwerft im australischen Sydney fertiggestellt war. Dabei halfen speziell für dieses Projekt entwickelte Simulationsprogramme sowie ein Cray-Supercomputer, auf dem 80 Stunden Rechenzeit gebucht wurden.

»Die intensivste Studie zum Leistungsvermögen von Segelyachten, die jemals unternommen wurde« (Plattner), sorgte im Silicon Valley nicht nur wegen des technischen Aufwands für Aufsehen. Denn dort war auch ein anderer Software-Mogul ansässig, der mit seiner 78-Fuß-Yacht »Sayonara« in derselben Klasse segelte wie der SAP-Eigner: Larry Ellison, der ebenfalls sportbegeisterte Boß des Software-Riesen Oracle.

Als seinem Widersacher Plattner im Oktober 1996 beim Kenwood-Cup vor Hawaii der Kohlefasermast brach, konnte sich Regattagewinner Ellison eine offizielle Oracle-Verlautbarung nicht verkneifen: »›Morning Glory‹, die dem Chef des Oracle-Konkurrenten SAP, Hasso Plattner aus Deutschland, gehört, konnte wegen eines Mastbruchs am zweiten Tag des Rennens nicht antreten«, meldete Oracle mit schlecht verhohlener Schadenfreude. Bereits dreimal seien die Kontrahenten auf hoher See gegeneinander angetreten – beim Segeln wenigstens, so ließ die PR-Botschaft sich lesen, liege Oracle vorn: »›Sayonara‹ hat zweimal gewonnen und ›Morning Glory‹ einmal.«

Andererseits zahlt sich die Segelkameradschaft der beiden Software-Rivalen – und Partner im Datenbankbereich – zuweilen sogar technologisch für SAP aus, erzählt Plattner: »Als ich eine Kopie von einer NT-Datenbank brauchte, die von Oracle noch nicht freigegeben war, wollte sie keiner rausgeben. Ich habe Larry angerufen. 20 Minuten später hatte ich ein Tape mit der Oracle-Datenbank darauf.«

Plattners größte Stunde zur See schlug bei der Hobart-Sydney-Regatta von Neuseeland nach Australien im Dezember 1996, wo der Software-Kapitän seinen Konkurrenten – Ellison war diesmal nicht dabei – in historischer Bestzeit (2 Tage, 14 Stunden, 7 Minuten und 10 Sekunden) ein Ohr absegelte. Damit hatte er 29 Minuten schneller die Zieltonne erreicht als der vormalige Rekordhalter von 1975, der Amerikaner Jim Kilroy.

Sogar das Nachrichtenmagazin »Der Spiegel« würdigte den Sieg des High-Tech-Seglers in einem ausführlichen Bericht. Eine bessere Werbung für SAP-Software hätte sich das Unternehmen kaum wünschen können: Beim Siegen half der 20-Mann-Crew ein vom Eigner selbst entwickeltes, hochspezialisiertes Computerprogramm, der ABAP/4-Segel-Performance-Monitor, der durch computergestützte Analyse von Wind- und Wellengang die Bootsgeschwindigkeit zu optimieren half.

Nach dem Durchbruch von Plattners R/3 in den USA gilt SAP dort als Beispiel für einen aggressiven, aus Europa ungewohnten unternehmerischen Sportsgeist, der durch Hasso Plattner selbst und seinen Amerika-Statthalter Klaus Besier verkorpert wurde. Grimmig wurde in den USA auch die Ironie der Entwicklung vermerkt: daß die Idee zur Standard-Software ursprünglich bei IBM geboren, aber von der »Mutter aller Computerfirmen« nicht weiterverfolgt und statt dessen von den findigen Deutschen zu viel Geld gemacht worden war.

So faßten es die Marktbeobachter in den USA auch als Sieg für die SAP auf, als 22 Jahre danach »Big Blue« nun seine betriebswirtschaftliche Standardsoftware bei den ehemaligen Mitarbeitern aus der Geschäftsstelle Mannheim ordern mußte. Noch im Frühjahr 1994 hatte IBM das französische Unternehmen CGI Informatique übernommen, das auf Finanz-Software spezialisiert war. Branchenkennern erschien dieser Schritt zunächst als sicheres Zeichen dafür, daß ein Konkurrenzprodukt gegen R/3 geplant sei; allerdings erwies sich das Vorhaben schon bald als letztes Aufbäumen von »Big Blue« gegen die SAP-Übermacht. Denn bereits im November 1994 konnte das Walldorfer Unternehmen den bis dahin größten Auftrag in seiner Firmengeschichte bekanntgeben: IBM würde konzernweit R/3 einsetzen, zunächst in den Bereichen Beschaffungswesen und Auftragsabwicklung.

Der Kurs der SAP-Aktie sprang nach dieser Nachricht auf eine Rekordhöhe von 1050 Mark, wodurch der Börsenwert sich auf mehr als 10 Milliarden Mark erhöhte; Preussag, Thyssen und VIAG wurden dadurch von dem Software-Hersteller aus Walldorf überholt. Und die amerikanischen Branchenbeobachter erinnerten sich aus diesem Anlaß daran, wie der Computerriese damals die SAP-Gründer mit ihrer Standardsoftware-Idee hatte ziehen lassen.

»Das war in etwa so smart von IBM«, höhnte die Zeitschrift »Information Week«, »wie damals, als Tom Watson sen. es abgelehnt hat, die Patente für den Xerox-Fotokopierer zu kaufen.«

Auf den Boden der beinharten Realität im umkämpften US-Markt wurden die Deutschen bei dem Versuch zurückgeholt, den Flugzeughersteller Boeing in ihre R/3-Kundenliste einzureihen. Statt dessen entschied sich der weltgrößte private Datenverarbeiter (allein die EDV-Abteilung umfaßt 10000 Mitarbeiter) im August 1994 für die Triton-Software des niederländischen Herstellers Baan.

Nach dem steilen Aufstieg von SAP in den USA wurde diese »Bruchlandung«, wie die »Wirtschaftswoche« schrieb, nun um so aufmerksamer registriert. »Aufgrund von Designfehlern«, zitierte das Wirtschaftsmagazin aus dem »Handelsblatt«-Verlag einen Boeing-Sprecher, »wären noch weitere zehn Monate vergangen, bis wir mit Hilfe von R/3 den ersten Bestellauftrag hätten abwickeln können.« So mochte der Eindruck entstehen, daß eine bereits begonnene SAP-Installation wieder abgebrochen worden sei. In Wirklichkeit jedoch war es so weit nicht einmal gekommen.

Der Verlust des Millionenauftrags in dreistelliger Höhe führte den Walldorfern unmißverständlich vor Augen, daß die Mitbewerber nicht länger untätig zusehen würden, wie sie mit R/3 den amerikanischen Markt aufmischten. Geschickt hatte der kleine ERP-Spezialist einen schwachen Moment des neuen US-Marktführers genutzt, um sich einen der bedeutendsten Referenzkunden der Branche zu sichern: »Boeings Entscheidung für Baan«, frohlockte Jan Baan, »ist für uns eine Bestätigung, daß wir mit unseren Produkten und Dienstleistungen auf dem richtigen Weg sind.«

Die Deutschen verloren im Wettbewerb um den Boeing-Auftrag deshalb, weil sie durch das rasante Wachstum der vorangegangenen Monate kaum noch Ressourcen mobilisieren konnten. SAP-Spezialisten, die für das Boeing-Projekt benötigt wurden, waren unter anderem durch R/3-Evaluationen bei zwei nicht minder namhaften Industrieriesen gebunden – bei Intel und Microsoft. Während SAP dadurch bei Boeing unbeweglich wurde, konnte der kleine Konkurrent aus Holland seine Chance nutzen.

Bereits zum Jahresende 1993 hatte die Boeing Commercial Airplane Group (BCAG) erwogen, R/3 für die Bereiche Produktion und Zulieferketten anzuschaffen. Die Boeing-Manager benötigten ein Programmpaket, mit dessen Hilfe sich die Herstellungsressourcen im Flugzeugbau effektiver planen und handhaben ließen, beispielsweise im Bestellwesen, in der Materialwirtschaft und in der Produktionsplanung. So sollten zum Beispiel spezielle Ausstattungswünsche der Auftraggeber – betreffend etwa Bodenbelege, Sitzmodelle, Bordküchengeräte oder WC-Ausstattung – per Computer direkt in die Konstruktionsabteilung weitergereicht werden.

Gleichsam im Baukastenverfahren sollte so aus einem Basismodell bereits am Computerbildschirm das maßgeschneiderte Flugzeug entstehen. Boeing lud die führenden Software-Hersteller in diesem Bereich zu Testinstallationen ein, bei der ihre Computerprogramme auf ihre Tauglichkeit für diese Form des Flugzeugbaus »von der Stange« geprüft werden sollten. Mehr als ein Dutzend SAP-Experten wurden nach Reston bei Seattle entsandt, um dort R/3 einsatzfertig zu machen. Doch die Testinstallation gestaltete sich schwieriger als erwartet. Endgültig passen mußten die Softwerker, als sie aufgefordert wurden, binnen einer Woche das lauffähige Modell des Systems 50 Fachleuten des Flugzeugherstellers bei einer technischen Demonstration vorzuführen. Für SAP bedeutete das: »Demo or die« – jedenfalls bei Boeing.

Aufschub gab es nicht. Allein schon das Ansinnen, berichtete Hasso Plattner später, sei von dem Luftfahrtkonzern als »Affront« aufgefaßt worden. Die Konsequenz: SAP mußte sich aus dem Wettbewerb um den prestigeträchtigen Großauftrag zurückziehen. »Wir wagen es«, beschönigte Dietmar Hopp später im »Manager Magazin« den Rückzug, »Kunden abzulehnen, wenn wir nicht das bieten können, was er von uns verlangt.«

Wenn die Walldorfer jedoch gehofft hatten, sich geräuschlos von der Boeing-Bühne verabschieden zu können, so hatten sie die Rechnung ohne Jan Baan gemacht. Der hungrige Holländer hätte sich keinen besseren Anlaß für US-Publicity wünschen können. Der Boeing-Zuschlag, wußte Baan, war gleichsam die Eintrittskarte zu weiteren amerikanischen Großkunden. Gleichzeitig demonstrierte sein Erfolg in den USA, daß es offenbar auch ernst zu nehmende europäische Alternativen zu SAP gab.

Durch die »Superreferenz«, schwärmt Oliver Elser, Marketingchef von Baan in Deutschland, sei »weltweit sehr bekannt geworden, daß wir auch Großunternehmen bedienen können«. So konnte Baan kurz darauf einen Großkontrakt mit der kanadischen Northern Telecom bekanntgeben. Und ausgerechnet der deutsche Autohersteller Mercedes-Benz gab im Frühjahr 1995 den Holländern den Vorzug vor SAP, als Enterprise-Software für das neue Mercedes-Werk in Tuscaloosa ausgewählt wurde (der Mutterkonzern Daimler-Benz AG hingegen wird mit R/3 verwaltet). Aber nicht allein Jan Baan erwies sich nun als ein Gegner, mit dem die Walldorfer zukünftig verstärkt rechnen mußten.

Denn auch die Konkurrenten in den USA hatten offenbar ihre Hausaufgaben gemacht. Das zeichnete sich ebenfalls im Herbst 1994 ab – in Deutschland. Im Heimatmarkt der SAP hatte sich der Personalverwaltungsspezialist Peoplesoft aus Walnut Creek (US-Staat Kalifornien) ausgerechnet an den größten Kunden der Walldorfer herangeschlichen, die Siemens AG – mit Erfolg. »Wir haben es gelernt«, so Hopp anschließend über diese Lektion, »unsere Konkurrenz zu fürchten und zu achten.«

Siemens entschied sich für den unternehmensweiten Einsatz des Personalverwaltungsprogramms von Peoplesoft; Auftragsvolumen: rund vier Millionen Mark. SAP, beeilten sich die Münchener zu versichern, bleibe ihr wichtigster Software-Lieferant. Im Personalbereich jedoch, erklärte das Unternehmen, habe es sich auch deshalb für den amerikanischen Anbieter entschieden, »weil einige unserer US-Gesellschaften im Personalbereich bereits Peoplesoft-Software einsetzen«. Der Vorgang, kommentierte SAP-Sprecher Michael Pfister, zeige, »daß wir nicht der Monopolist sind, für den wir oft gehalten werden«.

Die Walldorfer reagierten dünnhäutig, wenn die Kunde von solchen Rückschlägen in die Öffentlichkeit drang. Bitterlich beklagte sich Dietmar Hopp, daß »unser niederländischer Konkurrent Baan die SAP mit besonderer Unfairneß attackiert«. Auf Nachfragen von Journalisten reagierte Hopp empfindlich. »In den USA sind 65 Firmen aus der High-Tech-Branche unsere Kunden«, belehrte sie der SAP-Chef gern, »Microsoft, IBM, Hewlett-Packard, DEC, Compaq, Apple und und und. Glauben Sie wirklich, daß diese Kunden nur Altware kaufen?«

SAP-Miesmacherei als neuer deutscher Mediensport? Er finde es »merkwürdig«, beschwerte sich Dietmar Hopp in der »Computer Zeitung«, »welche Jubelstürme in der Presse bereits ausbrechen, wenn ein Mitbewerber einen Auftrag erhält, um den wir uns ebenfalls bemüht haben«. Neuerdings werde, so äußerte der Vorstandsvorsitzende der SAP AG vergrätzt in der Zeitung »Die Woche«, »alles mögliche unternommen, um uns an den Wagen zu fahren«. Als Beispiel nannte er Medienberichte, die SAP zuvor mit der Scientology-Organisation in Zusammenhang gebracht hatten. »Es scheint eine typisch deutsche Eigenschaft zu sein«, räsonierte der SAP-Chef dann, »daß jemand angeschossen wird, der etwas erreicht hat.«

Hatte das Unternehmen also nur in Deutschland eine »schlechte Presse«, verglichen mit dem positiven Medienecho der zurückliegenden Monate? Gar im Auftrag der Mitbewerber, wie auch andere Äußerungen aus der Firma nahelegten? Zwar erschienen in Deutschland inzwischen weniger Jubelberichte über den SAP-Erfolg in den USA. Aber eine (gesteuerte) Neidkampagne gegen das Unternehmen aus Baden-Württemberg ließ sich daraus schwerlich herleiten. Selbst den Verlust des Boeing-Geschäfts und des Siemens-Auftrags beispielsweise hätte Hopp durchaus als »kleine Schönheitsfehler« (»Manager Magazin«) in einer ansonsten prächtigen Erfolgsbilanz abbuchen können.

Doch der SAP-Chef befürchtete, nicht zu Unrecht, daß solche dem Kurs der SAP-Aktie abträglichen Berichte sich interkontinental gegenseitig hochschaukeln könnten. Schließlich hatten amerikanische Branchenblätter prompt die Titelgeschichte des Magazins »Wirtschaftswoche« aufgegriffen, als dieses im März 1995 das Walldorfer Unternehmen hart anging: SAP, so der Tenor, sei »zu starr, zu teuer, zu mächtig«.

Der spektakuläre »Wirtschaftswoche«-Report (s. S. 136 ff.) hatte allerdings eine – entscheidende – Schwachstelle. Das jedoch sprach sich zum Leidwesen der Walldorfer anschließend nicht bis Amerika herum.

Rückschläge wie bei Boeing und Mercedes-Benz bedeuteten keine Trendwende im amerikanischen SAP-Geschäft. Der Widerhall des transatlantischen Presse-Ping-Pongs blieb folgenlos. So gelang es dem Unternehmen 1995, in der Vertriebsregion Amerika mit einer Umsatzsteigerung von 51 Prozent seine Spitzenposition zu festigen. Gleichwohl schien nun auch in den USA der »Honeymoon« des deutschen Software-Wunders mit Fachjournalisten und Analysten zu Ende zu gehen.

Als »Underdog« (so Vorstandsmitglied Paul Wahl) angetreten, hatte es SAP in Rekordzeit zum Marktführer gebracht. In dieser Position mußte sich das deutsche Unternehmen nun auch von amerikanischen Marktbeobachtern kritische Fragen gefallen lassen. »Wir waren eine Saison das Überraschungskind«, beschreibt Paul Wahl den Klimawandel. »Der amerikanische Markt ist der absolut härteste Markt, den wir haben. Als Marktführer, das war klar, würde man uns nun ganz anders angehen. Wer wäre denn an einer Story darüber interessiert gewesen, was wir alles richtig machen?«

Nach den Flecken auf der weißen R/3-Erfolgsbilanz mußten Neugierige nicht lange suchen. Beispiel PG&E: Dort hatten sich die verantwortlichen Manager gleich derart grob verkalkuliert, daß die Umstellung auf das neue System doppelt so teuer kam wie ursprünglich veranschlagt. Doch wer wollte daraus SAP einen Vorwurf machen? Allerdings war auch bei der »Seattle Times« die R/3-Anfangseuphorie inzwischen verflogen. Der Grund: Mit der in »Datamation« gefeierten Rekordinstallation innerhalb von drei Monaten war die hausinterne Computerrevolution erst so richtig ins Rollen gekommen – und dauerte immer noch an.

Denn der mit R/3 installierte Hochleistungs-Server, ein IBM-Rechner vom Typ RS/6000, der 50 Anwender an 486er- und Pentium-Personalcomputern bedienen sollte, erwies sich als vom Dauerbetrieb des Verlagsrechnungswesens erheblich überfordert. Deshalb mußten zusätzlich zwei IBM-Kraftmaschinen vom Typ RS/6000 (Modell 590 und 58H) angeschafft werden. Den Ausbau und die Neukonfiguration des Systems übernahmen diesmal Systemberater vom amerikanischen IBM/SAP Competency Center. Doch anders als bei der R/3-Premiere gab es nach dieser kostspieligen Nachbesserung, die 1995 abgeschlossen wurde, nur sehr zweideutiges Lob von der »Seattle Times«: »Sie kannten sich alle sehr gut aus«, verlautbarte EDV-Manager Michael Topp. Dann fügte er hinzu: »Und sie haben nicht hingeschmissen, bevor die ganzen Probleme gelöst waren.«

Wie vordem in Deutschland, so wuchs nun ebenfalls unter den von SAP überrollten Computermanagern in den USA der Groll gegen die R/3-Truppe und ihren Beratertroß. Die SAP-Verkäufer machten keinen Hehl daraus, daß sie sich nicht lange beim DV-Management aufhielten. Statt dessen »installierten« sie ihre Standardsoftware lieber gleich auf Vorstandsebene. Früher großmächtige EDV-Leiter sahen sich anschließend unvermittelt zu technischen Erfüllungsgehilfen für betriebswirtschaftliche Reengineering-Experimente degradiert. Scheiterte die SAP-Installation, so würde ihnen obendrein noch die Schuld zugeschoben. Im Erfolgsfall wiederum durften sie womöglich zusehen, wie ihr nunmehr R/3-erprobter Personalstab von beteiligten Consulting-Firmen geplündert wurde.

Schlecht für SAP: Es sprach sich auch im weitläufigen Amerika schnell herum, daß die betriebswirtschaftlichen Software-Pakete aus Deutschland oftmals langwierige Installationsprozeduren und hohe Ausgaben für externe Systemberater sowie für die Schulung des Personals mit sich brachten. Die aus ihrem Schock erwachten SAP-Mitbewerber versäumten nicht, darauf gebührend hinzuweisen. So warben Baan und Oracle damit, daß bei ihnen das Verhältnis von Software-Lizenzkosten zu den Implementationsaufwendungen 1:2 betrage – im Gegensatz zu SAP, wo es bei 1:5 bis zu 1:10 liege. R/3, gab deshalb Dietmar Hopp im Februar 1995 die Parole aus, sei »in seiner Funktionalität so weit überlegen, daß unser Schwerpunkt nun darauf liegen muß, daß R/3 kostengünstiger eingeführt werden kann«.

Gut für SAP: R/3 hatte im amerikanischen Markt bereits eine gewaltige Eigendynamik entfaltet. Die Standardsoftware made in Walldorf war nicht mehr zu bremsen – »wie eine Lawine, an der Geld klebt«, formulierte der Analyst Eric Keller von der Gartner

Group. Die Fachzeitschrift »PC Week« nannte das Unternehmen die »große Maschine der unbegrenzten Möglichkeiten«.

Die am SAP-Geschäft beteiligten Hard- und Software-Hersteller sowie Beratungs- und Schulungsfirmen erlebten einen Jahrhundertboom. Doch wer auf der R/3-Welle reiten wollte – ob als Kunde, Hardware-Anbieter, Software-Entwickler, Systemberater oder Börsenanalyst –, war auf das Wohlwollen der Walldorfer angewiesen. Auch deshalb wuchs in den USA die Ambivalenz dem deutschen Software-Hersteller gegenüber.

»Momentan brauche ich sie mehr als sie mich«, jammerte 1995 etwa Richard Luciano, der beim Computerhersteller Digital Equipment (DEC) für die SAP-Verbindung zuständig war. »Und mit allen anderen ist es dasselbe.« Dafür wiederum durfte die zahlreiche SAP-Gefolgschaft sich felsenfest darauf verlassen, daß der mächtige Hersteller aus Deutschland den für alle Beteiligten so einträglichen Markt fürsorglich absicherte. Abweichen von der SAP-Linie wurde mit unnachsichtiger Härte abgestraft, wie sogar Hardware-Partner Digital Equipment erfahren mußte.

Verdutzt rieben sich die DEC-Manager die Augen, als der erfolgreiche Partner aus der verweichlichten Alten Welt eine vermeintlich geringfügige Unbotmäßigkeit mit amerikanischer Business-Härte ahndete. DEC hatte eine neue Datenbank-Software ausgerechnet an den SAP-Konkurrenten Oracle verkauft und sich obendrein noch mit dem kalifornischen Software-Produzenten auf eine gemeinsame Marketing-Initiative verständigt. Es dauerte nicht lange, da bemerkten die DEC-Manager, daß sie nicht mehr so oft zur Teilnahme an SAP-Projekten aufgefordert wurden. Beigelegt wurde die Krise erst, als Vincenzo Damiani, im DEC-Vorstand für den weltweiten Vertrieb zuständig, persönlich Abbitte bei Klaus Besier leistete. »SAP bleibt höflich«, schrieb »PC Week«. »Aber hin und wieder werden die Partner daran erinnert, was es bedeutet, Klaus zu verärgern.«

Nicht nur der USA-Chef schwelgte im Hochgefühl seiner Marktmacht. Besorgnis löste in Walldorf der Hinweis aus, daß es auch im US-Vertrieb offenbar zu ernsten Anfällen von akuter R/3-Hybris gekommen war. Überheblich ließen SAP-Verkäufer in Amerika potentielle Kunden spüren, daß es schon immer etwas teurer war, ein besonderes Produkt einzusetzen. Ein Beispiel dafür gab der

EDV-Leiter von National Instruments in Austin (US-Staat Texas), Libby Wright: »Sie schienen arrogant. Sie kamen herein und sagten: Wenn Sie nicht pro Modul eine Million Dollar ausgeben können, dann sollten wir es besser vergessen.«

Vier Millionen Dollar mindestens kostete die Eintrittskarte in die R/3-Welt, schätzten US-Experten. Davon entfiel der größte Teil auf Einführung und Schulung. Wie die Implementation zukünftig immerhin technisch vereinfacht werden könnte, demonstrierte erstmals Hasso Plattner anläßlich der »Sapphire 1995« im August, zu der mehr als 6000 SAP-Schaulustige aus 46 Ländern angereist waren.

Effektvoll präsentierte Plattner sein neues Patentrezept, das die R/3-Gemeinde zu Beifallsstürmen hinriß: »Configure to Order.« Nichts leichter als R/3, hieß diesmal die Marketingbotschaft. Plattner verblüffte das Publikum in Amerika, indem er die damals jüngste Version der hochkomplexen und speicherhungrigen Standardsoftware, R/3 3.0, auf einem leichtgewichtigen Notebook-Computer vorführte. Der portable PC wurde der SAP-Gemeinde als zukünftiges Vademecum der R/3-Berater vorgestellt, das die Installation und Feinabstimmung der Software künftig erheblich beschleunigen sollte – frei nach dem Motto: »Weniger ist mehr.«

Denn das war der Kniff des »Kaum-bestellt-schon-konfiguriert«-Konzepts: Zwar barg der tragbare Computer das komplette R/3-Softwerk mit allem Drum und Dran, multimediale Trainingsprogramme inklusive. Aber dem Kunden blieb diese Funktionsfülle verborgen. Vorsorglich blendete sein jeweiliger SAP-Betreuer per Programmbefehl bereits vor der R/3-Installation diejenigen Module und Funktionen aus, die der Besteller nicht benötigte. Sollte sich beim »Check-up« vor Ort herausstellen, daß ein abgeschalteter Programmbestandteil doch integriert werden mußte, so konnten ihn die Systemberater per Tastendruck reaktivieren. Die auf diese Weise ausgetüftelte Konfiguration ließ sich anschließend direkt ins Computersystem des Kunden übertragen.

Doch von wem? Der technische Trick mit der kundenfreundlichen Mogelpackung mochte zwar den Einführungsaufwand verringern. Doch zusätzlich hochgetrieben wurden die Kosten durch einen akuten Mangel an SAP-qualifizierten Systemberatern. Infolge des anhaltenden Standardsoftware-Booms war auch die Nachfrage nach R/3-Consultants im amerikanischen Markt regelrecht explodiert. Die Honorarsätze hatten inzwischen schwindelerregende Höhen erreicht. »SAP-Sachverstand«, resümierte »Datamation«, »hat inzwischen einen unschätzbaren Marktwert.«

»Wir haben nicht geahnt, daß es so viel kosten würde«, klagte ein EDV-Manager der US-Waffenschmiede Remington Arms, die sich inzwischen von ihrer Mutterfirma DuPont abgespalten hat: »Die Kosten für all die Berater treiben die Preise nach oben.« Zahlungswille allein genügte nicht, wie die Firma feststellte: »Wir benötigten SAP-Schulung. Aber es war alles ausgebucht.«

In großflächigen Stellenanzeigen, beispielsweise im »Wall Street Journal«, suchten Großunternehmen verzweifelt SAP-Berater zu Spitzensätzen. Und auch im Internet machte sich die Goldgräberstimmung in der SAP-Welt nun verstärkt bemerkbar. Der Multimediabereich des globalen Netzwerks, das World Wide Web (WWW), läßt sich bequem am PC-Bildschirm per Mausklick nach Stellenangeboten durchsuchen. In den USA diente es nun immer öfter auch als SAP-Branchenbuch. Die Aussicht auf leicht verdienten Beraterlohn lockte die Software-Glücksritter scharenweise in die R/3-Welt. »Minimale Erfahrung mit dem System«, annoncierte etwa ein WWW-Angebot, »kann zu einem sehr lukrativen Job führen.« Würde das Unternehmen aus Deutschland mit solchen Hilfstruppen seine neugewonnene Marktposition behaupten können?

Die SAP-Oberen wußten: Um das US-Geschäft abzusichern, mußten sie schleunigst für ausreichend Nachschub an qualifizierten R/3-Experten sorgen. Als R/3 in den amerikanischen Markt gestartet war, hatten anfänglich noch Standardsoftware-Spezialisten von SAP die Kunden bei der Implementation der Computerprogramme betreut. Doch der R/3-Boom, den das Unternehmen in diesem Ausmaß nicht vorausgeahnt hatte, ließ sich nun nicht länger auf diese Weise handhaben.

»Wir hatten nicht genug Leute für das Consulting«, erzählt Alexander Ott, der bei SAP America für strategische Partnerschaften zuständig war: »Es wäre lächerlich gewesen, 3000 Leute einzustellen.« Die Konsequenz, so Ott, der inzwischen weltweit für das Partnerprogramm von SAP verantwortlich ist: »Also haben wir Partnerfirmen geschult.« Durch diesen Schritt vermochte der Konzern den R/3-Erfolg abzusichern, ohne dabei – etwa durch Hochrüsten der eigenen Beraterarmee – im Service-Bereich womöglich den bisherigen Mitstreitern ins Gehege zu kommen.

Vor der SAP-Tür drängelten sich unterdessen Hunderte von kleinen und großen Bewerbern, wie Klaus Besier sich brüstete: »Wir haben 700, die gern Partner werden möchten.« Daß die Partnerstrategie keine SAP-Wohltätigkeitsveranstaltung war, sprach sich schnell herum. So ließ das Unternehmen selbst solche Partnerfirmen für ihre Stände bei Marketingveranstaltungen wie der »Sapphire« Standgebühren bezahlen, die oftmals auf ihren eigenen Kongressen der SAP einen Gratisplatz einräumten.

Doch SAP bestimmte die Regeln; und es zahlte sich aus, sich danach zu richten: Mehrere tausend ihrer eigenen Mitarbeiter, so kündigten am Jahresende 1994 die führenden Beratungspartner des Software-Herstellers an, würden sie zusätzlich für den R/3-Einsatz abstellen. Zusätzlich richtete SAP America eigens eine Partner-Training-Akademie ein, zu der Ausbildungszentren in Dallas (US-Staat Texas) sowie im kanadischen Toronto gehören.

Dorthin entsandten nun die Beratungspartner – dazu zählten Andersen Consulting, Price Waterhouse, KPMG, Ernst & Young, Coopers & Lybrand, ICS-Deloitte, IBM, Cap Gemini America sowie Origin – ihre SAP-Spezialisten, um sie vertiefend in Software-Architektur, speziellen R/3-Modulen, Projektmanagement oder Methoden der Systemintegration unterweisen zu lassen. Gleichzeitig kümmerte sich die Firma darum, daß auch in den USA akademischer Nachwuchs bereitstand. Unter Hochdruck wurde nun die Kooperation der SAP America mit Hochschulen ausgeweitet: »Für eine noch größere Basis an Wissen über die Client/Server-Technologie«, teilte das Unternehmen im Frühjahr 1995 mit, »wird die Einführung R/3-bezogener Themen in die Lehrpläne angesehener technischer Universitäten sorgen.«

Am Jahresende 1995 verfügte SAP in Nordamerika über 25 Vertretungen; die Zahl der Schulungseinrichtungen hatte sich sogar auf insgesamt 60 erhöht. Im Frühjahr hatte Price Waterhouse in Philadelphia ein internationales SAP-Schulungszentrum eröffnet. Die Zahl der R/2- oder R/3-kundigen Consultants im Sold der Partnerfirmen und bei SAP hatte sich mit 5000 immerhin bereits verdoppelt.

Die Wirtschaftspresse war voll des Lobes ob der weitsichtigen Partnerstrategie, mittels derer die Walldorfer den amerikanischen

Markt gleichsam in goldene Ketten gelegt hatten. Das erwies sich, kommentierte das »Manager Magazin«, als »genialer Schachzug«. Doch hatte sich damit auch die »Beraterlücke« geschlossen?

In Wirklichkeit steckte der Software-Riese weiterhin in derselben Zwickmühle. Auf einer Software-Konferenz von Andersen Consulting beklagten sich SAP-Kunden im August 1995 öffentlich, daß der deutsche Hersteller es wegen seines rasanten Wachstums an Service fehlen lasse. »SAPs schwacher Punkt«, analysierte noch 1996 die einflußreiche Branchenzeitschrift der chemischen Industrie in den USA, »Chemical Week«, die Position der Deutschen im US-Markt, »sind diejenigen, von denen die Software installiert werden muß.«

»Wenn jemand nach einem R/3-Berater mit drei Jahren Erfahrung Ausschau hält, wird er nicht viele finden, weil das Produkt gerade mal drei Jahre alt ist.« So schnoddrig parierte Klaus Besier im Dezember 1995 eine Nachfrage zum leidigen SAP-Problem »Beratermangel«. Längst erledigt, »old news«, wiegelten auch andere SAP-Manager ab und verwiesen auf den unbestreitbaren Erfolg der Partnerstrategie auf dem amerikanischen Markt. In Wirklichkeit jedoch war sie erfolgreicher gewesen, als den SAP-Oberen lieb sein konnte. Das SAP-Modell galt als wegweisend – für die US-Konkurrenz, die sich den »SAP Way« prompt zum Vorbild nahm.

»Die Notwendigkeit für strategische Partnerschaften«, schrieb die US-Zeitschrift »Software Magazine«, »wird den Anbietern von betriebswirtschaftlichen Anwendungsprogrammen zunehmend klar, besonders denjenigen, die gegen SAP antreten müssen.« So wurde die Nachfrage nach betriebswirtschaftlich versierten Systemberatern (SAP-Kenntnisse willkommen) weiter angeheizt. Die Folge: ein hartes Gerangel um die Spitzenfachleute in dieser Branche.

Konkurrenten wie DBS, Peoplesoft, Baan oder Oracle schlossen nun ebenfalls strategische Partnerschaften mit großen und kleineren Firmen, denen nun auch bei der Einführung der SAP-Konkurrenzprodukte eine Schlüsselrolle zukam. Systemberatungsfirmen, so prognostizierte 1995 das Marktforschungsinstitut IDC in den USA, würden zukünftig »eine enorme Rolle beim Erfolg der großen Anbieter von Enterprise-Software spielen. Client/Server ist enorm kompliziert. Die Anbieter müssen eine darauf abgestimmte Hilfe bei der Implementation offerieren.«

Wenigstens bis auf weiteres. Denn nicht mehr lange, so ließen amerikanische Computerexperten sich vernehmen, und das ganze komplizierte Geflecht der Client/Server-Datenverarbeitung lande womöglich im Computermuseum. Als Nachfolger empfehle sich die vergleichsweise pflegeleichte Internet-Technologie, mittels derer sich die unterschiedlichen Computersysteme, weltweit oder auch nur betriebsintern, vernetzen und warten ließen.

War die Zeit vielleicht bald reif, Client/Server ganz abzuschaffen?

Klaus Besier jedenfalls war im Dezember 1995 davon überzeugt, daß die Zukunft des Software-Geschäfts im Internet lag. Im »Netz der Netze« gab es keine hinderlichen Plattformgrenzen. Dort wurde der Datenverkehr durch das sogenannte TCP/IP-Übertragungsprotokoll geregelt, das einen Primitiv-PC mit hochmodernen Unix-Servern oder diese wiederum mit einem IBM-Großrechner zu verbinden vermochte. Besier, so sagte er später, sah die »Chance, an einer neuen Technologiewelle teilzuhaben, durch die sich Geschäftsleben und Kommunikation verändern werden«.

Bis 1994 galt das »Netz der Netze« noch als Domäne von Universitäten, Großforschungseinrichtungen und High-Tech-Firmen, die das dezentrale System einst gemeinsam mit dem US-Militär entwickelt und es dann übernommen hatten, um es für wissenschaftliche und wirtschaftliche Zwecke auszubauen. Nun dokumentierte eine Studie des Marktforschungsinstituts Input das Ausmaß des Umbruchs, der zuerst im Silicon Valley augenfällig geworden war: So hatten sich weltweit die Unternehmensausgaben für Internet-Technologie von 1994 auf 1995 mehr als verdreifacht, auf 12 Milliarden Dollar.

Ein Hauptgrund für die Investition in Internet-Technologie: Die auf Client/Server basierende EDV hatte sich als längst nicht so kostengünstig herausgestellt wie ursprünglich erhofft. Das galt nicht allein beim Einsatz betriebswirtschaftlicher Standardsoftware wie R/3. Andere Beispiele waren die Dokumentenverwaltung oder der Betrieb firmenweiter E-Mail-Systeme. Als vielversprechender Ausweg aus der Kostenmisere erschien immer mehr Fachleuten die sogenannte netzzentrierte Datenverarbeitung. Denn die Vielzahl sogenannter offener Systeme hatte zu einem immensen Aufwand bei der Pflege der Computerprogramme geführt. Bei großen Unternehmen mit mehreren tausend vernetzter Server-Einheiten, Workstations und Personalcomputern geriet allein das regelmäßige Aktualisieren (»Update«) von Client-Software an den jeweiligen Arbeitsplätzen zum Großprojekt, das die damit befaßten Systembetreuer wochenlang in Atem halten konnte.

Die sich rasant ausbreitende Internet-Technologie verhieß eine mögliche Alternative. Die Vision: Die jeweils aktuelle Software-Version würde, in Form von kompakten Programmmodulen, im Firmennetz oder beim Hersteller bereitliegen. Computerbenutzer könnten dann mit einem einzigen Mausklick die jeweils für einen Vorgang benötigte Anwendung selbständig von dort herunterladen, auf ihrem Arbeitsplatz-PC installieren und fast auf Anhieb damit umgehen. Das garantierte eine einheitliche Benutzeroberfläche, der sogenannte Browser, der, unabhängig vom Computersystem, weltweit auf allen Bildschirmen ähnlich aussah – an der Unix-Workstation ebenso wie unter Windows, OS/2 von IBM oder am Apple Macintosh.

Im »Intranet«, wie das betriebsinterne Internet der Griffigkeit halber genannt wird, lassen sich auf diese Weise die unterschiedlichen Rechner und Peripheriegeräte zu einem einheitlichen Ganzen verknüpfen und im Prinzip von jedem angeschlossenen Bildschirmarbeitsplatz aus bedienen, steuern und warten. Der Konfigurationsaufwand wäre erheblich niedriger als bei der Client/Server-Architektur. So verkündeten es die Internet-Propheten, zu denen sich auch der Oracle-Chef und SAP-Widersacher Larry Ellison gesellt hatte.

Als erstes großes Software-Unternehmen bot Oracle seine Managementprogramme zum Abruf (»Download«) im World Wide Web an. CNN, »New York Times« und »Wired«, »Spiegel«, »Stern« und »Handelsblatt« berichteten, wie der elektronische Welthandel durch die neuen Technologien angekurbelt wurde. Nur bei SAP hatte indes Amerika-Chef Klaus Besier »das Gefühl, ich sei der einzige, der darüber nachdenkt«. »Als ich 1995 einen Web Site für SAP aufziehen wollte«, erzählt Besier, »wußte in Deutschland niemand, was das ist.«

So jedenfalls stellte er es nach seinem überstürzten Abschied dar. Verschliefen die Deutschen also wieder einmal einen neuen Zukunftsmarkt, wie derartige Äußerungen vermuten ließen? Andererseits war »Klaus« dafür berüchtigt, daß er SAP-untypisches Aufhebens um seine eigene Rolle beim Erfolg der Firma in den USA machte. »Paßt auf«, will Hans-Werner Hector schon früh seine Vorstandskollegen in Walldorf gewarnt haben, »der Mann ist unglaublich gut, aber auch unglaublich arrogant und meint, er sei derjenige, der das meiste bringt für diesen Laden. Wir müssen auf den mehr aufpassen.«

Auch für Außenstehende war es nicht mehr zu übersehen: Besier mochte sich nicht so recht in die Managementkultur der von Walldorf aus straff geführten und auf Diskretion eingeschworenen deutschen Firma einfügen. Besier habe eine »exzellente Sales/Marketing-Maschine« aufgebaut, räumt etwa Henning Kagermann ein, sei jedoch »kein Produktmensch«. Kagermann: »Mit einem auswechselbaren Produkt anstelle von R/3 wäre dieser Erfolg so nicht möglich gewesen.«

Sogar per Presse hatte der Amerika-Chef der SAP – schönen Gruß nach Walldorf – zu verstehen gegeben, wie mit den schlafmützigen Deutschen umzuspringen sei: in dem SAP-Artikel der »Business Week« vom August 1994 – im selben Monat also, in dem er den Boeing-Auftrag »sausen« (Besier) ließ. »Offensichtlich«, stellte die US-Wirtschaftszeitschrift fest, »sorgt Besier gern für Wirbel daheim in Walldorf.« Das »Business-Week«-Foto (Bildzeile: »CEO Besier erhöhte energisch die Werbeausgaben in den USA«) porträtierte den erfolgreichen Steuermann der US-Landesgesellschaft und Sportbootfahrer in Seemannspose an der Chesapeake Bay, im Sweater und mit herabhängendem Tauwerk im Rücken.

»Als er zwei Millionen Dollar Anzeigenetat als Teil seines Sechs-Millionen-Budgets für 1993 für den US-Start von R/3 abzeichnete«, berichtete das Magazin, »sperrte sich SAPs Vorstand. Besier gab das Geld trotzdem aus – und schaffte einen Umsatz, der zwei Millionen Dollar über den Prognosen der Firma lag.« Dazu zitierte das Blatt den USA-Statthalter mit den Worten: »Ich ziehe es vor, statt vorher um Erlaubnis lieber hinterher um Vergebung zu bitten.« Eigeninitiative zum SAP-Wohl, schön und gut. Doch derartige Unabhängigkeitsdemonstrationen an der Spitze ihrer USA-Kolonie stießen beim machtbewußten SAP-Vorstand auf wenig Verständnis. Die Linie, wurde Besier bedeutet, werde immer noch von Walldorf aus bestimmt.

Von den USA aus, beklagte sich 1996 (nach seinem Ausscheiden aus dem Vorstand) SAP-Mitgründer Hans-Werner Hector, habe der umtriebige Amerika-Geschäftsführer überdies versucht, die Gründervorstände gegeneinander auszuspielen: »Zuerst hat sich Besier sehr an Plattner gehängt«, erzählt Hector, der bis zum Frühjahr 1995 den SAP-Vorstand in Philadelphia vertrat, »als er spitzgekriegt hat, daß Plattner mir nicht alles erzählt. Als nächstes sich dann hinter Hopp geklemmt, als er gemerkt hat, daß der Plattner dem Hopp nicht alles erzählt.« Hector beklagt, daß die Gründer sich einander zunehmend entfremdet hätten: »Er hat also voll die Dinge ausgenutzt, die bei uns früher kein Problem waren. Früher hat man sich auch nicht alles erzählt, nur das Wesentliche. Und manche Dinge hat man halt nicht als wesentlich angesehen.«

Zwar war Hauspolitik, wie etwa SAP-Finanzvorstand Henning Kagermann trocken bestätigt, »nicht gerade Besiers schwache Seite«. Zwar vergrößerte sich zur selben Zeit auch die Kluft zwischen Hans-Werner Hector und seinen Gründerkollegen. Aber die Gründervorstände in Walldorf ließen sich nicht gegeneinander ausspielen. Zur Krise im Amerika-Erfolgsduo Besier/Plattner kam es, als die technischen Folgen des vorgezogenen R/3-Starts in den USA sich offenbarten. Spezielle Programmfunktionen, die ursprünglich für die deutsche Version programmiert waren, hatten in der US-Version aufgrund von Übersetzungsfehlern der Entwickler versagt. Kritik aus Walldorf konterte Besier empfindlich.

»Seine Aussage war«, erinnert sich ein Zeuge, »der Plattner versteht nichts von Management, er sollte sich um die Entwicklung kümmern und dafür sorgen, daß die Entwicklung auch in Amerika funktioniert.« Streit gab es auch wegen Personalangelegenheiten. Kein erhellender Kommentar dazu aus der SAP-Vorstandsetage. Aber andere Zeugen – und Besier – bestätigen (lautstarke) »Meinungsverschiedenheiten«, hauptsächlich zwischen Besier und Plattner. Klaus Besier spricht von Frustationen über »etliche Querelen mit Plattner«.

Im Silicon Valley herrschte unterdessen Aufbruchstimmung wie schon seit Jahren nicht mehr. Eine Welle von Firmengründungen hatte inzwischen auch andere Regionen der USA erfaßt, beispielsweise die Hochtechnologieregion um Boston an der Ostküste. Als vielversprechende Neugründung galt damals Business@Web in Watertown (US-Staat Massachusetts). Das Wirtschaftsmagazin

»Upside« zählte die Firma zu den 50 heißesten »Internet-Startups« in den USA. Zu den Gründen des ursprünglich »Object Power« genannten Unternehmens gehörte der MIT-Professor John Donovan, der auch die Beratungsfirma Cambridge Technology Group gestartet hatte.

Seine Idee: Wirtschafts-Software fürs Internet, die aus kompakten, vielseitig verwendbaren Programmkomponenten (sogenannten Objekten) besteht. Je nach Einsatzzweck lassen sich derartige Objekte zu völlig neuen Anwendungen kombinieren – vergleichbar etwa mit Lego-Modulen, die sich mal zu einem Auto, aber auch zu einem Flugzeug zusammenfügen lassen. »In fünf Jahren«, verkündete Business@Web-Mitgründer James Nondorf, »könnten wir damit auf jedem Schreibtisch-PC zu finden sein.« Auch Klaus Besier war auf die junge Firma aufmerksam geworden. Bis spät in die Nacht, so erinnert der Deutsche sich, habe er mit Business@Web-Gründer John Donovan über das Potential der neuen Technologien und ihre wirtschaftlichen Auswirkungen diskutiert.

Als Vorbild der neuen Gründergeneration galt ein Student: Marc Andreessen. Der Software-Tüftler hatte am National Center for Supercomputer Applications der Universität von Illinois die Browser-Software »Mosaic« entwickelt. Sein per Mausklick intuitiv bedienbares Programm hatte Millionen von Computerbenutzern auf der ganzen Welt ein Bildschirmfenster zum Internet geöffnet, indem es die komplexe Netzwerktechnik hinter einer sinnfällig und minimalistisch gestalteten grafischen Oberfläche verschwinden ließ.

Mit dem Gründer und Chef des Workstation-Herstellers Silicon Graphics, Jim Clark, gründete Andreessen 1994 in Palo Alto ein Unternehmen, das die Internet-Software kommerziell weiterentwickeln sollte. Der neue Browser »Netscape Navigator«, der Ende 1994 auf den Markt kam, wurde zum meistverbreiteten Anwendungsprogramm für Personalcomputer. Als Netscape Communications im August 1995 an die New Yorker Börse ging, stieg der Aktienkurs am Einführungstag um 200 Prozent. Der rundliche Studienabbrecher mit dem Babygesicht gehörte am nächsten Tag zu den Supermillionären im Silicon Valley – eine Erfolgsgeschichte wie aus dem Bilderbuch.

»Go public!« lautete nun das Tagesmotto. Amerikanische Investoren hielten mittlerweile 13 bis 14 Prozent der SAP-Aktien. Wollte nicht auch der Senkrechtstarter aus Walldorf in den USA an die Börse gehen? So fragten immer mehr US-Journalisten und Analysten. Doch der Vorstand in Deutschland zeigte sich immun gegen das Börsenfieber, das die amerikanische High-Tech-Branche schüttelte: Kein Kapitalbedarf, lautete zwar die ablehnende Standardantwort aus Walldorf. Doch Amerika-Statthalter Besier hatte dazu eine andere Ansicht. Und wieder machte der Chef der SAP-Landesgesellschaft den Dissens öffentlich.

Das SAP-Management, erläuterte Besier im High-Tech-Investmentmagazin »Red Herring«, sperre sich gegen die mit der Börsenpräsenz in den USA verbundene vierteljährliche Offenlegungspflicht (»quarterly closings«). Gleichwohl, verriet Besier, sei der Börsengang »auf Vorstandsebene thematisiert« worden. Es erleichtere ihm seinen Job, wenn SAP in den USA an die Börse ginge; so lasse sich der Bekanntheitsgrad von SAP bei amerikanischen Industriekapitänen steigern, führte der Deutsche aus: Ohne Börsenöffentlichkeit nach amerikanischem Muster, beklagte Besier die im Vergleich zu großen amerikanischen Software-Firmen niedrige Publizität, »verstehen die Leute nicht das ganze Ausmaß unserer Aktivitäten, über Sybase oder Microsoft indes können sie sich jeden Tag informieren« – unverhohlene Kritik an der Walldorfer Linie.

Paul Wahl erfuhr Anfang Januar 1996, daß er die Nachfolge von Klaus Besier an der Spitze der SAP America übernehmen würde. Wahl, der von Walldorf aus die Markteinführung von R/3 in den USA geleitet hatte und zur erweiterten SAP-Geschäftsführung gehörte, war nicht überrascht. Besier, so war es bereits vor Weihnachten verabredet worden, hielt sich an diesem Tag zu einem klärenden Gespräch mit Vorstandschef Dietmar Hopp in Walldorf auf. Wahl stieß anschließend dazu. »Herr Besier hat sich entschieden«, eröffnete ihm Hopp bereits beim Betreten des Raumes, »die SAP zu verlassen.«

Bekanntgegeben wurde der Wechsel drei Wochen später, am 31. Januar 1996, in einer vier Absätze kurzen Pressemitteilung der SAP: »Klaus Besier«, teilte die Firma mit, »President und Chief Executive Officer (CEO) der SAP America, Inc., scheidet mit dem heutigen Tag aus der SAP aus. Er wechselt zu Business@Web, einem US-amerikanischen Software-Haus mit Sitz in Cambridge (Mass.), wo er als CEO und Chairman die weltweite Geschäftsführung übernehmen wird. Als Besiers Nachfolger wurde vom Vorstand der SAP AG Paul Wahl (43) ernannt.« Auf die Frage nach seinem größten Fehler in der Zeit bei SAP antwortete Besier im Frühjahr 1997: »Von einer Firma zur nächsten zu springen, ohne sich Zeit für die Entscheidung zu nehmen, was das richtige ist.«

»Als Klaus Besier vor vier Jahren die Führung der SAP America übernahm«, erklärte Hasso Plattner zum überraschenden Abgang des erfolgreichen US-Geschäftsträgers, »war es unser Ziel, den Umsatz der Gesellschaft bis zum Jahr 1995 auf 500 Millionen US-Dollar zu steigern. Mit 710 Millionen US-Dollar haben wir dieses ehrgeizige Ziel deutlich übertroffen. Wir bedauern natürlich die Entscheidung von Klaus Besier.« Doch der Nachfolger sowie die neue R/3-Version 3.0 seien »Garanten, daß die SAP ihre dominante Marktposition beibehält und den Erfolg in diesem Markt weiter fortsetzt, äußerte sich der stellvertretende SAP-Vorstandsvorsitzende sehr zuversichtlich«, wie es in einem knappen Bulletin der Firma beruhigend hieß.

Doch würden die Analysten sich damit zufrieden geben? Für die amerikanischen Branchenbeobachter jedenfalls war der Abgang von »Klaus« ein gefundenes Fressen. Brachte sich Besier womöglich in Sicherheit vor dem Unheil, das SAP aus dem Internet drohen konnte? Diese Lesart jedenfalls legte eine neue Studie zum R/3-Markt nahe, die jetzt Experten von Forrester Research in Cambridge (US-Staat Massachusetts) präsentierten – nur wenige Wochen nach dem Abschied des erfolgreichen Chefs der SAP America. Titel der Untersuchung: »The Prudent Approach to R/3«. Zugespitzt übersetzt: »Vorsicht bei R/3«.

Die Analyse sorgte auch in Deutschland für Schlagzeilen und löste Anfang April 1996 prompt einen Kursrutsch der SAP-Aktie, die im September 1995 noch zum Höchstwert von 260 Mark notiert worden war, auf 190 Mark aus. »Forrester glaubt«, kommentierte der Report den Umbruch bei SAP America, »daß Besier das Menetekel an der Wand sieht und davon ausgeht, daß der am Internet orientierte Electronic Commerce R/3 rapide als aufregendste Software-Geschäftsmöglichkeit der Welt in den Schatten stellen wird.«

Das Programmpaket aus Walldorf hingegen, befand das Forrester-Team, werde dann »nur noch den Wert eines Museumsstückes« haben.

Wie Lemminge? SAP und die Medien

»Kaum jemand kann nachvollziehen, was an Produkten auf dem SAP-Campus in Walldorf ausgeheckt wird; deshalb richten sich die Investoren nach Geschäftsberichten, Zeitungsartikeln und Kundenmeinungen.«

»Die Zeit«, 31. März 1995

Der 16. März 1995 wurde ein schwarzer Donnerstag für Dietmar Hopp. Am Vorabend hatte die Computermesse CeBIT in Hannover, zu der diesmal mehr als 750 000 Besucher aus aller Welt in die Leine-Stadt geströmt waren, ihre Tore geschlossen. Doch seine Freude über den gelungenen Messeauftritt des Unternehmens wurde dem SAP-Chef schon am Folgetag gründlich vergällt. Schuld war die neueste Ausgabe der Zeitschrift »Wirtschaftswoche«.

Seinen Führungsanspruch auf dem Weltmarkt für Standardsoftware hatte das Vorzeigeunternehmen, gemeinsam mit zahlreichen Partnerfirmen aus dem In- und Ausland, mit einem prächtigen Messestand in Halle 2 demonstriert. Sowohl die US-Wirtschaftszeitschrift »Business Week« als auch das Nachrichtenmagazin »Der Spiegel« hatten die Erfolgsgeschichte der Softwerker aus Südwestdeutschland ausführlich gewürdigt.

2300 geschäftsdienliche Messekontakte registrierte das HR-System in Walldorf während der sieben CeBIT-Tage. Auch zahlreiche Prominente aus Wirtschaft und Politik fanden sich auf dem 2000-Quadratmeter-Stand CO2 ein: etwa der Siemens-Vorstandsvorsitzende Heinrich von Pierer, Siemens-Nixdorf-Chef Gerhard Schulmeyer sowie Dieter Spöri (SPD), der baden-württembergische Wirtschaftsminister.

Dessen Chef Erwin Teufel (CDU), Ministerpräsident von Baden-Württemberg, machte den Walldorfern ebenfalls seine Aufwartung. Den Stuttgarter Regierungschef führte allerdings auch ein privater Grund in den Messepalast seiner wohlgeratenen Landeskinder: Teufel hatte sich dort mit Sohn Thomas, 28, verabredet – Berater im Bereich Logistik der SAP.

Dietmar Hopp lächelte gequält im Blitzlichtgewitter der Messefotografen. Ihm war nicht wohl bei dem Presserummel, wie er bekannte – »bei positivem genausowenig wie bei negativem«. Das Scheinwerferlicht der Medien, so ahnte Hopp, könnte eines Tages auch die Schattenseiten der SAP AG gnadenlos ausleuchten. Der SAP-Erfolg, hatte dem Vorstandschef bereits im Oktober 1994 das »Handelsblatt« zu denken gegeben, werde »weniger von der Konkurrenz als von der eigenen Marktdominanz bedroht«.

Dazu paßten Gerüchte, die in den letzten CeBIT-Tagen für gespannte Unruhe am SAP-Stand gesorgt hatten. Am Donnerstag nach der Messe, so wurde mit vielsagendem Grinsen auch am Stand des niederländischen Konkurrenten Baan kolportiert, werde das deutsche Software-Wunder nachhaltig entzaubert: durch einen kritischen Report der in Düsseldorf erscheinenden »Wirtschaftswoche«.

Wie zur Bestätigung erschien noch während der CeBIT eine großformatige Zeitungsanzeige der »Wirtschaftswoche«: »Der SAP AG geht es blendend«, stellte das Magazin fest und warb: »Die ›Wirtschaftswoche‹ analysierte den EDV-Giganten. Ergebnis: zu starr, zu teuer, zu mächtig.«

Das Heft 12/1995 des Magazins aus dem »Handelsblatt«-Verlag lag nun aufgeschlagen vor Hopp auf dem Konferenztisch. Es war das erste Mal, daß ein deutsches Wochenmagazin dem Unternehmen eine ganze Titelgeschichte widmete. Doch zur Freude war kein Anlaß im SAP-Hauptquartier an der Neurottstraße.

Das Titelbild – Oberzeile: »Software-Star SAP« – zeigte eine schwarze Kugelbombe mit brennender Lunte, darüber in fetten Lettern die Warnung: »Absturz-Gefahr!« Kopfschüttelnd durchblätterte der Vorstandschef wieder und wieder dieselben Seiten. »So fassungslos«, sagt ein enger Mitarbeiter, »haben wir ihn noch nie erlebt.«

»Wie Lemminge« lautete die Überschrift der Titelgeschichte auf Seite 108: Die Karikatur eines verfetteten Riesen illustrierte den Vorspann des Sechs-Seiten-Reports, der von »Wirtschaftswoche«-Redakteur Burkhard Böndel verfaßt worden war. »Immer mehr Kunden des deutschen Software-Stars SAP«, so begann der Bericht unter der Rubrik »Technik + Innovation«, »klagen über veraltete Technologie, hohe Kosten und aufwendige Installation. Geht's von nun an bergab?«

R/2 und R/3 als High-Tech-Reißer? Inhaltlich knüpfte der Report an den Aufmacher der Branchenzeitung »Computerwoche« an, in dem der EDV-Fachmann Karl Schmitz aus Hamburg unter dem polemischen Titel »Warum die Zukunft von SAP schon aufgehört hat« die Komplexität der R/3-Standardsoftware angeprangert hatte. Aber »eine Zeitschrift wie die ›Computerwoche‹«, sagt Dieter Eckbauer, seit 1995 Herausgeber der »CW« und von »Global Online«, »erscheint ja mehr oder weniger unter Ausschluß der Öffentlichkeit«.

Bei der »Wirtschaftswoche« war das anders. Derartige Angriffe gegen SAP in den Medien hatte der beifallgewohnte Vorstandschef noch nicht erlebt. Von der Fachpresse (Ausnahme: die »Computerwoche«) und den Börsenberichterstattern war das Unternehmen bislang eher verwöhnt worden. Doch spätestens seit den Scientology-Vorwürfen (s. S. 223 ff.) lagen in Walldorf die Nerven blank. Hopp, erklärt Gert Goebel, Wirtschaftsressortleiter beim »Mannheimer Morgen«, habe »immer alles getan, damit er nicht in der Öffentlichkeit erscheint«. Nun sah sich der SAP-Chef endgültig »im Visier der Medien«.

Von seinen Gegenmaßnahmen, entschied der empfindliche Software-Boß nun, sollte eine Signalwirkung ausgehen – für unbotmäßige Journalisten ebenso wie für verunsicherte Analysten. Hopp reagierte mit Anzeigensperre (für die »Computerwoche«), einer Einstweiligen Verfügung (gegen die »Wirtschaftswoche«) sowie einer beispiellosen Anzeigenkampagne gegen den »Lemminge«-Artikel. So wurde ein Artikel, der eine entscheidende Schwachstelle aufwies und somit als Fall für Hausjuristen und Presseabteilung hätte zu den Akten genommen werden können, zu einer monatelangen Affäre aufgewertet. Statt dessen trug die heftige Reaktion der Walldorfer dazu bei, das Image der SAP als »medienscheu« und »kritikunfähig« zu verstärken.

Ließ sich auf diese Weise der Ruf der Software-Firma wirkungsvoll schützen? Oder hat die Kampagne, wie auch SAP-interne Kritiker einwenden, nicht vielmehr der Firma noch zusätzlich geschadet? Nach seinem Ausscheiden aus dem Vorstand kritisierte auch Mitgründer Hans-Werner Hector scharf das Vorgehen des Firmenchefs: »Ich fand es weit überzogen«, sagte Hector, nachdem er in den Aufsichtsrat gewechselt war. »Wir müssen uns einfach gefallen lassen, daß Kritik geübt wird. Das muß man schon souverän handhaben.«

Die »Wirtschaftswoche« befindet sich in Konkurrenz mit dem Nachrichtenmagazin »Der Spiegel«. Das schlug sich auch in ihrer SAP-Titelgeschichte nieder. »Im ›Spiegel‹«, exzerpierte die »Wirtschaftswoche«, »durfte SAP-Gründer Hopp vor wenigen Wochen über seine Erbschaft sinnieren und damit kokettieren, daß ›der Absturz möglicherweise schon begonnen hat.‹ Wörtlich hatte Hopp in dem ausführlichen Interview gesagt: »Wenn wir nicht unseren Ehrgeiz, der Beste zu sein, behalten und wenn wir uns zurücklehnen, um uns auf den Lorbeeren auszuruhen, dann hat der Absturz möglicherweise schon begonnen.«

Die Anmerkung aus dem »Spiegel«-Interview im Februar lieferte nun – derart zweckdienlich zurechtgestutzt – der »Wirtschaftswoche« den Aufhänger für ihre mehrseitige Serie von Beispielen, die den rasanten Sturzflug der SAP belegen sollten. CeBIT-Heimkehrer, so wußten die Walldorfer, könnten sich in Flugzeug oder Bahn mit der Lektüre die Reise verkürzen. Oder sie würden das Heft, mit roten Textmarken versehen, nach der Rückkehr auf ihrem Schreibtisch vorfinden: z. g. K. mfG vom Vorstand.

»Die hohe Komplexität des Systems«, zitierte Böndel den »Computerwoche«-Fachautor Karl Schmitz, »schlägt um in Starrheit.« Und der Wirtschaftsinformatiker Joachim Griese, Professor an der Universität Bern, befand: »Die SAP-Technologie ist im Kern veraltet.« Dazu dokumentierte die »Wirtschaftswoche« echte und vermeintliche Mißstände und Pannen beim Einsatz der Software aus Walldorf.

Akkurat aus dem Fachchinesischen übersetzt und angereichert mit passenden Zitaten, listete das Blatt die Vorwürfe auf, die bislang nur in Fachpublikationen wie der »Computerwoche« gegen SAP und das R/3-System laut geworden waren. Aber auch Dietmar Hopp äußerte sich in einem – von ihm autorisierten – Interview.

R/3, so wurde ein – allerdings anonymer – Unternehmensberater zitiert, sei eine »Nachgeburt der Mainframe-Zeit«. Aus der Komplexität des Systems erkläre sich »die teure Einführung und der enorme Beratungsbedarf«. Tagessätze für SAP-Spezialisten laut »Wirtschaftswoche«: »bis zu 8000 Mark«.

Überdies kamen Gewährsleute aus Firmen wie Bahlsen, der Esso AG oder der KPMG Unternehmensberatung zu Wort. »Wir hatten die Anweisung«, zitierte das Blatt einen – ebenfalls ungenannten – ehemaligen Ploenzke-Mitarbeiter, »den Kunden in Richtung SAP zu beraten.«

Unternehmensentscheidungen für die Standardsoftware aus Walldorf fielen aus purem Opportunismus, erklärte das Blatt den anhaltenden R/3-Boom. Vom »Hammelherden-Syndrom« hatte »Computerwoche«-Autor Schmitz geschrieben. Die »Wirtschaftswoche« bediente sich nun ebenfalls einer Metapher aus der Tierwelt: »Risikoscheue Manager«, geißelte sie die Kunden des Walldorfer Unternehmens, »schließen sich wie Lemminge dem Trend an.«

»Eher ungläubig«, erinnert sich Vorstandsmitglied Zencke an den spontanen Lesezirkel in der Konferenzecke bei Hasso Plattner, »haben wir uns in den Artikel hineingelesen. Erst dabei kam dann eigentlich wirkliche Empörung auf.« Zencke sprach es aus: »Wir haben doch ziemlich viel richtig gemacht. Warum pinkelt man uns so an?«

Auf den eigentlichen Sprengsatz der Titelgeschichte stießen die Stellensucher aus der Vorstandsetage auf der zweiten Seite des Reports: »Die SAP-Dinosaurier«, lasen sie dort, »benötigen mindestens das Doppelte an Computerpower wie vergleichbare Wettbewerbsprodukte.« Und weiter behauptete die »Wirtschaftswoche«:

»Da sind Hersteller wie Hewlett-Packard (HP), Sun oder IBM gar nicht traurig, wenn die SAP bei jedem Hardware-Deal die Hand aufhält (...) Im Klartext: Legt SAP etwa der Hoechst AG nahe, R/3 auf HP-Rechnern zu fahren, fließt die üppige Provision des Computerbauers für die Vermittlung des Auftrags auf Konten des Software-Lieferanten, oft eine stolze Summe.«

Am Kern dieser Aussage gab es nichts zu deuteln: »Da stand also, wir lassen uns Geld von den Hardware-Herstellern in die Tasche schieben«, faßt Peter Zencke die Passage zusammen. »Als Kunde wäre ich doch stinksauer auf SAP.«

Noch fast zwei Jahre danach erregt sich Dietmar Hopp über die, wie er sagt, »ungeheuerliche Diffamierung« seines Unternehmens. »Schwer getroffen und hoch aufgeregt« – so erlebte »Stern«-Reporter Jürgen Steinhoff den Vorstandschef »in dieser für ihn schwierigen Situation« im März 1995. Steinhoff recherchierte gerade für eine Reportage bei SAP. Sein Eindruck: »Der war tief verletzt, der Mann.«

Noch am Erscheinungstag um 17.15 Uhr signalisierte Dietmar Hopp dem Chefredakteur der »Wirtschaftswoche« per Fax, daß er die Sache nicht auf sich beruhen lassen würde. »Ich persönlich hatte ja das Vergnügen«, schrieb der SAP-Chef an Stefan Baron, »mit Herrn Burkhard Böndel das Interview zu führen. Es war für mich frappierend, wie wenig dieser ›Analyst‹ von unserer Branche versteht.« Als »Analyst« hatte Böndel sich allerdings nicht eingeführt. Bei seinem Interview mit dem Chef des Software-Riesen hatte der Journalist aus Düsseldorf auch nicht verhehlt, daß er eine SAP-kritische Geschichte plante. Das belegt eine Tonbandabschrift des halbstündigen Gesprächs. »Wir werden seine Quellen sorgfältig recherchieren«, kündigte der SAP-Chef an, »und unseren Kunden eine fachgerechte Stellungnahme zukommen lassen.«

Als »in höchstem Maße geschäftsschädigend« bezeichnete Hopp die Aussage, »die SAP würde ›die Hand aufhalten‹ bei den sog. Hardwaredeals«. Der SAP-Chef forderte den Chefredakteur auf, »diese Behauptung in der nächsten Ausgabe der ›Wirtschaftswoche‹ zu widerrufen«.

Gemeinsam mit Pressesprecher Michael Pfister rief sich Hopp dann noch einmal für die Anwälte das Gespräch in Erinnerung, das sie beide Anfang März mit dem »Wirtschaftswoche«-Redakteur geführt hatten. Nach Provisionen von Hardware-Partnern für die SAP hatte der Journalist dabei allerdings nicht gefragt.

Das Treffen hatte auch so abrupt genug geendet.

Während seiner Wehrdienstzeit beim Musikcorps der Bundeswehr hatte der hochgewachsene und breitschultrige Burkhard Böndel die Klarinette gespielt. In der Düsseldorfer Redaktion war er nun angetreten, Kollegen und Vorgesetzte für eine »große« SAP-Geschichte einzustimmen.

Die erste Reaktion hatte Böndel bereits vorhergesehen. »SAP?« wurde auf der Themenkonferenz gefragt. »Die kennt doch kein Mensch.« Damit war das Thema abgehakt, »durch« – zumindest als Titelgeschichte. »Dann kam«, erinnert sich Böndel, »der ›Spiegel‹ mit dem Hopp-Interview.«

Beim Durchlesen des dreiseitigen Gesprächs stellten die Redakteure in Düsseldorf fest, daß die heftige SAP-Schelte der »Computerwoche« in dem »Spiegel«-Interview keinen Niederschlag gefunden hatte. Auf der Kopie des »Spiegel«-Interviews hatte Chefredakteur Baron handschriftlich vermerkt: »Ich finde, wir sollten den Hopp auch interviewen, aber ganz contra ›Spiegel‹«.

Der Redakteur hatte bereits am Montag nach Erscheinen des Schmitz-Artikels in der »Computerwoche« zu recherchieren begonnen. Sein erster Weg, nach eingehendem Studium von Archiv- und Aktenmaterial, führte ihn zu dem SAP-Fachmann Schmitz nach Hamburg. Anschließend verabredete sich Böndel für die CeBIT in Hannover mit zahlreichen Gesprächspartnern, darunter auch Manager der SAP-Konkurrenz, zu Hintergrundgesprächen und Produktvorführungen.

Die SAP reagierte bereitwillig auf seine schriftliche Interviewanfrage. Pressechef Michael Pfister befürwortete ein Interview mit Vorstandschef Dietmar Hopp. Nach Veröffentlichungen wie in der »Computerwoche« konnten Interviews in wichtigen Entscheidermagazinen wie dem »Spiegel« oder der »Wirtschaftswoche« dazu beitragen, eventuelle Irritationen bei den Kunden und an der Börse auszuräumen.

Das Unternehmen hatte bei der »Wiwo« in den vergangenen Jahren eine eher gemischte Presse gehabt. Voreingenommenheit jedoch ließ sich nicht feststellen: »Ein klarer Verkauf«, hatte die »Wiwo« im Januar 1993 ihren Lesern in der Rubrik »Börsenwoche« empfohlen. »SAP: Schlappe für Hopp«, meldete sie zweispaltig im September 1994, als die Software-Firma beim US-Flugzeughersteller Boeing gegen den Konkurrenten Baan aus Holland unterlegen war. Der Siegeszug des Branchenführers in den USA wiederum war im Sommer 1994 auf zwei Seiten ausführlich gewürdigt worden: »Das deutsche Software-Haus feiert im Mutterland des Computers glänzende Erfolge.«

Das Gespräch am 3. März war ein Desaster. Darüber zumindest wußten sich die beteiligten Parteien anschließend einig. Eine – nicht für den Druck autorisierte – Tonbandabschrift des Treffens zwischen Dietmar Hopp und Michael Pfister mit Redakteur Burkhard Böndel – er hat die »Wirtschaftswoche« inzwischen verlassen – in Walldorf dokumentiert den Verlauf des Interviews.

»So ein lockeres Gespräch wie im ›Spiegel‹«, gab der Redakteur dem SAP-Sprecher gleich eingangs zu verstehen, »machen wir aber nicht jetzt.« Ohne Umschweife schoß er sofort seine erste Frage ab: »Herr Hopp, einem deutschen Nachrichtenmagazin sagten Sie kürzlich, daß Sie bei Ihrer Unternehmensentwicklung sehr viel Glück hatten«, begann Böndel. »Als Sie den Auftrag von Boeing verloren, hatten Sie da Pech?«

»Schon die Einleitung war so«, beschreibt Dietmar Hopp seine Begegnung mit dem »Wirtschaftswoche«-Redakteur, »daß man davon ausgehen konnte, daß der unter Strom stand.« Journalistisch betrachtet, war die Frage nicht einmal besonders heikel. Dennoch reagierte der SAP-Chef empfindlich. Böndel: »Ich kam mir vor, als hätte ich Majestätsbeleidigung begangen.« Nach der zweiten Frage, berichtet Böndel, »lag die Raumtemperatur unter zehn Grad minus« – »als sie gemerkt haben, daß ich nur solche Punkte auf der Liste habe«.

Halb fachlich, zu pauschal, Einzelfall – regelmäßig lehnte es Hopp bei den folgenden Fragen ab, zu der von Böndel angeführten Kundenkritik an SAP-Produkten konkrete Aussagen zu treffen. Statt dessen machte sowohl der SAP-Chef als auch sein Pressesprecher während des Gesprächs deutlich, daß die eigentliche Ursache des Übels in den Artikeln des Branchenblatts »Computerwoche« zu suchen sei. Den in solchen Situationen möglichen Ausweg – »Wenn ich mich mit diesem Einzelfall vertraut gemacht habe, werde ich Ihnen gern antworten« – wählte Dietmar Hopp ebenfalls nicht. »Ich bin mir sicher«, schimpfte der Befragte später, »daß der eine fertige Story gehabt hat.«

Das Interview endete nach 30 Minuten ebenso abrupt, wie es begonnen hatte. Burkhard Böndel spricht von einem »eisigen Ende«.

Noch am selben Tag, erinnert Michael Pfister sich, habe er einen »merkwürdigen Anruf« von einem SAP-Kunden erhalten. Der Anrufer, ein Manager der Frankfurter Flughafengesellschaft, unterrichtete Pfister besorgt über Recherchen eines »Wirtschaftswoche«-Redakteurs bei seiner Firma.

Offenbar gehe es dem Journalisten darum, SAP in ein schlechtes Licht zu rücken, meinte der Anrufer zu wissen. Der Pressesprecher telefonierte mit weiteren Kundenfirmen, die Böndel bei seinen Recherchen kontaktiert und auch während des Interviews erwähnt hatte. Das Bild von der zu erwartenden »Wirtschaftswoche«-Geschichte begann sich zu runden.

Kurz vor Redaktionsschluß rief Pfister dann in Düsseldorf an, »um noch einmal unsere Hilfe anzubieten«, wie er sagt. Böndel hingegen beschreibt ein »unangenehmes Gespräch«, das »klar drohenden Charakter« gehabt habe. Das Telefonat dauerte nicht lange. »Ich beende jetzt das Gespräch«, schloß Böndel. »Lesen Sie nach, was ich schreibe. Lesen Sie Donnerstag die ›Wirtschaftswoche‹.« Dann legte er auf.

»Der lügt. Und wir schlagen mit der gleichen Härte zurück, mit der wir angeschwärzt worden sind.« SAP-Chef Hopp war außer sich über die Titelgeschichte.

»Mit hochgerollten Hemdsärmeln«, berichtet »Stern«-Reporter Jürgen Steinhoff, führte Hopp seine spontan aufgestellte Task Force in den Medieneinsatz. »Unglaubliche Enge, alles Chaos«, erinnert sich der Hamburger Journalist an die Stunden im Walldorfer Lagezentrum: »Ich hatte den Eindruck, daß Hopp alles macht.«

Wie sollte SAP auf die Vorwürfe in dem Artikel reagieren? Sollte sich die Firma darauf beschränken, die rechtlichen Möglichkeiten auszuschöpfen – per einstweiliger Verfügung und Gegendarstellungsbegehren? Flankieren ließen sich solche Maßnahmen durch eine Leserbriefkampagne. Vorteil: Durch eine derartige Reaktion würde der Artikel nicht unnötig hochgespielt. Wahrscheinlich wäre er in wenigen Wochen vergessen.

Oder sollte SAP darüber hinaus sogar in einem medienwirksamen Gegenangriff auf die »Wirtschaftswoche« die erhobenen Vorwürfe zurückweisen? Dafür sprach, daß sich auf diese Weise die durch die Titelgeschichte eventuell verunsicherten Kunden, Analysten und Anleger ansprechen ließen. So argumentierte Dietmar Hopp.

»Wir waren alle hin und her gerissen, die Meinungen prallten ziemlich aufeinander«, erzählt Peter Zencke. »Meine Reaktion war«, erzählt Firmensprecher Michael Pfister, »das sollten wir nicht machen.« Er habe »gesehen, daß da unter Journalisten ein Solidarisierungseffekt einsetzen könnte« – zu Recht, wie sich in den folgenden Wochen herausstellen sollte. Pfister: »Bei Herrn Hopp war das ganz anders. Für ihn ging es nicht mehr um Taktik.«

»In solchen Situationen«, bestätigt ein langjähriger Vertrauter, »hört Hopp auf niemanden – außer vielleicht auf Plattner.« Der SAP-Chef hatte das letzte Wort. Er wollte öffentliche Genugtuung.

Als seine Titelgeschichte erschien, weilte »Wirtschaftswoche«-Redakteur Böndel gerade zu einer Presseveranstaltung in New York. Zum Hotelfrühstück begrüßten ihn die deutschen Kollegen am Tisch mit lautem Hallo. »Diese Geschichte«, beglückwünschte ihn ein Redakteur von der Fachpresse, »hätte ich auch gern geschrieben.«

Es gab jedoch auch direkte und indirekte journalistische Kritik an dem »Wirtschaftswoche«-Titel. So räumte sogar die linke Berliner »Tageszeitung« dem SAP-Chef Hopp zwei Spalten frei (Überschrift: »Ich war persönlich betroffen«), damit er sich in einem Interview ausführlich zu der Veröffentlichung des Wirtschaftsmagazins und den Folgen äußern konnte. »Dieser Artikel und die Begleitumstände«, klagte der Konzerchef in dem früheren linksradikalen Zentralorgan, »vor allem aber die weitgehende Ohnmacht der Betroffenen haben uns um eine neue, bittere Erfahrung reicher gemacht.«

Skeptisch beurteilt wurde die SAP-Titelgeschichte der »Wirtschaftswoche« auch beim »Spiegel«. »Sicher bereiten Journalisten ihre Fakten oftmals subjektiv und einseitig auf«, kommentiert beispielsweise Klaus Kerbusk, der zuständige Redakteur für die High-Tech-Industrie im Wirtschaftsressort des Nachrichtenmagazins. Aber, so Kerbusk: »In dieser ›Wiwo‹-Geschichte waren sie schlichtweg zu einseitig präsentiert – vom Wahrheitsgehalt mal abgesehen.«

»Ich habe auch schon viele Jubelgeschichten geschrieben«, entgegnete Burkhard Böndel auf den Vorhalt, seine Fakten journalistisch unsauber gewichtet zu haben. Die Anwender in den Unternehmen hätten »nicht mehr kritisch hinterfragt: Müssen wir SAP haben?«. Der Wettstreit mit dem Nachrichtenmagazin aus Hamburg habe die »Wiwo«-Titelgeschichte ebenfalls geprägt, bestätigt der Autor: »In Konkurrenz zum ›Spiegel‹ wurde gern mal etwas schärfer formuliert.«

»Da sind Hersteller wie Hewlett-Packard (HP), Sun oder IBM gar nicht traurig, wenn die SAP bei jedem Hardware-Deal die Hand aufhält«, hatte die »Wirtschaftswoche« behauptet.

Alles nur eine Frage der Formulierung?

Die 12. Zivilkammer des Landgerichts Düsseldorf war anderer Ansicht. Am 22. März 1995 folgte sie dem Antrag der SAP und erließ gegen die »Wirtschaftswoche« eine einstweilige Verfügung. Darin wurde dem Blatt untersagt, weiter die Textpassage mit der Behauptung zu verbreiten, das Unternehmen halte bei jedem Hardwaredeal die Hand auf und berechne für eine sogenannte Basisplattformberatung 20 bis 30 Prozent.

Zu den weiteren Vorwürfen in dem Artikel, so gab die Software-Firma in Walldorf am folgenden Tag bekannt, werde sie »in den nächsten Tagen öffentlich Stellung nehmen«. Der SAP, schloß die Pressemitteilung, lägen »eindeutige Hinweise vor, daß der Autor des Beitrags kein Interesse an einer objektiven Darstellung hatte, sondern bewußt negativ berichtete«.

Gespannt erwarteten die Medienleute die zweite Runde im Kampf zwischen dem Software-Milliardär aus Walldorf und seinen Kontrahenten von der »Wirtschaftswoche«. Den Vorwurf der Voreingenommenheit ließ das Magazin nicht auf sich sitzen. Chefredakteur Stefan Baron erwirkte seinerseits eine einstweilige Verfügung gegen die SAP-Behauptung, der Autor der Titelgeschichte habe »kein Interesse an einer objektiven Darstellung« gehabt, sondern »bewußt negativ« berichtet.

Wie auch ein internes Gutachten der Rechtsabteilung der »Handelsblatt«-Verlagsgruppe für die Chefredaktion der »Wirtschaftswoche« hervorhob, hatte Firmenchef Hopp vielmehr »die Möglichkeit erhalten, sich zu den Kritikpunkten des Artikels in einem beigestellten Interview zu äußern und diese zurückzuweisen«. Daß in dem Artikel »die bisher wenig beachtete Kritik an SAP« im Vordergrund stand, sei »rechtlich nicht problematisch«, betonten die Hausjuristen: »Die Presse ist nicht zu einer ausgewogenen Berichterstattung verpflichtet.«

Dietmar Hopp hielt sich nicht mit den presserechtlichen Feinheiten auf. Der Vorstandschef wollte, besonders für die Börse, ein unmißverständliches Signal setzen. Die SAP-Aktie hatte nach der

Veröffentlichung erheblich an Wert eingebüßt, der Kurs der Stammaktien war um 5,5 Prozent, derjenige der Vorzugsaktien sogar um 7,5 Prozent abgesackt.

Hopps erstes Signal hatte der »Computerwoche« gegolten: SAP entzog dem vermeintlichen Urheber allen Presseübels ihre Inserate im Wert von 800 000 Mark und kündigte ihre 100 Firmenabonnements. »SAP«, sagt der damalige Chefredakteur Dieter Eckbauer, »glaubte zu wissen, daß wir hinter dem ›Wirtschaftswoche‹-Artikel steckten. Wir wurden für etwas bestraft, von dem wir noch nicht einmal etwas hatten. Der Schmitz-Aufsatz wurde in der Geschichte ja nicht mal erwähnt.«

»Bizarr verdreht« fand die Wochenzeitung »Die Zeit« die offizielle Begründung der Walldorfer: Die Firma wolle sich nicht dem Vorwurf aussetzen, durch Anzeigen Einfluß auf die redaktionelle Berichterstattung auszuüben. »Das erfolgsverwöhnte Software-Haus SAP«, meldete nun auch »Der Spiegel«, »antwortet auf zunehmende Kritik an seinen Produkten mit wirtschaftlichem Druck.«

Das zweite Signal setzte eine SAP-Anzeigenkampagne »An die Leser« der »Frankfurter Allgemeinen Zeitung«, der »Börsen-Zeitung«, des »Handelsblatts« und der »Welt am Sonntag«. »Offen für Kritik – aber nicht für Unwahrheiten«, lautete die Überschrift.

»Die grundsätzliche Frage war«, erläutert Peter Zencke, »ob man überhaupt so eine Anzeige schaltet. Wie sie formuliert werden sollte, darüber waren wir uns schnell einig.«

Mehr als 150 000 Mark ließ sich das Software-Unternehmen die Inserate kosten, in denen einzeln auf die Hauptvorwürfe der »Wirtschaftswoche«-Story eingegangen wurde. »Wir verwahren uns«, teilte die Firma mit, »gegen Behauptungen, die nicht den Tatsachen entsprechen. Bitte bilden Sie sich anhand der Stellungnahmen angesprochener Geschäftspartner, Kunden, Analysten und der SAP ihre eigene Meinung.« Weitere Vorwürfe des Artikels, versprach das großflächige Inserat, »stellen wir in einer ausführlichen Dokumentation klar«.

»Wenn wir mit qualifizierten Informationen dagegenhalten«, rechtfertigte Hopp die umstrittene Kampagne später, »sagen 60 Prozent, ihr habt recht, und 40 Prozent, ihr verstärkt das Thema nur. Wir haben uns letztlich entschieden, etwas gegen die Unwahrheiten zu unternehmen.«

Bei manchen Beobachtern entstand dadurch allerdings auch der Eindruck, SAP habe sich – mangels weiterer rechtlicher Handhabe gegen die Veröffentlichung – mit untauglichen Mitteln selbst von den erhobenen Vorwürfen freizusprechen versucht. Auch die auf Anfrage verschickte Dokumentation zu dem »Wirtschaftswoche«-Artikel war kaum geeignet, diesen Verdacht zu entkräften – im Gegenteil.

Das Konvolut mit »Klarstellungen der SAP zu den im Artikel angesprochenen Punkten« umfaßte insgesamt 50 Seiten, darunter zahlreiche Briefe von treuen R/2- und R/3-Kunden und Hardware-Partnern. Doch das umfangreiche Ergebnis einer akribischen Nach- und Gegenrecherche schaffte kaum Klarheit. Vereinfacht zusammengefaßt: Wo »Wiwo«-Informanten das eine behauptet hatten, bezeugten SAP-Gewährsleute nun das Gegenteil. War die »Wirtschaftswoche« zu dem Schluß gekommen, das SAP-Glas sei halb leer, entgegnete nun die Software-Firma: Das Glas ist halb voll.

Zwar mochten Analysten die Kampagne als »vernünftige Strategie nach vorn« (»Frankfurter Allgemeine Zeitung«) preisen. Bei den »Multiplikatoren« in den Medien aber kam die Anzeigenserie anders an: »Antwort via Inserat«, meldete nun »Werben und Verkaufen«, das Zentralorgan der Werbewirtschaft in Deutschland, »wird zum Bumerang.«

Die Berichtigungen in dem Inserat, führte die Zeitschrift aus, hinterließen »den Eindruck, daß nur um Kleinigkeiten gestritten würde«. Fazit des Magazins: Durch den »Frontalangriff auf die ›Wiwo‹ via ›FAZ‹ wurde die breite Öffentlichkeit auf die monopolistischen Strukturen bei SAP erst aufmerksam«.

Das Friedensgespräch zwischen SAP und dem Magazin aus Düsseldorf fand am 28. März 1995 statt. Dietmar Hopp und Michael Pfister trafen sich mit Verleger Dieter Holzbrinck und Heinz-Werner Nienstedt, dem Geschäftsführer der »Handelsblatt«-Gruppe.

Der spektakuläre Streit wurde außergerichtlich und ohne Schadenersatzforderungen beigelegt. Nicht nur Dietmar Hopp war daran gelegen, sein Unternehmen nach Scientology-Verdacht und »Wiwo«-Wirbel aus den Negativschlagzeilen herauszubekommen. Und auch die »Wirtschaftswoche« hatte einen guten Grund, den Konflikt mit dem Unternehmen nicht noch weiter eskalieren zu lassen.

Dieser Grund betraf den am schwersten wiegenden Vorwurf der Titelgeschichte, den eigentlichen Auslöser für die erbitterte Gegenattacke des Dietmar Hopp: die Behauptung der »Wirtschaftswoche«, SAP habe von Hardware-Herstellern Provisionen erhalten. Daß diese Passage lediglich auf ein Branchengerücht zurückging, hatte die Redaktion nicht erwähnt.

»Oberste Voraussetzung jedoch für die Zulässigkeit der Wiedergabe von Gerüchten«, attestierte der Hausjurist nun, »ist die Kenntlichmachung des Gerüchts als solches und damit eine inhaltliche Distanzierung durch die Redaktion. Dies ist jedoch im ›Wirtschaftswoche‹-Artikel nicht gelungen.«

Der »Wirtschaftswoche«, befand das Gutachten, »fehlt jegliches Beweismittel für die seitens SAP auch durch eine einstweilige Verfügung angegriffene Tatsachenbehauptung«. Mit den Worten von Burkhard Böndel: »Da sind wir einem Informanten aufgesessen.«

Im Klartext: Dieser für den Artikel so zentrale Punkt war weder journalistisch noch juristisch haltbar. Andere, formal nicht angreifbare Ergebnisse von Böndels umfangreicher Recherche, die dann von Walldorf aus aufwendig »richtiggestellt« wurden, waren dadurch mit einem Schlag entwertet.

»Das war eben ein nettes Schmankerl«, sagt der Ex-Redakteur, der inzwischen eine PR-Agentur in Düsseldorf betreibt. Böndel: »Das hätten wir genausogut weglassen können.«

An der Börse: Enten im Spielkasino

»Im europaweiten Vergleich existiert derzeit kein erfolgreicheres Börsenunternehmen als SAP.«
»Manager Magazin« 12/1996

Von solchen Hauptversammlungen konnten die meisten AG-Vorstände in Deutschland nur träumen. Wenn die SAP AG ihre Aktionäre zusammenrief, dann mochten sich Beobachter zuweilen an einen kommunistischen Parteitag in Nordkorea erinnert fühlen. Fast regelmäßig wetteiferten die Vertreter der Aktionärsverbände um die blumigste Ergebenheitsadresse. Mit fernöstlicher Bildhaftigkeit priesen sie das »Glückskleeblatt der Unternehmer« (1989), lobten SAP als »Juwel in der Börsenlandschaft« (1990) oder jauchzten (1994): »SAP ist ein heller Stern am Börsenhimmel.«

Derweil rückte SAP-Chef Dietmar Hopp in der Börsengemeinde in den Rang einer Lichtgestalt auf. Im Herbst 1996 berichtete die in Köln erscheinende Zeitschrift »Capital« über eine Umfrage unter 120 Finanzexperten. »In keinen Unternehmenschef«, beschrieb das Monatsmagazin den ermittelten Hopp-Bonus, »setzten die Börsianer so viel Vertrauen.« Zusätzlich darin bestätigt wurden sie durch die SAP-Jahresbilanz 1996, die dann doch in etwa der urspünglichen – im Oktober aus Vorsicht nach unten korrigierten – Prognose des Vorstandschefs entsprach. Anleger, die kurz vor Bekanntgabe der vorläufigen Bilanzzahlen auf den Rat von Analysten gehört und ihre SAP-Aktien abgestoßen hatten, seien selbst schuld, fand nun sogar die Boulevardpresse. Sie erklärte Dietmar Hopp, der den meisten Zeitungslesern bis zum SAP-Kurssturz im Oktober noch kein Begriff gewesen war, zum Held des Tages: »BILD meint: SAP ist super und Analysten doof!«

Der Herbst-Crash, bei dem ein Börsenwert von sieben Milliarden Mark vernichtet wurde, war allerdings nicht der einzige Grund für das wachsende Interesse der Deutschen an dem Unternehmen aus Walldorf. Der breit beworbene Börsengang der Deutschen Telekom AG im November hatte ebenfalls dazu beigetragen, daß das

»Volk von Aktienmuffeln« (»Der Spiegel«) sich nun verstärkt mit den Chancen und Risiken des Aktienmarkts beschäftigte. Bei Börsenspielen, die beispielsweise von der Tageszeitung »Die Welt« oder vom Stuttgarter Sparkassenverlag ausgerichtet wurden, schworen zahlreiche Nachwuchsbörsianer auf SAP-Aktien im Portfolio. Denn auch im richtigen Börsenleben, so bestätigte am Ende des wechselvollen Jahres das »Manager Magazin« aus Hamburg, war das Wertpapier aus Walldorf immer noch unschlagbar.

Zum dritten Mal seit 1989 ging SAP aus dem Aktientest der Zeitschrift im November als Gesamtsieger hervor. Obendrein obsiegte das Unternehmen bei einem Vergleich der 500 größten Aktiengesellschaften in Europa, die nach den wichtigsten Kennzahlen für Rendite, Solidität und Wachstum bewertet worden waren. »Mit goldenen Bilanzrelationen und einer trotz Crash immer noch beispiellosen Kursentwicklung«, bilanzierte die Zeitschrift, »schlagen die Walldorfer Computerspezialisten alle anderen börsennotierten Gesellschaften.« Erstmals hatte damit ein deutsches Unternehmen den Spitzenplatz im Europavergleich errungen.

Als »Wachstumswert par excellence« war die damals nur Fachleuten bekannte Software-Firma zwar bereits beim Börsengang im Oktober 1988 von Wulf Schimmelmann präsentiert worden, der als Vorstandschef des Konsortialführers DG Bank den Aufsichtsratsvorsitz der jungen AG übernommen hatte. Aber was sich wirklich daraus entwickeln sollte, sagt SAP-Chef Dietmar Hopp, »haben wir uns damals in unseren kühnsten Träumen nicht ausgemalt«. Die Initiative zum Börsengang war von Hopp ausgegangen. »Wir haben sämtliche Ziele, die wir damit verbunden hatten, erreicht«, zog der SAP-Chef 1992 eine erste Zwischenbilanz: »Einmal war dies die Beteiligung der Mitarbeiter am Unternehmen. Zum anderen haben wir unseren Bekanntheitsgrad ganz erheblich steigern können – mit entsprechend positiver Rückkopplung auf den Absatz der Produkte. Und schließlich haben wir unsere Kapitaldecke so verbreitert, daß wir in der Lage sind, weltweit zu investieren und uns in einem sicher schwierigen Markt glänzend zu behaupten.« Rückblickend beklagt Hopp allerdings den Mangel an Risikokapital in Deutschland: »Die Banken sind zu konservativ«, kritisiert der SAP-Gründer: »In Amerika haben es Firmengründer sehr viel leichter.« Deutsche Software-Firmen hingegen hätten es schwer, »überhaupt auf die Schiene zu kommen. Wir hatten ja das Glück, daß wir unser erstes Produkt bei einem Anwender entwickeln konnten und nicht auf Fremdkapital angewiesen waren.« Nicht auszudenken, meint Hopp, »wir hätten schon 1978 an die Börse gewollt. Die Banken hätten uns ausgelacht. Chancenlos! Wir hätten nie und nimmer Kapital bekommen.«

Den entscheidenden Schub nach oben erhielt die SAP-Aktie durch den weltweiten Erfolg der Standardsoftware R/3. So haben sich die 750 Mark, die ein Anleger bei der Emission für eine SAP-Stammaktie bezahlen mußte, durch das »Wunder von Walldorf« bis Anfang 1997 auf 17050 Mark vermehrt – vorausgesetzt, der fiktive Anleger verwendete seine Dividenden zum Kauf weiterer Aktien und beteiligte sich ohne zusätzlichen Kapitaleinsatz an Kapitalerhöhungen. Wertsteigerung nach diesem Rechenbeispiel: 2173 Prozent. Auch später Eingestiegene kamen durchaus noch auf ihre Kosten: 1993, zu Beginn des R/3-Booms in den USA für 1000 Mark erworbene SAP-Aktien waren Ende 1996 bereits 7600 Mark wert.

So ergibt sich für die SAP-Stammaktie im Zeitraum 1988 bis 1996 eine durchschnittliche Jahresrendite von etwa 45 Prozent. Gleichwohl, darauf wies das »Manager Magazin« bei seinem Aktientest 1996 hin, eignen sich die Wertpapiere aus Walldorf weniger für Anleger mit schwachen Nerven. Anders als noch 1995 wurde die Aktie des Gesamtsiegers nicht in die Beispiel-Portfolios aufgenommen, die das Magazin konservativen Anlegern empfahl. Begründung: »Recht hohes Risiko – nichts für vorsichtige Investoren.« Eine der Ursachen erklärte SAP-Vizechef Hasso Plattner im Frühjahr 1997 dem »Spiegel«: Das Wohlergehen der SAP-Wertpapiere hänge mittlerweile stärker von den Trends im amerikanischen High-Tech-Markt ab als vom weniger spekulativen deutschen Aktienmarkt. »Unsere Branche«, so Plattner, »ist inzwischen das größte Spielkasino der Welt.«

Dabei ist SAP in den USA noch nicht einmal an die Börse gegangen. Die Aktien des Unternehmens aus Walldorf wurden 1996 an den Börsen in Frankfurt, Stuttgart und Berlin sowie im Freiverkehr auch an den anderen Regionalbörsen in Deutschland gehandelt; außerdem sind sie in der Schweiz gelistet. US-Anleger müssen die Anteilsscheine – noch – in Form spezieller Fondspapiere erwerben, der sogenannten Level 1 American Depository Receipts (ADR). Für

oben und Mitte: SAP-Standort Walldorf (Baden), Ortskern: Aus der Kleinstadt...
unten: ...zum Weltkonzern: SAP-Gründer (v. lks.) Klaus Tschira, Hasso Plattner, Dietmar Hopp und Hans-Werner Hector im Frühjahr 1989, wenige Monate nach dem Börsengang

oben: 1980: Das erste SAP-Gebäude im Industriegebiet von Walldorf (Max-Planck-Straße)
unten: SAP-Entwicklungs- und Vertriebszentrum (Neurottstraße), Firmenzentrale seit 1992

oben: Erst codieren, dann kicken: Teamchef Dietmar Hopp …
rechts: … und die DV-Fußballer (links: Rainer Kaiser, hinten: Paul Neugart, Mitte: Hasso Plattner; die übrigen Spieler Mitarbeiter der Computerabteilung der ICI Östringen, in den siebziger Jahren)

links: SAP-Mitgründer Claus Wellenreuther (1980 ausgeschieden)
rechts: Sportlich an die Spitze (1987): Tennispartner Dietmar Hopp und Hasso Plattner bei einem Match aus Anlaß des 15jährigen Bestehens von SAP

oben: 1988: Die »Vier von der Denkstelle« planen für den Börsengang
links: Februar 1996: Bill Gates wird in Walldorf von den SAP-Vorständen Henning Kagermann (lks.) und Klaus Tschira (r.) empfangen

links: R/2, R/3 & Rock 'n' Roll: Lead-Gittarist Hasso Plattner
rechts: 25 Jahre SAP: Ministerpräsident Erwin Teufel, Dietmar Hopp, Klaus Tschira, Hasso Plattner und der Festredner, Bundeskanzler Helmut Kohl (v. l.)

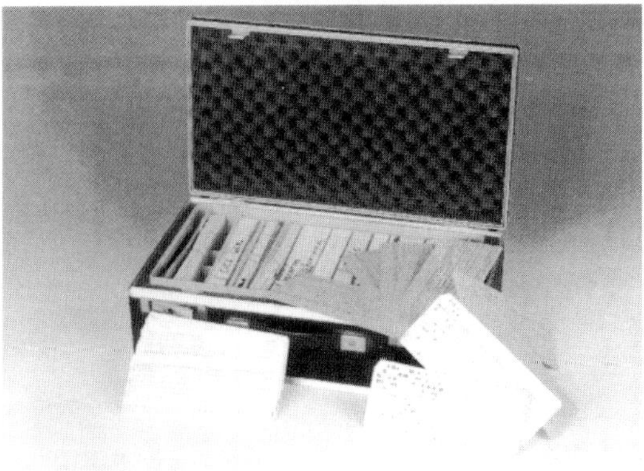

links: Programm- und Datenspeicher in den Anfangsjahren der SAP: Lochkarten aus Pappe
Mitte: Bedienkonsole eines IBM-Großrechners der Baureihe /370 mit Plattenspeicher (Hintergrund), 1970

Operator am IBM-System /370 Modell 168 (1972), dem modernsten Computer im SAP-Startjahr

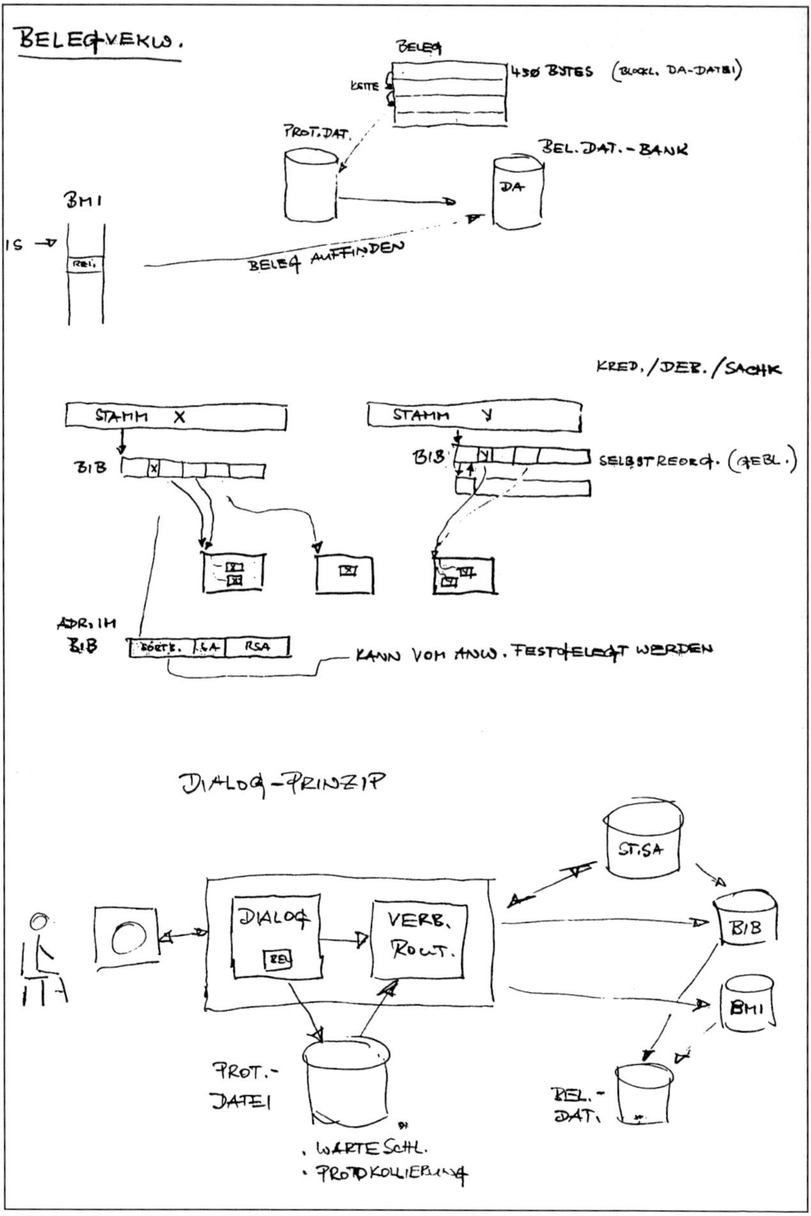

1973: Mit dem Bleistift entwickelt: SAP-Skizzen zum »System R«

oben: R/3-Uhr im SAP-Hauptquartier 1992: Mit Countdown auf den Weltmarkt
unten: Typischer Entwicklerarbeitsplatz bei SAP

oben: 1992: Bundesverdienstkreuz am Bande für Dietmar Hopp, überreicht vom baden-württembergischen Ministerpräsidenten Erwin Teufel
unten: Der SAP-Vorstand im Sommer 1997: v. lks.: Paul Wahl, Dr. Claus Heinrich, Prof. Dr. Henning Kagermann, Prof. Dr. h. c. Hasso Plattner, Dr. Peter Zencke, Dietmar Hopp, Gerhard Oswald, Dr. h. c. Klaus Tschira

einen SAP-Börsengang in den USA käme wohl am ehesten die von Wachstumswerten dominierte NASDAQ in Frage. Bis 1996 allerdings sah die SAP-Spitze aufgrund des prallen Kapitalpolsters des Konzerns dafür keinen Bedarf. Die Eigenkapitalquote des Unternehmens lag 1996 bei 66 Prozent. Im Juli 1997 gab das Unternehmen dann bekannt, daß es 1998 an die US-Börse gehen wolle, um seine Präsenz im wichtigsten IT-Markt zu verstärken.

Ein dicker Batzen der SAP-Aktien befand sich da bereits in amerikanischem Besitz. So wurden 1996 etwa 29 Prozent der im Streubesitz befindlichen SAP-Aktien von institutionellen Anlegern – etwa Vermögensverwaltern, Fonds oder Versicherungsgesellschaften – in den USA gehalten. Solche Investoren, die sich von den Analysten großer Marktforschungsfirmen und Investmentbanken beraten lassen, reagieren auf technologische und ökonomische Entwicklungen im Software-Markt meist schneller als die Privatanleger. Mit den Kursen stiegen auch die Erwartungen der Anleger an die Erfolgsfirma aus Walldorf. Deshalb vermögen bereits vage Gerüchte, negative Presseberichte und kritische Analystenstudien in dem anspruchsvollen Markt heftige Kursschwankungen auszulösen. Die »schwindelerregenden Aktienkurse«, räumte SAP-Chef Hopp 1995 im »Spiegel« ein, bereiteten ihm »mehr Sorge als Freude«. Er halte, so der Vorstandsvorsitzende, »die Kursentwicklung für vorweggenommene Zukunft der SAP«. Die Firma aus Walldorf, kommentierte die »Börsen-Zeitung«, sei eine »Gefangene ihres eigenen Erfolgs« geworden. Der Kursrutsch im Oktober 1996 bewies es erneut: Entgeistert konstatierten deutsche Börsianer »amerikanische Sitten«.

Kein Wunder, daß Großaktionär Dietmar Hopp sich bisweilen »wie beim Jo-Jo« vorkam. Nur wenige Wochen nach dem Plattner-Interview im »Spiegel« wurde ruchbar, daß angeblich auch in Walldorf kräftig mitgezockt worden war. Verbotenerweise, so der Verdacht von Börsenaufsicht und Staatsanwaltschaft in Frankfurt am Main, hätten SAP-Insider ihren Wissensvorsprung genutzt, um sich kurz vor dem Kurssturz im Herbst 1996 ihrer Anteile zu entledigen. War das Unternehmen womöglich in den größten Insider-Fall seit Inkrafttreten des Verbots verstrickt, wie das Bundesaufsichtsamt für den Wertpapierhandel im Mai 1997 öffentlich mutmaßte?

Nur drei Wochen zuvor hatte Bundeskanzler Helmut Kohl die badische Software-Firma aus Anlaß ihres 25jährigen Bestehens noch als »Musterbeispiel des Erfolgs« gepriesen. So zählt das Unternehmen seit September 1995 zu den 30 führenden Aktiengesellschaften in der Bundesrepublik, die – als sogenannte Standardwerte – im Deutschen Aktien-Index DAX gelistet sind. Als SAP in den deutschen Börsenolymp aufrücken sollte, ergab sich allerdings ein Problem. Beim Vorstandschef vermischte sich Stolz mit schlechtem Gewissen: »Wenn wir dazukommen«, erklärte Dietmar Hopp, »müßte ein anderer weichen, und das wäre in jedem Fall ein SAP-Kunde.«

Es traf dann den R/2-Anwender Deutsche Babcock AG aus Oberhausen. Am letzten Handelstag des Jahres 1996 belegte SAP im DAX, gemessen an der Börsenkapitalisierung, mit 21,8 Milliarden Mark den 15. Rang und wurde damit höher bewertet als beispielsweise Thyssen, Schering oder die Lufthansa. In vergleichenden Studien wurde SAP im selben Jahr als eines der wenigen deutschen Unternehmen eingestuft (ebenfalls genannt: Veba, Hoechst oder Bayer), in denen der »Shareholder Value« – eine an den Interessen der Aktionäre ausgerichtete Firmen- und Informationspolitik – nicht nur auf dem Hochglanzpapier des jährlichen Geschäftsberichts steht. Überdies gilt die Firma als zukunftsträchtiges Beispiel, wie die Interessen der Aktionäre einerseits und der Belegschaft andererseits sich gewinnträchtig in Einklang bringen lassen.

1996 umfaßte das SAP-Aktienkapital insgesamt 61 Millionen stimmberechtigte Stammaktien sowie 42,5 Millionen Vorzugsaktien. Doch bereits bei der Plazierung der Aktien 1988 hatten die SAP-Gründer zu verhindern gewußt, daß »ein Großer den Fuß in die Tür kriegt« (Hopp). Denn die »vier von der Denkstelle« (so das »Manager Magazin«) fürchteten, »daß wir unsere Handlungsfreiheit und Flexibilität verlieren«. Interessenten habe es genug gegeben, erklärt der SAP-Chef. Allerdings hätten die Gründer den »absolut festen Willen« geteilt, »niemals mit einem Großunternehmen zusammenzugehen«.

Durch den Börsengang, erklärt Hopp, »konnten wir unsere Unabhängigkeit bewahren, und wir haben uns finanziell so gut abgepolstert, daß wir die Entwicklung beginnen konnten, die heute den Löwenanteil beim Umsatz ausmachen«. So verfügten die Firmengründer im Vorstand des Unternehmens und ihre Familien bis Anfang 1996 über fast 80 Prozent der stimmberechtigten Papiere. Doch inzwischen waren sie dadurch auch persönlich »Gefangene ihres eigenen Erfolgs« geworden.

Der SAP-Kurs war so steil angestiegen, dåß die Vermögenssteuer sich längst nicht mehr aus den ausgeschütteten Dividenden begleichen ließ. Als »skandalös« bezeichnete Hopp im »Spiegel« die deutsche Erbschaftsteuerregelung, derzufolge im Todesfall eines der Gründer die Anteilserben eine Abgabe in Höhe von 35 Prozent des Aktienwerts leisten müßten. Da das Finanzamt keine Aktien akzeptiert, muß in derartigen Fällen oftmals ein Großteil des Aktienpakets verkauft werden, was dann auf den Kurs drückt und überdies das Einfallstor für übernahmewillige Großinvestoren öffnet. »Wenn ich morgen tödlich verunglücke«, stellte der SAP-Chef fest, »dann kommt meine Familie gewaltig unter Druck.«

Die SAP-Gründer Dietmar Hopp und Klaus Tschira entschieden sich für eine Lösung, auf die vor ihnen auch schon Traditionsunternehmen wie die SAP-Kunden Bosch oder Krupp, Reinhard Mohn bei Bertelsmann, Metallfabrikant Reinhold Würth oder Peter Schnell von der Software AG verfallen waren. Um die Unabhängigkeit der Firma über die Generation der Gründer hinaus zu gewährleisten und gleichzeitig Steuern zu sparen, übertrugen sie ihr Aktienvermögen (Klaus Tschira: »Das ist für mich nur Geld, von dem ich nichts habe«) mehrheitlich auf Stiftungen, die eigens zu diesem Zweck gegründet wurden und die beispielsweise keine Erbschaftsteuern zahlen müssen, weil sie als gemeinnützig anerkannt sind. Aktien im Gesamtwert von 2,1 Milliarden Mark übereignete beispielsweise Dietmar Hopp seiner Stiftung. Dasselbe Paket, so rechnet er vor, hätte seine Angehörigen 735 Millionen Mark Erbschaftsteuer gekostet, wenn er plötzlich verstorben wäre.

Die jährlichen Dividenden werden für den jeweiligen Stiftungszweck verwandt. So widmet sich die Dietmar-Hopp-Stiftung hauptsächlich der Krebsbekämpfung und finanziert in Walldorf beispielsweise auch die neuen Seniorenwohnanlagen der Astor-Stiftung. Die Klaus-Tschira-Stiftung wiederum hat sich vor allem der Kunstdenkmalpflege, der Völkerverständigung sowie der interkulturellen Förderung von Forschung und Wissenschaft verschrieben. Dafür hat Tschira, weil er das »schöne, herzerwärmende Gebäude keinem Mitbewerber überlassen wollte«, für rund sieben Millionen Mark vom Süddeutschen Rundfunk in Heidelberg die sogenannte Bosch-Villa erworben. Das einstige Anwesen des Naturwissenschaftlers, Nobelpreisträgers für Chemie und »IG-Farbenindustrie-AG«-Mitgründers Carl Bosch war zuletzt vom SDR-Hörfunk als Studio- und Redaktionsgebäude genutzt worden.

Tschira-Ehefrau Gerda übernahm die Aufsicht über das »interessanteste und aufwendigste Sanierungsprojekt in Heidelberg« (»Rhein-Neckar-Zeitung«), in dessen Verlauf die denkmalgeschützte Anlage restauriert und zur interkulturellen Forschungs- und Begegnungsstätte für High-Tech-Experten und Nachwuchsmanager ausgebaut wurde. Dabei ist eine enge Kooperation mit den Hochschulen der Region – in Mannheim, Heidelberg und Karlsruhe – sowie mit dem renommierten Media Laboratory (»Media Lab«) der US-Eliteuniversität Massachusetts Institute of Technology geplant. In der holzgetäfelten Bibliothek der geschichtsträchtigen Villa sann der Vielleser Tschira im Oktober 1996 bereits über seinen stufenweisen Rückzug aus dem Vorstand in Walldorf nach. Der SAP-Mitgründer: »Man muß loslassen können.«

Obwohl das Aktienvermögen auf die Stiftungen übertragen wurde, blieben die mit den Stammaktien verbundenen Stimmrechte bei den SAP-Gründern. »Unser Unternehmen hätte niemals die heutige Position erreicht«, erklärt Dietmar Hopp, »wenn fremde Interessen uns gesteuert hätten.« Dazu wurden nach der Übergabe der Aktien an die Stiftungen die Stimmrechte durch einen Konsortialvertrag über einvernehmliches Stimmrecht gebündelt, in den auch die Stammaktien von Hasso Plattner einbezogen wurden, der sich als einziger nicht dem Stiftungsmodell angeschlossen hatte.

Auch Hans-Werner Hector hatte zunächst einen kleinen Teil seiner Aktien an eine gemeinnützige Stiftung übertragen, die Hans-Werner-und-Josephine-Hector-Stiftung, die sich u.a. für die AIDS- und Krebsforschung engagiert. Doch kurz darauf kündigte er seinen Mitgründern spektakulär den Konsens auf und stieg aus der Firma aus. Dadurch verringerte sich zwar der von den Gründervorständen gehaltene Anteil an den stimmberechtigten Stammaktien auf rund 66 Prozent. Aber die verbleibende »solide Mehrheit« (Dietmar Hopp) soll auch weiterhin gewährleisten, daß die Unternehmenspolitik nicht vom sogenannten »Principal-Agent«-Problem belastet wird. So bezeichnen Börsenexperten den Interessenunterschied, der beim umgekehrten Mehrheitsverhältnis zwischen den Anlegern und von außen »angeheuerten« Vorständen auftreten kann.

Dadurch, daß die SAP-Hauptaktionäre im Vorstand das Unternehmen führen, sei sichergestellt, »daß die Interessen von Management und Aktionären (möglichst hohe Rendite ihres Aktienengagements) deckungsgleich sind«, stellte zum Beispiel das Bankhaus Sal. Oppenheim jr. & Cie in einer Studie über den »Shareholder Value« deutscher Unternehmen fest. Aktionärsvereinigungen preisen die SAP-Informationspolitik und lobten 1995 ausdrücklich auch die in den Medien umstrittene Gegendokumentation, die das Unternehmen gegen eine Titelgeschichte der Zeitschrift »Wirtschaftswoche« verbreitet hatte. Dem Magazin »Capital« zufolge ist SAP eine der wenigen Firmen, die beispielsweise Fragen nach dem inneren Wert von Geschäftseinheiten, nach Wachstumsstrategien und nach geplanten Akquisitionen beantworten.

Besonders gespannt verfolgen die Analysten, wie das Unternehmen sein phasenweise atemberaubendes Wachstum bewältigt. Gute Noten brachten Dietmar Hopp (»Wachstum darf nicht zum Selbstzweck werden. Die SAP auf solidem Kurs zu halten, das steht an allererster Stelle«) und seiner Mannschaft die breit angelegte Partnerstrategie und die Konzentration auf das Kerngeschäft ein. Statt waghalsige Großeinkäufe zu tätigen, beschrankte sich SAP auf den Zukauf von für den R/3-Kurs bedeutsamen Spezialfirmen, strategische Beteilungen und Joint-ventures, beispielsweise die gemeinsam mit Siemens-Nixdorf 1990 für den ostdeutschen Markt gegründete SRS GmbH in Dresden, eine Zehn-Prozent-Beteiligung an dem Archiv-Software-Spezialisten Ixos AG aus Grasbrunn bei München oder eine Sperrminorität von 25,3 Prozent an der IDS Prof. Scheer in Saarbrücken. 1991 übernahm SAP die Steeb GmbH im schwäbischen Abbstatt, die mit der ebenfalls übernommenen Software-Firma CAS zum R/3-Systemhaus für den Mittelstand ausgebaut wurde.

Seit Ende der achtziger Jahre wurde allerdings immer wieder über eine Fusion mit dem zweitgrößten deutschen Software-Unternehmen spekuliert, der Software AG im rund 50 Kilometer von Walldorf entfernten Darmstadt. Bereits beim Börsengang war angeklungen, daß SAP mit dem neuen Kapital auch seinen Datenbankbereich stärken wollte. Denn obwohl die Standardsoftware ein hochleistungsfähiges Datenbanksystem voraussetzt, hat SAP kein eigenes Produkt auf diesem Gebiet zu bieten. Dadurch hängt die Firma beim Entwickeln und Vermarkten ihrer Programmpakete davon ab, daß die führenden Anbieter im Markt für Datenbank-Software ihre Produkte SAP-verträglich gestalten.

Ein Zusammengehen mit der Software AG, Hersteller der weitverbreiteten Datenbank-Software »Adabas«, die damals bereits über ein ausgedehntes internationales Vertriebsnetz verfügte, hätte womöglich die Position von SAP im Markt stärken können. Erstmals hatte die Zeitschrift »Capital« im Sommer 1989 über entsprechende Überlegungen berichtet und sich dabei auch auf Dietmar Hopp berufen, der die Kooperationsgespräche so zusammenfaßte: »Das Fernziel sollte die Fusion sein.« Doch während SAP den »Capital«-Bericht als »sachlich und inhaltlich richtig« bestätigte, dementierte SAG-Gründer und Alleinaktionär Peter Schnell barsch: »Völliger Unsinn.«

Dennoch wurde das Thema zwischen den beiden Unternehmen, die mittlerweile vielfältig kooperierten, Mitte der neunziger Jahre wieder vertieft. Diesmal jedoch, erklärt Dietmar Hopp, »war es die nackte Preisvorstellung, die uns abgehalten hat«. Nach dem Ausscheiden von Firmengründer Peter Schnell, der im November 1996 als Vorstandsvorsitzender von Erwin Königs (vorher Vorstandschef der Linotype Hell AG) abgelöst wurde, brodelte prompt wieder die Gerüchteküche. Doch im Februar 1997 gaben die beiden Firmen nur die Gründung eines gemeinsamen Tochterunternehmens bekannt. An der SAP Systems Integration GmbH im hessischen Alsbach hält SAP eine Mehrheitsbeteiligung von 60 Prozent; Schwerpunkte der Firma: R/3-Betreuung von SAP-Kunden in den Bereichen »Öffentliche Verwaltungen« sowie »Banken und Versicherungen«. Die Beratungsfirma, erklärte Königs, komme dem Bedarf der gemeinsamen Kunden entgegen, »Standardsoftware-Lösungen individuell an ihre spezifischen Bedürfnisse anzupassen«.

Die SAP-Gründer hatten bereits beim Börsengang 1988 ihre Absicht betont, die SAP-Beschäftigten am Erfolg der Firma zu beteiligen. Mittels spezieller Modelle, die den Firmenangestellten im In- und Ausland den vergünstigten Bezug von Anteilen ermöglicht, wurden zusätzliche Leistungsanreize geschaffen. Darüber hinaus ist das Unternehmen 1995 dazu übergegangen, Bestandteile des Gehalts an den Firmenerfolg zu koppeln. Ein zentrales Instrument der Mitarbeitermotivation bilden die sogenannten Wandelschuldverschreibungen, die erstmals 1988 nach einem vom Vorstand festgelegten Schlüssel ausgegeben wurden.

Vereinfacht beschrieben, handelt es sich dabei um eine deutsche Version der »stock options«. Indem sie derartige Aktienvorkaufsrechte ausgeben, lassen zahlreiche amerikanische High-Tech-Firmen ihre Beschäftigten am Börsenerfolg des betreffenden Unternehmens teilhaben. Die SAP-Schuldverschreibungen beinhalten das Recht, sie innerhalb einer festgesetzten Frist in eine bestimmte Anzahl von Aktien zu »wandeln«. Dadurch profitieren die Anleger vom Kursgewinn des Anteilsscheins: Geht es dem Unternehmen zum Zeitpunkt der Wandlung gut, so übertrifft der Börsenwert der auf diese Weise erworbenen Aktie bei weitem den Preis, der ursprünglich für das Tauschrecht – die Wandelanleihe – entrichtet werden mußte.

Beispiel: 1994 legte SAP eine Wandelschuldverschreibung für vier Millionen Aktien im Nennwert von fünf Mark auf. Dazu wurde mit Einverständnis der Hauptversammlung unter Ausschluß des Bezugsrechts das SAP-Kapital erhöht. Dadurch erhielten nur die Beschäftigten, nicht aber Groß- oder Kleinaktionäre ein Anrecht auf die später zu erwerbenden Aktien. Während das SAP-Papier an der Börse zum Ausgabezeitpunkt der Anleihe noch bei 75 Mark notiert wurde, kostete die Schuldverschreibung pro Aktie 100 Mark. Rund 3500 Softwerker erwarben solche Wandelschuldverschreibungen, die erstmals im September 1996 in Vorzugsaktien des Unternehmens umgetauscht werden durften. Durch ihren Einsatz trugen die SAP-Beschäftigten dann dazu bei, daß der Tausch sich auch lohnte. Zum ersten Wandlungstermin wurde das SAP-Papier an der Börse bereits mit 250 Mark notiert. Vermögenszuwachs für die Softwerker, die im Durchschnitt jeweils 1151 Wandelanleihen erworben hatten: 172000 Mark – für manchen anderthalb Jahresgehälter. »Diese Aktion«, sagt R/2-Experte Jürgen Hachenberger, der 1973 zur Firma stieß, »gibt mir das Gefühl, daß meine Arbeit über den normalen Rahmen hinaus honoriert wird.«

Mancher gehobene SAP-Angestellte mit einem Händchen für die Börse hat mit Hilfe der vergünstigt erworbenenen Belegschaftsaktien ein ansehnliches Vermögen gemacht, wenn auch zum Teil erst auf dem Papier. Das erklärt die Unruhe unter den Beschäftigten, die 1996 durch die Nachricht ausgelöst wurde, SAP-Mitgründer Hans-Werner Hector wolle den größten Teil seiner Anteile veräußern. Die Inhaber der Wandelschuldverschreibungen fürchteten nun, daß durch einen eventuellen »Ausverkauf« ausgerechnet zum ersten Umtauschtermin der SAP-Kurs kräftig gedrückt würde.

Auf Unverständnis in der SAP-Belegschaft stieß im selben Jahr ebenfalls die Schutzgemeinschaft der Kleinaktionäre (SdK). Sie hatte behauptet, die Mitarbeiter-Wandelanleihe von 1988 sei in Wirklichkeit nicht den Beschäftigten, sondern hauptsächlich den Gründergesellschaftern zugute gekommen. Außerdem erhob die SdK Anfechtungsklage gegen einen Hauptversammlungsbeschluß zur zweiten Wandelschuldverschreibung. So begann ein langwieriger Rechtsstreit, in dessen Verlauf der empörte SAP-Chef (»Was glauben Sie, wie das ist, wenn man durch Walldorf geht und die Leute denken: Der hat die Aktionäre betrogen«) die Richter des Landgerichts in Heidelberg durch sein persönliches Erscheinen überraschte. Hopp, der sich am Vortag einer Kieferoperation unterzogen hatte: »Bei dieser Beschuldigung hätte ich mich sogar im Bett herbringen lassen.« Der »böswillige Vorwurf«, betonte die Firma noch einmal in ihrem Geschäftsbericht 1996, entbehre »jeder Grundlage«.

Ähnlich wie Microsoft in den USA, so hat sich auch die Software-Firma in Walldorf durch den Börsengang für ihre Spitzen-Softwerker zur Millionärsmaschine entwickelt. Waren einige von ihnen dabei womöglich zu gierig geworden, wie im Mai 1997 in den Medien gemutmaßt wurde? »Erheblicher wirtschaftlicher Schaden« sei durch die vermeintliche Insider-Affäre bei SAP entstanden, beklagt Dietmar Hopp. Mehr als 100 Personen, so hatte das »Handelsblatt« unter der Schlagzeile »Größtem Insiderfall auf der Spur« berichtet, könnten in illegale Insider-Geschäfte mit SAP-Aktien verwickelt sein. Nach dem Gesetz über den Wertpapierhandel, das im August 1994 in Kraft getreten ist, können derartige Transaktionen mit Geldstrafe oder Haft bis zu fünf Jahren geahndet werden.

Ausgelöst worden waren die Ermittlungen gegen »Unbekannt«,

die routinemäßig zunächst sogenannte Primär-Insider – Topmanager und Aufsichtsräte – betraf, nach dem SAP-Crash am 23. Oktober 1996. Bei einer anschließenden Prüfung kam den Aufsichtsbeamten der Verdacht, daß womöglich vorab über die Korrektur der Jahresprognose informierte Firmen-Insider sich vor dem absehbaren Kursverlust ihrer Aktien entledigt hatten. Einige Anleger, begründete die Börsenaufsicht ihren Verdacht, hätten mit »großen Volumina ein erstaunlich gutes Timing« bewiesen.

SAP stellte den Ermittlern eine Liste mit 71 Primär-Insidern zur Verfügung, die über einen direkten Zugang zu kursrelevanten Informationen verfügten. Doch ein Namensabgleich zwischen dieser Liste und den Depotangaben der an den Aktienverkäufen beteiligten Banken ergab, daß keiner der Primär-Insider bei SAP in die untersuchten Transaktionen verwickelt war. So reduzierte sich die Liste der Ermittler bei SAP zuletzt auf vier sogenannte Sekundär-Insider, Beschäftigte mit indirektem Zugang zu börsenwichtigem Wissen, deren Aktiengeschäfte im betreffenden Zeitraum nun genauer überprüft wurden. Binnen weniger Tage war der von der Börsenaufsicht zum Jahrhundertfall hochstilisierte Anfangsverdacht also zu einer Standarduntersuchung geschrumpft, wie sie von der besonders argwöhnischen US-Börsenaufsicht SEC bei High-Tech-Firmen im Silicon Valley jedes Jahr dutzendweise vorgenommen wird.

Gleichwohl, erklärte die Firma, habe sie den Kreis der Primär-Insider von 71 auf 29 verkleinert und erwäge zudem, den SAP-Beschäftigten beim Aktienhandel zusätzliche Auflagen zu machen. »Erfreulicherweise«, gab SAP-Chef Hopp erleichtert bekannt, habe »sich der schwerwiegende Verdacht, daß Primär-Insider der SAP AG Insider-Geschäfte getätigt haben, nicht bestätigt.« Weniger erfreulich für das Unternehmen: Aufgrund eines Übersetzungsfehlers hatte ausgerechnet das amerikanische »Wall Street Journal« zu diesem Zeitpunkt bereits das Gegenteil gemeldet: Die vier Verdächtigten, berichtete das Blatt, seien »Angehörige von SAPs Topmanagement oder des Aufsichtsrats«, also Primär-Insider: SAP-Führungskräfte hätten demnach gegen ihr eigenes Unternehmen spekuliert. Auf die kursrelevante Zeitungsente hingewiesen, besserte das »Wall Street Journal« eilig mit der Korrektur nach, daß »die vier nicht Angehörige von SAPs Topmanagement oder Aufsichtsrat sind, wie fälschlich berichtet«.

Das Wuselhaus von Walldorf

»Der Computer, dieser strengste Zuchtmeister in logischem Denken, erwies sich als der erbittertste Feind bürokratischer Organisation, die einstmals als Inbegriff reinster Logik galt.«
Wirtschaftspublizist Anthony Sampson in: »Die Manager – Porträt einer Führungskaste«

Autofahrer, die sich auf der Tangente Bundesstraße 39 dem Ortseingang von Walldorf nähern, können sich auch noch nachts auf einen Stau gefaßt machen. Wo die Walldorfer Bahnhofstraße im spitzen Winkel nach Norden zum Stadtkern und gegenüber der Kleinfeldweg nach Süden abzweigt, steckt der Reisende unvermittelt fest.

Die Ecke Kleinfeldweg-Bahnhofstraße gehört auch noch zur Nachtzeit zu den belebtesten Ampelkreuzungen in Deutschland. Noch nach 22 Uhr kann es geschehen, daß sich dort mehrere hundert Meter lange Autoschlangen bilden. Beim Warten können sich Reisende dann die Zeit damit verkürzen, die Baukräne im Neubaugebiet zu zählen, deren Positionsleuchten den Himmel über dem nächtlichen Chaos bescheinen. Oder sie rätseln darüber, welche Bewandtnis es wohl mit dem hell im Südwesten aufragenden Bürokomplex hat.

Dort brennt noch Licht auf allen Etagen, und das nicht wegen der Putzkolonnen: Das gewaltige Gebäude mit den Leuchtbuchstaben SAP auf dem Dach ist sowohl Ausgangs- als auch Zielpunkt der nächtlichen Pkw-Karawanen aus Audi-Cabrios, 3er BMWs und VW-Passat-Familienkutschen: Berufsverkehr à la Walldorf 1997.

Hochbezahlte Softwerker auf dem Weg von und zur Nachtarbeit in der »High-Tech-Zitadelle« (BILD Rhein-Neckar). Sie fahren nicht nach Schichtplan, sondern freiwillig: weil das Videokonferenz-Meeting mit Kalifornien etwas länger gedauert hat, die Kundenpräsentation noch richtig Pfiff braucht oder weil nach einer Team-Pizza im »Ristorante Astoria« die Java-Applets gleich doppelt so gut von der Hackerhand gehen.

Dafür kommt mancher am nächsten Morgen eben später. Und was sagt der Chef dazu? »Wir haben Vertrauen in unsere Mitarbeiter«, erklärt Dietmar Hopp. »Sie können auch erst um elf Uhr zur Arbeit kommen.« Und mit einem Grinsen fügt der Vorstandssprecher der SAP AG hinzu: »Schließlich sagen wir auch nichts, wenn sie abends um acht Uhr noch da sitzen.« SAP-Personalchef Helmut Gilbert ergänzt: »Auch am Samstag kommen viele Beschäftigte mal ins Büro.«

Das »Wunder von Walldorf« – ein Modell für die deutsche Wirtschaft? Als »Offenbarung« erlebte jedenfalls Erwin Teufel (CDU), der Ministerpräsident von Baden-Württemberg, seinen ersten Besuch bei der Software-Firma in Walldorf 1991. Für Teufel verkörpert SAP »einen Unternehmenserfolg, wie er sonst nur in der Gründungsphase unserer Industrie zustande gekommen ist«.

In den USA, stellte sein Wirtschaftsminister Dieter Spöri (SPD) überrascht fest, werde die Firma ungeheuer bewundert. Das Unternehmen, hat Spöri gelernt, sei dort ein Aushängeschild für innovative Computertechnik aus Deutschland.

»Silicon Walldorf«, schwärmte schon, voller Regionalstolz, die »Rhein-Neckar-Zeitung« und forderte mehr Aufmerksamkeit der Bonner Politik für das Unternehmen. »Wie an einer amerikanischen Universität« fühlte sich Gert Goebel, Ressortleiter Wirtschaft beim Konkurrenzblatt (und SAP-Kunden) »Mannheimer Morgen«, als er beim neuen »Vorzeigeunternehmen der Rhein-Neckar-Region« (Goebel) zu Gast war.

»Da treffen sich«, begeistert sich Goebel, »junge Leute aus der ganzen Welt auf den Gängen beim Kaffee und diskutieren, zumeist auf Englisch. So eine Atmosphäre wie auf dem SAP-Campus habe ich bei einem deutschen Unternehmen noch nicht erlebt.« Als Kontrastbeispiel erwähnt der Wirtschaftsredakteur den Chemieriesen auf der anderen Rheinseite, in Ludwigshafen: »Bei der BASF«, beschreibt Goebel, »sind alle Türen auf den Gängen zu. Jeder hockt auf seinem Zimmer und schafft so vor sich hin. Damit verglichen, ist die SAP ein Wuselhaus.«

Das Chaos macht sich bestens bezahlt, auch für die Aktionäre – und es hat Methode. Aber welche? »Allen erfolgreichen Unternehmen in der Informationstechnologie«, erklärt Wolfgang Fürniß, bei SAP zuständig für Unternehmensbeziehungen, sei gemeinsam,

»daß sie eine sehr offene Unternehmenskultur haben, die Kreativität fördert.«

Die High-Tech-Branche kommt nicht mehr ohne die Programme aus dem Badenland aus. Sieben der acht führenden Computerfirmen setzen SAP-Software ein. Doch was hat ausgerechnet das Unternehmen aus Walldorf an die Spitze der Branche gebracht? »Daß wir in der Lage waren«, antwortet Fürniß, der vor seiner SAP-Zeit Oberbürgermeister von Wiesloch war, »diese Atmosphäre mit deutscher Gründlichkeit, Präzision und Disziplin zu verbinden.«

Sieben der zehn größten und neun der zehn profitabelsten Weltunternehmen verwenden, der amerikanischen Wirtschaftszeitschrift »Fortune« zufolge, inzwischen die Software aus Baden-Württemberg. Qualitätsarbeit made in Germany, doch nach neuen Methoden: Die deutschen SAP-Angestellten kennen »keine Arbeitsplatzbeschreibung, keine Titel, keine Kleiderordnung und keine Deadlines«, staunte die US-Zeitschrift »Business Week«.

SAP sei im globalen Wettbewerb deshalb so erfolgreich, erklärt Dietmar Hopp, »weil wir einen überdurchschnittlich qualifizierten und motivierten Mitarbeiterstab haben und weil wir das Glück hatten, die Zukunftstendenzen in der Datenverarbeitung richtig vorherzusehen«.

»Eine Anomalie im verknöcherten Deutschland«, befand »Business Week«. »Im Kontrast zum Klima bei IBM«, verwunderte sich die Zeitschrift über die Erfolgsfirma, deren Gründer immerhin aus der damals überbürokratisierten IBM hervorgegangen sind, »entwickelten die SAP-Gründer einen Managementstil mit minimaler Hierarchie.« Bürokraten sind den SAP-Gründern ein Greuel. Statusdenken halten sie für hinderlich. Der Vorstandschef kommt im Kombi ins Büro, mittags sitzt er mitten in der Kantine, oftmals im Polohemd. Das Erfolgsrezept der SAP, laut Dietmar Hopp: »Flexible Organisationsstruktur, flache Hierarchien und schnelle Berichts- und Informationswege.«

Aber auch auf »Glück« basiere der SAP-Erfolg, betont der SAP-Chef immer wieder – vielleicht etwas zu oft für den Vorstand eines Unternehmens, dessen Marktstrategie und vertriebsorganisatorische Schlagkraft in der Branche sprichwörtlich geworden sind. Die zurückhaltende Bescheidenheit ist jedoch auch ein persönlicher Charakterzug des biederen Software-Milliardärs, wie Freunde,

Walldorfer Nachbarn und selbst seine Gegner unterschiedslos anerkennen.

Der kühle Rechner und »Kaufmann von Geburt« (Gilbert über Hopp) scheut das Rampenlicht. Bei öffentlichen Auftritten, ob auf der Jahreshauptversammlung oder bei der Jahresendansprache im Kreis der SAP-Mitarbeiter, wirkt Hopp auf den ersten Blick, fälschlich, fast schüchtern. Sein zurückhaltender Stil hat auch die Außendarstellung des Unternehmens geprägt.

»Low Profile« lautet die Devise: zuviel – ungesteuerte – Aufmerksamkeit könnte schaden. Protzerei, erklärt Personalchef Helmut Gilbert, gelte in der Erfolgsfirma als »Todsünde«. Wer sich nicht an dieses ungeschriebene Gesetz hält, ist bei SAP reif für einen Rüffel.

Anfang 1997 sorgte eine Agenturmeldung für Unmut in der SAP-Vorstandsetage: Hasso Plattner habe eigens einen Quantas-Jumbo gechartert, berichteten die Zeitungen, um bei der Sydney-Hobart-Regatta im Dezember 1996 einen Ersatzmast für seine Yacht »Morning Glory« einfliegen zu lassen. Hopp war wenig begeistert über solche Publicity, wie er unwillig zu verstehen gab.

Zwar betont der Ober-Softwerker, der nach eigenem Bekunden noch kein Managementbuch zu Ende gelesen hat, gern voll Gründerstolz den Anteil der gewachsenen »SAP-Kultur« am Erfolg des Unternehmens. Doch gleichzeitig macht der Firmenchef auch kein Hehl daraus, daß ihm an einer SAP-Vorbildrolle und Vergleichen mit anderen Firmen nur sehr wenig gelegen ist.

Wünscht er sich womöglich für die SAP mehr Aufmerksamkeit aus Bonn, wenn dort der Standort Deutschland diskutiert wird? »Es reicht so«, antwortet Dietmar Hopp. »Da haben wir keinen Bedarf.« Als Musterbetrieb sozialorientierter Marktwirtschaft in Krisenzeiten will der SAP-Chef seine Firma schon gar nicht vorführen lassen. Hopp befürchtet dadurch unnötige Konflikte mit SAP-Kunden.

Beispiel: der Streit zwischen Arbeitgebern und Gewerkschaften im Herbst 1996 um die Kürzung der Lohnfortzahlung im Krankheitsfall. Nach Daimler-Benz in Sindelfingen hatten auch SAP-Kunden wie BASF in Ludwigshafen, die Heidelberger Druckmaschinen AG oder die Unternehmensgruppe Freudenberg aus Weinheim angekündigt, die garantierte Lohnfortzahlung bei Krankheit drastisch einzuschränken.

»Kein Thema« in Walldorf, erklärte hingegen öffentlich die SAP – allerdings erst auf Drängen der Arbeitnehmervertreter im Aufsichtsrat. Staunend erfuhren so die Streikenden bei Freudenberg in Weinheim, daß die SAP in Walldorf die Gehaltsfortzahlung bei Krankheit sogar freiwillig auf ein ganzes Jahr ausgedehnt hat.

»Wir haben das Problem nicht«, erläutert Vorstandsmitglied Klaus Tschira, »daß die Leute bei uns krankfeiern.« Und Mitgründer Dietmar Hopp ergänzt: »Ich sehe hier eher Mitarbeiter mit einem Schnupfen im Gesicht, die eigentlich ins Bett gehören.« Wenn es allein nach dem Vorstandsvorsitzenden (»Ich hoffe, das wird bald alles tiefer gehängt«) gegangen wäre, hätte sich das Unternehmen ganz aus dem Streit herausgehalten. Nun hoffte Hopp auf ein schnelles Ende der Diskussion: »Mir war das schon arg«, erzählt der SAP-Chef, »daß wir in der Presse als Gegenbeispiel zu BASF ausgewalzt wurden. Schließlich sind das unsere Kunden.« Eine Lohnkürzung bei Krankheit sei »kontraproduktiv« und mit der Unternehmenskultur »inkompatibel«, begründete die SAP ihre Haltung. »Bei uns«, bestätigt Helga Classen, die im Aufsichtsrat des Unternehmens die Arbeitnehmerinteressen vertritt, »ist das tatsächlich kein Thema.«

»Das ganze soziale Umfeld« im Unternehmen, betont die stellvertretende Aufsichtsratsvorsitzende, sei »darauf abgestimmt, daß der Mitarbeiter im Mittelpunkt steht. Da wird zuletzt gespart.« Gleichwohl betrachten gestandene Gewerkschafter und Betriebsräte das Unternehmen mit Mißtrauen. Denn SAP hat nie dem Arbeitgeberverband angehört, einen gesetzlichen Tarifvertrag oder einen Haustarifvertrag gibt es nicht. Betriebsrat? Ebenfalls Fehlanzeige, die Beschäftigten haben sich bei anonymen Umfragen mit überwältigender Mehrheit dagegen ausgesprochen. »Gewerkschaften und Betriebsräte«, dozierte der Vorstandschef aus Walldorf in der Presse, »haben ihre Verdienste. Aber es gibt Firmen, die brauchen weder das eine noch das andere. Dazu gehören wir.«

Die SAP AG – ein Schönwettermodell? Ein exotisches Akademikerparadies, das in der Software-Industrie funktionieren mag – doch selbst dort nicht auf Dauer? Immerhin hat die von jungen und älteren Mitarbeitern gleichermaßen gerühmte »SAP-Kultur« schon mehr als ein Vierteljahrhundert überdauert. Die in Deutschland einzigartige Firmenphilosophie der Walldorfer kann nicht einfach als Image-Schimäre menschelnder PR-Strategen abgetan werden, die eine spröde High-Tech-Firma ins rechte Licht zu rücken haben. Mit Harmoniepflege hat das SAP-Modell wenig zu tun, im Gegenteil: Die SAPler sind stolz auf ihre Streitkultur und das organisierte Chaos, das als Garant beständigen Wandels dient. »Die IBM hat leidvoll erfahren müssen«, bemerkt Ex-IBMler Hopp, »wohin eine mächtige, rückwärtsgewandte Bürokratie geführt hat.«

Aber das Modell läßt sich kaum auf andere Branchen oder Bereiche übertragen. Auf dem SAP-Campus in Walldorf wird deutlich: Der regelmäßig bemühte Vergleich mit der Microsoft Corporation des William H. Gates III. hinkt, aus mehreren Gründen. Besucher bemerken eine merkwürdige Mixtur aus Uni-Atmosphäre, Sportsgeist, Perfektionismus, Chaos, Kreativität, Globalität und einem urwüchsigen Paternalismus, wie er wohl eher von einem badischen Metall-Mittelständler erwartet würde: Die Weltunternehmer haben die Kirche in Walldorf gelassen.

Auf dem multikulturellen Microsoft-Campus in den USA huldigen die Mitarbeiter einem Jugendkult, den der amerikanische Generation-X-Autor Douglas Copland in seinem Roman »Microsklaven« karikierte. Die Micro-Kids in Redmond bei Seattle verehren den genialen »Bill« Gates als den High-Tech-Heiligen, ihre spärliche Freizeit verbringen sie mit der Exegese von »Bills« unerforschlichen Ratschlüssen.

Bei SAP herrscht Distanz. »Herr Hopp« (und nicht etwa »der Hopp«) sagen selbst altgediente SAP-Kämpen – »Dietmar« nur ganz wenige Auserwählte. Wem »der Herr Hopp« bei der »Kerbe«, dem Kirchweihfest in Walldorf, ein Bier spendiert hat, der weiß noch Jahre später davon zu erzählen. Und unter denjenigen SAP-Angestellten in Walldorf, die der Gründergeneration der Firma angehören, heißt der badische Software-Boß schlicht: »Vadder Hopp«.

Bei aller Globalität, das läßt sich nicht übersehen, ist SAP ein sehr deutscher Software-Konzern geblieben. Das macht auch der auf Betriebsfeiern angestimmte (allerdings nicht offizielle) »SAP-Song« deutlich: »Ihr kennt doch all den Hoppe-Vadda«, tönt es dort aus den angefeuchteten Kehlen der High-Tech-Teutonen, »er wohnt in Walldorf an der Knatter.«

Doch die Provinzidylle der frühen Firmenjahre gibt es nicht mehr. Gemächlich bewegt sich bei SAP, dem 1996 am schnellsten wachsenden börsennotierten Unternehmen in Europa, nur die massive Granitkugel in der lichten Empfangshalle an der Neurottstraße. Der stilisierte Globus, der sich schwerelos in einem Wasserspiel dreht, soll die Weltläufigkeit der badischen Firma symbolisieren.

Firmensprache ist Englisch. Und von hinterwäldlerischer Gemütlichkeit ist im Software-Haus von »Vadda« Hopp am Stadtrand von Walldorf auch sonst keine Spur. Sie steht höchstens außerhalb des kantigen Zweckbaus auf dem Plan, als Teil des abendlichen Besuchsprogramms für Kunden und Geschäftspartner aus den USA oder aus Japan. Um den Gästen echte »german Gemutlichkeit« bei badischem Wein zu bieten, führen die SAP-Betreuer sie dann beispielsweise »Zum Erbprinzen« im verkehrsberuhigten Ortszentrum der Astorstadt oder in die Heidelberger Altstadt, ins Lokal »Zur Herrenmühle«.

Am nächsten Morgen herrscht dann wieder Software-Business as usual. Parkplatzprobleme, Tempo und Teamsitzungen bestimmen den Betriebsalltag an der Neurottstraße. An der architektonischen Botschaft der wuchtigen SAP-Zitadelle im Industriegebiet gibt es nichts zu deuteln, wie die »Frankfurter Allgemeine Zeitung« fand: »Hier wird hart und nüchtern gearbeitet.«

»Die Unternehmensgeschichte liest sich wie ein Bestsellerroman«, urteilte ein Bilanzanalyst. Woran mag es liegen, daß der SAP-Besucher sich auch an »Die Firma« aus dem gleichnamigen Bestseller von John Grisham erinnert fühlt? Es könnte mit dem krassen Kontrast zwischen Provinzbeschaulichkeit drumherum und einem multinationalen Apparat zusammenhängen (bei Grisham handelte es sich um eine weltweit operierende Steuerkanzlei in Memphis, Tennessee).

Womöglich legen auch die zahlreichen geldwerten Vergünstigungen den Vergleich nahe, mit denen die SAP ihre Nachwuchskräfte in die deutschen Südstaaten lockt. Bei Hochschulabsolventen, stellte das »Manager Magazin« fest, gelte das Unternehmen als »erste Adresse« (Grishams fiktive »Firma« köderte ihre Jungakademiker beispielsweise mit einem Dienst-BMW, der privat genutzt werden darf – die SAP ebenfalls).

Oder hat es mit dem ungewöhnlich hohen Maß an Identifikation zu tun, das die Firma (wie bei Grisham) von ihren Mitarbeitern – und Partnern – erwartet? »Schwierig« sei es, berichtete das »Manager Magazin« 1996, »SAP-Mitarbeiter oder -Kunden zu finden, die das Unternehmen kritisieren«. Die Redakteurin sehe sich an die »unbedingte Loyalität« in US-Firmen erinnert (die Grisham in seinem Thriller ironisiert).

»Bei SAP geht die Kritikabwehr ziemlich weit«, bezog sich die Zeitschrift dann auf die heftige Reaktion des Unternehmens auf unliebsame Presseveröffentlichungen, etwa in der Branchenzeitschrift »Computerwoche«. »Die Mitarbeiter verstehen offenbar die Botschaft«, faßte das Magazin zusammen: »Kritik am SAP-Way ist nur zu hören, wenn höchste Vertraulichkeit zugesagt wird.«

Herrscht also bei SAP eine Atmosphäre unterschwelliger Angst? Wird die extreme Loyalität – die jährliche Fluktuationsrate liegt (wie bei Grisham) unter zwei Prozent, branchenüblich sind zwischen zehn und 20 Prozent – gar durch eine perfide Mixtur aus materiellen Anreizen einerseits und indirekter oder direkter Einschüchterung andererseits erzwungen?

Zwar mag der Monopolist aus Baden manchem Mitbewerber durchaus unheimlich geworden sein. Auch ranken sich um seine wirtschaftliche Macht inzwischen vielfältige Mythen. Aber spätestens an dieser Stelle muß der literarische Vergleich mit der undurchsichtigen (und kriminellen, wie sich herausstellt) Roman-Firma enden.

Denn die Software-Firma im deutschen Südwesten hat es nicht nötig, Loyalität zu erzwingen. 94 Prozent der SAP-Beschäftigten (Durchschnittsalter: 35 Jahre) antworteten bei einer anonymisierten Umfrage, sie seien mit ihrem Arbeitgeber »alles in allem sehr zufrieden«. In einer Vergleichsgruppe anderer High-Tech-Firmen lag die Quote im Durchschnitt bei 74 Prozent.

Arbeitnehmervertreterin Helga Classen erklärt das SAP-Ergebnis mit dem »guten sozialen Umfeld«. Ausgerechnet die ehemalige Lehrerin für Englisch und Geographie aus Hamburg, die früher in der linken Gewerkschaft Erziehung und Wissenschaft (GEW) aktiv war, singt heute das Hohelied auf ihren Arbeitgeber, den Weltkonzern.

SAP sorge dafür, erklärt Classen, »daß man sich aufgehoben fühlt, daß man in der Arbeit viele Freiräume hat, daß man trotz hoher Anforderungen mit dem hohen Streß positiv leben kann«. Die Ex-Gewerkschafterin spricht sogar von einem »Gefühl von Familie«. Bei ihrer Ankunft in Walldorf 1989 habe sie sich von altlinken Klischees verabschieden müssen, gesteht die ehemalige Lehrerin dann: Privatwirtschaftliche Unternehmen dieser Größenordnung seien auch für sie »immer das Feindbild schlechthin« gewesen. Nach mehreren beruflichen Zwischenstationen habe sie bei SAP dann »Freiräume« gefunden, die sie eigentlich nicht erwartet hatte. »Wenn ich bei einer anderen Firma als der SAP gelandet wäre«, sagt Helga Classen heute, »wäre ich inzwischen wahrscheinlich wieder weg.«

Bisher sorgt der prosperierende Konzern noch dafür, daß seine Mitarbeiter sich rundum wohl fühlen – getreu dem Motto, das der kaufmännische Leiter Dieter Matheis, seit 1984 bei SAP und zuständig für Finanzen, Steuern und Administration des Weltunternehmens, so formuliert: »Die Menschen sind nicht nur die teuerste, sondern auch die entscheidende Ressource für die Zukunft.«

Rund 36 Prozent beträgt der Anteil der Personalkosten am Gesamtumsatz der SAP-Gruppe. Das SAP-Modell der Mitarbeiterbeteiligung am Aktienkapital gehört zu einem umfangreichen Paket aus Gehalts- und Sozialleistungen, das zu einem Gutteil die Attraktivität von SAP als Arbeitgeber begründet.

Die soziale Stabilität bei SAP dürfte in der Branche weltweit einmalig sein. Mit der studentisch geprägten Hackerkultur mancher Silicon-Valley-Firmen oder auf dem Microsoft-Campus könnten die meisten SAP-Mitarbeiter wenig anfangen. Viele der jüngeren Mitarbeiter haben bereits Familien gegründet. Davon zeugen zahllose Kinderfotos an Flurwänden und PC-Arbeitsplätzen.

SAP-Softwerker würden zwar, erzählt Jungvorstand Claus Heinrich, »draußen gern als die Leute dargestellt, die mit Turnschuhen herumlaufen«. Doch die Instabilität, für die das Silicon Valley berüchtigt ist (»Sie leiden an völliger Disziplinlosigkeit«, bescheinigte der amerikanische Managementtheoretiker Peter Drucker den dort ansässigen Firmen), kann sich der Weltmarktführer für betriebswirtschaftliche Software nicht leisten: »Bei unserem Kundenkreis können wir solche Leute nicht gebrauchen«, sagt Heinrich. »Software-Bau ist Arbeit. Wir brauchen gute Leute, die sorgfältig arbeiten.«

So läßt es sich SAP einiges kosten, SAP-kompatible Spitzenkräfte in Walldorf zu versammeln: Neueinsteiger mit Hochschulabschluß verdienen ab 73 000 Mark im Jahr, Promovierte rund 80 000. Kantinenessen und die Getränke auf den Büroetagen gibt es kostenlos, Sauna und Sportanlagen können gratis genutzt werden. Wer jährlich mehr als 10 000 Kilometer für SAP im Pkw zurücklegen muß, hat Anspruch auf einen Mittelklasse-Dienstwagen.

Die benachbarten Autohäuser gewähren gern großzügige Rabatte auf die von den SAP-Angestellten bevorzugten Modelle – Audi, BMW und Volkswagen. Für Häuslebauer und Wohnungskäufer sieht der Hausbrauch ein langfristiges zinsloses Darlehen vor. »Um solche Vergünstigungen wie bei der SAP zu finden«, sagt Jürgen Hachenberger, der Leiter des R/2-Service-Bereichs, »muß man schon sehr lange suchen.«

Geht es »dene bei SAP«, wie inzwischen mancher in Walldorf meint, womöglich schon zu gut? Hachenberger gehört noch zu den Veteranen der ersten SAP-Generation. Viele jüngere SAP-Angestellte, kritisiert er, nähmen die Vergünstigungen inzwischen als »selbstverständlich« hin. Auch Arbeitnehmer-Aufsichtsrätin Classen warnt vor dem »Anspruchsdenken«, das mittlerweile Platz gegriffen habe.

Als Warnzeichen galt der Vorfall mit dem »Bauschutt-BMW«, der inzwischen auch in die Walldorfer Folklore eingegangen ist. SAP-Angestellte dürfen ihre Dienstwagen auf Kosten des Unternehmens bei ortsansässigen Firmen reinigen lassen. Ein Umschlag mit Fotos aus einer Autowerkstatt avancierte an der Neurottstraße umgehend zur Chefsache: Die Bilder dokumentierten im Detail, daß ein hochbezahlter SAP-»Häuslebauer« seinen Dienstflitzer privat als Schuttfrachter zweckentfremdet hatte. »Hopp«, erinnert ein Zeuge sich, »hat sich wahnsinnig darüber aufgeregt.« Ihn habe der Vorfall, so die abgemilderte Version des Vorstandschefs, »dann doch etwas erschüttert.«

Von solchen Sorgen können andere Großunternehmen in der krisengeplagten Bundesrepublik nur träumen. SAP hat aber auch dafür gesorgt, daß hohe Gehälter und Sozialleistungen nicht als Automatismus mißverstanden werden können. So führte das Unternehmen 1995 ein erfolgsbezogenes Lohnsystem ein, um einen zusätzlichen Leistungsanreiz zu schaffen. In schlechteren Zeiten verringert sich dadurch der hohe Fixkostenanteil.

Um dieses Ziel zu erreichen, wurde das Budget für Gehaltserhöhungen aufgeteilt. Mit der einen Hälfte werden die Grundgehälter angehoben, aus der anderen speist sich die variable Erfolgsbeteiligung, die nur bei Erreichen des von Vorstand und Aufsichtsrat vorgegebenen Jahresziels ausbezahlt wird. Dieser Anteil, schätzt SAP-Personalchef Helmut Gilbert, könnte um die Jahrtausendwende rund 15 Prozent der Jahreseinkommen ausmachen – wenn's gut läuft, mehr. Das Startjahr 1995 verlief vielversprechend – die variable Erfolgsbeteiligung brachte den SAPlern fünf Prozent mehr Gehalt als im Vorjahr, weil die gesteckten Ziele übertroffen worden waren.

Zusätzlich zahlt das Unternehmen noch eine individuelle Jahresprämie für besondere Leistungen. Doch der Grund für die hohe Identifikation der SAPler mit »ihrer« Firma liegt nicht allein in den hohen Gehältern und einem großzügigen Beteiligungsmodell. SAP hat einen ausgeprägten Teamgeist kultiviert, der ebenfalls zum Erfolgsgeheimnis des Unternehmens gehört. Dem geschlossenen Auftreten nach außen entspricht intern eine ungewöhnlich offene Diskussionskultur, in der furchtlos Kritik – und nicht selten auch schonungslos Selbstkritik – geübt wird. »Eine zentrale Rolle in der SAP-Firmenkultur«, erläutert Unternehmenschef Hopp, »spielt das Vertrauen.«

Keine Walldorfer Weihnachtsreden-Rhethorik: Der gelegentlich als »kritikunfähig« gescholtene SAP-Gründer sieht die »totale Offenheit« – firmenintern jedenfalls – als überlebenswichtig für sein Unternehmen an.

Dafür nimmt der SAP-Vorstand auch Risiken in Kauf: So enthielten beispielsweise die selbstkritischen Mahnworte von Dietmar Hopp und Hasso Plattner zum Jahresende 1996 (ein Videomitschnitt ging anschließend nur ausgewählten Mitarbeitern zu) mehr für SAP heikle Passagen als jemals zuvor ein Artikel der »Computerwoche« oder der »Wirtschaftswoche«. Doch monatelang drang kein Wort aus den internen Vorträgen an die Öffentlichkeit.

»Im Innenverhältnis«, erklärt Dietmar Hopp, »hat sich durch Vertrauen und gegenseitige Toleranz ein Selbstvertrauen bei unseren Mitarbeitern herausgebildet, das wiederum die Basis für bessere Leistungen war.« Schwachstellen werden intern diskutiert, aber gemäß einem ehernen Grundsatz der straff geführten Firma nicht mit Außenstehenden erörtert. Das wäre gleichsam »Verrat« an der gemeinsamen Sache.

Dadurch wirkt das Unternehmen, dessen schwer nachvollziehbaren Software-Geschäften ohnehin etwas Geheimnisvolles anhaftet, zusätzlich abgeschottet. Verstärkt wird dieser Eindruck auf R/2- oder R/3-geplagte Anwender und Branchenfremde darüber hinaus durch den charakteristischen SAP-Speak. Der von kryptischen Kürzeln durchsetzte Insider-Slang läßt die Softwerker wie verschworene High-Tech-Sektierer erscheinen, wenn sie mit Begriffen wie »Internet-Kanban«, »ALE-Web« und »Workflow API« hantieren.

Personalchef Helmut Gilbert bestätigt freimütig den Verdacht, im Walldorfer Software-Bunker könnte sich eine ähnliche Mentalität herausgebildet haben wie früher bei den »IBM-Soldaten«, unter denen auch die SAP-Gründer ihren ersten Schliff erhielten. In der SAP, sagt Gilbert, wehe »ein ganz besonderer Korpsgeist«.

Dieser SAP-Korpsgeist wird auch dann mobilisiert, wenn es darum geht, das Unternehmen vor vermeintlichen und echten Gegnern zu bewahren. Wie das funktioniert, bekam die Scientology-Organisation zu spüren, als sie 1994 dem Unternehmen zu nahe kam. Hopp machte mobil gegen »äußere Gefahren« (s. S. 223 ff.).

Doch nicht nur in solchen Ausnahmesituationen, sondern auch im Tagesgeschäft hat der ausgeprägte Gruppengeist der Softwerker seine Funktion. »Neue Mitarbeiter«, erklärt SAP-Manager Wolfgang Fürniß das Prinzip, »können schon bald auch für finanziell sehr aufwendige Projekte die Verantwortung erhalten, wenn sie die entsprechende Qualifikation besitzen.«

Wo es beim Einrichten von Hard- und Software sowohl für die Kunden als auch für den Hersteller um Millionenwerte geht, lassen sich teure Pannen nicht immer ausschließen. Zum SAP-Geist gehört es, daß der einzelne nicht fürchten muß, bei einem Mißgriff gleich als Sündenbock geopfert zu werden. Die Konsequenzen trägt das Team gemeinsam. »Geredet«, berichtet ein Jungentwickler, »wird über Fehler dann nicht mehr.« Aber vielleicht gesungen: Zum Korpsgeist paßt das hauseigene Liedgut. So hat SAP womöglich als einziges Software-Unternehmen auf der Welt seine Programmabstürze (anschließend dokumentiert per »Speicherauszug«, EDV-

Englisch: »dump«) in Trinkliedern verewigt. Im »SAP-Song« beispielsweise wurde – allerdings nicht im Beisein von Kunden – ein altgedienter badischer Software-Recke besungen: »Und klingelt dann das Telefon, sagt er: Wenn's dumpt, was macht das schon.«

Allzu teutonische Uniformität im Denken gilt gleichwohl als kontraproduktiv. Auch deshalb spricht SAP-Chef Hopp lieber von »Teamgeist«. Der legendäre IBM-Wahlspruch »Think!«, erklärt der Vorstandsvorsitzende, gelte auch für die SAP – allerdings abgewandelt. Dietmar Hopp: »Denkt – aber denkt nicht alle das gleiche!«

Hauptunterschied zur schwerfälligen IBM-Bürokratie der siebziger und achtziger Jahre: Computer-Kommißköppe kann die Firma nicht gebrauchen. SAP verläßt sich auf die Souveränität und fachliche Kompetenz von Mitarbeitern, die sich nicht hinter dem Apparat verstecken und sich nicht vor jeder möglicherweise kostenträchtigen Entscheidung hierarchisch abzusichern suchen. Denn schlimmer noch als teure Fehler, so die Firmenphilosophie, schade Mangel an Eigeninitiative dem Unternehmen. »Es hat mich persönlich gestärkt«, berichtet Vorstandsmitglied Claus Heinrich aus seiner Anfangszeit bei SAP, »daß ich wußte, daß ein Fehler auch mal mitgetragen wird.«

»Da ist ein Mitarbeiter vor Ort beim Kunden«, erläutert Heinrich, »und es muß schnell reagiert werden. Normalerweise müßte er nun jemanden fragen. Doch wenn er jetzt zögert, anstatt eigenverantwortlich zu handeln, hat er anschließend ein noch größeres Problem.« So gehöre es zum SAP-Führungsstil, führt Heinrich weiter aus, durch Vertrauen in die Mitarbeiter eigenverantwortliches Handeln zu fördern: »Lieber neunmal richtig entschieden und einmal falsch, als immer nachgefragt.«

Das Ergebnis komme dem Kunden zugute, erklärt der für die Software-Entwicklung im Logistikbereich zuständige Vorstand: »Der Kunde kann davon ausgehen«, formuliert der SAP-Mann, »daß er auf diese Weise von uns kompetente Leute bekommt, die sich mit der Aufgabe identifizieren und selbständig Entscheidungen treffen.« In anderen Firmen, schließt der promovierte Betriebswirt, »sichert man sich erst einmal nach links und nach rechts ab«. Bei dem Walldorfer Unternehmen – Heinrich: »Das ist für mich der Kern der SAP-Philosophie« – werde genau das Gegenteil verlangt: direkt »von oben, von Herrn Hopp«.

»Unsere Führungsprinzipien«, erklärt Dietmar Hopp für das SAP-Gründerteam, »haben wir nicht in Lehrbüchern gefunden.« Verantwortung statt Kontrolle, mündige Mitarbeiter statt bürokratischer Befehlsempfänger, schlanke Strukturen, Qualitätsmanagement als gemeinsame Sache – »was andernorts nur Schlagwort bleibt«, bemerkte bereits 1988 überrascht das »Manager Magazin«, habe die Führungscrew der SAP AG »längst in die Tat umgesetzt«.

Dabei handelt es sich nicht um ein »Prinzip Hopp«. Vielmehr versuchen die SAP-Gründer auf diese Weise den erfolgreichen Teamgeist zu bewahren, der das Software-Haus von der Mittelstandsfirma zum Weltunternehmen aufsteigen ließ. »In den achtziger Jahren«, erinnert der SAP-Chef sich, »wurden wir deswegen belächelt.«

Zwar verweist Dietmar Hopp gelegentlich gern darauf, daß die SAP-Kultur ihre Wurzeln im »Großraum« der IBM-Geschäftsstelle in Mannheim hat. Inzwischen läßt sich der Stil des badischen Software-Hauses jedoch eher mit demjenigen eines anderen großen SAP-Partners vergleichen: dem amerikanischen Elektronikhersteller Hewlett-Packard (deutsche Zentrale: Böblingen bei Stuttgart), dessen Managementstil das Silicon Valley maßgeblich mitgeprägt hat.

Die HP-Gründer William R. Hewlett und David Packard hatten ihr Unternehmen in einer Garage in Palo Alto gestartet, die inzwischen als Geburtsstätte des Silicon Valley legendär wurde. Der »HP Way«, der später auf zahllose junge Firmen in der ersten High-Tech-Region der Welt ausstrahlte, basiert, Mitgründer Bill Hewlett zufolge, »auf der Überzeugung, daß Männer und Frauen gute, kreative Arbeit leisten wollen und daß sie dies auch tun, wenn man ihnen das geeignete Umfeld bietet«.

»Im ›Treibsand des Silicon Valley‹«, bilanziert Wirtschaftspublizist Anthony Sampson (»Die Manager«), »hielt Hewlett-Packard allen Stürmen und Fluten stand und bewahrte sich seine besondere Eigenart.« Dazu gehört, faßt Sampson zusammen, »das enge Zusammengehörigkeitsgefühl, die Zwanglosigkeit und das Gefühl der Gleichheit, die sich in der Politik der ›offenen Türen‹ und der Anrede mit dem Vornamen niederschlug«.

Gleichzeitig galt HP in der Industrie als Vorreiter bei neuen Methoden zur Motivation und Mitarbeiterführung: Die Firma führte ein großzügiges Gewinnbeteiligungsmodell ein und etablierte das zielorientierte »Management by objectives«, das dem Führungsnachwuchs und Abteilungsleitern mehr Spielraum einräumte. So wurde beispielsweise auch das inzwischen sprichwörtliche »Management by wandering around« – Unternehmensführung durch beständiges Umhergehen und Tuchfühlung zur Basis – bei HP in Kalifornien erdacht. Den Begriff prägte John Doyle, der damalige Personalchef der Firma in Palo Alto. Andere Großunternehmen, schreibt Anthony Sampson, »bewunderten HP und rätselten, welches Erfolgsgeheimnis hinter seiner Spitzenstellung stecke«.

Dabei, so Sampson, sei das Rätsel »relativ leicht zu lüften. Der Erfolg verdankt sich größtenteils der ungewöhnlichen Kontinuität der beiden Männer an der Spitze.« Ähnlich verhält es sich bei dem – allerdings 25 Jahre jüngeren – High-Tech-Unternehmen in Walldorf.

Dietmar Hopp und Hasso Plattner, hebt SAP-Personalchef Helmut Gilbert hervor, hätten das Unternehmen »kaufmännisch und technisch fest in der Hand«. Für Gilbert liegt es nahe, sein Unternehmen mit HP zu vergleichen: Der Chef des Personal- und Sozialwesens war Personalleiter bei Hewlett-Packard im Werk Waldbronn, bevor er 1994 nach Walldorf wechselte. »In manchen Bereichen«, vergleicht Gilbert, gehe es bei SAP »noch legerer zu als bei HP«. In den vergangenen Jahren, fügt der Manager hinzu, sei in Walldorf bereits der Übergang auf die nächste Führungskräftegeneration »weitgehend gelungen«. Gilbert: »Der Gründerstil hat sich mit den jüngeren Vorständen wie Kagermann und Zencke fortgesetzt.«

Hauptunterschied zwischen der SAP und anderen großen EDV-Pionierfirmen in Deutschland, denen einzelne Unternehmerpersönlichkeiten wie Heinz Nixdorf, der frühere ADV/Orga-Gründer Friedrich August Meyer oder Peter Schnell (Software AG) ihren Stempel aufgeprägt haben: Die SAP-Gründer und ihre Crew traten bereits in den Gründungsjahren als Team auf, in dem die fachliche Verantwortung möglichst gleichmäßig verteilt blieb.

»Wir hatten nie ernsthafte Differenzen oder Kampfabstimmungen«, beschrieb Dietmar Hopp nach mehr als 20 Jahren SAP dem »Manager Magazin« die Entscheidungsprozesse im Gründerteam. »Wenn einer von uns wirklich leidenschaftlich gegen eine Entscheidung gewesen wäre«, erzählte Hopp, »hätten wir sie wahrscheinlich nicht getroffen.« Der charakteristische SAP-Führungsstil, erläutert der Vorstandssprecher rückblickend, habe sich »mit den Jahren herausgebildet. Ob wir ihn alle mit der gleichen Überzeugung praktiziert haben, kann ich schwer beurteilen. Ich denke, unser aller Stärke lag darin, einfach durch das Vorleben von Leistungen andere mitgezogen zu haben.«

»Dieser gestandene, pragmatische Stil war es – daß die Leute nicht abheben.« So erklärt beispielsweise Entwicklungsvorstand Claus Heinrich, was ihn 1987 zum Einstieg bei der damals noch »kleinen« SAP bewogen habe. Bei vorangegangenen Bewerbungen, erzählt Heinrich, habe er »in mahagonigetäfelten Zimmern bei ganz tollen Nummern vorgesprochen, die sich anschließend als halbwegs zuständige Prokuristen entpuppten«.

Bei SAP hingegen führten die Gründer in einem kleinen Raum persönlich die Bewerberinterviews. »Es war ein kurzes, angenehm sachliches Gespräch«, erzählt Heinrich. SAP-Chef Hopp habe von Anfang an deutlich gemacht, »daß es hier keine großen Hierarchien gibt«. Heinrich war spontan begeistert, erinnert er sich: »Ich hatte gute Zeugnisse, Promotion, Auslandsaufenthalte und exzellente Angebote.« Doch bei seinem Besuch in Walldorf, erklärt der Spezialist für Produktionsmanagement, habe es »auf einer ganz anderen Ebene gefunkt«. SAP, schließt Heinrich, sei »bis heute nicht einfach eine Firma mit Karriereplan«.

In der Karriereplanung junger Informatiker, Wirtschafts- und Naturwissenschaftler spielt SAP inzwischen eine gleichwohl wichtige Rolle. Ein Vierteljahrhundert nach ihrer Gründung gilt die Firma als deutsches Paradebeispiel dafür, wie sich mit der Informationstechnologie in erfolgreichen Unternehmen auch die Managementstrukturen dezentralisieren. Anläßlich des 50. Deutschen Betriebswirtschafter-Tages im Oktober 1996 in Berlin diskutierten 720 Experten, wie vernetzte Datenverarbeitung und moderne Telekommunikation die klassischen Unternehmenshierarchien aufweichen.

Als Kronzeuge diente dabei auch SAP-Vorstandsmitglied Henning Kagermann. Die neuen Kommunikationstechniken, erläuterte der habilitierte Physiker, ermöglichten einen Wandel in den Unternehmen hin zu kleinen Geschäftseinheiten, die in ein Netzwerk eingebunden seien. Eine Zeitungsschlagzeile brachte das Ergebnis der Konferenz auf den Punkt: »Informationsflut verlangt mehr Eigenverantwortung.«

25 Jahre nach dem Unternehmensstart dürfen sich die Gründer also gewiß sein, daß die Elemente der SAP-Firmenkultur »den Wertvorstellungen heutiger junger Menschen entsprechen und sie zu besseren Leistungen motivieren«, wie Dietmar Hopp es formuliert.

Doch gleichzeitig »mehren sich die Alarmsignale« (Hopp), daß die bewährte SAP-Struktur dem rasanten Wachstum des Unternehmens angepaßt werden müßte: »Mit der zunehmenden Größe«, stellte das »Manager Magazin« in seinem SAP-Porträt 1996 fest, »kostet der flexible Abstimmungsmechanismus, der in der kleinen SAP so gut funktionierte, die große Organisation immer mehr Zeit.« Bürokratische Nischen haben sich bereits gebildet: »Gibt es nicht bei uns auch schon sogenannte Beamte«, warnte Hopp intern, »für die entscheidend ist, ob sie zuständig sind?« Hinzu kommt, daß mehr als 70 Prozent der Mitarbeiter weniger als fünf Jahre dabei sind – die SAP-Kultur muß also in Wirklichkeit permanent neu erfunden werden. »Hier gibt es inzwischen Entwickler«, warnte Hopp in der Weihnachtsansprache, »die haben noch nie in ihrem Leben einen Kunden gesehen.«

SAP stellt bevorzugt Hochschulabsolventen ein. 18 000 Bewerbungsschreiben gingen allein im Jahr 1996 bei der Personalabteilung in Walldorf ein. »Wirtschaftsingenieure und Informatiker«, faßte die »Frankfurter Allgemeine Zeitung« zusammen, »träumen von einer Karriere beim Software-Haus SAP.«

Unter den Berufseinsteigern hat sich herumgesprochen, daß es sich bei dem vielgerühmten SAP-Stil nicht um eine Erfindung von Wirtschaftsjournalisten handelt. So lockt die Laufbahn in einem international operierenden Unternehmen, dessen Leistungskultur für das 21. Jahrhundert besser vorbereitet scheint als diejenige zahlreicher anderer deutscher Großunternehmen.

Vielsprossige Karriereleitern hat der Software-Riese gleichwohl nicht zu bieten: »Wer Streicheleinheiten wie Generalssterne oder Titel benötigt«, warnte die »Frankfurter Allgemeine Zeitung«, »oder wer am liebsten in einer strengen Ordnung mit genau umrissenen Zuständigkeiten und vielen Verantwortungsebenen arbeitet, Phantasie und Eigeninitiative scheut, dürfte bei SAP falsch am Platz sein.«

Die SAP-Neueinsteiger (2345 waren es allein 1996) kommen zu rund 85 Prozent als Vollakademiker direkt von der Universität. Sie halten andere Faktoren für wichtiger. Mitgründer Dietmar Hopp beschreibt weitere Elemente der SAP-Kultur:

- »Flache Hierarchien«: Die Software-Firma besteht aus nur drei Unternehmensebenen – Vorstand, Abteilungsleiter und Mitarbeiter; auf diese Weise, führt Vorstandschef Hopp aus, bleibe »die Leistung des einzelnen sichtbar«, und es bleibe gewährleistet, »daß ich ungefiltert Informationen erhalte«; Karriere bei SAP bedeute, mehr Verantwortung zu übernehmen, beispielsweise im Projektbereich.
- »Offener Informationsaustausch und Informationsfluß«: Computer-Autisten haben in der High-Tech-Firma nichts verloren. SAP baut auf das »Networking«, die systematische informelle Kontaktpflege nach amerikanischem Muster zur Etablierung eines persönlichen Info-Netzwerks; je besser das »Networking« beherrscht wird, um so größer die Aufstiegschancen innerhalb der informellen SAP-Hierarchie.
- »Frei gestaltbare Arbeitszeiten ohne Zeiterfassung«: Die Arbeitsverträge sehen pro forma eine 40-Stunden-Woche vor. Doch für das R/3-Zeiterfassungsmodul Benzing RDRIV/SAP-Zeit hat das Unternehmen intern keinen Bedarf – freiwillige Mehrarbeit sei ohnehin die Regel, wie Personalleiter Gilbert betont; die Abteilungsleiter seien »angehalten, darauf zu achten, daß sich ihre Leute nicht übernehmen«. Für seinen Chef zählt allein das Ergebnis: »Unsere Mitarbeiter«, erklärt Dietmar Hopp, »orientieren sich an ihrer Aufgabe und haben die Freiheit, nach Hause zu gehen, wenn sie nicht in Form sind.«
- »Ständige Lernmöglichkeit und Lernbereitschaft aller Mitarbeiter«: Das »life long learning« haben die Walldorfer Softwerker zum Unternehmensprinzip erhoben; die Angestellten entscheiden weitgehend selbst, welche internen oder externen Aus- und Weiterbildungsangebote sie wahrnehmen wollen; außerdem bietet SAP die Möglichkeit, auf Wunsch in einen anderen Tätigkeitsbereich zu wechseln.

SAP-Manager Anton Dillinger hat auf diese Weise bereits »intern mehrere Firmen durchlaufen«, wie er sagt. SAP ähnele eher einer EDV-Abteilung als einer klassischen Firma: »Die Abläufe, der Umgang untereinander, die Arbeitszeit – mit einem produzierenden Unternehmen darf man uns nicht vergleichen.« Der schlaksige Software-Spezialist hat sein halbes Leben bei SAP verbracht. Gemeinsam mit Dietmar Hopp saß er am »Locher« bei ICI in Östringen. Dann entwickelte er das R/2-Modul »Versand« mit, bevor er sich auf den Bereich Lagerverwaltung spezialisierte und anschließend – von 1987 bis 1993 – auf Qualitätsmanagement verlegte; Dillinger gehört zu den »Vätern« des R/3-Moduls QM.

Dillinger (»Das Wissen habe ich mitgenommen, als es mich juckte, etwas Neues zu machen«) landete anschließend in der internen Qualitätssicherung. In dieser Abteilung hat die SAP einige ihrer erfahrensten Experten zusammengezogen. Sie begleiten und überwachen alle Neueinführungen, Korrekturen und Verbesserungen von SAP-Programmen. »Ich habe alle vier bis fünf Jahre etwas anderes gemacht«, faßt Dillinger zusammen, »das wäre mir in einem anderen Unternehmen nicht möglich gewesen.«

Neuerdings fragt Dillinger sich allerdings immer öfter, so sagt er, welche Folgen das rasante Wachstum der Firma für die internen Strukturen haben wird. Wird die permanente Aufbruchstimmung sich auch unter Konzernbedingungen beibehalten lassen?

»Jedesmal sieht alles ganz anders aus«

Gespräch mit jungen SAP-Mitarbeitern

An der Gesprächsrunde mit dem Autor im Oktober 1996 nahmen teil: Andreas Baader, 29, seit 1996 im Bereich R/3 Services (als Vorstandsassistent); Sabine Diers, 29, seit 1995 als Beraterin in der Geschäftsstelle Hamburg; Reiner Bildmayer, 36, seit 1995 im Product Management Prozeßindustrie; Andreas Knopf, 27, seit 1995 im Bereich Treasury der Finanzabteilung; Mirjam Sonnleithner, 28, seit 1994 im »DEC Competence Center« (gemeinsames Büro von Computerhersteller und SAP, u. a. zur Koordinierung von gemeinsamen Entwicklungen, Vertrieb und Vermarktung).

Gerd Meissner: Was war Ihr erster Eindruck von SAP?

Mirjam Sonnleithner: Ich kam von der Fachhochschule und hatte noch keine Berufserfahrung, abgesehen von Jobs in den Semesterferien. Mir fiel auf, daß hier viele Leute sehr jung sind. In der Kantine kam ich mir vor wie in der Mensa. Die lockere Atmosphäre hat mir sofort gut gefallen. Nun bin ich zwei Jahre in meiner Abteilung, und der erste Eindruck hat sich seitdem bestätigt. Wir sind zu viert, zwischen 26 und 35 Jahre alt, und arbeiten sehr eng zusammen. Das ist Teamarbeit, wie ich sie mir vorstelle.

Gerd Meissner: Manches stellt sich nach einiger Zeit auch anders dar. Was hat sich relativiert, seit Sie bei SAP angefangen haben?

Andreas Knopf: Ich kam aus dem Öffentlichen Dienst, aus der Großforschung. Dort mußte man sich durch ganz andere Verwaltungsbürokratien quälen, um etwas zu verändern. Doch auch das SAP-System hat Nachteile, habe ich dann festgestellt: Wenn sehr vieles sehr schnell angepackt wird, werden auch Fehler gemacht. Manchmal kommt es zu voreiligen Entscheidungen, und hinterher heißt es: »Das hätten wir uns auch sparen können.« Das nimmt man aber in Kauf.

Reiner Bildmayer: Ich bin seit 15 Jahren als Berater tätig und war sehr viel unterwegs. Dabei habe ich viele Unternehmen – auch internationale – gesehen, aber nie eines wie dieses. Ich liebe es, jeden Morgen hierher zu kommen ...

Gerd Meissner: ... in die heile Welt von Walldorf?

Reiner Bildmayer: ... nein, Ärger gibt's genug. Aber der macht hier wenigstens noch Spaß. Andere Unternehmen, die ich erlebt habe, planen sich zu Tode. Bis dort etwas zum Laufen kommt, sind die Chancen schon verpaßt. Wer zwei Jahre zum Nachdenken braucht, den bestraft das Leben. Zwischendurch kommt dann der Geschäftsleiter, macht Druck, wirbelt viel Staub auf und ist wieder weg. Hier läuft das anders: Man läßt uns in Ruhe, aber mit Macht planen und gemeinsam etwas vorwärtsbringen.

Sabine Diers: Hier wird jeder dazu angehalten, seinen eigenen Weg zu finden. Man erlebt die Chance, Ideen auch umzusetzen.

Andreas Baader: Ich war schon bei Microsoft als Berater eingesetzt. Da habe ich eine ähnliche Atmosphäre erlebt.

Gerd Meissner: Kommt mit so viel Spielraum denn jeder klar?

Reiner Bildmayer: Am Anfang war ich von dieser Freiheit geschockt. Ich konnte mich nirgendwo festhalten, die Orientierung fehlte. Dann diese ganzen Schulungen, da kam sehr viel zusammen. Da wächst man langsam hinein. Das war zunächst die schwierigste Aufgabe: herauszufinden, wen man fragen muß. Auf hierarchisch gewachsene und festgefügte Strukturen kann ich mich hier nicht stützen.

Es kann ziemlich mühsam sein, sich in diesem Wachstumslabyrinth seinen Weg zu suchen. Wenn neue Mitarbeiter fragen, wie der Bereich Service aufgebaut ist, malen wir ihnen kleine bunte Kästchen auf. Allerdings bleiben diese Skizzen sehr vage. Anschließend wandern sie in den Papierkorb. Denn jedesmal sieht alles wieder ganz anders aus.

Mirjam Sonnleithner: Ich finde schon, daß da etwas fehlt – festere Strukturen, die dem Team und mir in der Arbeit einen besseren Bezugsrahmen geben. Ich wünsche mir beileibe keine Bürokratisierung. Aber ein bißchen weniger Chaos wäre manchmal nicht verkehrt.

Andreas Baader: Damit kämpft bei SAP jeder. Am Anfang hatte ich das Gefühl, daß alle der gemeinsamen Sache dienen. Weil die SAP aber so schnell wächst und nicht genügend Leute für die Arbeit da sind, trifft man jetzt immer wieder Kollegen, die glauben, sie allein hätten zuviel zu tun. Das führt schon zu Spannungen.

Gerd Meissner: Wer hat Erfahrungen mit schwierigen Vorgesetzten?

Andreas Baader: Nicht mit direkten Vorgesetzten, aber mit Vorgesetzten von anderen Teams – von deren Leuten man was möchte und die sich bei Verhandlungen dann als schwierig herausstellen.

Gerd Meissner: Wie gehen Sie damit um?

Andreas Baader: Man muß versuchen, seine Sache gut darzustellen, das gemeinsame Ziel betonen und darauf hoffen, daß der andere Verständnis zeigt ...

Andreas Knopf: ... und manchmal muß man es auch eskalieren lassen.

Gerd Meissner: Wenn Sie sich weiterbilden möchten, müssen Sie da auch mit Widerstand von Vorgesetzten rechnen?

Andreas Baader: Das war in unserer Abteilung ein heißes Thema. Weiterbildung wird zwar als sehr wichtig angesehen. Ich glaube, daß ich gehen könnte. Es gibt aber auch Felder, wo die Arbeit so stark drückt, daß man mit Widerstand rechnen muß.

Gerd Meissner: In traditionellen Großunternehmen floriert oft das Hausmitteilungswesen. Wie funktioniert das bei SAP – per E-Mail?

Reiner Bildmayer: Ja, und teilweise zu gut. Wir erhalten so viel Material, werden mit so vielen Infos zugeschüttet. Wenn ich mal weg bin und wieder zurückkomme, tobt in meinem Postfach der Mail-Wahnsinn, weil jeder meint, sein Anliegen sei besonders dringend. Es ist dann schwierig, das herauszufiltern, was wirklich wichtig ist.

Gerd Meissner: Verbringen Sie denn viel Zeit mit E-Mail?

Mirjam Sonnleithner: Was heißt hier viel?! Die gesamte interne Kommunikation läuft darüber. Eine der letzten Angelegenheiten, die intern noch auf dem Papierweg geregelt werden, ist der Urlaubsschein, was vielen ein Dorn im Auge ist. Das soll sich jetzt ändern.

Gerd Meissner: E-Mail kann aber auch Zeit kosten. Elektronische Diskussionen per PC ufern oftmals unnötig aus.

Reiner Bildmayer: Ja, das driftet manchmal sehr schnell ab. Es kommt vor, daß jemand vom Vorstand eingreift – auch schon mal Herr Hopp – und der Sache ein Ende macht. Ich erinnere mich an einen Fall, da ging es um Diebstähle. Damals waren oft Fremdunternehmen im Haus. Eine Kollegin schlug im Mail vor, Zettel an die Türen zu kleben: »Vorsicht, dieser Raum ist überwacht!« – in sechs südosteuropäischen Sprachen. Das war ziemlich dreist, und es hagelte auch prompt wütende Rassismusvorwürfe. Daraus entstand hier eine riesige Geschichte.

Gerd Meissner: Welche Rolle spielt das Internet in Ihrem beruflichen Alltag bei SAP?

Mirjam Sonnleithner: Wir haben ja alle Internet-Zugang. R/3-Funktionalität im Internet ist momentan auch eines der Trendthemen bei SAP.

Reiner Bildmayer: Mir ist das Internet einfach noch zu langsam. Man muß viel Zeit haben – mehr, als mir zur Verfügung steht. Ich habe so viel Anwendungszeit nicht.

Andreas Knopf: Ich gehe ziemlich oft ins Internet. Wir haben viel mit Banken zu tun. Ich orientiere mich bei den verschiedenen Broker- und Bank-Sites, was die anbieten.

Gerd Meissner: DV-Berater sind viel unterwegs. Wird den jüngeren Mitarbeitern diesbezüglich mehr abverlangt?

Sabine Diers: Wir reisen viel. Aber das bleibt uns freigestellt. Wer ein Kind bekommen möchte, kann ein Teilzeitprogramm machen.

Reiner Bildmayer: Stressig ist das schon. Aber wenn man das nicht macht, verliert man irgendwann den Draht zum Kunden. Ich bin morgen in Philadelphia.

Gerd Meissner: Wie fühlt man sich denn so auf wichtiger Mission für die mächtige SAP?

Sabine Diers: Ich war gerade vier Tage auf einem Bankseminar in Zürich, zusammen mit Vertretern von 16 anderen Firmen.

Wenn ich mich als SAP-Abgesandte vorgestellt habe, hat jeder gesagt: »Ach, der Monopolist.« Ich verteidige die SAP dann natürlich ...

Gerd Meissner: ... weil es ja auch Vorteile hat, unter dieser Flagge zu segeln ...

Mirjam Sonnleithner: ... klar, man wird hofiert, wenn man von SAP kommt. Ich trete deshalb aber nicht arrogant auf. Allerdings gibt es wohl einige im Haus, die so auftreten: »Ich bin der King, ich bin bei der SAP.«

Andreas Baader: Das mit der Arroganz ist wirklich ein Problem. In meinem Bereich interessiert sich gerade ein bestimmtes Beratungshaus sehr für unsere Lösungen. Die sind froh, wenn sie uns am Telefon erwischen. Da muß man sich zurücknehmen. Wir sitzen im Moment am längeren Hebel, weil die etwas haben wollen, das nur die SAP ihnen liefern kann. Das kann dazu verleiten, diese Machtsituation auszunutzen.

Gerd Meissner: Wie gehen Sie mit Kritik an der SAP um?

Sabine Diers: Man hört oft: »Das und das läuft nicht mit SAP.« Oft liegt es aber daran, daß der Kunde entweder an der Beratung oder an der Schulung gespart hat, oder er hat die Einführung der Software überhastet vorgenommen.

Eine andere Gefahr liegt bei Modifikationen oder Eigenentwicklungen für den Kunden. Da sagt man: »Ich löse dein Problem« – und löst sich dabei immer weiter von der SAP-Lösung. Irgendwann kommt das nächste Release, die Folgeversion der SAP-Software, in der dieser spezielle Fall nicht berücksichtigt werden konnte, und dann stellt sich dasselbe Problem aufs neue.

Reiner Bildmayer: Der Balanceakt besteht eben darin, die Anpassungen so zukunftssicher vorzunehmen, daß sie auch mit den nächsten Releases noch funktionieren. Es ist oft schwierig, den Kunden davon zu überzeugen, daß eine 80-Prozent-Lösung für ihn langfristig mehr bringt als eine kompromißlose 100-Prozent-Lösung, die entwicklungstechnisch in eine Sackgasse führt.

Mirjam Sonnleithner: Andererseits ist das »Entweder du nimmst es, oder du läßt es« auch wieder die falsche Strategie. Schließlich profitieren wir auch davon, wenn ein Kunde sich so in die Karten schauen läßt, was seine spezielle betriebswirtschaftliche Bedarfssituation betrifft. SAP kann das wiederum nutzen, um die Software zu verbessern und damit dann den nächsten Kunden mit ähnlichem Bedarf an Land zu ziehen.

Gerd Meissner: Der auf den Fluren vorherrschende SAP-Slang gibt Außenstehenden einige Rätsel auf. Verstehen die Kunden Sie denn noch?

Mirjam Sonnleithner: Man fängt an, in SAP-Applikationen zu denken. Da kommt einer zum Kunden und fragt: »Haben Sie auch CO?« Gemeint ist die Kostenrechnung an sich, nicht das SAP-Modul für R/3, das so heißt. Wir hängen da völlig in den Begriffen.

Reiner Bildmayer: Es gibt auch einen internen Code, beispielsweise »Dynpro«, »Baustellen«, »unter Wasser sein«, »ABAP«, »triggern« …

Mirjam Sonnleithner: Es hängt natürlich viel davon ab, wie das draußen ankommt. Man darf dem Kunden keine Angst machen. Ich sage dann: »Es klingt am Anfang etwas abstrakt«, und versuche es zu vereinfachen: Bei SAP ist ein Windows-Bildschirmfenster zum Beispiel ein sogenannter Modus. Unter Modus kann sich mein Gegenüber aber nichts vorstellen, also muß ich es ihm als Windows-Fenster erklären.

Gerd Meissner: Wie lauten die ungeschriebenen Regeln der SAP?

Mirjam Sonnleithner: Wenn mir jemand eine Voice Mail hinterläßt, eine Nachricht auf dem Anrufbeantwortersystem, dann muß ich zurückrufen.

Andreas Baader: Man duzt sich gleich. Und die Bürotür bleibt offen.

Gerd Meissner: Was, wenn sie geschlossen bleibt?

Mirjam Sonnleithner (grinst): Das fällt dann auf.

Gerd Meissner: Gibt es einen ungeschriebenen Dress-Code?

Mirjam Sonnleithner: Es gibt keine Richtlinien darüber, in welcher Kleidung man kommen soll. Das ist je nach Bereich unterschiedlich, etwa in der Schulung oder bei Kundenbesuchen. Bei uns wird inzwischen in die Kundenliste geschaut. Wenn Banken und Versicherungen dabei sind, dann ist Anzug oder Kostüm angesagt.

Sabine Diers: Ich würde zu keinem Kunden in Jeans gehen. Es gibt aber beispielsweise Kundenschulungen, die in Jeans abgehalten werden.

Gerd Meissner: Haben Sie schon einmal Kontakt mit einem der Vorstände der SAP gehabt?

Reiner Bildmayer: Leider nicht.

Andreas Baader: Fast täglich. Mein Chef heißt Gerhard Oswald. Mit dem habe ich sehr gute Erfahrungen gemacht.

Reiner Bildmayer: Was mich beeindruckt hat, ist, daß Herr Hopp an manchen Tagen hier ganz normal in Turnschuhen und Polohemd herumläuft. Das finde ich genial.

Gerd Meissner: Wenn Sie jemand anrufen und sagen würde: »Ich zahle Ihnen ein Drittel mehr, Sie haben dieselben Freiheiten und Vergünstigungen« – würde Sie das interessieren?

Mirjam Sonnleithner: Ich würde sagen: »Fragen Sie in vier Jahren noch mal.«

Sabine Diers: Mir geht es genauso wie Mirjam, ich fühle mich hier sehr wohl. Ich glaube, nach mehreren Jahren bei der SAP ist man versaut. Viele ältere Kollegen sagen auch, daß sie sich sehr schwer tun würden, von der SAP in ein normales Unternehmen zu wechseln. Ich denke mehr über Entwicklungsmöglichkeiten innerhalb der SAP nach.

Reiner Bildmayer: Interne Wechsel gibt es häufig. Wenn jemand merkt, daß eine Stelle frei wird, kann er sich unabhängig von der Qualifikation bewerben. In einem derartigen Fall müssen sich dann der neue und der alte Vorgesetzte darüber einigen. Das wird ziemlich offen gehandhabt.

Beraten und verkauft?

> »Beratung ist gefragt. Doch die Beratungszunft ist wenig transparent, und besonders undurchsichtig ist der Markt für EDV-Beratung.«
>
> *Jörg Staute: »Der Consulting-Report. Vom Versagen der Manager zum Reibach der Berater«*

Computerfachleute, SAP-Anwender und Betriebsräte haben sich ihren eigenen Reim darauf gemacht, was die drei Buchstaben aus Walldorf wohl bedeuten könnten. Die Bandbreite der Interpretationen reicht von »Spitze Aller Programmierkunst« über »Something About Profits« bis hin zu Insider-Witzeleien wie »Suchen-Anklicken-Pause«.

»Syphon Away Profits« beschreibt treffend das Börsenimage des Weltmarktführers, »Spend A Penny – Save A Pound« wiederum die Hoffnung der Kunden. Nicht wenige der Deutungen jedoch fallen alles andere als schmeichelhaft aus: »Saumäßig Aufwendige Programme«, übersetzt der EDV-Volksmund, »Ständig Andere Probleme« oder auch »Such A Pain«. Eine andere Lesart – aufgeführt in einer Internet-Liste der SAP-Bedeutungen – läßt sich sogar empirisch belegen: »Sichere Arbeits-Plätze (für Berater)«.

Was den Beratern selbst zu SAP einfällt, klingt akademisch gewichtiger – wie aus einem Wörterbuch moderner Managementtheorien. Consultants verordnen R/3 gern als informationstechnische Eisenbart-Kur für die betrieblichen Gebrechen ihrer Kunden. Sie empfehlen »Business Reengineering« oder »Process Redesign«, »Process Innovation«, »Geschäftsprozeßorientierung« und »Lean Production« – und meinen SAP. Kein Wunder, daß manchem Firmenvorstand der Software-Riese aus Walldorf als Erlöser von allen Übeln und Sünden der Datenverarbeitung der vergangenen Jahrzehnte erscheint.

Christopher Everett wurde erstmals 1987 auf die Walldorfer und ihre Standardsoftware aufmerksam. »Wir hatten vorher noch nie von SAP gehört«, erinnert sich der Chef der SAP-Berater beim global operierenden Consulting-Unternehmen Price Waterhouse.

»Aber wir schickten drei Leute nach Deutschland, um mit ihnen zu reden. Sie kamen kalkweiß zurück – wie Charlton Heston als Moses, der vom Berg herabstieg. Sie hatten die Vision gesehen, was daraus einmal werden könnte.« Die religiöse Verzückung steigerte sich noch, als fünf Jahre danach mit R/3 das erste integrierte Standardpaket mit betriebswirtschaftlichen Anwendungsprogrammen für Client/Server-Systeme auf den Markt kam.

Eine schlagkräftigere – und einträglichere – Glaubensgemeinschaft als die SAP und ihre Consulting-Jünger hatte die Computerwelt seit den Tagen der IBM-Urgemeinde nicht erlebt. »Wenn SAP der übermächtige Messias der unternehmensweiten Datenverarbeitung ist«, beschrieb die US-Wirtschaftszeitschrift »Fortune« den triumphalen R/3-Einzug in den amerikanischen Markt, »dann sind die Big Six seine treuen Jünger, mit Andersen Consulting, ICS/Deloitte und Price Waterhouse an der Spitze des Zuges.«

Nach vorsichtigen Schätzungen müssen für jede Mark, die für SAP-Software ausgegeben wird, noch einmal zwei bis vier Mark für Service und Beratung veranschlagt werden. Davon profitieren große Wirtschaftsprüfungsgesellschaften wie die »Big Six« – Arthur Andersen, Coopers & Lybrand, Ernst & Young, ICS/Deloitte & Touche, KPMG und Price Waterhouse – oder Beratungsunternehmen wie CSC Ploenzke im hessischen Kiedrich, Plaut (Figino, Schweiz/Ismaning bei München) oder IDS Prof. Scheer (Saarbrükken). Zu den Beratungspartnern der SAP zählen traditionell auch führende EDV-Unternehmen wie das Debis Systemhaus, Digital Equipment, Hewlett-Packard, IBM, Siemens Nixdorf Informationssysteme, Software AG oder VW Gedas, aber auch mehr als 100 kleinere EDV-Firmen. SAP selbst beschäftigt rund 3000 Fachleute im Beratungsgeschäft, weltweit waren 1996 etwa 18000 externe SAP-Berater im Einsatz.

Die frohe R/3-Botschaft für die Consultants, laut »Fortune«: »Wenn die Beraterhur tickt, kann eine große unternehmensweite Implementation außergewöhnlich teuer werden.« Mehr als 1,2 Milliarden Mark wurden 1995 allein in Deutschland für SAP-bezogene Dienstleistungen ausgegeben. Bei zahlreichen SAP-Kunden erfordert die anspruchsvolle Standardsoftware eine – zuweilen radikale – Reorganisation der Geschäftsprozesse, die sich nur mit Hilfe externer Berater bewerkstelligen läßt. »Was früher in der

Industrie der REFA-Techniker war«, beschrieb die »Börsen-Zeitung« die Folge, »ist heute der SAP-Berater.«

Doch ohne Beratereinsatz lassen sich auch die Programmpakete von SAP-Konkurrenten wie Baan, Oracle, Peoplesoft oder J.D. Edwards nicht installieren. Diese Tatsache wird von SAP-Kritikern oftmals übersehen. Der Unterschied: Das Unternehmen aus Walldorf hat sich zur Software-Weltmacht emporgekämpft, indem es die externen Beraterkohorten geschickt in seine Vertriebsstrategie einband.

Erstens vermied es SAP auf diese Weise, sich selbst bei der Implementation der vielschichtigen Standardsoftware personell zu verausgaben. Der Anteil des Beratungsgeschäfts am SAP-Ergebnis betrug nur rund 20 Prozent. Zweitens geriet die Firma dadurch im Service-Bereich nicht in Konkurrenz zu den großen Beratungs- und EDV-Firmen. »Wir werden unseren Partnern nicht ins Gehege kommen«, versichert SAP-Manager Alexander Ott, der für die strategischen Partnerschaften zuständig ist. Die Softwerker aus Walldorf betrachteten sich nicht, so Ott, als »die großartigen Projektmanagement-Spezialisten«. Der SAP-Mann: »Dafür haben wir die besten Produktkenntnisse.«

Die Consultants wurden von vornherein an dem Riesengeschäft mit R/3 beteiligt. US-Analysten begeisterten sich für den Milliarden-Dollar-Schutzwall, den SAP auf diese Weise um seinen Markt errichtet habe. »Wir hätten auch ein Beratungshaus für anspruchsvolle BWL werden können«, resümiert Hasso Plattner. Und der SAP-Mitgründer setzt trocken hinzu: »Wir hätten auch eine sich verzettelnde Firma werden können.«

Ein »genialer Schachzug« – so feierte nicht nur das »Manager Magazin« aus Hamburg die Partnerstrategie der Softwerker aus Baden. Im Januar 1995 zitierte die »Frankfurter Allgemeine Zeitung« den Finanzanalysten Peter Thilo Hasler von der Bayerischen Vereinsbank in München. Hasler rühmte ebenfalls begeistert die Consulting-Connection: »Als genial bezeichnet er«, faßte die »FAZ« zusammen, »den Vertrieb der Produkte. Denn der erfolgt über Unternehmensberatungsgesellschaften, die ihren Kunden SAP-Software empfehlen.« Branchenkennern erschien die »FAZ«-Aussage nicht besonders bemerkenswert. Und die Walldorfer waren das Loblied schon gewohnt.

Knapp zwei Monate später jedoch erschien die »FAZ«-Passage auf einmal in einem ganz neuen Licht. Der Grund: eine umstrittene Titelgeschichte der in Düsseldorf erscheinenden Zeitschrift »Wirtschaftswoche«: »Der Vertrieb der SAP-Systeme«, behauptete das Blatt unter anderem, »läuft über sogenannte Logopartner wie Ploenzke, Debis, Price Waterhouse, KPMG, Andersen Consulting, Coopers & Lybrand.« Diesmal jedoch wiesen die Walldorfer, auch das ein Wunder von Walldorf, die »Behauptung: Beratungspartner übernehmen Vertriebsfunktionen« entrüstet zurück. Hunderttausende von Mark gab die Firma für eine umfangreiche Dokumentation sowie für eine flächendeckende Anzeigenkampagne aus: »Wir verwahren uns gegen den Eindruck«, erklärte dort beispielsweise der langjährige SAP-Spezi Klaus Ploenzke, Vorstandschef der CSC Ploenzke AG, »Produkte für die SAP zu vertreiben.« Die Anzeige erschien auch in der »FAZ«.

Was denn nun? Bedeutet das etwa, daß auch der Bayern-Banker und die klugen Köpfe hinter der »Frankfurter Allgemeinen« den »genialen« Vertrieb völlig falsch verstanden hatten? Wohl kaum. Consultants dienen dem Software-Hersteller oftmals als »Türöffner« zu den Vorstandsetagen, wo sie bei der Reorganisation der Firmen-EDV ein gewichtiges Wort mitzureden haben; Anwendungsberater helfen anschließend dabei, die angeschafften Programme einzurichten. Das Wirrwarr um die Rolle der externen SAP-Berater erklärt sich unter anderem aus dem zwiespältigen Ruf der Consultant-Zunft, der ihren Vertretern besonders in mittelständischen Unternehmen vorauseilt.

Dort ist der unrühmliche Anteil der EDV-Berater an den gescheiterten EDV-Experimenten der siebziger und achtziger Jahre noch nicht vergessen. Dieselben Consultants, die kleineren Firmen mächtige Mainframe-Computer von IBM oder anderen Herstellern aufschwatzten, rieten nach dem Motto »Was kümmert mich mein Gerede von gestern« wenige Jahre später ihren überforderten Kunden zum »Outsourcing«, zum Auslagern der Datenverarbeitung zu spezialisierten Dienstleistern. »Berater sind Technikfreaks«, warnt Branchenkenner Jörg Staute in seinem Buch »Der Consulting-Report«. »Sie vermitteln den Glauben an endlose Verbesserungsmöglichkeiten durch Technik: Mit den richtigen Geräten, mit der optimalen EDV wird jedes Organisationsproblem gelöst.«

Die EDV-Beratung bezeichnet Staute als »Grauzone zwischen Consulting und Verkauf«. Denn im Gegensatz zu anderen Formen des Consulting geht es dabei stets um Neuanschaffungen von Hard- oder Software. »Jedes Unternehmen«, erklärt Staute, »ist heutzutage auf Hilfeleistung im Bereich der Informations- und Kommunikationstechniken angewiesen. Consulter fungieren als Gatekeeper, die bestimmen, wohin das Geld fließt.« Dabei orientieren sie sich oftmals am Marktführer – früher an IBM, inzwischen an SAP. Der damalige »Computerwoche«-Chefredakteur Dieter Eckbauer höhnte 1994: »Unabhängige Consultants: daß wir nicht lachen!«

Hersteller von Firmen-Software wie SAP, erklärt hingegen Herb Vinnicombe, Partner bei Coopers & Lybrand in Philadelphia, »versuchen von unseren Beziehungen und unserem Verhältnis mit unseren Kunden zu profitieren«. Gleichwohl, ergänzt der Big-Six-Consultant: »Niemand von uns kann es sich leisten, ein Produkt zu unterstützen, das nicht sorgfältigster Prüfung standhält.« Schließlich stehe dabei auch der Ruf des jeweiligen Beratungsunternehmens auf dem Spiel. Die Consultants seien dem Kunden verpflichtet, sagt Vinnicombe, nicht den Software-Anbietern: »Wir verkaufen nicht in ihrem Interesse.«

Das eigentliche Geschäft beginnt für die Berater, nachdem der Kunde das SAP-Paket erworben hat. Je länger die anschließende Software-Installation, desto besser für die Consultants: Sie rechnen zumeist auf Stundenbasis ab. Das könne die Kunden auf die Idee bringen, fand »Fortune« 1995, »SAPs Name sei nur zu angemessen«, weil das Geld während der oftmals langen Implementationsphase aus der Firma fließe wie »maple sap« (Ahornsirup) im Frühling – eine Schreckensvision besonders für mittlere und kleinere Unternehmen. Um den Durchbruch im Mittelstandsmarkt zu schaffen, mußte die Firma den Implementationsprozeß für ihre Software vereinfachen sowie gleichzeitig die Consultants an die Kandare nehmen. Deren Wohl drohte sonst zum Wehe der Walldorfer zu werden. SAP, konstatierte die Marktforschungsfirma Input, sehe sich nun »der Herausforderung gegenüber, ein reifendes Geschäft zu managen, das eindeutig eine andere Strategie und unternehmerische Herangehensweise verlangt als das einfache Entrepreneurial Management«.

»DV-Berater« ist keine geschützte Berufsbezeichnung. Beim Geschäft mit der Firmen-Software verwischen sich die Grenzen zwischen Unternehmens-, System- oder Anwendungsberatern, darunter auch solche mit mehr als zweifelhaften Referenzen. Auch sie suchen die Nähe der SAP. So erlebte das Unternehmen 1994 buchstäblich vor seiner eigenen Tür in Walldorf, wie eine als Beratungsunternehmen agierende Scientology-Tarnfirma (Branchenkenner Staute: »Beratungsbranche und Scientology: Das gehört zusammen«) vor dem SAP-Schulungszentrum zukünftige Consultants zu rekrutieren versuchte (s. S. 223 ff.). »Berater haben direkten Zugang zu den Top-Ebenen der deutschen Wirtschaft«, erklärt Jörg Staute. »Da wollen Scientologen hin.«

SAP = Berater = Scientology? Auch die hohe Abhängigkeit des Software-Unternehmens von der Beraterzunft mag ein brandgefährliches Gerücht begünstigt haben, das prompt den Kurs der SAP-Aktien drückte. Die SAP-Gründer haben ihre Firma auf Gedeih (und Verderb) mit der Beraterszene verknüpft. Im Gegenzug haben ihre Consulting-Partner seither allerdings auch erheblich zum Erfolg der Standardsoftware aus Walldorf beigetragen, indem sie betriebswirtschaftliches Know-how beisteuerten oder innovative Zusatzprogramme und maßgeschneiderte R/2- und R/3-Software für ganze Branchen entwickelten.

So gilt beispielsweise Hans-Georg Plaut, der 1946 die gleichnamige Beratungsgesellschaft gründete, als einer der »Paten« der Wunderkind-Software aus Walldorf. Plaut (1918–1992) entwikkelte richtungweisende Methoden zur Grenzplankosten- und Deckungsbeitragsrechnung und spezialisierte sich auf betriebswirtschaftliche Computerprogramme für große und mittlere Unternehmen. Lange vor der Massenwallfahrt von Consultants zu SAP, erzählt Hasso Platter, seien Dietmar Hopp und er gemeinsam zum Beraterpapst Plaut in die Nähe von Lugano gepilgert. Die Begegnung, erzählt Plattner, habe den weiteren Kurs der SAP entscheidend geprägt.

»Wir haben eigentlich einen Deal gemacht«, führt der SAP-Mitgründer aus, »der dazu geführt hat, daß wir sein betriebswirtschaftliches Erbe übernommen, die Software entwickelt, dann in R/2 eingebaut und später ins R/3 integriert haben.« Die Zusammenarbeit habe SAP dazu veranlaßt, »auf maximale Betriebswirtschaft zu gehen«. Vorher sei die Firma, so Plattner, »mehr technisch ausgerichtet« gewesen. Der SAP-Mitgründer: »Unsere Standardbegriffe waren Realtime und Integration, es ging mehr um angewandte Technologie als um Betriebswirtschaft.« Durch Plaut, erzählt der Teilzeit-Kalifornier, sei »heavy duty Kostenrechnung« dazugekommen. Plattner spricht von einer »Trendwende für SAP«.

So stammt beispielsweise das betriebswirtschaftliche Konzept der R/2-Systeme RK und R/3-CO von Plaut. Als ersten strategischen Partner unter den Big Six konnte SAP 1989 Price Waterhouse gewinnen; der Consulting-Riese entwickelte spezielle Schablonen branchenspezifischer Abläufe, mit deren Hilfe sich die R/3-Installationen in bestimmten Industriezweigen wie der Konsumgüterindustrie vereinheitlichen ließen. Price Waterhouse richtete 1995 in Philadelphia (US-Staat Pennsylvania) auch das erste Global Training Center für SAP-Spezialisten ein. SAP-Partner Andersen Consulting wiederum trug beispielsweise durch seine Expertise in der Öl- und Gasindustrie dazu bei, R/3 im sogenannten Offshore- und Downstream-Markt zu verankern.

Für die einträgliche Symbiose mit der Consulter-Branche muß SAP allerdings zuweilen einen hohen Preis zahlen. Kommen die Berater ins Gerede, stehen auch das Unternehmen aus Walldorf und sein Produkt am Pranger. SAP-Schimpf folgt auf Beraterschande, beispielsweise bei mangelhaft geplanten R/3-Installationen. »Es gibt kaum eine andere Möglichkeit, mit der man so viel Geld in den Sand setzen kann«, warnt Jörg Staute, »wie modernste Technik, die sinnlose Ablaufstrukturen zementiert.«

Topberater haben zum beispiellosen Erfolg der R/3-Software in den USA beigetragen, indem sie den Softwerkern aus Europa den Weg in die Führungsetagen der amerikanischen Wirtschaft öffneten. Der R/3-Goldrausch in der Consulting-Branche und der vielbeklagte Mangel an qualifizierten SAP-Experten hat jedoch besonders in den USA dazu geführt, daß der Software-Hersteller verstärkt an der Qualität der Consultants gemessen wird. Und die Situation auf dem Beratermarkt, so warnte 1996 die Marktforschungsfirma Input, werde sich gegen Ende der neunziger Jahre noch weiter zuspitzen.

Längst, so beklagten Kritiker, habe SAP die Kontrolle über die externen Berater verloren. Diese jedoch sehen das ganz anders: Knallhart setzt das Walldorfer Unternehmen bei Beratungsfirmen seine Vertragsbedingungen durch, beispielsweise Haftungsklauseln. »Sie können diktieren, was sie wollen«, jammerte Jay Rosenfeld von der Consulting-Firma BSG in den USA, »und man hat die Wahl, danach zu handeln oder nicht.« Mit einem ausgeklügelten Beratungspartnerkonzept versucht SAP, den Markt zu ordnen und durch dosierten Konkurrenzdruck im Service-Bereich die R/3-Einführungskosten zu senken.

An der Spitze der Hierarchie stehen dabei die sogenannten Logopartner (Stand 1996: 44 in Deutschland), die nach geographischer Präsenz – global, regional, national – eingestuft werden und bei SAP einen Vorzugsstatus genießen. Auf der zweiten Stufe befinden sich die sogenannten Implementierungspartner, vorwiegend kleinere Beratungsfirmen. Auch die R/3-Systemhäuser, denen SAP 1995 den Vertrieb im Mittelstand übertragen hat, übernehmen Beratungsaufgaben.

»Durch ihr mehrschichtiges Partnerkonzept«, attestiert Marktbeobachter Frank Jestczemski von Input dem Unternehmen, »hat SAP dem weiteren Wildwuchs von SAP-Service-Anbietern einen Riegel vorgeschoben.« Doch zu einer hohen Markttransparenz, relativiert Jestczemski, hätten die Walldorfer damit noch nicht beigetragen. Wie rechnet sich diese Allianz zwischen Softwerkern und Consultants für die Kunden und Anwender? Können sie darauf vertrauen, daß ihre teuren Berater sie wirklich unabhängig und nach bestem Wissen und Gewissen beim Optimieren ihrer EDV- und Betriebsabläufe unterstützen?

Das Universitätsklinikum Rudolf Virchow in Berlin-Wedding benötigte eine Radikalkur. 60 000 Patienten werden jährlich durch die Aufnahmestation des Hauptstadtkrankenhauses geschleust, das mit der berühmten Charité-Uniklinik fusioniert wurde. Doch bis 1996 fand Patientenmanagement größtenteils noch auf dem Papier statt: »Von etwa 200 täglichen Neuaufnahmen«, klagte Martina Metzner, Leiterin der Aufnahmestation, »müssen wir für manchmal 40 Patienten schon zum zweiten oder dritten Mal eine Akte anlegen.«

Das Klinikum wurde kuriert, in Rekordzeit: Gemeinsam verschrieben sich die 15 Berliner Krankenhausbetriebe ein neues Computersystem, um den kaufmännischen Bereich sowie das Patientenmanagement effektiver und kostengünstiger zu gestalten. Nun bleibe mehr Zeit, freut sich Martina Metzner, »sich mehr um die zum Teil völlig verunsicherten Patienten zu kümmern«. Ausgetüftelt wurde das System in Walldorf. Die digitale Gesundheitsreform in Berlin (Investitionsvolumen: rund 17 Millionen Mark) gilt als das weltweit größte R/3-Krankenhausprojekt. Als Grundlage dient den Berlinern dabei R/3 »Healthcare«, ein SAP-Konzept, das die datentechnische Integration aller Klinikbereiche – Verwaltung, Pflege, medizinische Versorgung – vorsieht.

So werden Patienten in Berlin mit Hilfe des R/3-Moduls IS-H (Industry Specific Healthcare) versorgt, ein Programmpaket für stationäres und ambulantes Patientenmanagement, Patientenabrechnung, Krankenhaus-Controlling sowie für den Datenaustausch intern oder auch mit externen Partnern, etwa anderen Krankenhäusern. Gleich nach der Aufnahme lassen sich (außer bei Erstpatienten) alle Krankendaten sofort einsehen. Doppelbehandlungen können dadurch zukünftig weitgehend ausgeschlossen werden. Bis zu 50 Prozent der Arztberichte, schätzen Experten, lassen sich überdies mit Hilfe des integrierten Diagnosecodiersystems einsparen, bei dem der Befund über einen speziellen Code von mehreren mit demselben Patienten befaßten Ärzten abgerufen werden kann.

Redundanzen und Übertragungsfehler sollen so bald der Vergangenheit angehören. Bereits im Behandlungszimmer werden per Computer auf der Grundlage der Bundespflegesatzverordnung die Kosten ermittelt und direkt zur Buchhaltung durchgereicht. »Bei einigen der von uns betreuten Krankenhauskunden«, erklärt SAP-Spezialist Lutz Völker, »sind bereits Kosteneinsparungen in Millionenhöhe zu verzeichnen.«

Mehr als 120 Universitätskliniken, Krankenhäuser und Klinikverbände setzten 1996 bereits SAP-Software ein. Modellcharakter hat die Berliner Installation dabei nicht allein aufgrund der Größe des Projekts. Als vorbildlich gilt auch die Geschwindigkeit, mit der die neue Software eingeführt wurde: Fünf Kliniken brachten das System in nur vier Monaten termingerecht zum Laufen. Der Grund: Die Berliner waren bei der Implementation des Programmpakets buchstäblich gut beraten.

Als Generalunternehmer hatte Siemens Nixdorf Informationssysteme (SNI) die R/3-Installation übernommen. Zu den Kunden des

SAP-Partners aus Paderborn zählen mehr als 70 Krankenhäuser. Die Klinik-Software IS-H basiert zu einem Großteil auch auf dem Know-how der SAP-Spezialisten bei Siemens Nixdorf. Als »Global Partner« des Walldorfer Software-Riesen betreut SNI rund 1000 R/3-Systeme weltweit. Den SAP-Schnellstart in den Berliner Krankenhäusern bewerkstelligten die SNI-Berater mit Hilfe eines speziellen Verfahrens, das ursprünglich den Einsatz von R/3 in mittelständischen Betrieben beschleunigen sollte und das inzwischen auch auf SAP-»Großbaustellen« neue Geschwindigkeitsbestmarken setzt. Dabei bedient sich das Unternehmen einer Reihe von ausgefeilten Software-Werkzeugen, die eigens für diesen Zweck entwickelt wurden. Das Spezialrezept, nach dem SNI in kürzester Zeit die Berliner Krankenhaus-EDV umkrempelte, nennt die Firma »R/3 Live«.

Die ausgeklügelte Rezeptur schlägt nicht nur bei Krankenhäusern an. Das bestätigte den Paderbornern eine Studie der Marktforschungsfirma Input im hessischen Langgöns. Ihre »Evaluation führender SAP Services Provider – Deutschland 1996« ergab, daß SNI den besten Ruf als SAP-Berater genießt. Auf Platz 2 und 3 setzten die befragten Anwenderunternehmen (insgesamt 450) die CSC Ploenzke AG und das Debis Systemhaus. SAP selbst rangiert nach dieser Umfrage auf Platz 4. Die Big Six hingegen werden in Deutschland nur im Mittelfeld eingestuft. Laut Input bemängelten die SAP-Anwender bei ihnen häufig ein Mißverhältnis von Kosten und Nutzen.

Auch im globalen R/3-Beratungsgeschäft belegen die Berater aus Paderborn einen Spitzenplatz. So faßte die US-Fachzeitschrift »Datamation« eine Studie der Marktforschungsfirma Gartner Group zu einer knappen Leistungsbilanz der größten R/3-Berater zusammen – beispielsweise Andersen Consulting (Urteil: »stark überall«), ICS/Deloitte & Touche (»stark überall«), Ernst & Young (»stark in Europa, Durchschnitt anderswo«), KPMG Peat Marwick (»stark in Europa, Durchschnitt anderswo«) oder Price Waterhouse (»stark überall«). Befund für Siemens Nixdorf: »Durchschnitt in Europa, stark im Rest der Welt.«

R/3-Installationen wie der Krankenhauskraftakt in Berlin gehören zu derjenigen Sorte von »Success Stories«, mit denen sich SAP-Berater gern brüsten. Typisch jedoch ist sie nicht. Die Standardsoftware läßt sich zwar auch innerhalb von drei Monaten einrichten. Bei manchen Unternehmen kann sich dieser Prozeß allerdings auch Jahre hinziehen. Die erste empirische Studie über R/3-Projekte in Europa wurde im Frühjahr 1996 von der Gemini Consulting in Zusammenarbeit mit der Universität Frankfurt am Main vorgestellt. Die Forscher hatten insgesamt 220 SAP-Projekte in großen und mittelständischen Unternehmen untersucht, die zwischen drei und neun R/3-Module eingeführt hatten – allerdings noch auf Basis der Software-Versionen 2.1 und 2.2.

15 Monate, so stellten die Wissenschaftler fest, hatten die Projekte im Durchschnitt gedauert und dabei im Schnitt drei Millionen Mark an Personalkosten verschlungen. Fazit von Peter Buxmann vom Institut für Wirtschaftsinformatik der Universität Frankfurt: »Wenn immer mehr Unternehmen Standardsoftware einsetzen, sind Wettbewerbsvorteile nur durch eine effektive Einführung zu erreichen.«

Wie schnell R/3 sich einsetzen läßt, kann für die Wettbewerbsfähigkeit einer Firma ebenso entscheidend sein wie die Auswahl der passenden Module oder einer ausreichend leistungsfähigen Hardware-Plattform. Freimütig räumte SAP-Vorstandsmitglied Peter Zencke im Herbst 1996 ein: »Es gibt teilweise einen Interessenkonflikt. SAP möchte in jedem Fall schnell implementieren, während ein Beratungshaus unter Umständen der Versuchung erliegt, möglichst viele Mitarbeiter beim Kunden unterzubringen.« Doch die Berater sind nicht an allem schuld, wie die Frankfurter Studie belegt.

»Selbst wer sich die schönste Business-Process-Reengineering-Software kauft«, mahnt Unternehmensberater Jörg Staute, »erwirbt damit noch nicht die intendierten Best-Practice-Geschäftsabläufe.« So waren beispielsweise 63 Prozent der in Frankfurt untersuchten R/3-Projekte vom Management selbst angeschoben worden. Trotzdem stellten die Forscher auf der Führungsebene ein frappantes Desinteresse am anschließenden Projektverlauf fest. Der Entscheidungsbedarf, erklärte Forschungsleiter Buxmann, werde »offensichtlich von den Entscheidungsträgern nicht erkannt«.

Derartige Fahrlässigkeit kann sich böse rächen. Nicht selten wird das Versagen anschließend der SAP-Software angelastet – oder den Beratern. Die jedoch, kritisierte etwa Standardsoftware-Spezialist Vinnie Mirchandani von der Gartner Group, würden oftmals »auf der Grundlage von Händeschütteln, Zeugnissen und zwei Angebotsblättern« ausgewählt; Mirchandani: »Der Fehler liegt auch bei den Firmen, wenn sie den Ablauf nicht besser gestalten.«

So entscheidet sich oftmals schon bei der Auswahl der Berater, ob aus dem R/3-Wagnis eine Erfolgsgeschichte oder ein SAP-Schauermärchen wird. Denn zwischen gehobener High-Tech-Gaunerei und Spezialistentum läßt sich im rapide wachsenden Markt für SAP-Dienstleistungen, wo Klitschen sich neben Konzernen tummeln, nicht immer auf Anhieb unterscheiden. So blenden manche Beratungsfirmen ihre Klientel mit falschen Angaben über SAP-Projekterfahrung oder angebliche technische Kompetenz. »Das SAP-Produkt selbst ist in Ordnung«, diagnostizierte Gartner-Analyst Mirchandani, »doch die Beratungsleistungen im Markt sind sehr lückenhaft.«

Resultat: Manche SAP-Implementationen verlaufen, wie das amerikanische Fachmagazin »CIO« über ein gescheitertes R/2-Projekt (Volumen: 200 Millionen Dollar) bei einer US-Chemiefirma berichtete, als »absolut blutiges Desaster«. Andere führen zum Anwender-Aufstand; aus Hausmitteilungen während der SAP-Einführung beim US-Verlagsriesen Bantam/Doubleday/Dell (BDD): »neues System ist CHAOS«; »viele Bestellungen verlorengegangen«; »neues Computersystem totales Chaos und Desaster«. Bizarre Episoden gehören ebenfalls zur einschlägigen SAP-Folklore. Für einen Tagessatz von 1500 Mark, so beschwert sich etwa der SAP-Projektleiter einer Münchner Handelsfirma, sollte ein Berater die Dokumentation vereinheitlichen. »Doch als wir ihn nach 14 Tagen wegen fachlicher Differenzen feuerten«, erzählt der EDV-Mann, »bestand der pralle Ordner fast ausschließlich aus leeren Seiten mit perfekt formatierten Fußzeilen.«

Wenn guter Rat teuer wird

Welche SAP-Berater sind ihr Geld wert?

»Software ist zu wichtig, um sie den Informatikern zu überlassen« – diese Empfehlung stammt von SAP-Mitgründer Klaus Tschira. Bei der Auswahl von SAP-Dienstleistern entscheiden sich Karrieren. Auch der klangvolle Name einer Beratungsfirma garantiert noch lange nicht den Erfolg des geplanten R/3-Projekts.

Um nicht eine Millionenpleite zu riskieren, sollte der Auftraggeber eingehend die Referenzen des in Aussicht genommenen Projektleiters und seines Teams prüfen. Dabei zählt nicht allein die R/3-Erfahrung. Auch auf umfassende Branchen- und Software-Kenntnisse außerhalb des SAP-Bereichs kommt es an.

So sollte der Kunde beispielsweise darauf achten, daß

- der Projektleiter über Erfahrung mit mindestens einem vergleichbaren R/3-Projekt verfügt; außerdem sollten ihm genügend SAP-erfahrene Mitarbeiter zur Seite stehen. Denn nicht selten führt die angespannte Lage im Beratermarkt dazu, daß es sich bei den meisten Teammitgliedern um kurzfristig geschulte Nachwuchskräfte handelt;
- die eingesetzten Berater solide und vielseitige DV-Kenntnisse in der Branche des Auftraggebers aufweisen. Anderenfalls riskiert der Kunde, als Versuchskaninchen für frisch SAP-zertifizierte Nachwuchs-Consultants mißbraucht zu werden;
- der Name des zugesicherten Projektleiters im Vertrag festgeschrieben wird und ein Wechsel nur im Einvernehmen mit dem Auftraggeber stattfinden darf. Bei der Konkurrenz um die lukrativen R/3-Aufträge hat es sich in der Branche eingebürgert, dieselben »SAP-Starberater« mehreren potentiellen Auftraggebern zugleich zu versprechen;
- der in Aussicht genommene Dienstleister die Erfahrungen anderer Kunden (etwa aus derselben Branche) derart berücksichtigt, daß sich – so zum Beispiel durch den gemeinsamen Einsatz von Spezialisten oder durch den Einsatz erprobter Software-Werkzeuge für die spezifische Systemkonfiguration – Kosten und Implementationszeit einsparen lassen;
- die Berater sich mit den Macken und Marotten von R/3 auskennen. Denn nur schwachstellenkundige Spezialisten können einschätzen, ob für nicht durch R/3 abgedeckte Anforderungen eine Software eigens entwickelt oder komplett von einem Drittanbieter hinzugekauft werden soll;

- die zukünftigen Berater mit dem Kundenunternehmen und seiner Kultur »kompatibel« sind: Sie kommen und gehen nicht über Nacht, sondern werden mehrere Monate damit beschäftigt sein, R/3 in der Firma »produktiv« zu machen;
- die betriebswirtschaftlichen Zielvorgaben nicht in Vergessenheit geraten. Die neue Software dient schließlich nur als Mittel zum Zweck. Wenn das System einmal installiert ist, sollten sich beispielsweise Bearbeitungs-, Fertigungs- oder Lieferzeiten (meßbar durch sogenanntes Benchmarking) nachweisbar verkürzen lassen.

»Willkommen«, schrieb »CIO«, »in der wilden und verwirrenden Welt der integrierten betriebswirtschaftlichen Software, die entweder süßen Erfolg oder Untergang mit Pauken und Trompeten bedeutet und wo deshalb Marktbeherrscher SAP AG zugleich vergöttert und verflucht wird.« Als typische Ursachen der kostentreibenden Schwierigkeiten beim Einführen der Software aus Walldorf gelten

- der hohe Integrationsgrad der Standardsoftware: Die vielschichtige Wechselbeziehung der SAP-Module untereinander, einer der größten Vorteile des Systems, erschwert zugleich die Einführung. So läßt sich beispielsweise eine Bestellung in R/3 als Normalbestellung, Lieferplan oder Rahmenvertrag definieren; sie kann kontiert sein oder mit einer Bestellanforderung verknüpft werden. Tausende von Software-Schaltern müssen fehlerfrei eingestellt werden, was ein umfassendes Verständnis der betriebswirtschaftlichen Prozesse voraussetzt; Parameter etwa, die im Modul SD (Vertrieb) gesetzt werden, beeinflussen andere Zweige des Systems, beispielsweise im Modul CO (Controlling);
- Sonderwünsche von Kunden nach ausgefeilten Zusatzfunktionen: Je stärker die angeschaffte Standardsoftware »individualisiert« wird, desto heikler die Installation; das Einführungsrisiko wächst. Martin Boll, Beratungsexperte bei SAP in Walldorf, gibt zu bedenken: »Vereinfacht gesagt, kann ich mit 20 Prozent Aufwand 80 Prozent des Gewünschten erreichen. Für die restlichen 20 Prozent muß ich aber 80 Prozent meiner Energie aufwenden. Das ist letztlich auch eine Kostenfrage für den Kunden«;

- unklare Zielvorstellungen und mangelhafte Einführungsstrategien: »SAP muß als ein Business-Projekt behandelt werden, nicht als IT-Vorhaben«, betont Karl Newkirk, SAP-Beratungschef bei Andersen Consulting. »Erfolg stellt sich dann ein, wenn man eine sehr klare Vorstellung davon hat, wie man sein Unternehmen führen will, und dann R/3 benutzt, um den modellierten Ablauf durchzusetzen«;
- unzureichende Koordination, Unterschätzung des »Faktors Mensch«: Standardsoftware weicht Abteilungsgrenzen auf. Vom Management hängt es ab, ob dieser Prozeß von den Beschäftigten als Chance oder als Bedrohung begriffen wird. Allein mit dem Einbeziehen des Betriebsrats ist es nicht getan. »Die Leute aus den Fachbereichen stöhnen mächtig, wenn ihnen die Verantwortung übertragen wird«, so die Erfahrung von Organisationsberater Bruno Grupp, Autor des Standardwerks »Zusammenarbeit zwischen Fachabteilung und EDV«. Andererseits kann das bis in den letzten Betriebswinkel durchdachte Prozeßmodell der SAP-Programme auch dazu verleiten, R/3 von oben nach unten zu verordnen. Ein »schlimmer Fehler«, warnt Karl Schmitz von der Firma TSE in Hamburg, der mehr als 100 Firmen und Betriebsräte bei SAP-Vorhaben beraten hat;
- Mangel an qualifizierten SAP-Beratern, hohe Fluktuation innerhalb der Consulting-Firmen, zum Teil horrende Honorarkosten: »Kaum jemals zuvor«, schrieb die US-Zeitschrift »Computerworld«, »hat der Computermarkt eine Nachfrage erzeugt, die derart dramatisch das Angebot übersteigt.« Die hastig rekrutierten Implementationsteams, so wurde in den USA gespottet, bestünden oftmals aus unerfahrenen IROCs – »Idiots Right Out of College«.

Allerdings bringen alle großen Installationen von betriebswirtschaftlicher Software »jede Menge schmerzhafter Begleiterscheinungen« mit sich, wie Bruce Richardson von der Marktforschungsfirma Advanced Manufacturing Research in Boston (US-Staat Massachusetts) hervorhebt. Der amerikanische Branchenbeobachter betont: »Das betrifft nicht allein SAP.« Doch der verschärfte Wettbewerb, erhöhter Kostendruck und die Globalisierung der Märkte – auch durch den elektronischen Handel per Internet – zwingen viele Unternehmen dazu, sich trotzdem auf dieses

Abenteuer einzulassen und ihre Strukturen und Geschäftsprozesse völlig neu zu definieren.

Das funktioniert nur dann, wenn veraltete Informationssysteme ergänzt oder komplett ersetzt werden. Ein derartiges Unterfangen erfordert organisatorische, betriebswirtschaftliche und strategisches Konzepte, für die in der Regel externe Berater hinzugezogen werden müssen. Gleichwohl nehmen auch immer mehr mittelständische Unternehmen die Mühsal in Kauf, ihre betriebliche Datenverarbeitung auf die Client/Server-Programme aus Walldorf umzustellen. Denn die hochintegrierte Standardsoftware, durch die sich die Datenverarbeitung schrittweise oder auf einen Schlag vereinheitlichen läßt, gilt als ein Schlüssel zum Managementwagnis der neunziger Jahre: dem »Business Reengineering«.

Geprägt wurde der Begriff von den amerikanischen Consultant-Gurus Michael Hammer und James Champy. In ihrem Buch »Business Reengineering. Die Radikalkur für das Unternehmen« (deutsche Ausgabe 1994) definierten sie »Business Reengineering« als »fundamentales Überdenken und radikales Redesign von Unternehmen oder wesentlichen Unternehmensprozessen. Das Resultat sind Verbesserungen um Größenordnungen in entscheidenden, heute wichtigen und meßbaren Leistungsgrößen in den Bereichen Kosten, Qualität, Service und Zeit.« Durch die noch im Taylorismus verhafteten, vielfach aufgesplitterten Betriebsabläufe sei der Blick für den gesamten Geschäftsprozeß abhanden gekommen. Um einen »radikalen Wandel« zu erreichen, so Michael Hammer, müsse die Informationstechnologie, mittels derer bislang lediglich überkommene Geschäftsabläufe mechanisiert worden seien, kreativ eingesetzt werden. Hammers »Grundsätze des Reengineering« lesen sich wie ein SAP-Brevier: Die Informationsverarbeitung sollte, fordert der Management-Guru, in diejenigen Arbeitsabläufe integriert werden, in denen die Information entstehe; geographisch getrennte Ressourcen sollten verfügbar werden, als ob sie zentralisiert wären; die Entscheidungsbefugnis müsse beim jeweiligen Arbeitsplatz liegen. Betriebliche Information, so Computerwissenschaftler Hammer (er lehrte am Massachusetts Insitute of Technology), sollte zukünftig nur einmal erfaßt werden müssen – »an der Quelle«.

Bei mehr als der Hälfte aller Reengineering-Vorhaben, stellten Wirtschaftswissenschaftler in den USA fest, hätten EDV-Investitionen den Anstoß gegeben. Allerdings, so mußte selbst Hammer 1995 einräumen, endeten bis zu 70 Prozent aller Reengineering-Projekte enttäuschend für die betreffenden Unternehmen. Eine der Hauptgefahren: Unternehmen können sich derart im Neuerungskraftakt verzetteln, daß sie nicht mehr mit neuen Produkten oder Services der Konkurrenz mitzuhalten vermögen. Prominentes Beispiel: American Express.

Während der Finanzkonzern sein Kreditkartengeschäft einem umfassenden Reengineering unterzog, führten Master Card und Visa ein neues Produkt ein, die »Corporate Procurement Card«. American Express benötigte ein volles Jahr, bis es seinen Kunden denselben Service anbieten konnte. Doch die ernüchternde Reengineering-Bilanz, so meinen Fachleute, lasse sich neuerdings zum Besseren wenden: »Weltweit wetten Unternehmen Milliarden auf etwas, das sich sehr wohl als das fehlende technologische Glied beim Reengineering erweisen könnte«, schrieb das US-Wirtschaftsmagazin »Fortune«: »Es ist ein Software-System, das allgemein SAP genannt wird.«

»Informationstechnologie ist heute viel mehr als ein Rationalisierungsinstrument«, sagt Gerhard Keller, SAP-Spezialist für R/3-Prozeßmethoden, »sie ist ein Motor der Geschäftsprozeßgestaltung.« So hat SAP der Reengineering-Bewegung auch in Deutschland neuen Schub gegeben: »Der große Reengineering-Berg«, prophezeit Bruno Rücker, Mitglied der Geschäftsleitung der CSC Ploenzke AG, »liegt nicht hinter, sondern vor uns.« Anders jedoch als beim »Macho-Reengineering« in der ersten Hälfte der neunziger Jahre wird inzwischen dem »menschlichen Faktor« eine größere Bedeutung zugemessen – auch von »Chief Reengineer« Michael Hammer: »Ich bin von meinem Engineering-Hintergrund ausgegangen«, bekannte der Star-Consultant Ende 1996, »und habe dabei die menschliche Dimension nicht genügend berücksichtigt.«

Dieser »human factor« spielt bei SAP-Projekten eine entscheidende Rolle. Das bestätigt auch James Moffatt, Partner beim Big-Six-Konzern Coopers & Lybrand in Philadelphia. Unerläßlich, so sagt er, sei »das Mitziehen aller Beschäftigten, um die Veränderungen zu gestalten, die sich durch die Software in den Jobs der Leute ergeben«. Dabei führen abteilungsübergreifende Kooperation und gemeinsame Schulung oftmals zu einem Bewußtseinswandel bei den Beschäftigten. So berichtet beispielsweise SAP-Projektleiterin Reinhilde Gutgesell von der auf Maschinenbau für die Fahrzeug- und Luftfahrtindustrie spezialisierten Kapp-Firmengruppe im fränkischen Coburg, »daß mit R/3 auch das Verständnis der einzelnen Mitarbeiter für angrenzende Arbeitsgebiete gewachsen« und auch »die Zusammenarbeit verbessert« worden sei.

Zulange jedoch darf das Gemeinschaftserlebnis der SAP-Implementation auch nicht dauern. So geriet SAP Mitte der neunziger Jahre unter wachsenden Druck, als auch im rasch wachsenden US-Markt Software-Experten, Fachpresse und Wettbewerber den hohen Zeit- und Kostenaufwand beim Implementieren der Marktführer-Software anprangerten; durch den akuten Beratermangel wurde guter SAP-Rat besonders teuer: »Wir haben viel investiert, um die Projektleitung zur Einführung unserer Software zu reduzieren«, bilanzierte Dietmar Hopp Ende 1994: »Aber dennoch ist der Bedarf an Beratern im SAP-Umfeld gestiegen, weil R/3 sich immer schneller ausbreitet.«

Gereizt reagierte der SAP-Vorstandschef im Frühjahr 1995 auf die Vorhaltungen in den Zeitschriften »Computerwoche« und »Wirtschaftswoche«. Die Starrheit des SAP-Software-Systems, so wurde dort beanstandet, treibe die Anwender erst in die Abhängigkeit von Consultants: »Die gleichen Kritiker, die beklagen, es sei nicht flexibel, beklagen auch die hohe Komplexität«, erklärte Hopp in der »Wirtschaftswoche«: »Man muß sich schon entscheiden: Will man eine einfache PC-Software, die man nicht anpassen kann, oder eine Software wie die von SAP, die einstellbar und damit notgedrungen komplex ist. Beides zusammen geht nicht.«

Intern jedoch wurde bereits unter Hochdruck an technischen und organisatorischen Lösungen gewerkelt, um R/3 besser handhaben zu können. Bei Kundenbefragungen, so räumte Dietmar Hopp im August 1995 gegenüber dem Wirtschaftspressedienst VWD ein, stoße SAP immer wieder auf Problemfälle, die durch eine nicht ausreichend qualifizierte Unterstützung hervorgerufen seien. Der SAP-Chef gab die Gründung einer weltweit operierenden »Task Force« bekannt, die zukünftig potentielle Installationskrisenherde aufspüren und den betreffenden Kunden zur Seite springen sollte. Hopp: »Software verkauft sich am einfachsten, wenn es viele Beispiele einer höchst wirtschaftlichen Einführung gibt.«

Zu diesem Zweck hatten die Walldorfer ein mächtiges Software-Werkzeug entwickelt, mit dessen Hilfe der Implementationsprozeß vereinfacht und beschleunigt werden sollte: die »Business Engineering Workbench«. Dazu beigetragen hatte ein deutsches Beratungsunternehmen, das aus der Universität Saarbrücken hervorgegangen war.

Bei einem Vortrag im Oktober 1992 entwickelte der Wissenschaftler August-Wilhelm Scheer, ganz unakademisch, eine kühne Vision. Gelehrsam notierten die Zuhörer – Unternehmensberater, Software-Experten und Fachjournalisten – in ihre pfundschweren Ringbücher und Notizmappen, was der Professor von der Universität des Saarlandes in Saarbrücken zu verkünden hatte: Er plane, schwärmte Scheer, den »papierlosen Berater«.

Kaum ein Consultant tauchte damals mit Laptop oder Notebook-Computer beim Kunden auf. Auch das einstmals von Heinz Nixdorf visionierte »papierlose Büro« galt immer noch als technologisches Fernziel. Handelte es sich beim »papierlosen Berater« also um die Marotte eines weltfernen Gelehrten, dem es im Elfenbeinturm seiner Universität zu langweilig geworden war? Branchenkenner wußten es besser. Der Verfasser des Standardwerks »EDV-orientierte Betriebswirtschaftslehre – Grundlagen des Informationsmanagements« (1984) galt nicht nur als Theorie-Großmeister auf seinem Gebiet.

Vielmehr hatte Scheer bereits eine für deutsche Gelehrtenkreise ungewöhnliche Praxisnähe bewiesen. So kooperierte sein Fachbereich seit Jahren eng mit der SAP. »Damals war die SAP noch nicht auf den Titelseiten«, betont der Professor rückblickend. Gleichsam im »Nebenberuf« ist der Direktor des Instituts für Wirtschaftsinformatik auch Hauptgesellschafter der von ihm gegründeten Firma IDS Prof. Scheer (Gesellschaft für integrierte Datenverarbeitungssysteme mbH). Von neidischen Fachkollegen wurde er deshalb angefeindet. Scheer verwies dann auf seine »Verpflichtung als Forscher, die Forschung auch umzusetzen«. Mit IDS wollte Scheer nun den »papierlosen Berater« schaffen: ein Ensemble vielseitiger Software-Werkzeuge, mit deren Hilfe sich das Einführen von Firmen-Software weitgehend automatisieren lasse: »Wir haben vor«, kündigte Scheer an, »groß in diese Sache einzusteigen.«

Inzwischen gilt der findige Professor und Spin-off-Gründer, Verfasser von Fachbestsellern (»Wirtschaftsinformatik – Referenzmodelle für industrielle Geschäftsprozesse«, »Architektur integrierter Informationssysteme – Grundlagen der Unternehmensmodellierung«) weltweit als Pionier auf seinem Gebiet, dem Nachbilden und Neumodellieren komplexer Unternehmensprozesse mit Hilfe des Computers. Scheer, der in den Rat für Forschung, Technologie und Innovation der Bundesrepublik Deutschland berufen wurde, erhielt 1996 in Washington den TMBE '96, »Award for Achievement and Contribution to the Industry«, der von der amerikanischen Fachzeitschrift »Enterprise Reengineering« für herausragende Arbeiten auf dem Gebiet des Business Process Reengineering (BPR) vergeben wird. Auch von seinen Fachkollegen sieht sich der Professor unterdessen in seiner engen Zusammenarbeit mit den SAP-Gründern nachträglich bestätigt: »Heute laufen denen die Uni-Profs die Bude ein.«

Das »Aris Toolset« (Aris steht für »Architektur Integrierter Informations-Systeme«) von IDS, eine Sammlung einfach bedienbarer Werkzeugprogramme, kann direkt mit R/3 und der Firmen-Software anderer Hersteller verbunden werden. Auf diese Weise läßt sich die aufwendige Konfiguration von Standardsoftware erheblich vereinfachen. Aris half der SAP – in deren Aufsichtsrat Scheer seit 1988 sitzt – dabei, das R/3-Implementationsverfahren zu beschleunigen. Durch Aris stieg die Beratungsfirma zum Marktführer für sogenannte BPR-Tools auf. 7000 Lizenzen der Software konnte Scheer bis Frühjahr 1997 weltweit verkaufen. Da beschäftigte IDS bereits rund 600 Mitarbeiter und hatte sich zu einem global operierenden Unternehmen mit Tochterfirmen in den USA und in der Schweiz sowie mit Joint-ventures in Südamerika, Südkorea und Südafrika ausgewachsen.

Zum Teil wurde die Aris-Software auch in die SAP-eigene Implementierhilfe Business Engineering Workbench aufgenommen, das die Walldorfer im Mai 1996 vorstellten. Mit Hilfe von Aris, erläutert Stefan Meinhardt, SAP-Spezialist für Implementationsmethoden und Werkzeuge, »können die User komplette Geschäftsabläufe anhand von R/3-Prozeßmodellen durchspielen, von der Ablaufoptimierung und R/3-Konfiguration bis hin zur Endanwenderschulung und Dokumentation«. So knüpft Aris bei R/3 an das SAP-Referenzmodell an, gleichsam ein in die Software eingebauter Fahrplan für rund 800 gängige Geschäftsprozesse. Abgebildet wird dort beispielsweise das Bearbeiten einer Bestellung, wobei das günstigste Material ermittelt, eine Lieferantenauswahl getroffen sowie die Bestellverfolgung festgelegt werden muß. Ein anderes Prozeßbeispiel gilt der Auftragsbearbeitung, die etwa Preis- und Lieferkonditionen, Kommissionierung und Routenplanung umfaßt. »R/3«, erklärt SAP-Partner Scheer, »ist auf diesem Gebiet der Geschäftsprozeßdokumentation führend.«

Das Problem: Wenn es ans Beschreiben der einzelnen Prozeßschritte geht, herrscht unter den von der Reorganisation betroffenen Sachwaltern oftmals babylonische Sprachverwirrung. So verwendet die Sachbearbeiterin im Bestellwesen, der Controller, die EDV-Fachfrau oder der (womöglich schon SAP-sprachgeschädigte) externe Berater für denselben Inhalt oftmals völlig unterschiedliche Begriffe. Um solche Barrieren zu überwinden, so die Einsicht des Professors aus Saarbrücken, müßten Standardprogramme »auf andere Weise beschrieben und implementiert werden als vorher üblich«. Seine Idee: ein digitaler Entwicklungshelfer, der den Fachleuten vor Ort, beim Kunden, den Weg zur integrierten Informationsverarbeitung weist.

Mittlerweile dienen die modernen Modellierprogramme als Dolmetscher zwischen Abteilungswelten, Betriebswirtschaft und Datenverarbeitung. Aber sie vermögen noch mehr: Auf der Grundlage des SAP-Referenzmodells (»R/3-Business-Repository«) lassen sich komplexe Unternehmensmodelle am PC-Bildschirm simulieren, verfeinern und anschließend als Konfigurationsauftrag an das neuinstallierte R/3-System weiterreichen. Dazu werden auf dem Monitor sogenannte Ereignisgesteuerte Prozeßketten (EPK) abgebildet. Solche Flußdiagramme stellen den jeweiligen Vorgang durch normierte Bildschirmsymbole, die sich mit der PC-Maus anklicken lassen, und mit Hilfe betriebswirtschaftlicher Standardbegriffe dar.

Dabei sind die interaktiven Symbole derart programmiert, daß sie wie Weichen in einem intelligenten Schienennetz funktionieren, das eine Vielzahl alternativer Verbindungen zuläßt und das automatisch vor Streckenhindernissen oder vor »toten Gleisen« warnt. So führt beispielsweise das Startereignis »Bedarf ist aufgetreten« – mögliche Ursache: ein Produktionsmitarbeiter benötigt Lagermaterial – zum Streckenabschnitt »Bestellanforderungszuordnung«, in dem die Freigabekriterien für die endgültige Bestellung festgelegt werden. Die Implementation, erklärt Scheer, sei »nicht nur ein technisches Problem. In vielen Fällen brauchen die Unternehmen am meisten Zeit dafür, herauszufinden, welche Lösung der Geschäftsprozesse sie eigentlich wirklich brauchen.«

Als wichtigstes Werkzeug dient den Beratern in dieser Phase ein Analyseprogramm, das ihnen eine Bestandsaufnahme der Betriebsabläufe beim Kunden erlaubt. Auf diese Weise lassen sich im Verlauf eines Soll/Ist-Abgleichs die Schwachstellen von Unternehmensfunktionen und beim Informationsaustausch aufspüren. Schließlich muß vermieden werden, daß beim Installieren der Standardsoftware gleichsam die Weichen von »eingefahrenen Gleisen« festgeschweißt werden, obwohl womöglich ein kürzerer – und produktiverer – Weg im Informationsverkehr sich anbietet. Für diese Analyse benötigt das IDS-Programm »Analyzer« noch keine Verbindung zu einem laufenden R/3-System.

Wenn der Kurs dann feststeht, läßt sich das Modelliersystem – gewissermaßen als Stellwerk-Software – direkt mit dem neuen R/3-System koppeln, um auf Basis der Modellvorgaben die Weichen für dessen zukünftigen Gebrauch zu stellen. Dazu müssen die Modelle allerdings auf der Grundlage des R/3-Repository ermittelt worden sein. Dadurch kann dann das berüchtigte Parametrisieren mehrerer tausend R/3-Schalttabellen zu einem Gutteil automatisiert werden. Beim Feineinstellen der digitalen »Stellschrauben« hilft ein weiteres Spezialprogramm, der »Implementation Guide« (IMG), der Schritt für Schritt am Bildschirm durch die Implementation führt. Zukünftig, erklärt SAP-Experte Stefan Meinhardt die Bedeutung solcher Werkzeuge für die Branche, würden Firmen ihre Standardanwendungssysteme »so schnell wie möglich zum Laufen bringen und anschließend nach kontinuierlicher Prozeßverbesserung trachten«.

Nach demselben Prinzip hat auch SAP seine – mittlerweile in »Business Engineer« umbenannte – Business Engineering Workbench gestaltet, die mit dem Aris Toolset gekoppelt werden kann. Es sei der »falsche Ansatz, die idealen Prozesse über Jahre hinweg herauszuarbeiten und auf dem Papier zu fixieren, um anschließend noch einmal anderthalb Jahre für die Implementierung aufzuwenden«, erklärt dazu SAP-Vorstandsmitglied Peter Zencke. Denn die betriebswirtschaftlichen und ökonomischen Rahmenbedingungen wandelten sich schneller, als es die langfristig getakteten Projekte können. Deshalb, so Zencke, »sollte man im Rahmen einer Reengineering-Diskussion vor allem die Top-Unternehmensziele festlegen und jene Kernprozesse herausarbeiten, deren Beschleunigung einem Unternehmen Vorteile bringt«.

Inzwischen hat die Aris-Software auch Konkurrenz durch andere Modelliersysteme erhalten, etwa »LiveModel for R/3« von IntelliCorp oder »Business Modeller« der Firma Visio. SAP hat dafür gesorgt, daß diese Programme – wie der »Analyzer« – sich ebenfalls mit dem Business Engineer einsetzen lassen. Seit Frühjahr 1997 favorisiert das Unternehmen sogar die Software der Firma IntelliCorp, an der SAP seit 1996 mit 14 Prozent beteiligt ist. So habe die Verbindung zu IDS, erklärt Zencke, »nicht mehr den exklusiven Charakter der Vergangenheit«.

Gleichwohl sei die Offenheit der SAP an dieser Stelle kein Streitpunkt, hebt Zencke hervor: »Das Aris Toolset ist ja ebenfalls offen, es unterstützt additiv zu dem, was für das SAP-System benötigt wird, auch andere Modellierungsmethoden.« IDS sei bemüht, »eine SAP-unabhängige Strategie zu fahren«, betont auch der Professor aus Saarbrücken. 1996 betrug der Anteil der SAP-nahen Beratung bei IDS immerhin noch rund 60 Prozent, im Produktbereich belief sich der Anteil der SAP-bezogenen Entwicklungen auf etwa 30 Prozent. Von der »Trittbrettfahrer«-Anwendung (so die amerikanische Zeitschrift »Information Week«) hat Aris sich zu einem Werkzeug-Set entwickelt, das inzwischen auch zum Installieren von SAP-Konkurrenzprodukten, beispielsweise von Baan, eingesetzt wird. Zu den IDS-Kunden zählen unter anderen Mercedes-Benz, Volkswagen, die Deutsche Telekom, Akzo Nobel oder Samsung.

Der Erfolg von R/3 spiegelt sich auch in der IDS-Bilanz wider. Das Unternehmen weist inzwischen ähnliche Wachstumsraten auf wie die SAP. So wuchs der IDS-Umsatz 1996 um 47 Prozent auf 88 Millionen Mark, wobei das Auslandsgeschäft sich auf einen Anteil von 43 Prozent verdoppelte; die Zahl der Beschäftigten stieg um 36 Prozent auf 536 Mitarbeiter. Für 1998 hat sich das einstige Spin-off-Unternehmen der Universität des Saarlandes den Börsengang vorgenommen. Auch dabei wandelt IDS auf den Spuren der Partner in Walldorf.

Scheer plant, seine Mitarbeiter – ähnlich wie bei SAP – durch Aktien am Unternehmenserfolg zu beteiligen: »Unternehmen wie wir«, begründet der millionenschwere Hochschullehrer diese Maßnahme, »leben in hohem Maße von der Motivation ihrer Beschäftigten. Wir müssen gut und schnell sein.« Denn als nächstes will IDS seine Software für den internationalen, speziell für den asiatischen Markt fit machen.

Zwar hat sich die Vision des Professors vom »papierlosen Berater« noch nicht erfüllt. Selbst die Computerfreaks der Zunft kommen zumeist noch nicht ohne Notizbuch aus. Aber für die Kunden von IDS, SAP und Konkurrenten dürfte ohnehin ein anderes Modell wichtiger sein: der »gläserne Berater«. Eine offenere Darlegung ihrer Arbeitsweise, so hatte Scheer bereits Anfang der neunziger Jahre doziert, stehe dieser vieldiskutierten Branche gut an. Seine neuartigen Software-Werkzeuge, so erklärte er damals, sollten für eine höhere Transparenz im Beratungsgeschäft sowie für deutliche Kostenersparnis sorgen.

Seither haben seine Vorgaben auch Eingang in das Pflichtenheft von IDS-Partner SAP gefunden, beispielsweise bei der Konzeption der Implementations-Software aus Walldorf: »Mit Hilfe unserer Business Engineering Workbench«, erläuterte Vorstandsmitglied Peter Zencke 1996, »können wir das, was ein Berater beim Kunden tut, festhalten und dem Kunden transparent machen.« So ließen sich, erklärt Zencke, alle Einstellungsabsichten, Prozeßauswahlen, Customizing-Aktivitäten derart im System dokumentieren, daß der Kunde eine Wissensdatenbank erhalte, »auf der er morgen weiterarbeiten kann«. Zencke: »Es gibt also keine Abhängigkeit von dem Berater, der die Ersteinführung gemacht hat.«

Für amerikanische Arbeitsmarktverhältnisse hatte es Kevin Funk ungewöhnlich lange bei seiner Firma ausgehalten. 13 Jahre war der Verlagsangestellte bei der »Seattle Times« beschäftigt, der größten Tageszeitung im pazifischen Nordwesten der USA. Dann kam SAP. Und Kevin Funk war weg.

Funk hatte sich fix mit der Standardsoftware vertraut gemacht, als die »Times« das System (als einer der ersten SAP-Referenzkunden in den USA) 1993 einführte. Bald unterwies der frischgebackene R/3-Spezialist auch seine Kollegen im Umgang mit dem vielseitigen Programmpaket. Die neuerworbene Expertise machte sich prompt bezahlt, jedenfalls für Funk: Der »Times«-Mann wurde abgeworben. Mit 35 Prozent Gehaltsaufschlag lockte ihn die Consulting-Firma ICS/Deloitte & Touche aus dem Verlag und in eine neue Karriere.

Seither verstärkt Funk das Heer amerikanischer SAP-Consultants, von denen viele eine ähnliche Geschichte zu erzählen haben. Sie profitierten von dem Wettbewerb der »Big Six« und anderer großer Beratungsunternehmen, sich im boomenden US-Geschäft als kompetentester R/3-Beratungspartner des Marktführers aus Deutschland zu profilieren. Die »Seattle Times« war kein Einzelfall. Von dem Hauen und Stechen um die begehrten SAP-Fachleute blieben auch andere R/3-Kunden nicht verschont.

Die Fotofirma Pentax in Englewood (US-Staat Colorado) beispielsweise verlor dadurch innerhalb eines Jahres vier ihrer zwölf R/3-Implementationsspezialisten. Wer sich für SAP entscheide, warnte der Leiter Informationssysteme von Lyondell Petrochemical in Houston (US-Staat Texas), sollte sich rechtzeitig der Loyalität seiner Fachleute versichern. Anderenfalls, so der Manager, »kann man 20000 Dollar an Ausbildung und Erfahrung im Wert von 100000 Dollar aus der Tür gehen sehen«. Und die Fachzeitschrift »Datamation« warnte ihre Leser, zumeist EDV-Manager mittlerer und großer Unternehmen: »Leinen Sie Ihre Leute an.«

SAPs eigene Kundendienstgruppe und die externe Expertise hätten nicht mit der Nachfrage im Markt Schritt gehalten, konstatierte die Gartner Group: »Selbst mit Spitzensätzen« könnten die Kunden ihre R/3-Spezialisten kaum halten. Denn als SAP-Berater lassen sich Traumgagen verdienen. Consultants, die vorher auf Jahreseinkommen von 50000 bis 60000 Dollar gekommen waren, verdienten nach einem Jahr R/3-Praxis bereits 85000 bis 90000 Dollar. Gnadenlos nutzten gewiefte Consultants die Gunst der Stunde und langten derart hin, daß im Service-Land USA der Ruf von SAP und seines Produkts in Gefahr geriet. »Ein Alptraum«, zitierte etwa »Datamation« den Netzwerkmanager einer großen US-Ölfirma, die mehrere schlecht vorbereitete Berater feuern mußte: Die Consulting-Unternehmen hätten »Wahnsinnssätze« für Techniker mit nur drei Monaten SAP-Erfahrung berechnet und »niemals dieselbe Person zweimal« geschickt: »Man weiß vorher nie«, beschwerte sich der EDV-Mann, »was beim nächsten Upgrade auf einen zukommt.«

Zusätzlich zu schaffen machte den Walldorfern ab 1995, daß Konkurrenten wie Baan oder Oracle die Kehrseite des SAP-Partnerkonzepts in den Mittelpunkt einer geschickten Medienstrategie stellten. Was dabei jedoch zumeist unerwähnt blieb: Dieselben Unternehmen hatten inzwischen aus dem SAP-Überraschungsangriff auf den amerikanischen Markt ihre Lehren gezogen und begonnen, ihrerseits strategische Partnerschaften mit den großen Consulting-Firmen aufzubauen. Consultants mit SAP-Kenntissen waren auch bei der Konkurrenz begehrt, wodurch sich der R/3-Beratermangel weiter verschärfte.

In Deutschland hatte die Consultant-Krise ihren ersten Höhepunkt im März 1995 erreicht, mit der umstrittenen »Wirtschaftswoche«-Titelgeschichte anläßlich der Computermesse CeBIT. »Der Tagessatz für einen externen Spezialisten«, stellte das Blatt fest, »liegt bei gut 2000 Mark. Wenn Not am Mann ist und durch Software-Fehler die Produktion zu stocken droht, sind sogar bis zu 8000 Mark drin.« Erbost hielt SAP-Chef Dietmar Hopp dagegen. »Die in dem Artikel erwähnten 8000 DM in Notfällen sind völlig aus der Luft gegriffen«, konterte SAP in seiner großangelegten Medienkampagne: »Ich würde dies als Erpressung bezeichnen.«

Auch die eilig in Walldorf zusammengestellte Gegendokumentation konnte jedoch nicht verhindern, daß nun auch andere Zeitschriften und Zeitungen sich für die wunden Punkte des Marktführers zu interessieren begannen. Bis zu 500 Dollar oder 800 Mark pro Stunde, so rechneten Analysten der Gartner Group und von Forrester Research (eine Firma, die selbst im Beratungsgeschäft tätig ist) den Walldorfern noch 1996 vor, forderten zum Beispiel die Consultants der Big Six. Branchenbeobachter in Marktforschungsunternehmen und bei Consulting-Firmen operierten auch mit unsauberen Zahlen und statistischen Taschenspielertricks, um sich im lukrativen SAP-Markt zu profilieren. So konnten sich die Konkurrenten der Walldorfer die Hände reiben, als US-Analysten öffentlichkeitswirksam vorrechneten, das Verhältnis von Software- zu Service-Kosten betrage sogar 1 : 7 bis 1 : 10 – und dabei SAP-unabhängige Reengineering-Aufwendungen einfach mitzählten.

Zwar ließ sich mit Hilfe verbesserter Software-Werkzeuge wie der »Business Engineering Workbench« die R/3-Implementationsphase erheblich vereinfachen. »Wir müssen so weit kommen, daß Sie R/3-

Projekte mit normalen Mitarbeitern abwickeln können – nicht nur mit Hilfe von Doktoren und Professoren«, beschrieb Hasso Plattner selbstkritisch das Ziel auf der SAP-Anwenderkonferenz im August 1996 in Philadelphia. Aber den Arbeitsmarkt für R/3-Berater vermochte das Erfolgsunternehmen aus Walldorf noch nicht zu automatisieren. SAP reagierte mit verstärkten Qualitätskontrollen und einem Ausbau des Schulungsprogramms. So wurde 1996 beispielsweise ein Leistungsvergleich für Beratungsfirmen eingeführt. »Wir können ermitteln, was eine schnelle und was eine langsame Einführung ist«, erklärt SAP-Vorstandsmitglied Peter Zencke das Programm: »Unsere eigenen Spezialisten definieren Musterfälle und beweisen, daß es möglich ist, schlanke Einführungen von R/3 schnell und qualitativ hochwertig zu realisieren.« So erfahren die Kunden etwa von SAP, erklärt Zencke, »unter welchen Bedingungen es gelungen ist, ein FI-Modul innerhalb von sechs Wochen einzuführen.«

Auch 1996 waren SAP-Experten, einer Stellenmarktanalyse der Stuttgarter Dekra Akademie zufolge, die gesuchtesten Fachkräfte im EDV-Arbeitsmarkt. Die Marktforscher der Firma Input erwarten sogar, daß die Situation im SAP-Beratermarkt sich zum Ende des Jahrzehnts verschärfen wird; als Gründe werden etwa die wachsende Zahl von R/2-Umsteigern sowie die Abwanderung erfahrener Consultants in die USA genannt; die Marktbeobachter rechnen bis 1998 mit einem Bedarf von mehr als 9000 Beratern allein in Deutschland. Um der weiter steigenden Nachfrage nach R/3-Spezialisten besser begegnen zu können, verstärkte der Software-Hersteller seine Schulungs- und Qualifikationsmaßnahmen. SAP schult in Deutschland 50 Prozent der Berater selbst. Die andere Hälfte des Consultant-Heeres durchläuft die Trainingsprogramme der SAP-Partner, beispielsweise der Big Six oder von IBM, SNI, CSC Ploenzke und Hewlett-Packard. Im Frühjahr 1997 schloß als erstes Unternehmen seiner Branche die Dekra Akademie einen Vertrag mit der Software-Firma, demzufolge nun standardisiertes SAP-Trainingsmaterial im Rahmen eines öffentlich geförderten R/3-Fortbildungsprogramms eingesetzt werden kann. Denn das Software-Unternehmen will auch die Qualifikation der Berater (rund 3000 kommen weltweit jährlich neu dazu) besser unter Kontrolle bekommen. »Wirkliche Marktanpassung und Transparenz«, räumte SAP Anfang 1997 ein, könne »aufgrund der vielfach zwangsläufig kurzen Berufserfahrung eines

Großteils der Berater nicht entstehen.« Unumgänglich sei eine »professionelle und effiziente Zertifizierung von SAP-Wissen«.

In der EDV-Industrie gelten Zertifikate von Hard- oder Software-Herstellern als wirkungsvolles Mittel, um Partnerfirmen und Schulungsveranstalter an die Produkte eines Unternehmens zu binden. Als erste große IT-Firma bediente sich das amerikanische Netzwerkunternehmen Novell dieser Methode; seit 1989 hat das Unternehmen weltweit mehr als 100000 EDV-Fachleute mit dem Titel »Certified Novell Engineer« (CNE) ausgezeichnet, nach umfangreichen Schulungen und Tests. Bei Microsoft haben nach Angaben des Unternehmens insgesamt mehr als 80000 Softwerker weltweit das »Microsoft Certified Professional Program« absolviert. Für derartige Know-how-Nachweise werden die Kandidaten oftmals kräftig zur Kasse gebeten. Doch die Marktmacht des Anbieters und das Qualitätsbedürfnis seiner Kunden zwingen sie dazu, zähneknirschend zu zahlen. Lohn der Prüfungsangst in Walldorf: der Titel »SAP-zertifizierter R/3-Berater«.

»SAP-Berater« kann sich jeder nennen, die wenigsten Berufsbezeichnungen in der Branche sind geschützt. Dennoch drängen inzwischen Tausende nach den höheren R/3-Weihen und unterwerfen sich dafür beispielsweise dem R/3-Zertifizierungstest für Applikationsberater, bei dem sie etwa ihre Kenntnisse der SAP-Programmiersprache ABAP/4 nachweisen müssen. Längst hat dabei der Computer die Prüfungsaufsicht übernommen: »Welchen Inhalt haben die Felder SY-SUBRC, CONT, FLAG nach Ausführung der IMPORT-Anweisung?« wird auf dem Bildschirm beispielsweise zum Thema »Batch Input« gefragt. »Bitte klicken Sie auf den Button vor der richtigen Antwortalternative«, fordert der digitale Testhelfer auf. Entwickelt werden die multimedialen Testverfahren von der kleinsten SAP-Tochterfirma, AsseT GmbH in Friedrichshafen, die sich das Ziel gesetzt hat, »Beratungskompetenz zu einer meßbaren Größe zu machen«.

Zwar biete die Zertifizierung noch »keine Garantie, daß jemand wirklich weiß, wovon er redet, oder nun plötzlich 1500 Dollar am Tag berechnen kann«, räumt Alexander Ott ein, SAP-Manager für die strategischen Partnerschaften. Allerdings sei es »ein Benchmark mehr, um zu wissen, wer Substanz hat und wer nicht«. Ziel sei es, betont SAP, »daß langfristig nur zertifizierte Berater R/3 einführen«:

Beratertest vom Bodensee

Durch computergestütztes Zertifizieren von Beratern will SAP die Qualität des R/3-Service verbessern. Die dabei eingesetzten Programme und Testverfahren haben findige Software-Tüftler aus Friedrichshafen entwickelt.

Wenn Michael Habon aus seinem Bürofenster in Friedrichshafen am Bodensee schaut, dann sieht er weder weiße Segel noch Schweizer Voralpen. Statt dessen hat der Entrepreneur den Parkplatz von Debis vor Augen, der Software-Firma der Daimler-Benz AG.

Auf protzigen High-Tech-Glamour, wie ihn sich junge Multimediafirmen in Berlin oder München leisten, legt die AsseT GmbH (Assessment & Training Technologies) keinen Wert. Als Untermieter bei Debis residiert die junge Firma im Erdgeschoß eines schmucklosen Büroneubaus an der Bundesstraße 31 nach Lindau.

Zwar fehlt dort der Blick auf die südwestdeutsche Sonnenküste. Aber so mancher Software-Mittelständler oder Multimediagründer in Deutschland würde gern mit Habon tauschen. Denn der promovierte Testpsychologe hat sich und seinem Team einen Platz an der Sonne gesichert: Seit Anfang 1996 ist AsseT (Umsatz im ersten Geschäftsjahr: 2,5 Millionen Mark) das kleinste Tochterunternehmen des SAP-Konzerns. Zu den Kunden zählen Mannesmann Mobilfunk, VEAG, Danzas, EDS und Siemens.

Die Firma, die sich auf multimediale Test- und Trainings-Software im Personalentwicklungsbereich spezialisiert hat, spielt eine Schlüsselrolle bei dem Vorhaben der SAP, den Markt für R/3-Dienstleistungen weltweit durch standardisierte Beratertests für die Kunden transparenter zu gestalten. Testaufgaben auf dem jeweils neuesten Stand der R/3-Technik sowie einheitliche Bewertungsmaßstäbe garantiert dabei, gleichsam als digitaler Prüfungshelfer, die AsseT-Software ACE (»Advanced Certification Environment«).

Mit Hilfe von ACE werden den Kandidaten im jeweiligen Testcenter 80 Multiple-Choice-Aufgaben am PC-Bildschirm präsentiert. Drei Stunden lang können die Prüflinge dann ihre R/3-Kenntnisse unter Beweis stellen, wobei auch analytische Fähigkeiten und Urteilsvermögen geprüft werden. 1996 wurden bereits 1600 SAP-Berater mit Computerhilfe getestet. Kurzfristig plant SAP, die auch in Amerika noch praktizierten »Papier-und-Bleistift«-Tests ganz durch das AsseT-Verfahren abzulösen.

»Die nächste große Sache«, erläutert AsseT-Geschäftsführer Habon die technologische Marschrichtung, »sind Training und Personalentwicklung mit Hilfe des World Wide Web im Internet.«

Der Firmengründer, Jahrgang 1956, und sein Team aus neun Psychologen und Software-Spezialisten haben wenig gemein mit den Computerkids der Technogeneration, die in eilig zusammengezimmerten Internet-Klitschen vom schnellen Geld aus dem Netz träumen. Bereits in den achtziger Jahren tüftelte Habon mit seinen Leuten beim Daimler-Benz-Tochterunternehmen Dornier computergestützte Testverfahren aus – zur Eignungsdiagnostik von Bundeswehrsoldaten.

Dabei kam der Testertruppe die Idee zu »Assessment Excellence«, einer Spezial-Software für Personalberater, die beim Erstellen von Anforderungsprofilen hilft und das systematische Bewerten von Managementkandidaten nach Schlüsselkompetenzen (etwa Lernfähigkeit, Organisations- und Planungskompetenz, vernetztes Denken, Flexibilität oder Entscheidungs- und Delegationsvermögen) erlaubt. So lassen sich mittels »Assessment Excellence« sogenannte Mikrowelten konfigurieren, virtuelle Unternehmensumgebungen, in denen die Bewerber sich bei PC-Rollenspielen bewähren müssen.

Zum Testinstrumentarium gehört beispielsweise die Mikrowelt »Home Robot«, die im Umfeld der Sloan School of Management des Massachusetts Institute of Technology (MIT) in den USA entwickelt wurde. Als Manager eines fiktiven High-Tech-Unternehmens soll der Rollenspieler dabei einen neu entwickelten Heimroboter gegen Konkurrenzprodukte auf dem Markt durchsetzen. Auf diese Weise lassen sich aussagekräftige Persönlichkeitsprofile der Teilnehmer gewinnen. »Natürlich«, schränkt Testpsychologe Habon ein, »sind dabei soziale Kompetenzen nur beschränkt erfaßbar.«

Zur Marktreife entwickelt wurde das Produkt vom Habon-Team für den Multimediaspezialisten HQ Interaktive Mediensysteme in Weil am Rhein, wo Habon den Geschäftsbereich Assessment & Training Solutions übernommen hatte. Doch den Durchbruch brachte erst 1994 die »Learntec« in Karlsruhe, eine international vielbeachtete Fachmesse für innovative Bildungstechnologien, die auch von der SAP als Sponsor gefördert wird. Dort wurde bei einem Besuch am HQ-Stand SAP-Mitgründer Klaus Tschira auf den Trupp vom Bodensee und seine Testprogramme aufmerksam.

»Der Funke ist sofort übergesprungen«, erzählt Habon. Bei einem anschließenden Präsentationsbesuch in Walldorf stellte er »eine gewisse Geistesverwandtschaft« mit Tschira fest, der im SAP-Vorstand für die Personalwesen-Software zuständig war. Die einfallsreichen Testtüftler aus Friedrichshafen, so Tschiras Vision, könnten vielleicht eine Software-Marktlücke im »Human-Resources«-Bereich schließen helfen.

So stammen die Daten, die mittels Personalentwicklungs-Software verwaltet werden, zumeist nicht aus standardisierten Quellen, sondern werden beispielsweise aus Zeugnissen oder anderen Bewerbungsunterlagen gewonnen. Die Assessment-Software wies einen Weg, Personalentwicklungsdaten zukünftig methodisch einheitlich zu erfassen, um auf dieser Grundlage womöglich das »Humankapital« eines Unternehmens besser als bisher bewerten zu können. Inzwischen verfügt das R/3-Modul HR über eine Schnittstelle zur »Assesement-Excellence«-Software, damit Personalentwickler die durch AsseT-Software ermittelten Qualifikationsmerkmale zusammen mit Stamm-und Bewerberdaten unter HR speichern und weiterverarbeiten können.

»Tschira wollte«, erzählt Habon, »daß wir mit SAP bei diesem Thema exklusiv zusammenarbeiten.« Ein weiteres Ergebnis der Kooperation: »Team Up«, ein multimediales Lern- und Diagnoseprogramm, bei dem Teamentwicklung und Teamfähigkeit im Mittelpunkt stehen. Digitalisierte Videoclips auf dem PC-Bildschirm versetzen den Benutzer dabei in die Rolle eines Beraters, der einem Viererteam – Journalist, Filmproduzent, Kulturmanager und Bestseller-Autorin – dabei hilft, im Auftrag einer Investorengruppe einen privaten TV-Sender zu gründen.

Der Kandidat muß per Mausklick am Bildschirm in den simulierten Gruppenprozeß eingreifen, die Rolle der Teammitglieder kommentieren und zum Schluß einen Fragebogen ausfüllen. Der liefert dann, zusammen mit einer Computeranalyse des Kandidatenverhaltens, den Stoff für das anschließende Auswertungsgespräch mit dem Personalchef. Team Up, erklärt Habon, diene ebenso wie Assessment Excellence »nicht als Ersatz, sondern als unterstützendes Instrument für Personalentwicklungsmaßnahmen«.

Die Test-Software-Spezialisten kamen SAP wie gerufen, als durch Kundenklagen und Presseberichte über den R/3-Beraternotstand der Handlungsdruck wuchs. »Die Analysten begannen nachzufragen«, erzählt Habon, »auch nach den Verfahren bei der Beraterauswahl.« Um den Markt für die Kunden transparent zu gestalten, sollte »SAP-Wissen« zukünftig nach einheitlichen Kriterien zertifiziert werden. So erhielten die Software-Spezialisten vom Bodensee 1995 den Auftrag, ein weltweit einsetzbares Verfahren für die computergestütze R/3-Zertifizierung zu entwickeln. Ergebnis: der digitale Prüfungsassistent AsseT ACE.

»Relativ flott«, erzählt der High-Tech-Psychologe, führte die fruchtbare Zusammenarbeit mit SAP dann zur Gründung der gemeinsamen Firma AsseT GmbH. Beschleunigt wurde die Annäherung dadurch, daß HQ Ende 1995 von der Wolters-Kluwer-Gruppe aus Holland übernommen wurde. Das Habon-Team wollte zusammenbleiben und den eingeschlagenen Weg mit SAP weitergehen – nicht zuletzt deshalb, weil auch die persönliche Chemie mit dem Förderer in der Walldorfer Vorstandsetage stimmte. »Was halten Sie davon«, fragte Klaus Tschira am Telefon den Testexperten in Friedrichshafen, »wenn wir gemeinsam eine Firma gründen?«

Vorausgesetzt natürlich den Segen des großen Vorstandsvorsitzenden, wie Tschira zu verstehen gab: »Vorher muß ich natürlich meinen Chef fragen.« Doch Dietmar Hopp hatte nichts dagegen. Im Gegenteil: Anstelle von Tschira übernahm SAP gleich selbst die Rolle des Mehrheitsgesellschafters in der Anfang 1996 gegründeten AsseT GmbH. 75 Prozent des Startkapitals von insgesamt 500000 Mark stammen aus Walldorf (Vorkaufsrecht: AsseT-Mitgeschäftsführer Klaus Tschira), 15 Prozent brachten drei Personengesellschafter ein, darunter Habon, und mit zehn Prozent blieb HQ beteiligt.

Während in Deutschland junge Multimediaentwickler nach Risikokapital à la USA lechzen, machen die früheren »Learntec«-Exoten seither High-Tech-Karriere mit Rückenwind von SAP. In dieser Konstruktion sieht AsseT-Mitgründer Habon »heute die einzige Möglichkeit, mit solch einer Technologie zu wachsen. SAP bietet erheblich mehr Potential für uns, als wenn wir uns freischwebend in einem diffusen Markt bewegen müßten, der sich gerade erst herausbildet.« Habon: »Was nützt uns unsere tolle Reputation als Technologieführer, wenn unser Marktzugang zu eng ist?«

Inzwischen offeriert AsseT ein komplettes Dienstleistungsangebot rund um die R/3-Zertifizierung. So werden in den SAP-Niederlassungen oder bei Partnerfirmen rund um den Globus kurzfristig Tests vorbereitet und die Prüfungsleiter vor Ort geschult; AsseT-Mitarbeiter begleiten anschließend auch den ersten Zertifizierungslauf. Die Firma verfügt inzwischen über einen Vorrat von 4000 R/3-Aufgaben (»items«), die in Deutsch, Englisch, Französisch, Spanisch und Japanisch gestellt werden können.

Wer als R/3-Berater zertifiziert werden will, muß 70 Prozent seiner Testaufgaben meistern. Die Durchfallquote beträgt laut Habon immerhin 15 Prozent. »Die Kandidaten«, erklärt Habon, »müssen über das notwendige Produktwissen verfügen, um R/3 erfolgreich bei Kunden zu implementieren.« Gleichwohl, schränkt der Testfachmann ein, sei das SAP-Zertifikat weder Garantieschein noch ein R/3-»Oscar« für Star-Consultants. Habon: »Wir küren nicht die besten Berater.«

Indes kann AsseT-Mehrheitsgesellschafter SAP auch kaum Interesse daran haben, die Meßlatte beim Zertifizieren besonders hoch zu legen. »Das ist richtig«, entgegnet der Psychologe auf den naheliegenden Einwand. Habon räumt ein: »Sicher wird man den Markt nicht durch zu hohe Qualitätsanforderungen verengen.« Die zentrale Frage sei jedoch, »was das Zertifizierungsverfahren über die Beraterqualifikation aussagt«, ergänzt der Psychologe. »Wir bewerten, wie weit die Kandidaten sich mit dem System auskennen. Bei den Zertifizierten kann man dann davon ausgehen, daß sie mit hoher Wahrscheinlichkeit die nötige Kompetenz bringen.«

Eine »Fortgeschrittenen«-Version des SAP-Zertifikats soll ergänzend verläßliche Rückschlüsse über die Systemkenntnisse spezialisierter R/3-Berater in bestimmten Anwendungsbereichen oder Branchen erlauben. Über eine neue AsseT-Filiale in den USA will die Firma ihre Programme und Dienstleistungen gezielt in Nordamerika vermarkten und mit seiner Spezial-Software auch den Zukunftsmarkt Internet erobern.

Besonders in den USA nutzen die Personalabteilungen zahlreicher großer Unternehmen das Datennetz verstärkt dazu, Fachkräfte zu rekrutieren. AsseT will nun Bewerbertests für das Internet entwickeln, mit deren Hilfe sich Firmen bereits online einen ersten Eindruck von den Kandidaten verschaffen können. »Testen, befragen, beobachten« – mit diesem Aufgabenspektrum, sagt Habon, sei die SAP-Tochterfirma für die nächsten Jahre voll ausgelastet.

Unter Verdacht: Scientology Ante Portas

»EDV ist der Schlüssel für Informationen über Menschen und Unternehmensdaten.«
Angelika Christ/Steven Goldner: »Scientology im Management«

Die stets adretten Fremden kamen meistens zu zweit. An einem Nachmittag im Spätsommer 1994 bezogen die Interviewer zum ersten Mal Posten in der Neurottstraße im Walldorfer Industriegebiet. Wenige Schritte neben dem großflächigen Hinweisschild »Internationales Schulungszentrum«, das Besuchern den Weg zu höheren Weihen im SAP-Trainingstempel weist, paßten sie die Passanten ab, die nach Schulungsschluß ihren Parkplätzen oder der Bushaltestelle zustrebten.

Abgesehen hatten es die Fremden vor allem auf diejenigen SAP-Kunden und Mitarbeiter, die das Gebäude mit dem roten Ziegeldach allein verließen. Auf dem Weg in den Feierabend wurden die Passanten freundlich – nur eine Minute, bitte! – mit einer vordergründig harmlosen Frage aufgehalten: »Haben Sie sich schon einmal überlegt, etwas für Ihre Persönlichkeitsentwicklung zu tun?«

Ort und Zeit ihres Auftritts hatten die netten Flugblattverteiler geschickt gewählt. Ein Clipboard in die Armbeuge geklemmt, offerierten sie ihren Opfern eine ambulante »Kurzanalyse« per Fragebogen – kostenlos und gleichsam »im Vorbeigehen«. Typische Frage an SAP-Schulungsteilnehmer: »Würden Sie auch privat ein Seminar besuchen, um beruflich noch erfolgreicher zu sein?«

Wohl kaum ein SAP-Eleve würde diese Frage mit »nein« beantworten. Schließlich machen sich nicht wenige der Software-Seminaristen in Walldorf fit für Schlüsselpositionen als SAP-Experten in R/2- und R/3-abhängigen Unternehmen, wo sie später auch Zugang zu vertraulichsten Firmen- und Personaldaten haben. Sich von den Walldorfer Software-Trainern in die Mysterien von ABAP/4, »Configure to Order« und R/3 einweihen zu lassen, gilt beim aufstiegswilligen EDV-Nachwuchs als unbedingt karrierefördernd. »Wer hierher kommt«, beschreibt Schulungsleiter Hans-Reiner Lahme seine Klientel, »ist in der Regel überdurchschnittlich motiviert und aufnahmebereit.«

Stunden-, manchmal tagelang hatten sich die Angesprochenen an Trainingsterminals und Konferenztischen mit »Business Workflow«, »Managementkonsolidierung« und »Modul HR« (Human Resources) abgemüht. Draußen vor der Tür wurden sie dann von den Propagandisten in Sachen »Persönlichkeitsentwicklung« erwartet. In waschechtem Consulting-Kauderwelsch forderten die Fremden dazu auf, auch einmal die Seminare der Firma auszuprobieren, deren Handzettel sie verteilten: »AMK« lasen die Angesprochenen. Die »Private Akademie für Management und Kommunikation«, so erfuhren sie, residierte nur wenige Autominuten entfernt im Nachbarort Wiesloch-Rauenberg.

Ein weiteres Beratungsunternehmen womöglich, das an dem Boom auf dem SAP-Markt teilhaben wollte? Das war an sich nichts Ungewöhnliches. In den vergangenen Jahren haben sich in der Rhein-Neckar-Region eine Reihe von Consulting-Gesellschaften gebildet, die auf Dienstleistungen im SAP-Bereich spezialisiert sind: die Firmen OSS Ziegler und Novasoft in Heidelberg etwa oder Microsap in Rauenberg.

Niemand wunderte sich deshalb zunächst über die AMK-Sendboten vor dem SAP-Schulungszentrum, weder Gäste noch Mitarbeiter wurden stutzig. »Die standen da immer um 17 Uhr«, erinnert sich Helga Classen. Die stellvertretende Vorsitzende des Aufsichtsrats wurde angehalten, als sie die Flugblattverteiler auf dem Heimweg mit dem Fahrrad passierte: »Da hat mich eine erwischt.«

Das freundliche Angebot, etwas für ihre »Persönlichkeitsentwicklung« zu tun, lehnte die SAP-Frau dankend ab. Als sie in St. Leon-Rot ankam, war der kurze Wortwechsel bereits vergessen. Erst Monate später wurde die Arbeitnehmervertreterin daran erinnert: Da hatte sich das Gerücht, der global operierende Software-Riese aus Walldorf sei von der Scientology-Organisation unterwandert, bereits herumgesprochen. Die Folge: ein Kursverlust der SAP-Aktie an der Frankfurter Börse.

Den ersten Hinweis gab ein anonymer Anrufer, kurz nachdem die AMK-Delegation zum ersten Mal in Walldorf aufgetaucht war.

Dietmar Hopp erfuhr davon durch Hasso Plattner. In Plattners Gesicht mischte sich Belustigung mit Besorgnis, als er den Kopf durch den Türrahmen steckte: »Stell dir vor, da hat einer angerufen und behauptet, in der SAP würde sich die Scientology-Sekte breitmachen.« Hopp schaute nur kurz von seinem Schreibtisch auf, der von Dutzenden farbiger Aktenhüllen bedeckt war: »Völlig ausgeschlossen. Vergiß es.«

In Walldorf waren die straff organisierten Jünger der 1952 in den USA gegründeten »Church of Scientology« bisher kein Thema gewesen. Erst ein Vortrag der Bestseller-Autorin Renate Hartwig (»Scientology – Ich klage an«) in der Nachbarstadt Wiesloch lieferte Anfang Oktober 1994 dann Anhaltspunkte, daß die scheinwissenschaftliche »Dianetik«-Lehre des 1986 gestorbenen Science-fiction-Autors L. Ron Hubbard auch im Rhein-Neckar-Kreis hörige Gefolgsleute gefunden hatte.

So kam es bei der Diskussion in der Wieslocher Stadtbibliothek fast zum Tumult, als ein Zuhörer sich als Scientologe zu erkennen gab und seine Organisation als Religionsgemeinschaft anpries. Unterbrochen wurde er dabei durch Buh-Rufe aus dem Publikum, dem noch die Warnung der Referentin in den Ohren klang: »Scientology ist keine Kirche und keine Religion, sondern ein international operierendes Wirtschaftssyndikat wie die Mafia.«

In der Wirtschaft, so hatte die Expertin weiter ausgeführt, versuche Scientology getarnt Einfluß auf einzelne Firmen und ganze Branchen zu gewinnen. Das Ziel: Schlüsselpositionen in der Industrie sollten mit Scientology-Anhängern besetzt werden, die einen Anteil ihres Einkommens an die Organisation abführen müssen.

Welcher Methoden sich die Scientologen dabei bedienen, das konnten die Leser der Lokalseite »Rund um Wiesloch-Walldorf« der »Rhein-Neckar-Zeitung« am nächsten Tag dem Veranstaltungsbericht entnehmen: »Unternehmensberatungen, unter denen sich, laut Renate Hartwig, auch eine Rauenberger Firma befinde«, erfuhren die Leser dort, »böten Unternehmen Kurse an, um Mitarbeiter zu schulen und den Erfolg des Betriebes zu steigern.«

Der Name der Rauenberger Firma blieb, wegen der bekannten Prozeßfreudigkeit scientologischer Tarnfirmen, vorsichtshalber unerwähnt: Die Rede war von der Privaten Akademie für Management und Kommunikation – kurz AMK.

Das Wissen von Dietmar Hopp über die Organisation beschränkte sich zu diesem Zeitpunkt auf vereinzelte Artikel, die in der Wirtschaftspresse und zuletzt im »Spiegel« zu lesen waren. Das Nachrichtenmagazin berichtete Mitte Oktober 1994 über Unternehmen, die zu Unrecht gerüchteweise mit der »Scientology-Sekte« in Zusammenhang gebracht worden waren und dadurch schwere wirtschaftliche Schäden erlitten hatten. »Spiegel«-Fazit: »Ein böser Vorwurf, der sich unmittelbar in den Bilanzen niederschlagen kann.« Die in dem Artikel aufgeführten Beispiele betrafen eine Brauerei und eine Privatklinik in Hessen. Software-Unternehmen waren nicht erwähnt.

»Unter dem Deckmantel einer Religionsgemeinschaft«, so stellte die Konferenz der Länder-Innenminister fest, vereine Scientology »Elemente der Wirtschaftskriminalität und des Psychoterrors gegenüber ihren Mitgliedern mit wirtschaftlichen Betätigungen und sektiererischen Einschlägen«. Noch deutlicher wurde Arbeitsminister Norbert Blüm (CDU), der die »Church of Scientology« öffentlich als »verbrecherische Geldwäsche-Organisation« attackierte, »die vor nichts zurückschreckt«.

Scientology galt – nach eigenen Angaben mit 30 000, nach anderen Quellen mit bis zu 300 000 Mitgliedern – als größte Sekte in Deutschland. Dutzende deutscher Unternehmen gehörten bereits zu WISE (The World Institute of Scientology Enterprises), dem Wirtschaftsverband der Scientologen. »Besetzen Sie die Schlüsselpositionen« – getreu der internen Anweisung des L. Ron Hubbard hatte sich die Organisation auf die Immobilienbranche, Unternehmensberatungen und auf Werbefirmen konzentriert.

Besonders rege war sie in den wohlhabenden Wirtschaftsregionen, vor allem im Hamburger und Münchner Raum, aber auch in Baden-Württemberg. Gegner und Kritiker versucht der Ideologiekonzern, der von Kalifornien und Florida aus gelenkt wird und der über einen eigenen Geheimdienst (OSA) sowie ein ausgedehntes Computersystem (Incom) verfügt, mittels Rufmordkampagnen und Verleumdungsklagen mundtot zu machen. Im Herbst 1993 hatte ein Scientology-Aussteiger im Interview mit dem »Spiegel« offenbart, welchen Bereichen sich Scientology neuerdings verstärkt zuwendete: »Computer- und Managementtechnologie. Dies ermöglicht Zugriff auf die Daten größerer Firmen.«

Die betriebliche Datenverarbeitung als Einfallstor für einen Ideologiekonzern, der die deutsche Wirtschaft unterwandern will? »Mach Geld, mach mehr Geld, sorge dafür, daß andere Geld machen« – den Scientologen, die der Parole von Kultgründer Hubbard folgen, dürfte die prosperierende Software-Branche als besonders lohnendes Ziel erscheinen.

Denn auch nüchterne Computerexperten sind nicht gegen die Heilsbotschaft der Dianetik-Apostel gefeit, die eine krude Mixtur aus Science-fiction-Visionen und Psychokult verkünden. So gehört beispielsweise Craig Jensen, Chef des auf Software für Mikrocomputer des Herstellers Digital Equipment spezialisierten US-Unternehmens Executive Software, zum Führungszirkel der WISE-Organisation. Sein ehemaliger Marketingleiter, Dan Dayton, gründete die Internet-Firma Earthlink Network, inzwischen einer der größten Anbieter von Internet-Zugängen in den USA. Dayton dient den Scientologen in den USA, die über Earthlink an das globale Netz angeschlossen sind, als Vorzeigeunternehmer.

»Evangelists«, »Apostel«, nannte der kalifornische Computerhersteller Apple in den achtziger Jahren seine High-Tech-Missionare, die der Welt das Macintosh-Evangelium verkünden sollten. Marketing, Schwarze Magie und Missionseifer sind in der Branche zuweilen kaum auseinanderzuhalten. Weil sich Bits und Bytes – anders als etwa neue Automodelle – nicht anfassen und sinnlich präsentieren lassen, werden die Qualitäten von Soft- oder Hardware oftmals geradezu mythisch überhöht. High-Tech-Schlagworte und eine Fülle kryptischer Kürzel sollen informationstechnische Kompetenz suggerieren und prägen längst den umgangssprachlichen Code der EDV-Kaste.

Wo ständig von PC-Basis, LAN-Technologie oder R/3-Analyser die Rede ist, läßt auch die mit Akronymen gespickte Sektensprache der Scientologen nicht zwangsläufig aufhorchen. Zeitgeistgemäß wird etwa die »Lehre« L. Ron Hubbards als »LRH-Technologie« oder kurz »Tech« bezeichnet. RTC bedeutet »Religious Technology Center«. Und PC bedeutet im Sektencode »Pre-Clear« – die Vorstufe zur höchsten Ebene der Scientology-Hierarchie.

So lassen sich sogar Softwerker von dem Sprachgeklingel beeindrucken, die bereits von den Scientology-Praktiken gehört haben.

SAP-Beschäftigte bildeten dabei keine Ausnahme. Das belegt das Beispiel eines jungen Angestellten, der bereits im Sommer 1994 für die Sekte rekrutiert werden sollte. Auf dem Großparkplatz vor den Walldorfer Hallen des schwedischen Möbelherstellers IKEA, wo junge SAP-Familien und -Singles zum Stammkundenkreis zählen, sprach ihn eine AMK-Abgesandte an.

»Einige Tage später abends in Rauenberg«, so erinnert sich der SAPler, der anonym bleiben möchte, fand er sich zusammen mit rund 25 weiteren Teilnehmern auf einer kostenlosen »Schulung« wieder, »geleitet von einer zugegeben rhetorisch geschickten AMK-Mitarbeiterin«. Als »weiteres Bonbon der AMK«, so sein Bericht, bot die Referentin zum Schluß einen ebenfalls kostenlosen 200-Fragen-Psychotest an, der »von besonders geschulten AMK-Spezialisten« ausgewertet würde. Fast hätte er den Fragebogen ausgefüllt – da habe ein Sitznachbar das Wort »Scientology« fallen lassen. Als der SAPler daraufhin den Fragebogen leer zurückgab, habe ihn die Referentin »abrupt hinauskomplimentiert«.

Die Seminarräume befanden sich im Erdgeschoß des Geschäftsgebäudes im Rauenberger Industriegebiet Hohenaspe. Den ersten Stock bekam der Besucher bei seiner kurzen AMK-Visite nicht mehr zu Gesicht. Er hätte seinen Verdacht bestätigt gefunden: Dort gab es, wie die Sektenexperten Angelika Christ und Steven Goldner später in ihrem Buch »Scientology und Management« berichteten, »ein Ausstellungszimmer, das L. Ron Hubbard gewidmet und fast altarmäßig aufgebaut war«.

Das Gerücht, die SAP sei von Scientology unterwandert, vernahm SAP-Chef Hopp erneut im November 1994 in seinem Tennisclub. Der Vortrag über die Organisation in Wiesloch hatte auch im Klubhaus des Tennisclubs Walldorf-Astoria an der Schwetzinger Straße für Gesprächsstoff nach dem Match gesorgt. Hopp steuerte zur Unterhaltung zunächst nicht mehr bei als eine abfällige Bemerkung über »diese Organisation« und wollte es dabei bewenden lassen. Die Reaktion aus der Runde traf ihn »völlig unvorbereitet«, wie er sich erinnert. Eine Sportkameradin sprach es aus: »Aber du bist doch auch dabei.«

Seine erste Reaktion, so erinnert der SAP-Chef sich: »Jetzt geht's aber los.« Dann aber fiel Hopp der anonyme Anrufer wieder ein.

Steckte womöglich doch mehr hinter dem merkwürdigen Hinweis? Hopp nahm sich vor, der Sache nachzugehen.

»Richtig hellhörig geworden«, sagt der SAP-Chef rückblickend, sei er allerdings erst durch den Anruf eines Geschäftsfreundes aus Berlin: Dieses Gerücht, so wurde ihm schlagartig deutlich, war längst kein Lokalklatsch mehr, der sich unter Sportsfreunden womöglich noch entkräften ließ. Fast beleidigt war der Anrufer zur Sache gekommen: »Das kann doch nicht wahr sein, daß ihr die Scientologen im Haus habt?«

Ab sofort, entschied der Vorstandsvorsitzende, war das Thema »Scientology bei der SAP« offiziell Chefsache. Welche Rolle spielte die AMK in Rauenberg, deren Name neuerdings immer öfter im Zusammenhang mit der angeblichen Scientology-Infiltration bei SAP genannt wurde?

Vorsichtshalber wurde angeordnet, Kunden und SAP-Angestellte per E-Mail und Aushang im Schulungszentrum vor den Flugblattverteilern zu warnen, bis diese Frage mit Scientology-Experten geklärt werden konnte: Es gebe keinerlei Geschäftsbeziehungen zwischen der SAP AG und der AMK, wurde dort mitgeteilt. Der Sicherheitsdienst erhielt die Anweisung, die Psychopropagandisten nicht mehr aufs Firmengelände zu lassen. Die Walldorfer Stadtverwaltung habe einen Wink erhalten, verkündete Hopp, »diese Agenten auch vom Gehweg und von der Straße vor dem Schulungsgebäude fernzuhalten«.

Keine vorschnellen Maßnahmen, wie sich bald erweisen sollte. Bislang hatten selbst juristisch wohlberatene Sektenexperten viel Mühe damit gehabt, der AMK ihre Rolle als »größte Schlepperorganisation von Scientology« (so die Ex-Scientologin Jeannette Schweizer) öffentlich nachzuweisen. Als »Riesenerfolg« feierten sie deshalb Mitte Dezember eine Entscheidung des Landgerichts Heidelberg, die nun endlich Klarheit schuf: Das Unternehmen gab einem Kursteilnehmer nach, der rund 14000 Mark Kursgebühren erstattet haben wollte, weil ihn AMK-Vertreter über die Scientology-Verbindungen des Unternehmens getäuscht hatten. Unmittelbar vor der Beweisaufnahme erkannte das Unternehmen die Forderungen des Klägers an. Nicht mehr verhindern konnte es damit allerdings, daß dessen Anwalt anschließend der Öffentlichkeit einen Stapel verräterischer Unterlagen präsentierte. So seien die AMK-

Geschäftsführer beispielsweise Gründungsmitglieder einer Scientology-Tochterorganisation, die ein besonderes Ziel verfolge: »Geschäftsleute auf die Brücke.«

War das in Walldorf womöglich schon gelungen? Oder hatte »das Immunsystem der SAP« (Hopp) auch in den anderen Fällen so gut funktioniert wie bei dem Mitarbeiter, der bei IKEA angesprochen worden war? Er offenbarte sich via E-Mail und warnte die Kollegen vor den AMK-Psychogrammen: Wer sich darauf einlasse, werde dadurch »verwundbar, wenn nicht sogar erpreßbar«.

Hopp jedenfalls sah inzwischen »immer deutlichere Zeichen dafür, daß diese Organisation Einfluß auf unser Unternehmen gewinnen will«. Gab es gar schon, so sein Verdacht, »eingeschleuste Interessenvertreter dieser unheilvollen Organisation« bei der SAP? Vor den Folgen einer Scientology-Infiltration warnt das Institut der Deutschen Wirtschaft: »Psychische Deformation bis hin zum Ruin verschuldete erpreßbare Mitarbeiter, Wirtschaftsspionage und Veruntreuung.« Das durfte die Software-Firma, auch im Interesse ihrer Kunden, nicht riskieren.

Andererseits: Schon »das nicht verstummende Gerücht« (Hopp) könnte immensen Schaden anrichten – auch dann, wenn es entkräftet würde. Jüngstes Beispiel dafür war die Greschbach Industrie AG aus dem badischen Herbolzheim. Das Unternehmen war, so klagte Mehrheitsaktionär Manfred Greschbach, durch »gezielt in Umlauf gebrachte Spekulationen« in Scientology-Verdacht geraten. »Schlampige Recherchen und destruktive Kunden«, bestätigen Angelika Christ und Steven Goldner in ihrem Buch »Scientology im Management«, produzierten »den Sektenverdacht auch für völlig harmlose Mitmenschen und Unternehmen«. Würde das Gerücht durch Abwehrmaßnahmen der SAP AG womöglich noch zusätzlich angefacht?

Was blieb, entschied Dietmar Hopp, war die Offensive. Seine Jahresabschlußrede vor der SAP-Belegschaft verband der Vorstandsvorsitzende mit einer unmißverständlichen Kampfansage an die Scientology Church: »Wir dürfen nicht dulden, daß diese Organisation auch nur den geringsten Einfluß auf unser Unternehmen bekommt.« Der SAP-Chef rief die Belegschaft auf, die »›Maulwürfe‹, die sich hier möglicherweise eingeschlichen haben, zu identifizieren«. Dann bot er an: »Ist jemand in den Fängen und will sich lösen –

die SAP hilft dabei, soweit es nur geht.« Wer allerdings, so Hopp, »die Interessen dieser Organisation in der SAP vertritt«, dem werde er »ohne jede Vorwarnung die ›rote Karte‹ zeigen«.

Selten, sagt der bedächtige SAP-Chef und frühere Hobbykicker rückblickend, verwende er sonst solche Wendungen aus der Fußballsprache: »Aber da habe ich es gemacht.«

In den folgenden Wochen ließ Hopp keinen Zweifel daran, daß es sich bei der SAP-Kampfansage gegen die Scientology Church nicht um bloße Weihnachtsrhetorik handelte. Das Unternehmen orderte Aufklärungsbroschüren, die an die Mitarbeiter verteilt wurden. Scientology-Seminare mit Sektenexperten wurden angesetzt. Im Foyer an der Neurottstraße legte der SAP-Sicherheitsdienst die zusammengehefteten Reports der »Schutzgemeinschaft Robin Direkt« gleich dutzendweise aus – direkt neben den Faltblättern »Die Kriminalpolizei rät«.

Per elektronischem Rundschreiben legte Hopp im Januar noch einmal nach und rief zur »Solidarität mit unserem Unternehmen« gegen Scientology auf: »Es hat nichts mit Hexenjagd zu tun, wenn Sie unserem Personalchef Herrn Gilbert oder auch mir Ihre diesbezüglichen Beobachtungen melden. Und bitte nicht zögern, auch wenn Sie nicht ganz sicher sind.« SAP, faßt Schulungsmanager Hans-Reiner Lahme den Eindruck zusammen, den die Gegenmaßnahmen bei den Mitarbeitern hinterließen, habe »schnell und massiv reagiert«.

Damit jedoch, dessen war Hopp sich wohl bewußt, war erst ein Teilsieg errungen. Entscheidend würde sein, ob das Gerücht sich auch öffentlich entkräften ließe. Die Kunde von seiner angriffslustigen Weihnachtsansprache hatte inzwischen auch die Redaktion der Wirtschaftszeitschrift »Impulse« erreicht.

Das Magazin plante einen Report über Scientology und die deutschen Unternehmen – darunter »leider auch die SAP«, wie Hopp befürchtete. Mitarbeiter warnte er: »Der dadurch entstehende Imageschaden könnte sich für uns zu einem echten Problem ausweiten.«

Als erstes reagierte jedoch die Börse. Am 22. und 23. Februar 1995 fielen die Kurse der SAP-Aktien. An der Frankfurter Börse, meldete der Nachrichtensender »n-tv« als mögliche Ursache für den Kursverlust, liefen Gerüchte über die SAP und Scientology um. Berichte über eine Anzeigenkampagne von Scientology in den USA, in der die deutsche Bundesregierung mit dem Naziregime gleichgesetzt wurde, hatten in den zurückliegenden Wochen für Schlagzeilen gesorgt.

Nun wurde zum ersten Mal auch Deutschlands erfolgreichstes High-Tech-Unternehmen öffentlich mit der Organisation in Zusammenhang gebracht. Doch die Walldorfer hatten die Zeit genutzt, um ihren Gegenschlag vorzubereiten. Sie waren für diesen Fall gewappnet. Anfragen von Journalisten nahm Hopp persönlich entgegen: Zwar gäbe es »keinerlei Hinweise«, daß Scientologen bereits in das Unternehmen eingesickert seien. Aber: »Wir werden Scientology bekämpfen, sobald sie versuchen, hier Fuß zu fassen.« Anfragern wurde außerdem eine umfangreiche Sonderausgabe der Mitarbeiterzeitschrift »SAP inside« (inklusive »Anti-Scientologen-Lexikon«) zugesandt, in der ausführlich über die »totalitäre Organisation« und ihre Methoden informiert wurde.

So frontal hatte bisher kein Unternehmen in Deutschland die Scientologen angegangen. Für deren Anwälte hatte Hopp eine unmißverständliche Botschaft parat: »Vor einer Klage«, äußerte der Unternehmenschef, »würde ich mich am wenigsten fürchten.«

Was immer die Scientologen bei der SAP vorgehabt haben mochten: Es endete im größten Fiasko, das die Organisation in der deutschen Wirtschaft bis dahin hinnehmen mußte. Was immer sich die AMK von der Nähe zur SAP AG erhofft hatte: Für solche Vorhaben, so mußten die Akademiebetreiber lernen, war der Riese auf der Wiese bei Walldorf ein paar Nummern zu groß. Sang- und klanglos gab die AMK bald darauf ihren Geschäftssitz in Wiesloch-Rauenberg auf und verzog nach Eschborn bei Frankfurt.

Als vorbildlich bewerten inzwischen Sektenexperten das Vorgehen der SAP gegen die Organisation. »Umfassend und entschieden«, fassen Angelika Christ und Steven Goldner zusammen, habe »SAP auf öffentlich verbreitete, aber ungeprüfte Unterstellungen« reagiert. Das Unternehmen habe sich besonders intensiv um die interne Information und Unterstützung der Mitarbeiter gekümmert, aber gleichzeitig mit »allen gegebenen Möglichkeiten« gekämpft. Fazit der Fachleute: »Wir gratulieren!«

Welche Spuren der Scientology-Verdacht in Wirklichkeit bei der SAP hinterlassen hatte, erfuhr die Öffentlichkeit jedoch nicht. Der SAP-Chef hatte wenig Anlaß, seinen Sieg zu feiern. Zwar hatte Dietmar Hopp betont, es gebe »keinerlei Hinweise« darauf, daß Scientologen in der SAP seien. Aber dafür brodelte die Gerüchteküche.

»Wenn so ein Verdacht entsteht«, erklärte Hopp später, »lassen sich rückblickend immer ein paar Indizien finden, die diesen Verdacht erhärten. Es war so zufällig.« Davon blieb sogar die Vorstandsetage nicht verschont. Selbst im Kreis der SAP-Gründer, die einander seit mehr als 25 Jahren kannten, kam es zu gegenseitigen Verdächtigungen. Nach Hopp traf es nun Hans-Werner Hector.

»Hopp«, beschwert sich Hector, »hat nicht davor zurückgeschreckt, mich als Scientologen zu verdächtigen.«

»Ich bin ja auch persönlich in Verdacht gekommen«, rechtfertigte sich der SAP-Chef. »Jetzt kam das Gerücht in Zusammenhang mit ihm wieder auf. Ich bin sehr froh, daß da nichts dran war.«

Da allerdings war der Verdacht bereits ausgesprochen. Dietmar Hopp hatte seinen langjährigen Weggefährten zur Rede gestellt: »Bist du dabei oder nicht?« Hectors knappe Entgegnung: »Unsinn.«

Doch das Gespräch hatte eine Kluft zwischen ihnen offenbart, die nun nicht mehr zu überbrücken war.

Hectors langer Abschied

»Die ganze Organisation hat ihn nicht respektiert.«
Klaus Besier, Ex-Chef von SAP America, über Hans-Werner Hector

Wenn Hans-Werner Hector über Dietmar Hopp spricht, dann vermischen sich verletzter Stolz, Bitterkeit sowie eine immer noch fast ehrfürchtige Bewunderung. Wie zahlreiche Beschäftigte, so beschreibt auch der 1996 aus dem Unternehmen ausgeschiedene SAP-Mitgründer den Firmenchef als »Vadder« Hopp. »Wir«, erklärt Hector, »haben den Hopp eigentlich immer so ein bißchen als den Vater der Nation angesehen.« Im selben Gespräch wirft er dem SAP-Boß dann vor, »mit allen Mitteln, psychologischem Druck, psychologischem Terror, die Kollegen dahin zu bringen, wo er hin will«. Hector: »Das ist dann auch der Grund, warum ich mich mehr oder weniger darauf vorbereitet habe auszusteigen.«

Wenn Dietmar Hopp sich über den SAP-Aussteiger äußert, dann nicht minder emotional, aber auch mit vernichtender Schärfe. »Ich schäme mich für ihn«, schrieb Hopp 1996 in einer »streng vertraulich« gekennzeichneten E-Mail an den SAP-Führungskreis: »Noch nie habe ich mich in einem Menschen so getäuscht und muß deshalb auch eingestehen, selbst versagt zu haben.« Für die »schnöde Art und Weise«, wie Hector die Firma verlassen habe, habe er keine Erklärung, sagt der SAP-Vorstandssprecher – »außer der, daß er sich immer unter Druck gefühlt haben muß, weil er nicht ausreichend zu unserem Erfolg beigetragen hat«. Hopp: »Wir hätten ihn ja noch gebrauchen können, um Kunden zu empfangen.«

Nicht einmal dafür, behaupten SAP-Manager mit bösem Spott. Sie berichten beispielsweise vom Besuch des damaligen US-Botschafters Charles E. Redmann in Walldorf. Der amerikanische Geschäftsträger in Bonn war im Dezember 1994 von Vorstandsmitglied Hans-Werner Hector bei SAP empfangen worden. Redmann interessierte sich besonders für den R/3-Einsatz im Öffentlichen Dienst. Eine Stunde dauerte die Präsentation, bei der ihn Hector mit fahrig aufgelegten und in holprigem Englisch kommentierten Overhead-Folien traktierte – ein »Desaster«, so ein Teilnehmer. Zwei Jahre danach verriet Hasso Plattner auf einer Betriebsversammlung, was er seinem früheren Vorstandskollegen regelmäßig geraten habe: »Etwas mehr Golf hilft der Firma.«

Was war geschehen, das die einstigen Weggefährten nach so langer Zusammenarbeit zu erbitterten Feinden werden ließ, die ihre Fehde öffentlich austrugen? Bis zum Frühjahr 1996 gehörte es noch zu den ehernen Gesetzen des diskreten Großunternehmens, solche Interna nicht mit Außenstehenden zu erörtern. Durchbrochen wurde diese Regel im Mai 1996 – vom Vorstandschef der SAP AG selbst. In einem Interview mit dem Nachrichtenmagazin »Der Spiegel« griff Dietmar Hopp seinen Mitgründer auf spektakuläre Weise persönlich an. Hans-Werner Hector, ließ Hopp sich über seinen Kollegen und Golfpartner aus, habe »einfach nicht das Format, das man braucht, um ein Unternehmen zu leiten. Wir haben das nie nach außen gezeigt.«

Hector, so der SAP-Chef, habe »einen katastrophalen Fehler gemacht und die Firma ins Gerede gebracht«. Grund für den öffentlichen Ausbruch: Hans-Werner Hector, der über rund 16 Prozent des SAP-Aktienkapitals verfügte und der inzwischen vom Vorstand in den Aufsichtsrat gewechselt war, hatte den völlig entgeisterten SAP-Mitgründern den Konsens aufgekündigt und der Firma einen schweren Schlag zugefügt, indem er die Verfügungsgewalt über den Großteil seiner Stammaktien klammheimlich einem ausländischen Treuhandfonds übertrug. Das Milliardenpaket wurde später schubweise verkauft. Der dramatische Abgang des SAP-Veteranen sorgte für Unruhe an der Börse, Gerüchte um eine bevorstehende feindliche Übernahme und negative Schlagzeilen. »Er hat uns immer vorgespielt, daß er hinter dem Ziel stand, die Unabhängigkeit der SAP zu bewahren«, wirft Dietmar Hopp seinem ehemaligen Kollegen vor. »Dann hat er als erstes seine Stammaktien verkauft und damit unser gemeinsames Ziel mit Füßen getreten.«

Der »Affront«, bestätigt Hans-Werner Hector, war beabsichtigt. Aber weshalb? »Psychologische Probleme«, hatte Dietmar Hopp im »Spiegel«-Interview über die Beweggründe seines früheren Weggefährten gemutmaßt. Intern begründete der SAP-Chef seine Äußerungen später als Versuch, »das Undenkbare zu erklären, und zwar nicht mit diplomatischen Floskeln, die ohnehin keiner ernst nimmt«. Die öffentliche »Unfähigkeitsbescheinigung« (so eine Aktionärskritik auf der Jahreshauptversammlung 1996) ließ Beobachter zunächst einen persönlichen Zwist zwischen Hopp und Hector als Ursache für den Bruch vermuten. Doch in Wirklichkeit war auch das Verhältnis zwischen den beiden anderen Gründervorständen und Hector seit langem »abgekühlt«, wie Tschira formuliert. Schon seit Jahren galt Hans-Werner Hector im SAP-Vorstand als, wie es Hasso Plattner ausdrückte, »fünftes Rad am Wagen«.

Er sei »bereit, in einem Team das zu tun, was notwendig ist«, beschreibt Hector seine langjährige Rolle in der Gründergruppe. Bereits im Gesellschaftsvertrag von 1972 spiegelte sich die Position wider, die dem hochgewachsenen Mannschaftssportler (30 Jahre Basketball) im Gründerkreis zugewiesen wurde. »Tschira, Hopp, Plattner überlegen sich was Neues«, erinnert sich der SAP-Mitgründer, »und ich helfe Wellenreuther, das Alte fertigzumachen, damit wir über die Runden kommen.« So kümmerte sich der hagere SAP-»Dir-Hector« (Firmenspott) in den Anfangsjahren gemeinsam mit Claus Wellenreuther um die Entwicklung des Systems DF (Integrierte Finanzbuchhaltung, Dialogversion) und war für die Batch-Programme zuständig. Später habe er dann »die Dinge getan, die notwendig waren in Richtung der Entwicklung der RV«, der R/2-Komponente für Vertrieb, Fakturierung und Versand. Seit den achtziger Jahren war Hector für die SAP-Schulung verantwortlich.

»Damals war man unter Dauerstreß«, beschreibt Dietmar Hopp das Verhältnis zu seinem Gründerkollegen, »und in den siebziger Jahren war es noch schlimmer. Wenn der Hector kam und sich über was unterhalten wollte, dann hat man nicht mehr als eine Viertelstunde gehabt, und mit anderen redete man halt einen ganzen Tag, wenn es sein mußte.« Gleichwohl funktionierte das Zusammenspiel der Partner zumindest in den Anfangsjahren der Firma prächtig. Das bestätigt beispielsweise auch SAP-Mitgründer Claus Wellenreuther auf die Frage, ob diese Rollenverteilung ein Streitpunkt unter den Gründern gewesen sei: »Überhaupt nicht – für so etwas hatten wir ja gar keine Zeit.«

Als »Teamplayer«, der sich habe »in die Pflicht nehmen lassen«, beschreibt SAP-Vorstand Henning Kagermann den SAP-Mitgründer: »Immer wenn eine Aufgabe kam, hat er die angenommen. Als es 1992 hieß, einer muß nach Amerika, hat er nicht gesagt: Nicht ich.« Dieses »Die-Pflicht-ruft«-Image, sagt Hector, »begleitet mich eigentlich mein ganzes Leben«. Doch nun sei Schluß damit: »Ich versuche das mehr und mehr zu vermeiden.«

Der rasante Aufstieg der von ihm mitgegründeten Firma seit Ende der achtziger Jahre hatte auch Spuren im Verhältnis der Gründer untereinander hinterlassen. Hans-Werner Hector fühlte sich im Vorstand immer weiter an den Rand gedrängt. Je erfolgreicher SAP wurde, desto härter ging es oft auch in der Gründerriege zur Sache. Wenn beispielsweise Dietmar Hopp mit Hasso Plattner um die richtige Linie ficht, »dann verläuft die Kampflinie quer durchs ganze Haus«, erklärt ein SAP-Manager. Hectors Meinung hingegen war bei den bis 1995 zumeist nach dem »Komm-grad'-mal«-Prinzip einberufenen Vorstandssitzungen immer seltener gefragt, worunter der empfindsame Diplommathematiker zunehmend litt. Hector sei ein »sehr emotionaler Mensch, das hat den schon mitgenommen«, sagt ein ehemaliger Kollege. »Es gab kein partnerschaftliches Interesse mehr«, beklagt der SAP-Mitgründer, »es wurde einfach bestimmt.«

Überfahren fühlte sich Hector hauptsächlich von dem schnell aufbrausenden Hasso Plattner. Er lasse sich das nur noch gefallen, weil er sich Dietmar Hopp verpflichtet fühle, äußerte Hector einmal einem Vertrauten gegenüber. Hector, bestätigt etwa der Anfang 1996 ausgeschiedene frühere Chef der SAP America, Klaus Besier, sei »in den Meetings grauenhaft behandelt worden«. Der frühere SAP-Manager: »Er hat nie zurückgekämpft.« Dietmar Hopp sagt: »Wenn man in der Runde sitzt, hat man nicht immer gesagt: ›Ja, richtig, aber es ist doch so ...‹, sondern da hieß es auch mal: ›Rede doch nicht solchen Quatsch.‹ Natürlich ist es da schon mal so zugegangen, wie man sich unterhalten kann mit Menschen, die man lange genug kennt und von denen man eigentlich annimmt, daß sie nichts auf die Goldwaage legen. Da war er auch nie beleidigt oder so.« Der SAP-Chef, räumt Hans-Werner Hector ein, habe »häufig dann doch dazu beigetragen, daß wir zusammenkommen, auf eine Art, die ihm wahrscheinlich eigen ist«.

So lag es zuletzt hauptsächlich an Hopp, daß es Hector noch im

SAP-Vorstand hielt. Er habe, sagt der Vorstandssprecher über seinen damaligen Golfpartner, mit Hans-Werner Hector »nie Spannungen gehabt, undenkbar. Er hat meinen Rat gesucht, er hat meinen Rat auch in aller Regel befolgt.« Das geschilderte Einvernehmen ging so weit, daß seit Jahren in Walldorf ein SAP-Witz darüber kursierte. Er wurde auch im Vorstandskreis kolportiert: Vor einer Sitzung habe Dietmar Hopp eines Tages die Stühle seiner Mitgründer mit Reißnägeln präpariert. Niemand habe sich gesetzt, so die böse Pointe – außer Hans-Werner Hector, mit der Begründung: »Der Hopp wird sich schon was dabei gedacht haben.«

Gleichzeitig kollidierte Hectors Führungsstil immer häufiger mit der SAP-Kultur, die statt auf Kontrolle auf dem Vertrauen in die Leistungsbereitschaft der hochbezahlten Softwerker basiert. Bei den Beschäftigten der Vielfliegerfirma stand der penible Hector in dem Ruf, daß er persönlich ihre Spesenrechnungen nachprüfte. Verschont davon blieb beispielsweise auch nicht SAP-Mitarbeiter Nr. 2, Uli Daub. SAP-Chef Hopp mußte Hector in seinem Eifer bremsen. »Ich habe nie in meinem Leben in eine Spesenabrechnung geguckt«, sagt der SAP-Chef, »aber ihm hat es ein Riesenvergnügen gemacht. Ich habe gesagt: Schmeiß das Ding weg und vergiß es.« Solche Vorfälle berichten mehrere SAP-Beschäftigte. »Daß ich generell mit Mitarbeitern Probleme habe, habe ich so nicht gesehen«, sagt Hector dazu.

»Halb unter Druck«, so sagt Hans-Werner Hector, sei er im Februar 1992 nach Philadelphia gegangen. Gewissermaßen als ständiger Vertreter des Vorstands sollte er dort die Aufsicht über das Nord- und Südamerika-Geschäft übernehmen. Vor der Abreise offenbarte Hector im Gründerkreis erstmals seinen Frust: »Entweder wir bleiben faire Partner, habe ich gesagt, dann mache ich den Job. Oder aber, wenn das so unfair weitergeht – und ich habe diese psychologischen Dinge als sehr unfair empfunden –, dann werde ich nach dem Amerika-Job aufhören und meine Aktien verkaufen.« Hasso Plattner, erzählt Hector, habe »kühl und sachlich« reagiert: »Aufhören kann ich verstehen, aber die Aktien verkaufen, das kann ich nicht verstehen.« Dietmar Hopp reagierte heftiger, so Hector: »Das kannst du nicht machen. Die Aktien verkaufen, das ist ein Sargnagel für die SAP.«

»Gott sei Dank habe ich es damals getan«, sagt Hector über

seinen Wechsel in die USA. »Ich konnte kaum Englisch«, erinnert sich der SAP-Mitgründer. »Es war für mich unglaublich anstrengend, aber ich fühle mich heute so wohl, freigeschwommen, daß ich sage, es war richtig, das zu tun.« In Amerika, erklärt Hector, habe er dann »ein bißchen mehr das große Bild gesehen« und »entdeckt, daß Walldorf nicht der Nabel der Welt ist«. Die Jahre in den USA, resümiert der SAP-Mitgründer, hätten ihn »so stark gemacht, daß ich diesem psychologischen Druck nicht mehr verfallen war«.

So war der Konflikt programmiert, als Hans-Werner Hector im Februar 1995 aus den USA zurückkehrte. Das Nordamerika-Geschäft lag bereits in den Händen von Klaus Besier, dem nun auch noch der bisher Hector zugeordnete Südamerika-Zweig der SAP zugeschlagen wurde; die Entwicklung des Marktes in Südamerika, erklärt SAP-Chef Hopp die Entscheidung, sei »nicht in die Gänge« gekommen. Der Verlust dieses Zuständigkeitsbereichs, erzählt Hector, »bildete für mich den Tiefpunkt der Vertrauenskrise, an dem ich gesagt habe: Nicht mehr mit mir«. Hinzu kam, daß ihm seine Vorstandskollegen nun nicht einmal mehr die Verantwortung für die Konzeption des neuen R/3-Schulungsmaterials übertrugen, die fortan Hasso Plattner übernehmen sollte. Die Schulung, erklärt Hector, sei wesentlich, um das System sauber installieren zu können. »Das war mein ständiges Bestreben, und ich glaube, da war ich sehr erfolgreich.«

In einem Gespräch mit Dieter Matheis, dem kaufmännischen Leiter der SAP, machte Hans-Werner Hector sich Luft: »Mensch, jetzt habe ich eigentlich keine Lust mehr«, habe er gesagt. »Ich würde aufhören«, habe ihm Matheis daraufhin geraten. Hector: »Ich glaubte, das sei ein ganz privates Gespräch.« Doch Dieter Matheis berichtete Dietmar Hopp davon. Der SAP-Chef nahm das zum Anlaß für ein Gespräch mit Hector, das nach Ansicht der meisten SAP-Führungskräfte längst überfällig war.

»Er hatte unserem kaufmännischen Leiter erzählt«, erinnert sich Hopp an die Aussprache mit dem Gründerkollegen, »daß er gern aufhören würde, sich nur mir gegenüber verpflichtet fühlen würde und es deshalb nicht wagt.« Er habe Matheis nicht bloßstellen wollen und deshalb »in aller Freundschaft« gesagt: »Du kommst zurück aus Amerika. Bevor du dich jetzt irgendwo wieder eingliederst und wieder von vorn beginnst, würde ich jetzt in den Aufsichtsrat gehen.« Hopp: »Das war absolut ehrlich und gut gemeint.« Doch die Aussprache, die dem Mitgründer einen ehrenvollen Ausweg ebnen sollte, endete im Streit. »Ich habe ihm gesagt«, erinnert sich Hector, »dann gehe ich raus, aber mit allen Konsequenzen.«

Während dieser Auseinandersetzung stellte Hopp seinem Mitgründer auch die Frage, ob er Scientology-Mitglied sei. Im Dezember hatte Hopp vor den Mitarbeitern seine »Rote-Karte«-Rede gehalten. Kurz darauf habe er von Matheis gehört, erinnert sich der SAP-Chef, Hector sei »nur noch in der SAP, weil er sich mir so verpflichtet fühle«. Hopp: »Ich habe damals zunächst einen zeitlichen Zusammenhang hergestellt. Aber noch einmal: Ich bin sehr froh, daß da nichts dran war.« Ob Hector sich von ihm in diese Ecke gerückt fühlte? Hopp: »Sicherlich.« Später wurde der Streit derart persönlich, daß sogar alte Golfwetten wieder ausgegraben wurden. »Er war so kleinlich«, erinnert sich Dietmar Hopp, »daß er mir vorwarf, vor rund zweieinhalb Jahren eine Flasche Champagner, die ich wohl beim Golf verloren hatte, nicht bezahlt zu haben. Ich hatte sie bezahlt, ich zahle meine Spielschulden sofort. Ich habe ihm trotzdem drei Kisten geschickt.« Der SAP-Chef über das Ergebnis des Gesprächs: »Einen Tag später hat er mir erklärt, ich hätte ihn rausgeschmissen. Ich war völlig perplex und habe gesagt: ›Du spinnst ja wohl.‹ Ich habe ihn überhaupt nicht ernst genommen.«

Hector war es bitter ernst. »Rausgedrängt« fühle er sich von Hopp, bestätigt der SAP-Mitgründer: »Das war nicht Job, das war mein Leben.« Es sei »überhaupt nicht« in seinem Sinn gewesen, daß Dieter Matheis dem Vorstandsvorsitzenden von ihrem privaten Gespräch berichtet habe. Aus »momentanem Ärger«, sagt Hector, habe er zwar Matheis gegenüber seinen Unmut geäußert. Aber: »Ich habe gern gearbeitet. Es war mit mein Kind, genau wie das der anderen.« Für ihn stand nunmehr fest, erzählt der SAP-Mitgründer: »Wenn ich mich löse, dann muß ich mich völlig lösen.« Doch Dietmar Hopp habe darauf gedrungen »in den Aufsichtsrat zu wechseln, um nicht zuviel öffentliche Aufmerksamkeit zu erregen, wegen der negativen Reklame«.

Am 17. Februar 1995 gab das Unternehmen bekannt, daß Gründervorstand Hans-Werner Hector den Aufsichtsrat aus »persönlichen Gründen« gebeten habe, seinen Vertrag vorzeitig aufzulösen. Hector wolle nach Ablauf der Hauptversammlung im Juni aus dem Vorstand ausscheiden, um anschließend in den Aufsichtsrat zu wechseln. Ein SAP-Sprecher erklärte, der Mitgründer habe »überhaupt keine Pläne, seine Aktien zu verkaufen«. In einem Punkt allerdings war die Mitteilung verfrüht: SAP-Chef Hopp brauchte bis April, um Hector zu einem »sanften« Ausstieg via Aufsichtsrat zu überreden. Denn hinter den Kulissen setzte ein langwieriges Gezerre mit dem Multimillionär ein, der nun von Hopp eine Abfindungssumme und die Weiterzahlung in seine Pensionskasse forderte – ohne Erfolg. Hector, berichtete der SAP-Vorstandschef später seinen Managern, habe sich schließlich einen Firmenwagen »ertrotzt, den er auch heute noch auf SAP-Kosten fährt«. Ein Aufatmen ging durch die Firma, als Dietmar Hopp in seiner Rede auf der Jahreshauptversammlung der SAP am 21. Juni die – vermeintlichen – Schlußworte für dieses Kapitel der Firmengeschichte sprach: »Hans-Werner Hector hat als Gründungsmitglied viel zum heutigen Erfolg der SAP beigetragen«, stellte der SAP-Chef fest. »Wir danken ihm für alles, was er für dieses Unternehmen geleistet hat, und freuen uns, daß er der SAP eng verbunden bleibt.«

Doch Hans-Werner Hector hatte andere Pläne. Den frischgebackenen SAP-Aufsichtsrat vermochten die Dankesworte nicht mehr zu besänftigen. »Für mich war klar«, erklärt Hector, »wenn ich den Vorstand verlasse, gibt es für mich gar keinen Grund, meine Anteile irgendwo zu lassen.« Er habe, sagt der SAP-Mitgründer, »nicht mehr abhängig sein« wollen von dem Unternehmen. Hätte ihm das nicht gleichgültig sein können, solange die Firma derart prosperiert? »Ja, eine gute Aussage«, entgegnet Hector. »Ich habe einfach anders entschieden.«

SAP-Chef Hopp warnte indes im SAP-Führungszirkel, es sei nicht auszuschließen, daß Hector etwas »Unüberlegtes« unternehme. »Ich war sein Feindbild«, sagt Hopp. »Ich weiß bis heute nicht, warum.« In Wirklichkeit habe er seinem Kollegen aber »nicht zugetraut, daß er die Solidargemeinschaft verläßt, die zwischen den Gründern bestanden hat«. Hector habe seine Absicht »perfekt verdeckt«, meint der SAP-Chef Hopp: »Da muß sich etwas aufgestaut haben. Da muß sich ein Haß aufgestaut haben, den er nicht gezeigt hat und der eben in seinem mäßigen Beitrag, den er in dieser Firma geleistet hat, begründet war.« Doch wirklich »Böses geahnt«, erzählt der SAP-Chef, habe er erst kurz vor Weihnachten 1995, als ein »Bombardement von Einschreibebriefen« auf die SAP niedergeregnet sei.

In den Schreiben bot Hector formgerecht seinen Mitgründern an, ihr Vorkaufsrecht für rund sechs Millionen seiner Stammaktien im Zeitwert von rund 1,6 Milliarden Mark wahrzunehmen. Das Angebot orientierte sich am Durchschnittspreis der vergangenen drei Monate (227 Mark pro Aktie) und folgte damit dem Konsortialvertrag, in dem die Gründer anläßlich des Börsengangs 1988 die Stimmrechte ihrer Anteile gebündelt hatten. Insgesamt verfügten die vier Gründer und ihre Familien über rund 80 Prozent der SAP-Stammaktien.

Anlaß des Angebots, jedenfalls vordergründig: Wie auch Dietmar Hopp und Klaus Tschira, die aus erbschaftsteuerlichen Erwägungen ihr persönliches Aktienvermögen an eigens dafür gegründete gemeinnützige Stiftungen übertragen hatten, so plante nun ebenfalls Hans-Werner Hector, einen Teil seiner Stammaktien zu überschreiben – 0,78 Prozent auf die H.-W.-und-J.-Hector-Stiftung im badischen Weinheim sowie 10,46 Prozent an den Eugenia Trust auf der Insel Jersey, dem Steuerparadies im Ärmelkanal. »Zu diesem Zeitpunkt«, erläuterte SAP-Chef Hopp später in seiner E-Mail an die Mitarbeiter, »konnten wir nicht ahnen, daß Herr Hector (Trust) Verkaufsabsichten hat. Aber selbst wenn wir es vermutet hätten, wären wir niemals in der Lage gewesen, die geforderten 1,6 Milliarden Mark aufzubringen, ohne selbst Aktien zu verpfänden.« Im April 1996 drückte der »Forrester-Report«, in dem R/3 als »Museumsstück« abgestempelt wurde, kräftig auf den Kurs der SAP-Aktien. »Hätten wir es getan«, fuhr Hopp fort, »dann wären bei dem Kurssturz nach ›Forrester‹ schon über 300 Millionen Mark Verlust angefallen.« Daraufhin hätten die Banken, so der SAP-Chef, auf dem Verkauf verpfändeter Aktien bestehen müssen – absehbare Folge: eine »Abwärtsspirale ohne Chance auf Kurserholung«.

Die SAP-Konsorten gingen, aus welchen Gründen auch immer, zunächst jedenfalls nicht davon aus, daß Hector wirklich seine Stammaktien an Dritte verkaufen würde. Nach dem Vorkaufsangebot, sagt Hector, sei ihm eine Bemerkung »aus dem engsten

Kreis« um Dietmar Hopp hinterbracht worden: »Die brauchen wir nicht zu kaufen. Der Hector hat 20 Jahre auf meinen psychologischen Druck reagiert. Das klappt auch diesmal.« Mit einem triumphierenden Lächeln sagt der SAP-Mitgründer: »Hat es nicht.«

Was er vorhatte, konnten seine ehemaligen Kollegen nicht ahnen, als Anfang März 1996 ein neuer Konsortialvertrag unterzeichnet wurde. Dieser Schritt war erforderlich geworden, um nach der Vermögensübertragung an die Stiftungen die Stimmrechte der Gründeraktien wieder auf dem alten Stand bündeln zu können. Dazu traten nun zusätzlich die von den Gründungsaktionären beherrschten Stiftungen, auch die Hector-Stiftung, sowie der Eugenia Trust als Konsorten in den neu gefaßten Stimmrechtsbindungsvertrag ein. Zuvor hatte sich Hector allerdings eine Klausel ausbedungen, die eine Kündigung mit vierwöchiger Frist ohne Angabe von Gründen erlaubte. Diese Klausel, so jedenfalls sah es der SAP-Aussteiger, diente dazu, sie beizeiten zu benutzen. Doch diese Absicht behielt er für sich: »Das habe ich sehr sorgfältig vorbereitet«, beschreibt Hector, wie er zu seinem Schlag ausholte. »Ich habe für meine Stiftung gekündigt, der Trust hat ebenfalls ein Kündigungsschreiben geschickt.« Es verfehlte die beabsichtigte Wirkung auf SAP-Chef Hopp nicht. Hector triumphierend: »Das hat ihn völlig überrascht.«

»Vielleicht sein Heimzahlen für die 25 Jahre Demütigung«, wie Klaus Besier über das Motiv seines früheren Büronachbarn in Philadelphia rätselt. Fest steht: Es handelte sich nicht um eine »Panne«, wie ein fassungsloser Dietmar Hopp das Verhalten von Hans-Werner Hector später zu erklären versuchte. Vielmehr hatten der Eugenia Trust und die Hector-Stiftung sich bereits nach wenigen Wochen wieder aus dem neugeordneten Konsortium verabschiedet – ohne Angabe von Gründen und nur vier Tage, nachdem dessen geänderte Zusammensetzung gemäß dem Wertpapierhandelsgesetz veröffentlicht worden war. Die Nachricht, daß der Trust sein stattliches Stammaktienpaket von mehr als zehn Prozent aus dem SAP-Konsortium herausgelöst hatte, schlug Anfang Mai 1996 wie eine Bombe ein. Was, so wurde nun in Walldorf, an der Börse und in der Presse gerätselt, hatte Hector als nächstes vor?

Die Antwort des SAP-Großaktionärs und Aufsichtsrats auf eine Rückfrage des Vorstands schockte auch die zahlreichen SAP-Beschäftigten, die via Wandelschuldverschreibung am Börsenerfolg des Unternehmens beteiligt sind: Er habe, so ließ Hector wissen, keinen Einfluß mehr darauf, was der Trust auf der Kanalinsel mit seinem Aktienpaket unternehme; alle Rechte daran habe er auf den Treuhänder übertragen. Hasso Plattner und Klaus Tschira waren durch die Transaktion ebenso vor den Kopf gestoßen wie Dietmar Hopp. »Ich kann nicht verstehen, was in Hans-Werner vorgegangen ist«, sagt SAP-Mitgründer Tschira. »Er hätte auch von seinen Vorzügen verkaufen können.«

»24 Jahre lang hat er mit uns geredet, seit einigen Monaten tut er das nicht mehr.« Auf der SAP-Bilanzpressekonferenz am 14. Mai 1996 präsentierte sich den versammelten Wirtschaftsjournalisten ein aufgebrachter und enttäuschter Dietmar Hopp, der noch an ein Versehen seines Mitgründers glaubte. »Das war nicht besonders intelligent von ihm«, kommentierte der Vorstandschef die Übergabe der Verfügungsgewalt über das Aktienpaket an den Trust. Daß Hector seinen Partnern angeboten hatte, ihr Vorkaufsrecht wahrzunehmen, blieb allerdings unerwähnt. »Wir wissen nicht genau, was in Jersey passiert«, räumte der SAP-Vorstandschef ein, »ob Aktien verkauft werden sollen oder nicht. Der Trust gibt keine Auskünfte. Herr Hector hat erklärt, er habe keine Möglichkeit, die Transaktion rückgängig zu machen. Das war entwaffnend. Was hier passiert ist, ist nicht nachvollziehbar.«

Würden die sechs Millionen Stammaktien auf den Markt geworfen, konnte das den Börsenkurs der Firma erheblich drücken. Oder war der SAP-Mitgründer womöglich von einer dubiosen Offshore-Firma »über den Tisch gezogen« worden, wie zunächst in SAP-Kreisen und anderntags auch in der Presse gemunkelt wurde? Wüst wurde auch schon über eine bevorstehende feindliche Übernahme spekuliert. Theoretisch, rechneten Analysten vor, könnten firmenfremde Aufkäufer die Sperrminorität von 25 Prozent zusammenbekommen. Würde Hector auch die restlichen rund vier Prozent seiner Stimmrechtsaktien dem Trust überschreiben, so ließen sich die dann noch fehlenden zehn Prozent auf dem freien Markt erwerben.

Allerdings, so stellte sich bei genauerem Hinsehen heraus, handelte es sich bei dem Hector-Trust auf der Kanalinsel Jersey keineswegs um eine zwielichtige Offshore-Klitsche. Vielmehr firmierte der Fonds als Ableger der hochseriösen Schweizerischen Bankgesellschaft (Union Bank of Switzerland, UBS), die damit als Treuhänder nach angloamerikanischem Recht (»Trustee«) das Eigentum an dem Aktienpaket übernommen hatte. So erklärte sich auch das hartnäckige Schweigen der Insel-Schweizer: Die Vereinbarungen mit Hector wurden als Privatvertrag getroffen, so daß der Trustee keine Auskünfte an Dritte geben durfte.

Wesentlich auskunftsfreudiger zeigte sich nun Dietmar Hopp. Am Montag nach der Bilanzvorlage griff er seinen langjährigen Kollegen und Sportsfreund im »Spiegel«-Interview persönlich an, indem er ihm unternehmerisches Format absprach: »Wir haben ihn gedeckt und mitgeschleppt und ihn nie im Regen stehenlassen«, sagte der SAP-Chef. »Dies dankt er uns nun auf so merkwürdige Weise.« Gleichwohl verfügten die übrigen drei Gründer mit mehr als 60 Prozent der stimmberechtigten Aktien weiterhin über eine »grundsolide Mehrheit«, versicherte Hopp. Die Vorstellung, daß sein ehemaliger Kollege aus finanziellen Motiven gehandelt habe, nannte der SAP-Chef »fast schon grotesk«. Zum Schluß wiederholte Hopp, was er bereits auf der Bilanzpressekonferenz von dem Dissidenten gefordert hatte: »Wenn er Charakter hat, dann verläßt er freiwillig den Aufsichtsrat. Denn meine Kollegen und ich, und das sind zwei Drittel des stimmberechtigten Kapitals, stehen nicht mehr hinter ihm.« Hector habe es »fertiggebracht, noch in der Gründergeneration die Fundamente der SAP zu beschädigen«, schrieb Dietmar Hopp in seiner E-Mail an die SAP-Manager. So sahen es auch die anderen beiden Gründervorstände. Allerdings war der Stil der Attacke im »Spiegel« anschließend auch im SAP-Vorstand umstritten: »Ich finde das nicht besonders geschickt«, kritisierte etwa Klaus Tschira.

Ende Mai 1996 gab es keinen Zweifel mehr: Hector war dabei, Kasse zu machen. So wurde bekannt, daß die UBS 2,5 Millionen der Hector-Stammaktien aus dem Trust an Großanleger verkauft hatte. Das Angebot war erwartungsgemäß mehrfach überzeichnet. 500 000 Stämme übernahm die UBS selbst. Somit verfügte der Trust noch über die Hälfte des Pakets, insgesamt drei Millionen Stammaktien. Die Transaktion hatte nicht auf den SAP-Kurs gedrückt; ein SAP-Sprecher bezeichnete es als »erfreulich«, wie positiv das Angebot im Markt aufgenommen worden sei. (Nach einer sechsmonatigen Verkaufspause wurde die zweite Tranche, ebenso reibungslos, im Frühjahr 1997 umplaziert.)

Der für die Jahreshauptversammlung in Mannheim erwartete Showdown fand nicht statt. »Heute Tag der Abrechnung?« schlagzeilte die »Rhein-Neckar-Zeitung« am 26. Juni. Doch an diesem Tag blieb der Platz von Hans-Werner Hector auf dem Podium im Mannheimer Kongreßzentrum Rosengarten leer. Die Sitzung begann eine Viertelstunde verspätet. Verkehrsprobleme gab der SAP-Aufsichtsratsvorsitzende Bernd Thiemann als Grund dafür an. Bis zur letzten Minute hatte Thiemann versucht, zwischen den Kontrahenten zu vermitteln, jedoch vergeblich. Nun verlas er ein Schreiben, in dem der mit Spannung erwartete Aufsichtsrat und Großaktionär Hans-Werner Hector sein Fernbleiben damit begründete, er wolle »die spannungsgeladene Situation nicht weiter belasten«.

Dietmar Hopp habe noch »bis zur Hauptversammlung gesagt, ich hätte ihn überrascht und über den Tisch gezogen«, erklärt Hector. »Das war nicht wahr, denn ich habe ihm 1992 mein Ausscheiden angekündigt, falls die Vertrauensbasis nicht wiederhergestellt wird. Und ich habe das 1995 wiederholt.« In Mannheim erklärte der SAP-Vorstandschef nun erstmals, daß den Mitgründern das Vorkaufsrecht eingeräumt worden und die Herausnahme der Hector-Aktien aus dem Konsortium nicht vertragswidrig gewesen sei. Hasso Plattner wiederum ließ durchblicken, daß ihm der bisherige Stil der Auseinandersetzung nicht behagte: Nachzuzählen, »wer in den letzten 25 Jahren mehr Tore geschossen oder den Ball öfters durch die Beine bekommen hat«, erklärte Plattner dort, halte er für »unangebracht«.

Hector äußerte sich eine knappe Woche später erstmals ausführlich zu der scharfen Kritik an seinem Verhalten dem Unternehmen gegenüber. In einem Gespräch mit der Tageszeitung »Die Welt« erklärte der SAP-Mitgründer, er habe den Jersey-Trust angewiesen, nichts zu unternehmen, was der Firma oder ihren Aktionären schaden könnte. Auf die Äußerungen von Dietmar Hopp im »Spiegel« ging Hector zunächst nicht ein. Am 17. Dezember 1996 legte der SAP-Mitgründer sein Aufsichtsratsmandat vorzeitig nieder. Aus einer Pflichtveröffentlichung des Unternehmens vom Anfang des Monats ging hervor, daß er zu diesem Zeitpunkt noch über rund vier Prozent der Stimmrechtsaktien verfügte. Die anderen drei Gründungsaktionäre sowie ihre Stiftungen hatten ohne ihn einen neuen Konsortialvertrag geschlossen, in dem nunmehr etwa 61 Prozent der Stimmrechte gebündelt waren.

In einem Schreiben an den Aufsichtsratsvorsitzenden Bernd Thiemann, dessen Bekanntgabe nur kurzfristig für Unruhe an der Börse sorgte, verband Hector seine Rücktrittsbegründung mit scharfen Vorwürfen: Der SAP-Aufsichtsrat könne seine gesetzlich vorgeschriebene Kontrollpflicht gegenüber dem Vorstand nicht ausreichend wahrnehmen; er sei von Vorstandschef Hopp abhängig, der keine kritischen Stimmen dulde. Thiemann wies die Vorwürfe umgehend zurück: Den Kontrollaufgaben des Gremiums, erklärte der Chef der DG Bank und Vorsitzende des SAP-Aufsichtsrats, werde »in vollem Umfang Rechnung getragen«.

»Ich bin enttäuscht, aber nicht überrascht, daß Hopp versucht hat, eine kritische Diskussion von Sachfragen durch persönliche Angriffe zu umgehen«, hatte der SAP-Aussteiger in seinem Schreiben erklärt. Im Umkreis von Dietmar Hopp, legt Hector nach, könne sich »nur halten, wer als Claqueur da ist. Alle anderen werden geohrfeigt, rausgefeuert oder sonst was. Entweder sie ducken sich und geben dem psychologischen Druck nach oder ... Die einzige Ausnahme, würde ich sagen, ist Plattner. Alle anderen, mich eingeschlossen ... ich habe das auch jahrelang gemacht, bevor es mir richtig bewußt wurde.«

Der SAP-Chef habe ihn im »Spiegel« gedemutigt, behauptet Hector, weil »er es als persönliche Niederlage empfand, daß es nicht möglich war, mich daran zu hindern, die Aktien rauszubringen. Die wollte er nämlich für sich selber haben, in seiner Stiftung, von ihm allein betreut und verwaltet.« In demselben Gespräch lenkt Hector aber auch ein: »Wenn ich mir anschaue, wie er es geschafft hat, für das Mitarbeiterprogramm 1996 dafür zu sorgen, daß pünktlich genügend Umsatz da war und die Aktien nun den Boom nach oben gemacht haben, das hat er phantastisch hingekriegt. Wahrscheinlich hätte ein anderer das nicht so hingekriegt. Aber das sind nun Dinge, wo man hundertprozentig auf ihn setzen kann.« Ohne Hopp, schließt Hector, »wäre die SAP nicht da, wo sie heute ist«.

Die persönlichen Angriffe gegen ihn, so schrieb der Mitgründer in seinem »Abschiedsbrief«, stünden »im Gegensatz zur Stärke und Kompetenz der SAP-Belegschaft und der SAP-Produkte, in die ich nach wie vor volles Vertrauen habe«. Doch auch die sechs Arbeitnehmervertreter im Aufsichtsrat wiesen die Rücktrittsbegründungen entschieden zurück. Sie forderten Hector »zum wiederholten Male auf, sich nicht als Interessenwahrer der Mitarbeiter der SAP darzustellen«. Ihre Erklärung offenbarte den Gegensatz, in den der langjährige Gründervorstand inzwischen zur ganzen Firma geraten war: »Die Belegschaft der SAP hat kein Verständnis für seine Erklärungen.«

Zur 25-Jahr-Feier von SAP im Mannheimer Rosengarten am 11. April 1997 erhielt Hans-Werner Hector keine Einladung. Doch mindestens einer seiner ehemaligen Kollegen hätte nichts dagegen gehabt und hatte sogar versucht, einen versöhnlichen Schlußstrich zu ziehen. »Ich hatte ihn auf die Liste gesetzt«, sagt SAP-Mitgründer Klaus Tschira. Wer ihn wieder gestrichen habe? Tschira: »Gute Frage.«

Auf Schmusekurs mit Microsoft

»Es kann sein, daß SAP in drei Jahren nicht mehr existiert. Aber das kann auch Microsoft so gehen.«
SAP-Vorstandsmitglied Peter Zencke

Besucher, die an einem Freitagnachmittag das Entwicklungs- und Vertriebszentrum der SAP an der Neurottstraße in Walldorf aufsuchen, erleben eine für deutsche Verhältnisse um diese Zeit ungewöhnliche Betriebsamkeit. Statt Wochenendstimmung herrscht dort auf allen Gängen geschäftiger Hochbetrieb. Durch angelehnte Türen dringt das Klackern von Computertasten. In den Pausen- und Raucherzonen rangeln die Teams um freiwerdende Tische, um bei einem Kaffee oder Tee die nächste Projektphase zu besprechen.

Am zweiten Freitag im Februar 1996 jedoch waren die Büros bereits um halb drei verwaist und die Flure so leergefegt wie im Finanzamt um diese Zeit. Der Grund: »Bill Gates kommt.« Die Nachricht vom Besuch des Microsoft-Chefs hatte 2500 SAP-Beschäftigte ins Erdgeschoß gelockt. Dort drängelten sie sich nun im Kasino, um einen Blick auf »Bill« zu erhaschen, womöglich auch den einen oder anderen verräterischen Zwischenton in seinem Vortrag. Seit SAP sich 1993 zur Kooperation mit Microsoft entschloß, ist das Verhältnis zwischen dem Standardsoftware-Hersteller und dem Marktführer bei PC-Software immer enger geworden. Derart eng immerhin, daß SAP-Chef Dietmar Hopp intern bereits bange gefragt wurde: »Sind wir neuerdings mit Microsoft verheiratet?«

Erstmals erwies »Er« (so, mit großem »E«, die Mitarbeiterzeitschrift) »leibhaftig« (»Rhein-Neckar-Zeitung«) nun »Europas Software-Haus Nr. 1« (Gates) in Walldorf seine Referenz. Treuherzig beteuerte der reichste Mann Amerikas, dessen Unternehmen weltweit zum Synonym für PC-Software geworden ist (»MS DOS«, »Windows 95«, »MS Office«), daß Microsoft keine betriebswirtschaftliche Standardsoftware produzieren werde: Er habe, so Gates, »kein Interesse, in das Arbeitsgebiet von SAP einzusteigen«. Vielmehr, betonte der Microsoft-Boß, brauchten die beiden Unternehmen einander: »SAP hatte mehr Einfluß auf unsere Produktstrategie und auf die Gestaltung bestimmter Features als jedes andere Software-Unternehmen, mit dem wir zusammenarbeiten.«

Bereits im Jahr zuvor hatte Hasso Plattner für SAP eine Zwischenbilanz der damals noch jungen Allianz gezogen: »Microsoft ist für uns ein idealer Technologiepartner.« Die Partnerschaft zwischen SAP und dem amerikanischen Software-Giganten (Umsatz 1996: mehr als sechs Milliarden Mark) hat sich für beide Seiten bezahlt gemacht und gleichzeitig ihren Kunden genutzt. Gleichwohl beäugen Marktbeobachter die deutsch-amerikanische High-Tech-Idylle gespannt. So versteht sich zwar die SAP-Führungsriege, vor allem Hasso Plattner, auch persönlich gut mit Gates, der so ganz dem Geschmack des Hauses entspricht: »Er hat extremen Erfolg«, sagt SAP-Finanzvorstand Henning Kagermann, »und hat trotzdem nicht abgehoben.« Aber der jungenhafte Napoleon-Fan aus Seattle (US-Staat Washington) gilt in der Branche auch als brillanter Machtstratege, der im Software-Geschäft keine Freunde kennt und knallhart nur ein Ziel verfolgt: »Wir wollen den Weltmarkt für Software monopolisieren.«

Nach dieser Devise hatte der Computerfreak 1980 die schlafmützigen Manager bei IBM übertölpelt, die den PC-Boom nicht rechtzeitig kommen sahen und bereitwillig teure Lizenzverträge für das PC-Betriebssystem DOS von Microsoft abschlossen. Dadurch konnte sich der sommersprossige Studienabbrecher in den folgenden Jahren den gesamten Software-Markt für Personalcomputer untertan machen. Ob er Microsoft als Monopolisten bezeichnen würde, wurde einmal Gerhard Schulmeyer gefragt, Vorstandschef des Computerriesen Siemens-Nixdorf Informationssysteme. Schulmeyer antwortete mit einer Gegenfrage: »Haben Sie jemals mit Microsoft verhandelt?«

SAP hat für den »Schmusekurs mit Microsoft« (so die deutsche Fachzeitschrift »Client Server Computing«) gleich mehrere triftige Gründe. Erstens spielt das Netzwerkbetriebssystem Windows NT von Microsoft, ein auf zahlreichen Computerplattformen einsetzbares Konkurrenzprodukt zur Unix-Software, inzwischen eine Hauptrolle in der betrieblichen Datenverarbeitung. Zweitens hält Microsoft mit dem PC-Programmpaket MS Office einen Marktanteil von mehr als 80 Prozent bei sogenannten Office-Paketen, in denen etwa Text-Software, Tabellenkalkulation, E-Mail- und Präsentationsprogramme gebündelt sind; mehr als 55 Millionen PC-Anwender nutzen mindestens eines der Büroprogramme von Microsoft, beispielsweise die Tabellenkalkulation Excel. Und drittens war Microsoft, kurz vor dem Gates-Besuch in Walldorf, auf einen neuen Zukunftsmarkt eingeschwenkt, der künftig all diese Produkte prägen sollte: »Das Internet«, erfuhr nun auch der per Hubschrauber eigens nach Walldorf geeilte baden-württembergische Ministerpräsident Erwin Teufel aus Gates' berufenem Munde, »wird die Welt verändern.«

Microsoft profitiert ebenfalls kräftig von dem Pakt mit den Teufel-Landeskindern. 1994 erkannte SAP das Betriebssystem Windows NT als Plattform für den R/3-Einsatz an. Für den amerikanischen Programmehersteller bedeutete das einen Durchbruch im anspruchsvollen Markt für Client/Server-Systeme. Bis dahin hatte NT dort im Schatten von Unix-Derivaten verschiedener Hersteller gestanden. Die Gates-Firma wurde nur als Hersteller von Anwendungsprogrammen für die Client-Computer ernst genommen. Durch die R/3-Zertifizierung erhielt Windows NT nun gleichsam die höheren Weihen für die Unternehmens-EDV.

Im selben Jahr startete die Hoechst AG in Frankfurt am Main ein international vielbeachtetes R/3-Großprojekt, in das Microsoft nach SAP als zweiter Software-Großlieferant im Frühjahr 1996 mit einstieg. Durch die Installation von R/3 in Kombination mit Windows NT, Windows 95 sowie MS Office sollen weltweit insgesamt 60 000 Beschäftigte des Chemiekonzerns in die Lage versetzt werden, direkt oder indirekt auf SAP-Funktionen zuzugreifen. Mit der riesigen Installation können SAP und Microsoft international renommieren. Denn Hoechst, erläutert Commerzbank-Analyst John Pike aus Frankfurt, gilt im Ausland als »das Flaggschiff modernen deutschen Unternehmertums«.

Mittlerweile lassen sich bei Hoechst mit Hilfe spezieller SAP- und Microsoft-Programme auch verschiedene Firmensysteme international via Internet verbinden, um beispielsweise eine Bestellung abzuwickeln; sie wird aus dem Datennetz direkt ans Lager weitergeleitet und landet zum Schluß vollautomatisch im Rechnungswesen – eine Internet-Variante der »ereignisgesteuerten Prozeßkette«. »Das funktioniert«, erläutert Ulrich Bos, Chef der für die Datenverarbeitung zuständigen Hoechst-Tochterfirma HiServ, »wie eine E-Mail mit eingebautem Befehl: ›Hier kommt die Bestellung, wenn abgefertigt, dann weiterreichen.‹«

Doch nicht nur dem Großkonzern Hoechst, auch mittelständischen Unternehmen hat die transatlantische Software-Allianz genützt. Hauptsächlich in kleineren und mittleren Firmen hat sich Windows NT, das sich auf einem Standard-PC ebenso wie auf einem Hochleistungs-Server einsetzen läßt, als Netzwerkbetriebssystem etabliert. Im Frühjahr 1997 wollten bereits 48 Prozent aller R/3-Neukunden die Standardsoftware auf NT-Systemen installieren. Als R/3-Datenbank dient dabei oftmals das Programmsystem »SQL Server« von Microsoft, das speziell für den Betrieb mit R/3 angepaßt wurde. Darüber hinaus sorgte SAP dafür, daß R/3-Benutzer seit Herbst 1996 ihre Firmendaten komfortabel mit der weitverbreiteten Tabellenkalkulation Excel verarbeiten sowie ihre elektronische R/3-Post mit den vertrauten E-Mail-Programmen von Microsoft, »Exchange« und »Outlook«, versenden und empfangen können. Jeff Comport, Marktbeobachter bei der Gartner Group in Stamford (US-Staat Connecticut), spricht von einer »naturgegebenen Partnerschaft«.

Zusätzlich gefestigt wird der Pakt dadurch, daß Microsoft inzwischen weltweit die R/3-Module für Finanzwesen, Controlling, Anlagen- sowie Materialwirtschaft und Vertrieb einsetzt. 20 Monate dauerte die Einführung des Systems, bei der die Gates-Firma sich ohne Sonderwünsche dem betriebswirtschaftlichen Ratschluß der SAP-Weisen in Walldorf unterwarf. Sein Unternehmen, erklärt Microsoft-Projektleiter Gregg Harmon, habe R/3 erlaubt, »die Transformation der Geschäftsprozesse zu steuern – nicht umgekehrt«. Es habe sich, so Harmon, um die »komplexeste Implementation von Firmen-Software in der Geschichte von Microsoft« gehandelt.

Doch was geschieht, fragen Software-Fachleute, wenn Bill Gates sich womöglich eines Tages entschließt, ebenfalls anspruchsvolle Wirtschafts-Software zu entwickeln und auch bei Standardsoftware seine eigenen Standards durchzusetzen? »Die derzeitige Allianz kann jederzeit knallen«, warnte im Herbst 1996 der »Computerwoche«-Herausgeber Dieter Eckbauer. Wenn

Microsoft findet, »das können wir auch, das wollen wir auch«, erklärt der Branchenkenner, »dann hat die SAP ein halbes Jahr später plötzlich Konkurrenz«.

Der Marktführer bei PC-Software, erklärte hingegen Hasso Plattner, sei »auf hohes Volumen trainiert«; Microsoft verkaufe Anwendungsprogramme, nicht gehobene »Technologie-Software« wie SAP. »Wenn wir eine neue Software bauen«, erklärt Plattner, »läuft das auf maximal 20000 Installationen hinaus – das liegt mehrere Zehnerpotenzen unter dem, was Microsoft interessiert.« SAP-intern wurde das Zusammengehen mit dem amerikanischen Software-Riesen jedoch durchaus kontrovers diskutiert, wie Vorstandsmitglied Peter Zencke einräumt: »Die Frage war schon: Reiten wir den Tiger?« Von den potentiellen SAP-Gegnern, bestätigt auch sein Vorstandskollege Henning Kagermann, sei Microsoft »sicher der ernst zu nehmendste«.

Doch Gates habe, meinte Hasso Plattner im Herbst 1996, »über kurz oder lang kein Interesse daran, Unternehmens-Software zu schreiben. Wenn, dann eher Software, die Firmen untereinander oder Firmen mit ihren Kunden verbindet und die globalen Charakter hat.« So stellt Microsoft seine gesamte Software-Produktpalette in großem Stil durch integrierte Internet-Funktionen derart um, daß PC-Programme wie beispielsweise »Word« oder »Excel« sich nahtlos ins weltweite Datennetz integrieren. So lassen sich am Büro-PC zum Beispiel Texte laden oder Tabellen aufrufen, die auf einem entfernten Rechner im Internet liegen. Dort sieht Bill Gates die Zukunft: »Viele der Internet-Standards sind superwichtig.« SAP wiederum hat sich vorgenommen, die Standardsoftware übersichtlicher und offener zu gestalten und R/3 gleichzeitig, wie zum Beispiel bei der Hoechst AG, zur führenden Unternehmensplattform für den »Electronic Commerce« auszubauen. »Nach unserem Einblick, auch in die noch geheimen Projekte von Microsoft«, erklärt Paul Wahl, Amerika-Chef von SAP, »ist dort die Technologie-Infrastruktur am weitesten fortgeschritten.«

SAP nutzte die Chance, sich frühzeitig mit Microsoft über technologische Standards für den rasant wachsenden Zukunftsmarkt zu verständigen. Der gemeinsame Nenner, auf den die Walldorfer und der Microsoft-Chef ihre Strategie gebracht haben, heißt »BAPI« (Business Application Programming Interfaces). So werden bei SAP die standardisierten Schnittstellen bezeichnet, die in Absprache mit Microsoft definiert und erstmals 1996 fest in die betriebswirtschaftlichen Module von R/3 (3.1) eingebaut wurden. Die BAPI-Regeln legen fest, wie der Informationsaustausch zwischen verschiedenen betriebswirtschaftlichen Anwendungsprogrammen – auch anderer Hersteller – funktioniert, die sich an R/3 ankoppeln lassen.

So bilden die BAPI-Schnittstellen gewissermaßen die R/3-Synapsen, an denen sich der Daten- und Befehlsaustausch nach Normen vollzieht, nach denen die gesamte Software-Branche sich richtet. Derartige »offene« Schnittstellen erleichtern es den Herstellern von spezieller Branchen-Software oder von Internet-Programmen für den »Electronic Commerce«, ihre Komponenten an R/3 anzukoppeln. SAP komme es darauf an, erklärt Hasso Plattner, »die Schnittstellen zu unseren Produkten so zu gestalten, daß es für die vielen tausend kleinen Entwickler attraktiv ist, daran von außen anzudocken. Das ist wie ein neuer Stecker.«

Mehr als 100 auf dieser Grundlage entwickelter Software-Komponenten waren im Frühjahr 1997 bereits verfügbar, darunter allein 20 Varianten für die R/3-Auftragsbearbeitung. Der BAPI-Standard prägt auch die neue Programmarchitektur »Business Framework«, mit der SAP seit 1996 die Wende zu einer »objektorientierten« Standardsoftware vollzieht. R/3-Komponenten, die auf den BAPI-Schnittstellen aufsetzen, sind dadurch quasi »vorkonfiguriert« und lassen sich schnell in das Gesamtsystem einbetten. Dadurch müssen SAP-Kunden nun auch nicht mehr bis zu einer R/3-Neuauflage (SAP-Speak: »Release-Wechsel«) warten, wenn sie vom Hersteller eine spezielle Komponente oder aktualisierte Programmbestandteile (»Updates«) benötigen.

Mit dem BAPI-Dreh, bei dem der Kern von R/3 unangetastet bleibt, hat SAP einen Weg gefunden, seine Software jederzeit modernisieren zu können, beispielsweise für den Geschäftsverkehr im Internet, ohne dabei die Investitionssicherheit bereits installierter R/3-Systeme zu gefährden. Langfristiges Ziel, laut der US-Zeitschrift »Software Magazine«: »Und weg ist das monolithische R/3-Monster.«

Die Allianz mit Microsoft, stellte das Fachblatt fest, werde die »technologische Ausrichtung von SAP in den kommenden Jahren nachhaltig beeinflussen« und, so die Prognose, »immer enger werden«. Andererseits richtet auch Microsoft seine Produktpolitik verstärkt an den Bedürfnissen der gehobenen Unternehmens-EDV aus. Das berichtet Günther Tolkmit, der bei SAP für das Technologiemarketing zuständig ist: »Microsoft«, erklärt Tolkmit, »nimmt sich jetzt anders als vorher der damit verbundenen Fragen an.«

Darüber dürften sich die gemeinsamen Kunden freuen, denen durch diese Partnerschaft der Umgang mit R/3 erleichtert wird. Bei der »Sapphire« im August 1996 in Philadelphia (US-Staat Pennsylvania), wo die »Business-Framework«-Pläne erstmals öffentlich präsentiert wurden, führten Hasso Plattner und Bill Gates gemeinsam auf der Multimediabühne vor, wie R/3 sich mit Hilfe von Microsoft-Programmen im Internet einsetzen läßt. Abends trafen sich die Konferenzbesucher zu einer Party am Ufer des Delaware-Flusses, für die SAP den Popstar Stevie Wonder engagiert hatte. »We've got to reach higher«, sang der schwarze Soul-Musiker. Gemeinsam stimmten SAP- und Micro-Softwerker ein: »Wir müssen uns mehr anstrengen.«

Auch das hören die Kunden gern.

Funken geschlagen

> »Es ist vielleicht übertrieben zu sagen: Aufbruch in eine neue Zeit. Aber es bedeutet eine neue Dimension der Computerisierung.«
>
> *Dietmar Hopp über das Internet*

Auf der Software-Konferenz ließ Dieter Sinn kein gutes Haar an den Entscheidern der EDV-Branche. »Die deutschen IT-Manager«, befand Sinn, Seniorberater bei Diebold, »sind Feiglinge.« Heftig geißelte der Top-Consultant beim 10. Software-Unternehmer-Gespräch in Berlin die Innovationsscheu der High-Tech-Sachwalter zwischen Flensburg und München: »Sie sagen zwar ja zur Internet-Technologie«, kritisierte Sinn, »aber sie wenden sich nicht den Bereichen zu, in denen wirklich die Musik spielt.«

Immerhin wußte Sinn anläßlich der Diebold-Konferenz im Februar 1997 wenigstens von einer Ausnahme in der deutschen High-Tech-Industrie zu berichten. Wie kein anderes Software-Unternehmen habe die SAP AG aus Walldorf ihre Produkte auf Intranet und Internet getrimmt und dadurch den Wandel zum »Electronic Commerce« beschleunigt. »Das schafft Fakten«, bilanzierte Sinn, »und erzeugt Kundenanforderungen, mit denen künftig auch alle anderen Anbieter von kaufmännischer Software konfrontiert werden.«

Zweckoptimismus eines Software-Beraters, der vom R/3-Geschäft profitiert? Wohl kaum. Sinn steht mit seiner Einschätzung nicht allein. Mit dem Release 3.1 der Standardsoftware, das im Dezember 1996 präsentiert wurde, hatte SAP als weltweit erster Hersteller ein umfassendes betriebswirtschaftliches Anwendungspaket zu bieten, das sich vielfältig sowohl via Intranet als auch per Internet nutzen läßt, beim Einrichten von innerbetrieblichen Informationssystemen ebenso wie beim interkontinentalen Vernetzen von Konzernfilialen. »Das gesamte System R/3«, gab Hasso Plattner stolz bekannt, sei nunmehr »im Rechnungswesen, in der Logistik und in der Personalwirtschaft voll internet-fähig«.

Als weitere Ausbaustufe, mit zusätzlichen Programmbestandteilen beispielsweise für den elektronischen Handel, kündigte das Unternehmen für Ende 1997 das R/3-Release 4.0 an. Die neuen Internet-Funktionen wollen sich sogar die Lieblingskicker von Dietmar Hopp zunutze machen: Der FC Bayern München, so wurde bekannt, werde seine Fußball-Fanartikel mit Hilfe von R/3 im Internet feilbieten. Die Chance, daß auch Hopp dort gelegentlich vorbeisurft, stehen allerdings eher schlecht: »Mein Sohn ist ständig im Internet«, erläutert der Firmengründer sein privates Verhältnis zur Internet-Revolution, »und ich spiele lieber Golf.«

Die SAP-eigenen Service-Stationen im World Wide Web (WWW), dem multimedialen Bereich des Internet, lassen sich über die Kürzel »www.sap-ag.de« oder »www.sap.com« anwählen und zählen mittlerweile zu den ersten Adressen im globalen Netz. Browser-Programme wie »Netscape« oder der »Internet Explorer« von Microsoft verschaffen Bildschirmzugang zum SAPNet, dem Online-System der Firma. Von dort können sich SAP-Berater und R/3-Anwender anschließend per Mausklick beispielsweise neue Software, Dokumentationen und Schulungsmaterial auf ihren Computer holen. Spezielle Informationsangebote sind dem Übergang zur Euro-Währung sowie den Software-Gefahren gewidmet, die durch den Datumswechsel zur Jahrtausendwende drohen.

Investoren werden per Datennetz in Wort und Bild über den »Shareholder value« der Firma aufgeklärt. Journalisten wiederum finden eine Online-Pressestelle samt voluminöser Dokumenten-Datenbank vor. Vakante Stellen schreibt der Software-Konzern schon häufiger im WWW aus als auf Zeitungspapier. Auch auf anderen vielbesuchten Computern im Weltnetz, in dem Millionen von dezentral miteinander verwobenen Internet-Server vielfältige Informationen, Unterhaltung, Waren und Dienstleistungen zum Online-Abruf anbieten, ist die Drei-Buchstaben-Firma aus Walldorf mittlerweile allgegenwärtig. Auf den PC-Bildschirmen deutscher oder amerikanischer Software-Spezialisten, die beispielsweise in die von Digital Equipment betriebene Internet-Suchmaschine Alta Vista den Suchbegriff »SAP« einfüttern, erscheint daraufhin über den ausgegebenen Dokumentenfundstellen prompt die passende SAP-Reklame, so etwa von Big-Six-Beratungspartner Price Waterhouse.

In das Loblied auf die Internet-Strategie der Standardsoftwerker aus Walldorf stimmten auch diejenigen ein, von denen SAP sonst eher herbe Worte gewohnt war. »Die SAP«, stellte etwa die in Leinfelden bei Stuttgart erscheinende »Computer Zeitung« fest, »spielt mal wieder den Vorreiter.« Sogar die Marktforscher von Forrester Research in Cambridge (US-Staat Massachusetts) revidierten im Frühjahr 1997 ihren ursprünglichen Negativbefund. Die offenen BAPI-Schnittstellen, auf denen das Internet-Konzept von SAP fußt, so rapportierte nun aufgeregt Senior Analyst Bobby Cameron für die Fachgemeinde, »entwickeln sich derzeit mit Hochgeschwindigkeit zum De-facto-Industriestandard«.

Welch ein Wandel. Ein knappes Jahr lag es erst zurück, daß derselbe Branchenbeobachter – Anfang April 1996 – dem komplexen R/3-Paket mittelfristig »nur noch den Wert eines Museumsstücks« attestiert und zur Vorsicht bei SAP-Investitionen gemahnt hatte. Denn der deutsche Software-Hersteller, so begründete die Forrester-Studie »The Prudent Approach to R/3« (»Die vorsichtige Herangehensweise an R/3«) ihren Ratschlag, werde sich erst 1999 dem Druck des Marktes beugen und dann aber eine völlig neue Software-Generation vorstellen, die aus flexibel kombinierbaren Komponenten bestehe und sich via Internet/Intranet einsetzen lasse. »Die Fakten waren falsch«, ärgert sich Hasso Plattner, »aber die Story, die darum gebastelt wurde, hörte sich schlüssig an und hat deshalb so gezündet.«

Kern der Forrester-Story: »R/10«, wie Harvard-Absolvent Cameron (Markenzeichen: Fliege und extrabreite Hosenträger) und seine Kollegen in ihrem Report den angeblichen R/3-Nachfolger hypothetisch bezeichneten, werde durch die verstärkte SAP-Kooperation mit Microsoft geprägt und nur noch »marginal kompatibel« (Forrester-PR) zum Vorgängermodell sein. R/3 werde dadurch »innerhalb weniger Jahre obsolet«. Aus dem »R/10« der Vorlage wurde auf dem Weg durch die Instanzen bei Forrester allerdings ein für Branchenkenner plausibler anmutendes »R/4«. Und öffentlichkeitswirksam verkündete Firmenchef George Colony am Ende der PR-gesteuerten Prozeßkette: »Wenn SAP R/4 erscheint, wird R/3 so uralt aussehen wie heute R/2.«

Ganz alt sah auch mancher Aktionär aus, nachdem am 9. April 1996 das »Handelsblatt« aus Düsseldorf die »erstaunliche Neuigkeit« (»Wall Street Journal«) aus dem Analystenlabor gemeldet hatte. Vergeblich beteuerte SAP öffentlich: »Forrester liegt falsch mit dieser Annahme.« Es half wenig: Der Kurs der SAP-Aktie, der im September des Vorjahres bei 260 Mark einen vorläufigen Höhepunkt erreicht hatte, sackte infolge der Analystenbotschaft auf rund 190 Mark ab. Dietmar Hopp konstatierte »Kaufzurückhaltung« bei potentiellen R/3-Kunden als Folge der Forrester-Studie.

Bobby Cameron mußte eigentlich wissen, was sein SAP-Bericht auslösen würde. Immerhin hatte der Fachmann für Standardsoftware fünf Jahre bei Dun & Bradstreet verbracht, dem von SAP im Client/Server-Bereich überholten ehemaligen US-Marktführer bei vorgefertigter Finanz-Software. Die Walldorfer, so ließ sich der Forrester-Report verstehen, hätten wissentlich gleichsam gegen das erste Gebot der Standardsoftware-Branche verstoßen: Investitionssicherheit für die Kunden. »Unternehmen, die ihr Geschäft mit SAP steuern, befinden sich in Abhängigkeit des Softwareanbieters«, brachte die Zeitschrift »Wirtschaftswoche« das Problem auf den Punkt. »Die Frage, ob SAP als Marktführer rechtzeitig den Trend adaptiert und in ihre Produkte einbaut, entscheidet mit darüber, wie Unternehmen künftig am Markt agieren können.«

Bei SAP habe es damals »zwei fast gleich große Lager« gegeben, erzählt Hasso Plattner, »wie wir auf den Angriff aus Amerika reagieren sollten: Schweigen oder aggressiv dagegen vorgehen«. Mit knapper Mehrheit habe sich der Vorstand dann für die zweite Lösung entschieden; das Resultat, sagt Plattner rückblickend: »Dadurch, daß wir uns dagegen gestemmt haben, haben wir für Forrester die beste Reklame gemacht.«

SAP setzte für den 17. April 1996 außerplanmäßig eine Pressekonferenz an. Dort gingen Dietmar Hopp und Henning Kagermann ausführlich auf den Forrester-Bericht ein. »Wir arbeiten nicht an einem Nachfolger für R/3«, bekräftigte Hopp; Forrester irre, stellte der Firmenchef klar, »weil SAP nie im Leben das Vertrauen ihrer Kunden so mißbrauchen kann und darf«. Hopp gelobte: »Wir werden unseren Kunden Investitionsschutz bieten.« Nicht eine radikale Kehrtwende sei geplant, sondern »daß wir R/3 evolutionär ausbauen, daß wir neue Technologien nutzen können, und das haben wir in den letzten 20 Jahren doch auch bewiesen«. Aber zählte das noch angesichts des rapiden Internet-Umbruchs, der nun auch Deutschland erfaßt hatte?

Nicht nur der Report aus den USA führte den SAP-Managern im Frühling 1996 vor Augen, wie schnell die Stimmung im Analystenlager umzuschlagen vermochte. Die »Wirtschaftswoche« beispielsweise zitierte einen Finanzprofi vom Bankhaus Trinkaus & Burkhardt aus Düsseldorf mit der Einschätzung, daß »aus der SAP-Aktie die Luft raus« sei. Selbst Peter Thilo Hasler von der Bayerischen Vereinsbank, der im Vorjahr noch in der »FAZ« überschwenglich die Genialität der Softwerker aus Walldorf gepriesen hatte, bejammerte nun plötzlich das SAP-Kurspotential als »unterdurchschnittlich« und maulte: »SAP fehlt eine klare Vision.«

Indes waren ungewohnte Töne neuerdings auch aus Walldorf zu hören. SAP kritisierte zwar in scharfer Form den Inhalt der Forrester-Studie. Gleichzeitig aber demonstrierte das Unternehmen erstmals eine neue Gelassenheit im Umgang mit den wechselhaften Launen der fachöffentlichen Meinung: »Microsoft hat jeden Tag negative Presse«, erklärte Unternehmenssprecher Michael Pfister, »auch SAP muß sich daran gewöhnen, daß wir als Branchenführer attackiert werden.«

Vorstandsmitglied Henning Kagermann wiederum dämpfte die Verschwörungstheoretiker, die den deutschen Vorzeigekonzern mal wieder im Fadenkreuz der Konkurrenz sahen. Auf die Frage, was er hinter dem Forrester-Report vermute, antwortete Kagermann schlicht mit dem Hinweis auf »das legitime Kommunikationsrecht eines Analysten«. Mehr als »unseriöse Effekthascherei« (so Gerhard Adler, Chef der Diebold-Unternehmensberatung) war dem Forrester-Analysten mit der Fliege wohl auch kaum vorzuwerfen.

Schließlich gehört es quasi zu den Berufspflichten von Finanz- und Marktanalysten, als vorgeschobene Horchposten ihrer Klientel – der Investoren und EDV-Beratungskunden – möglichst das Branchen-Gras wachsen zu hören, noch bevor es ausgesät wird. Bei ihren Aussagen stützen sie sich oftmals auf Hintergrundgespräche und Gerüchte. Wo harte Fakten noch nicht geschaffen wurden, bleibt den Branchenbeobachtern im Interesse ihrer Kunden häufig nur die – möglichst sachgerechte – Spekulation über mögliche Trends.

Seriöse Analystenreports und Branchendienste weisen deshalb direkt oder indirekt durch entsprechende Formulierungen auf die Besonderheiten der Quellenlage hin. Bei Forrester-Reports dient dazu etwa der Hinweis, die darin geäußerten »Meinungen spiegeln die aktuelle Einschätzung wider und sind dem Wandel unterworfen«. Zur »wahrheitsgemäßen Berichterstattung« sind Analysten, anders als Journalisten, zwar nicht verpflichtet. Aber durch krasse Fehleinschätzungen und falsche Prognosen schaden sie nicht nur ihren Kunden, sondern auch sich selbst. Verwirrte R/3-Anwender oder irritierte Anleger waren im April 1996 jedenfalls besser beraten, wenn sie weniger auf Analystenaussagen und mehr auf das Urteil von SAP-kundigen Fachjournalisten vertrauten.

»Bis Applikationen vom Kaliber R/3 ersetzbar sein werden«, gab etwa die »Computerwoche« zu bedenken, »dürften noch etliche andere Gerüchte ins Kraut schießen.« Überdies befand sich der Forrester-Report auf dem (vermeintlichen) Informationsstand vom Februar. Standardsoftware-Fachleute stellten verwundert fest, daß beispielsweise die BAPI-Strategie, die SAP anläßlich der Computermesse CeBIT im März vorgestellt hatte, nicht berücksichtigt worden war. Schon im Februar hatte das Unternehmen klargestellt, daß es mit R/3 ab sofort den E-Commerce im Internet mitgestalten wolle: »Wir warten nicht darauf, daß jemand normiert«, kündigte SAP dazu an, »wir setzen selbst die Industriestandards.«

Marketingsprüche? Klaus Besier jedenfalls begründet seinen Ausstieg aus der Firma auch mit dem Eindruck, SAP sei damals noch »nicht weitergekommen mit der Internet-Technologie«. Andererseits konnte es sich gerade der R/3-Konzern nicht leisten, sich zu früh und zu weitgehend auf neue Software-Trends einzulassen und dadurch seine Kunden unnötig zu verunsichern. Indirekt bestätigt wurde die Vorsicht von SAP durch das Echo auf den Forrester-Report.

SAP, erläutert Vorstandsmitglied Peter Zencke, hatte 1995 unter seinen großen Kunden in Deutschland eine Umfrage durchgeführt, ob und wann sie das Internet zu nutzen planten. Die Antworten, erinnert sich Zencke, fielen ernüchternd aus: »Da kam im Ergebnis heraus, daß wir nie damit anfangen dürften.«

Andererseits bedeuteten Welt- und Firmen-»Webs« für SAP – und für die Konkurrenz – auch neue Möglichkeiten, die in Walldorf nicht unterschätzt werden durften. Denn Internet-Standards wie HTML (Hypertext Markup Language) erlaubten es nun erstmals, Programmoberflächen und Daten unternehmens- oder weltweit einheitlich auf Computern unterschiedlichster Hersteller und Leistungsklassen darzustellen. Das funktioniert unabhängig davon, ob es sich bei dem vernetzten »Client« um einen Windows-PC, einen Apple Macintosh oder eine HP-Workstation handelt oder ob auf der anderen Seite ein Unix-Server oder ein IBM-Mainframe den Internet-Dienst versieht. Ergebnis, so Dieter Sinn von Diebold: »Ein einheitliches, einfaches Universal-Terminal, das von allen PC-Nutzern akzeptiert wird.«

Denn die Browser-Software von Netscape und Microsoft dient dabei gewissermaßen als intuitiv bedienbares, global standardisiertes »Armaturenbrett«. Damit lassen sich sogar vom Heim-PC aus per Mausklick hochgezüchtete Programm-»Motoren« bedienen, die auf speziellen Servern irgendwo im Internet laufen: zum Beispiel geeignete Standardprogramme. Die »erste, wichtigste Herausforderung des Internet«, erläutert Peter Zencke, bestehe in der Möglichkeit, »die Unternehmensinformatik über die Unternehmensgrenzen und Konzerngrenzen hinweg zum Kunden, Endverbraucher und Geschäftspartner auszuweiten«.

Beschleunigt wird dieser Prozeß durch die neue Programmiersprache Java, die beim Unix-Rechnerhersteller Sun Microsystems entwickelt wurde, sowie durch die damit konkurrierende ActiveX/VBScript-Technologie von Microsoft. SAP hat Lizenzen von beiden US-Firmen erworben und so seiner eigenen Programmiersprache ABAP/4 zwei moderne Internet-Dialekte hinzugefügt. Bei Java (der Name ist kein High-Tech-Akronym, sondern spielt auf den Kaffeekonsum der Programmierer an) handelt es sich um eine objektorientierte Computersprache, die sich besonders für den plattformübergreifenden Einsatz auf den Rechnern verschiedener Hersteller eignet. Anders als herkömmliche Software muß ein Java-Programm nicht mehr mit speziellen Hilfsprogrammen, sogenannten Compilern, in die jeweiligen »Maschinensprachen« der benutzten Computertypen übertragen werden. Statt dessen erzeugt der Java-Compiler ein »Bytecode« genanntes Computer-Esperanto. Diese Zwischensprache wird erst beim Aufruf des Programms von einem in die Internet-Browser eingebauten »Interpreter« in die passende Maschinensprache übersetzt. So läßt sich das Entwickeln von Anwendungsprogrammen beschleunigen, die dann direkt aus dem Netz geladen und gestartet werden. Java, prophezeite Hasso Plattner im Dezember 1996 den SAP-Beschäftigten, sei »wahrscheinlich die zukünftige Programmiersprache für System-Software«.

»Das Internet wird die Art verändern«, erklärt Sun-Chef Scott McNealy, »wie Menschen in einem Unternehmen kommunizieren.« Denn die neuen Internet-Standards prägen verstärkt die unternehmensinternen Netzwerke. Dort vereinfachen sie den Einsatz von Firmenprogrammen durch

- niedrigeren Installationsaufwand; statt eine Arbeitsstation mit spezieller »Client«-Software vollzupacken und aufwendig zu konfigurieren, genügt bei Gelegenheitsnutzern oftmals das Aufspielen eines Internet-Browsers;
- geringeren Schulungsbedarf durch eine vertraute, in allen Fachabteilungen ähnlich anmutende Bedienoberfläche;
- weniger Wartungs- und Konfigurationsaufwand; Java-Anwendungen, die jeweils auf dem Server aktualisiert werden, erübrigen aufwendige Programm-Updates an den einzelnen Arbeitsplatz-Personalcomputern;
- Offenheit für das Zusammenwirken mit den Programmen anderer Hersteller;
- erhöhte Integration und Verfügbarkeit von Programmen, Daten und Multimedia-Inhalten durch Anklick-Verknüpfungen.

Microsoft-Chef Bill Gates ist sich sicher, Netzwerk-Software werde sich bald »auf sehr anspruchsvolle Weise selbst konfigurieren, selbst reparieren und selbst managen«. SAP sieht die neuen Netze hauptsächlich als einen Weg, die Nutzerbasis von R/3 zu verbreitern. »Es ist ein Irrtum, zu glauben, daß das Internet oder Intranet R/3 eines Tages ersetzen könnte«, meint SAP-Vorstandssprecher Dietmar Hopp, »aber es sind neue Kommunikationstechniken, mit denen R/3 sich optimal ergänzen läßt.«

Der entscheidende Impuls für die Internet-Produktlinie von SAP ging von einem Workshop-Wochenende am Schliersee aus, das Anfang 1996 stattfand. Dort trafen sich SAP-Entwickler und ihre Kollegen von der Münchner Firma Ixos Software GmbH, an der SAP beteiligt ist und die sich auf vernetzte Archiv- und Dokumentationssysteme für R/3-Anwender spezialisiert hat. Für Peter Zencke war das Internet-Treffen »das schönste, was wir in diesem Jahr gemacht haben«. Noch nie habe er es erlebt, sagt der SAP-Manager, »daß in zwei Tagen geistig so viele Funken geschlagen wurden«.

Mit »Internet-Geschwindigkeit« (Hasso Plattner) gingen die Softwerker der beiden Firmen anschließend daran, R/3 mit dem Internet zu »verdrahten« und Szenarien für den Geschäftsverkehr im Netz zu entwickeln. Drei Tage vor der CeBIT-Messe waren die ersten BAPI-Schnittstellen geschaffen. In Hannover wurde die gemeinsam mit Microsoft entwickelte und mit Standardisierungsgremien wie der Open Applications Group (OAG) abgestimmte Interface-Strategie vorgestellt.

»Offen und fair« (Dietmar Hopp) überprüften die Forrester-Analysten noch im April ihre Recherchen und kamen – knapp vier Wochen nach dem verheerenden ersten Report – zu einem neuen Ergebnis: »SAP übernimmt im Web die Führung.« Im Juni 1996 kündigte SAP das R/3-Internet-Release 3.1 an. Im August wurde dann anläßlich der »Sapphire« '96 in Philadelphia die neue, offenere »Business-Framework«-Architektur der Standardsoftware präsentiert. Im Dezember lieferte SAP planmäßig das Release 3.1. aus, das 25 Anwendungsprogramme für den Einsatz im Intra- oder Internet beinhaltete. »Toll«, begeisterte sich Hasso Plattner anschließend, »wie wir aus der Architektur heraus wichtige Internet-Aufgaben gelöst haben.«

»Unser Konzept sieht vor«, erklärte Paul Wahl anläßlich der »Sapphire«, »daß jeder, der einen Browser benutzt, sich bei einem Internet-Server anmelden und dort mit SAP-Software arbeiten kann.« Die Anwenderkonferenz in den USA, wo SAP und Microsoft sich zum gemeinsamen »Lovefest« (so die Tageszeitung »Philadelphia Inquirer«) verabredet hatten, bildete den Höhepunkt des Internet-Jahres für die Walldorfer. »Keiner hätte gedacht«, sagt Peter Zencke, »daß die Ideen, die am Schliersee so hingemalt worden sind, ein Dreivierteljahr später live von Bill Gates und Hasso Plattner praktisch vorgeführt werden können.«

Als Kunde »Bill G.«, der per Internet eine High-Tech-Musikbox für sein neues Haus bestellt, und »Hasso P.« als Betreiber des Online-Shop »Cybersound« (»I always click twice«) klickten sich die beiden Software-Pioniere vor 3000 Zuschauern mit der PC-Maus am Windows-Bildschirm durch die Zukunft der Standardsoftware, die wenige Monate später mit der Auslieferung von R/3 3.1 Gegenwart wurde. Seither läßt sich via BAPI und Internet nun der Heim-PC mit R/3 verbinden, um beispielsweise multimediale Kataloge durchzublättern oder Bestellungen aufzugeben. Auch die Handels-Branchenlösung R/3 Retail, die für 1997 als Bestandteil der R/3-Version 4.0 angekündigt wurde, beinhaltet zahlreiche Internet-Module zum Abwickeln von »Customer-to-Business«-Transaktionen. Gemeinsam mit Intel hat SAP im Sommer 1997 eine Komplettlösung für den Handel im Internet angekündigt, genannt »Pandesic«.

Überdies können nun via Internet auch die R/3-Systeme zweier Unternehmen oder Konzernbereiche derart miteinander verknüpft werden, daß bei Materialknappheit in der einen Firma automatisch eine Online-Bestellung bei der anderen ausgelöst wird (»Internet-Kanban«). Geschäftspartner, Händler oder Distributoren vergewissern sich via World Wide Web über den aktuellen Lagerbestand, sehen aktuelle Preislisten ein oder fragen den Auftragsstatus ab. Außerdem lassen sich beispielsweise Bank-, Finanz- und Buchhaltungsdaten verschlüsselt im »Business-to-Business«-Internet-Verkehr austauschen.

Doch der elektronische Welthandel per Internet hat gerade erst begonnen. Ungeklärte Sicherheitsfragen und technische Unzulänglichkeiten haben dazu beigetragen, daß weder in den USA noch in Europa bis 1997 die hohen Millionenumsätze erreicht wurden, die euphorische Netzvisionäre ursprünglich zum Beispiel dem Online-Shopping prophezeit hatten. Andererseits hat sich das betriebsinterne Web in den meisten Großunternehmen als Mittel zum Kostensenken und Verkürzen der Informationswege bewährt.

Spezielle R/3-Anwendungen, die SAP für die Intranet-Sparte entwickelt hat, könnten sich dabei als Killerkomponenten durchsetzen. Stichwort »Employee Self Service« – informationelle Selbstbedienung für Betriebsangehörige. Die aus den USA importierte Idee: Zahlreiche Aufgaben der Personalverwaltung übernehmen die Beschäftigten selbst, per PC. So auch bei SAP: Über eine Web-Komponente für das R/3-Modul HR (Human Resources, Personalwirtschaft) können die Softwerker am Computerbildschirm ihre elektronische Personalakte aufschlagen, um etwa Daten über Eheschließung oder Umzug einzugeben, Urlaubsanträge zu stellen oder einen Gehaltsnachweis abzufordern.

Daß die Selbstbedienungsidee auch im Dienstleistungsbereich ankommt, zeigt der Boom beim Online- und Telefon-Banking. SAP meint, sie könnte sich sogar bei Ämtern und Behörden durchsetzen.

Dazu soll eine spezielle Internet-Komponente für das R/3-Paket »Public Sector« (Öffentliche Verwaltungen) beitragen, das ab Release 4.0 für internationale Institutionen, Bundes- und Landesregierungen, Kommunen, öffentliche Betriebe und Non-Profit-Organisationen angeboten wird.

Per World Wide Web lassen sich dann beispielsweise Pässe, Parkausweise oder Wohnberechtigungsscheine beantragen oder An- und Abmeldungen durchführen. Schadensmeldungen, etwa bei ausgefallener Straßenbeleuchtung, werden vom Behördencomputer direkt in das Instandhaltungssystem und an die Auftragssteuerung weitergeleitet. Laut SAP sollen die Bürger am Browser den Bearbeitungsstatus ihrer Eingabe jederzeit überprüfen können.

Ob sich derartiges Teufelszeug im deutschen Beamtenapparat wirklich durchzusetzen vermag? Baden-Württemberg jedenfalls geht mit gutem Beispiel voran. Die Datenzentrale des Bundeslandes, die im Verbund mit den regionalen Rechenzentren rund 1110 Landkreise, Städte und Gemeinden betreut, hat gemeinsam mit SAP eine Spezial-Software für kommunale Verwaltungen angekündigt. Sie soll auf dem »Public-Sector«-Paket basieren und ab 1999 an die Kommunen ausgeliefert werden.

Dann gilt, zunächst im deutschen Südwesten: SAP-City ist überall.

»Y2K«, Marilyn und die Dinosaurier

»Auf der ganzen Welt werden die Management-Informationssysteme der Unternehmen in einem Ausmaß erschüttert werden, wie es in diesem Jahrhundert noch nicht vorgekommen ist.«

Year 2000 Information Network, Kanada

Wenn Sally Katzen an die Jahrtausendwende denkt, wird ihr mulmig zumute. Die »virtuelle DV-Chefin« der US-Regierung, wie sich Computermanagerin Katzen selbst bezeichnet, soll die Rechnersysteme der Clinton-Administration fit für das Jahr 2000 machen.

Kein einfaches Unterfangen, sondern ein Milliardenprojekt: Hinter »Y2K« (»Year 2 Kilo«), wie das Jahrtausendunternehmen im amerikanischen EDV-Slang genannt wird, verbirgt sich das schmutzigste kleine Geheimnis der Software-Geschichte. »Das Problem«, erklärt die DV-Beauftragte der Clinton-Regierung, »ist sehr real. Und es duldet keinen Aufschub.«

Nicht nur Spötter bezeichnen die Nacht vom 31. Dezember 1999 auf den 1. Januar 2000 als die »erste ernst zu nehmende Deadline in der Geschichte der Software-Entwicklung«. Mehr Zeit bleibt nicht, um Großrechner, vernetzte Arbeitsplatzrechner und Personalcomputer programmtechnisch für das dritte Jahrtausend einzurichten.

Denn bis dahin muß das schwerwiegendste Versäumnis in der Geschichte der Informationstechnologie korrigiert sein: zwei fehlende Datumsfelder in der Software. Sonst, so warnen Experten, drohen Milliardenschäden, womöglich sogar Todesopfer. Schadenersatzklagen allemal.

Im US-Kongreß wurde bereits ein Jahr-2000-Krisenausschuß eingerichtet. 2,3 Milliarden Dollar, veranschlagte Y2K-Sonderbeauftragte Katzen, werde die US-Regierung für Software-Reparaturmaßnahmen berappen müssen.

Nur in Deutschland, wundert sich SAP-Vorstandsmitglied Henning Kagermann, wüßten »erstaunlich wenige Firmen« um die möglichen Konsequenzen der Jahrtausendwende. Dabei ist die Datenpanne gleichsam vorprogrammiert. Die gute Nachricht für Walldorf und Umgebung: Was auch immer geschieht, die SAP verdient in jedem Fall daran – bereits jetzt.

Als logische Strafe einer bekannten Programmier-Erbsünde war die 2000-Krise für DV-Manager seit Jahren absehbar. »Wir weisen schon sehr lange darauf hin, aber niemand schert sich darum«, klagt Christoph von Gamm, Y2K-Experte bei IBM Deutschland. »Wir kommen uns manchmal richtig blöd vor.«

Das Problem: Die meisten betriebswirtschaftlichen Computerprogramme mußten bislang noch mit zwei Datenfeldern für die Jahresangabe auskommen – statt »1.8.1997« meldet der Bildschirm »1.8.97«. Das allerdings wird sich in der Nacht zum Jahr 2000 schlagartig ändern: Dann springen die beiden Jahresfelder wie ein durchgelaufener Tachometer auf »00« um – auf 1.1.00, mit fatalen Folgen für die Volkswirtschaft.

Denn für Großrechner, vernetzte Arbeitsplatzcomputer und zahllose PCs bricht dadurch dann erst das Jahr 1900 an. Y2K-Schreckensszenario: Neujahrswünsche per Telefon führen zu sechsstelligen Telefonrechnungen – wegen angeblicher Gesprächsdauer von mehr als 52 Millionen Minuten. U-Bahnen verkehren am 1. Januar, einem Samstag, nach dem Montags-Fahrplan – weil der 1. Januar 1900 ein Montag war. Geldautomaten verweigern Dienst und Bares, weil das Gültigkeitsdatum auf der Kreditkarte im Jahr 2002 liegt; der fehlgeleitete Bankrechner hält sie für ein historisches Zahlungsmittel aus dem Jahr 1902.

Die am neuen Jahrtausend irre gewordene Software könnte, warnen Fachleute, Warentermingeschäfte zunichte machen. Sozialversicherungscomputer versetzen womöglich Säuglinge in den Ruhestand und berufen Pensionäre zum Wehrdienst ein. Flugzeuge werden am Boden festgehalten, weil die Triebwerke laut Wartungs-Display seit Jahrzehnten nicht mehr überholt worden sind.

Medikamente werden sofort nach dem Abfüllen vollautomatisch aussortiert und vernichtet, weil – der Computer weiß es nicht besser – das Haltbarkeitsdatum überschritten wurde. »Die meisten Firmen«, warnt Capers Jones, Chef der Firma Software Productivity Research in Burlington (US-Staat Massachusetts), »werden nicht vor 1999 aufwachen. Für manche wird es dann zu spät sein.«

Panikmache, wie andere EDV-Experten meinen? In den USA wurde eigens eine »Y2K Awareness Campaign« gestartet, um über die volkswirtschaftlichen Folgeschäden des möglichen Datendesasters und geeignete Vorbeugemaßnahmen aufzuklären. Doch die in den amerikanischen Medien genannten Milliardenbeträge für die Umstellung der Programme, beschwichtigte ein Sprecher der Siemens Nixdorf Informationssysteme AG, seien »reine Spekulation«.

Gleichwohl mehren sich auch in Deutschland die Warnungen vor einem Y2K-Crash. Die nüchterne »Computerwoche« jedenfalls sieht »die größte Herausforderung in der Geschichte der DV«. Düstere Prognose von Frank Sempert, Deutschland-Chef des DV-Consulting-Unternehmens Gartner Group, in der Wirtschaftszeitschrift »Capital«: »Die Hälfte aller Firmen wird mit der Umstellung nicht rechtzeitig fertig.«

Früh vorgebeugt und ihre Software entsprechend angepaßt haben nur Banken und Versicherungen, deren Vertragslaufzeiten oftmals weit ins dritte Jahrtausend reichen. So hat etwa die Allianz Versicherungsgruppe in München, beruhigt ein Sprecher, ihre Programme (insgesamt 12000) durchgeforstet und »längst die nötigen Maßnahmen eingeleitet«. Geschätzte Kosten: zehn Millionen Mark. Bei der Commerzbank wiederum wurden die Umstellungskosten auf 20 bis 30 Millionen Mark veranschlagt.

Auch in Walldorf werde der große Rutsch im Rechner immer wieder geprobt, erläutert SAP-Vorstand Claus Heinrich. »Wir simulieren in unseren Labors schon lange das Jahr 2000«, erklärt Heinrich: »Wir lassen quasi die Silvesterfeier steigen und sehen dann immer wieder nach, ob an den folgenden Tagen noch alles rund läuft.«

Unternehmen müßten ihre Software, so warnt sein Vorstandskollege Henning Kagermann, »spätestens 1999 auf das Jahr 2000 umgestellt haben, weil dann die Planungen in das Jahr 2000 hineinreichen«. Doch ein Drittel der befragten deutschen Unternehmen, so ergab eine Studie im Auftrag der Datenverarbeitungfirma EDS, war sich des Problems noch gar nicht bewußt.

Dabei könnte selbst 1999 für manche Firmen bereits zu spät sein. Denn die Software-Uhr läuft, lehrreiche Warnsignale gibt es genug:

- So mußte beispielsweise Tankstellenbetreiber Aral bereits Hunderte Kundenkarten zurücknehmen, die aus den Leseschlitzen der Tanksäulen wieder herausgepoppt waren: Die Gültigkeitsdauer bis ins Jahr 2000 war, so stellte sich heraus, nicht mit der Elektronik kompatibel.
- »Anlaß, genauer hinzuschauen«, hatten auch die Computerexperten bei Hoechst in Frankfurt: Dort frisch hergestellte Tabletten mit Haltbarkeit bis zum Jahr 2000 wurden von der Lagerhaltungs-Software als Altbestände deklariert. Daraufhin nahm Hoechst ein Y2K-Sanierungsprojekt auch für die Computerprogramme in Finanz- und Rechnungswesen, Auftragsabwicklung, Beschaffung und Bestandsführung in Angriff.
- Harmloseres widerfuhr bereits 1994 dem israelischen Urgroßvater Yosef Tzadok, 104, 24 Enkel, 36 Urenkel. Tzadok erhielt ein Schreiben der Behörden, er solle sich bei einem Jerusalemer Kindergarten registrieren lassen. Die Erklärung: Ein Computer der Meldestelle führte den vermeintlichen Vierjährigen unter dem Geburtsmonat 12/90.

Bei einer im Frühjahr 1997 veröffentlichten Y2K-Studie des US-Marktforschungsunternehmens Forrester Research (»Taming the Year 2000«) gaben 52 Prozent der befragten DV-Leiter an, bereits Probleme mit dem Datumsfehler zu haben. »Spektakuläre Fälle«, prognostiziert die Forrester-Studie, »werden nicht mehr lange auf sich warten lassen.«

Die Zeit drängt. Die gesamte elektronische Datenverarbeitung ganzer Nationen und globaler Konzerne, aber auch mittelständischer Betriebe oder freiberuflicher PC-Nutzer wird in der Jahrtausendnacht davon abhängen, ob die Computer-Software richtig für »Y2K« eingestellt wurde.

Das Dilemma: Je näher das Datum mit der Dreifachnull rückt, um so kostspieliger werden die Maßnahmen, die das drohende Unheil abwenden könnten. »Das Geld, das wir durch die Beibehaltung alter Software gespart haben«, klagt ein Software-Experte beim Automobilhersteller BMW, »geht durch die Datumsumstellung wieder drauf.«

Zwischen 300 und 600 Milliarden Dollar, schätzt die Gartner Group, müssen weltweit für Software-Kuren gegen die Milleniumsmalaise aufgewendet werden. »Zwischen 50 und 100 Milliarden Mark«, kalkulierte Frank Sempert von der Gartner Group, müßten deutsche Unternehmen, vor allem Mittelständler, für die Umstellung investieren. Auch SAP-Vorstand Henning Kagermann hält derart hohe Zahlen für »realistisch«. Kagermann verweist auf das Beispiel »Finanzdienstleister, die ja nicht nur einige Codezeilen, sondern ihre sämtlichen Kernprozesse umstellen müssen«.

Die Verlierer in dem Wettrennen mit der Zeit stehen noch nicht fest. Wohl aber die Gewinner: EDV-Hersteller und Consulting-Unternehmen wie IBM, CSC Ploenzke, Debis Systemhaus, Andersen Consulting – und SAP. »Für Beratungshäuser und IT-Dienstleister«, stellte die Zeitschrift »Wirtschaftswoche« fest, »brechen goldene Jahre an.«

Investoren sollten »schon einmal ihre Jahr-2000-Aktien auswählen«, rieten US-Analysten bereits 1996 ihren Kunden. Auch SAP-Anleger reiben sich die Hände. Denn die Walldorfer Software-Firma war, auch im Marketing, frühzeitig auf den dräuenden Datumswechsel vorbereitet. Die Mainframe-Software R/2 ist – ab Release 5.0 – mit einem vierstelligen Datumsfeld ausgestattet; R/2-Kunden mit den Releases 4.3 oder 4.4 wird empfohlen, auf 5.0 umzusteigen – oder gleich auf R/3.

Denn die Standard-Software R/3 war bereits beim Markstart 1992 mit einem vierstelligen Datumsfeld versehen. Darüber hinaus erkennt und übersetzt R/3 automatisch zweistellige Jahresfelder, die über eine Schnittstelle von veralteten Software-Systemen übergeben werden. Dadurch vermag SAP sein R/3-Paket jetzt gewissermaßen als Radikalkur gegen Software-Altersschwäche zu verschreiben.

Diesen Vorteil nutzten die Walldorfer Softwerker schon früh in den Y2K-sensibilierten USA auch im Datennetz. So richteten sie im Internet (Netzadresse: http://www.sap-ag.de/) ein Multimedia-Angebot zur Milleniumskrise ein, das »SAP Year 2000 Information Center«; auf Mausklick werden interessierte DV-Manager von dort auch zum Dokumentationszentrum der Y2K-Aufklärungskampagne im World Wide Web (http://year2000.com) weiterverbunden.

Bei Fujitsu Microelectronics, erklärt Jeff Jones, Manager für betriebswirtschaftliche Datenverarbeitung des US-Unternehmens, habe sich R/3 bereits bei der Verwaltung von Verträgen und Aufträgen mit Laufzeiten über das Jahr 2000 hinaus bezahlt gemacht – aber auch bei Marktforschungsprojekten, die mehrjährige Hochrechnungen erfordern.

Mit R/3, schwärmt Jones, »sparen wir uns den Aufwand und die Ausgaben für die enorme Datenumwandlung, die wir bei anderen Systemen in Kauf nehmen müßten«. Den für SAP erfreulichen Nebeneffekt der Y2K-Krise beschreibt Claus Heinrich: »Für mich ist klar«, sagt Heinrich, »daß die Kostenbetrachtung die Nachfrage nach Standardsoftware von SAP ankurbeln wird.«

Um noch Schlimmerem vorzubeugen, müssen die meisten betroffenen Unternehmen nun Millionen für eine hochkomplizierte Y2K-Prophylaxe ausgeben. Garantie, ob sie auch wirklich angeschlagen hat, gibt es nicht. Für manche Firma wird sich das erst am 3. Januar 2000 erweisen.

Auf den ersten Werktag nach dem Jahrtausendwechsel freuen sich schon die auf Schadenersatzfälle und Aktienrecht spezialisierten Rechtsanwälte, besonders in den USA. Ihre Berufsverbände rechnen bereits mit 2000-Klagen in Milliardenhöhe. Das »Wall Street Journal« berichtete, die Anwälte könnten den Y2K-Day kaum noch abwarten, »angesichts des Potentials für Shareholder-Klagen«.

Um dem programmierten Übel zuvorzukommen, müssen hochbezahlte Code-Spezialisten auch noch die feinsten Verästelungen oftmals weltweit vernetzter betriebswirtschaftlicher Software-Systeme unter die Lupe nehmen. Die Firmen verdanken die teure Hinterlassenschaft nicht der Gedankenlosigkeit früherer Programmierer, sondern – so paradox es anmuten mag – ökonomischer Umsicht in Zeiten knapper Computerressourcen.

Denn das zweistellige Datumsfeld war noch bis Mitte der neunziger Jahre keineswegs eine irrtümliche Ausnahme. Es entsprach vielmehr einer – aus technischen und finanziellen Gründen – geübten Regel. Im Software-Speak: »It's not a bug, it's a feature.«

Zwei Datenfelder weniger bedeuteten eine Millionenersparnis in Zeiten, als das Fassungsvermögen der Rechner – im Computerarbeitsspeicher, auf Lochkarten, Datenbändern, Festplatten und Disketten – noch knapper bemessen war. Selbst bei Kundendatenbanken mit nur wenigen tausend Einträgen hätte eine vierstellige Jahreszahl die Menge der zu verarbeitenden Daten derart erhöht, daß zusätzliche Investitionen in Computer und Speichermedien erforderlich gewesen wären.

Doch nicht allein Datenbanken weisen den Y2K-Defekt auf. Auch »maschinennaher« sogenannter Microcode, die Betriebssysteme, Software-Compiler, Anwendungsprogramme, Abfrageroutinen und automatisierte Ablaufpläne, sogenannte Batch-Prozesse, beinhalten Jahresfelder oder sind darauf eingestellt, Jahresdaten abzufragen.

So übersetzen alte Systeme beispielsweise die Datumseinträge in durchgängige Ziffernfolgen, etwa »31.12.99« in »991231«. Damit lassen sich anschließend Rechenoperationen im Berichtswesen durchführen. Doch das Y2K-Datum macht einen Strich durch diese Rechnung: 01.01.00 kommt demnach vor 31.12.99, denn 991231 ist größer als 000101.

Weil 00 kleiner als 99 ist, produzieren veraltete Sortierroutinen – etwa bei Zinskalkulationen oder im Lagerwesen – absurde Ergebnisse. Ein Versandhändler etwa, der seinem Y2K-untauglichen Computer am 15. Januar 2000 eine Liste der offenen Rechnungen der vergangenen vier Wochen abfordert, erhält bestenfalls Zahlensalat, weil das Datum der jeweiligen Rechnungserstellung vom 00-Bezugsdatum substrahiert wird.

Zu den Y2K-Opfern gehört auch die ehrwürdige englische Gerichtsbarkeit. Nach dem angelsächsischen Recht lassen sich Prozesse auf einen unbestimmten Termin (»sine die«) sistieren. Seit der Computerisierung der britischen Justiz wurden solche Fälle (rund 25 000 allein in den Großstädten) bei der Dateneingabe jeweils bis zum 31. Dezember 1999 sistiert. Wenn das System nicht bis dahin umgestellt wird, beginnt der Computer am nächsten Tag mit dem Aufarbeiten der Altfälle.

Weil sich bei der Jahreszahl die zu verarbeitenden Datensätze und die verarbeitenden Programme gegenseitig beeinflussen, können derartige Unstimmigkeiten sogar direkt zum Computerabsturz führen. Das eigentliche Problem besteht darin, diese Schwachstellen in der Software aufzuspüren. Ein US-Experte verglich das Y2K-Umstellungsvorhaben schon mit der Aufgabe, »die Sahara von Afrika nach Nordamerika zu transportieren, und zwar Sandkorn für Sandkorn«.

Den Vergleich nachvollziehen können am besten die EDV-Manager derjenigen Unternehmen, die ihre Daten mit Hilfe von Mainframe-Computern verarbeiten. Denn die Großrechner-Software wurde oftmals noch in Programmiersprachen wie PL/1, Assembler oder in älteren Cobol-Dialekten geschrieben.

Seither wurden die Programme zumeist nicht ersetzt, sondern statt dessen erweitert, geflickt (EDV-Jargon: »gepatched«) oder mit maßgeschneiderter Zusatz-Software vielfältig den gewachsenen Anforderungen der betrieblichen Datenverarbeitung angepaßt. Auf diese Weise haben sich pro Unternehmen jeweils Tausende von Programmen angesammelt (bei den Fortune-500-Firmen im Durchschnitt 8000, wie US-Experten vorrechneten), die aus Millionen von Programmzeilen (»lines of code«) bestehen und die kaum noch jemand zu überschauen vermag.

Deshalb scheuen EDV-Manager auch davor zurück, sich von ihren Mainframe-Systemen zu verabschieden und komplett auf moderne Client/Server-EDV umzustellen. Doch das Erbe aus dem Dinosaurierzeitalter der Datenverarbeitung kommt sie immer teurer zu stehen.

Y2K-kundige Software-Spezialisten, prognostizierte Helmuth Gümbel von der Unternehmensberatung Strategy Partners in München, würden bald »überrannt wie Schirmverkäufer, die ihre Ware im Platzregen anbieten«. Bis zu 1,50 Dollar pro Codezeile, kalkulierte die Gartner Group, wird die Y2K-Sanierung kosten.

Zusätzlich erschwert wird die Datenfeldsuche noch dadurch, daß der sogenannte Quellcode (also das noch nicht für den Computer übersetzte Befehlsskript des Programmierers) ganz fehlt oder die betreffende Software nur unzulänglich dokumentiert ist: In vielen Bereichen ähnelt die Datenverarbeitung einem Verkehrsflugzeug, das ohne Wartungspläne zum Einsatz kommt. Jüngere Entwickler verstehen von den alten Programmiersprachen in der Regel nicht mehr als vom Althebräischen.

Die Sucharbeit nach den Datenfeldern läßt sich aufgrund der historischen Altlasten nur teilweise automatisieren, etwa mit Scanner-Programmen, die den Quellcode systematisch durchsuchen, oder mit Hilfe von Zeitsimulatoren. In den USA kassieren kodierkundige EDV-Pensionäre deshalb inzwischen bis zu 1500 Dollar pro Tag für Y2K-Aufräumarbeiten.

Doch auch sie können nicht jede mögliche Fehlerquelle in dem oft unentwirrbaren Spaghetticode aufspüren. Denn nicht selten haben sich die Programmurheber einen Jux gemacht: Sie bezeichneten die betreffenden Jahresdatenfelder mit den Namen von Freunden, Verwandten oder Filmstars. Wie können moderne Software-Pfleger ahnen, daß »Marilyn« das Jahresdatum markiert?

970 Millionen Dollar wird die Y2K-Umstellung allein das US-Verteidigungsministerium kosten, wie eine Studie für den amerikanischen Kongreß im Frühjahr 1997 offenbarte. Nur 312 Computersysteme bestanden demnach die Y2K-Musterung, rund 7000 wurden für untauglich befunden. »Eine einfache Lösung«, meldete militärisch knapp das Pentagon, »gibt es nicht.«

DV-Manager sahen die Krise kommen. Doch sie unternahmen jahrelang nichts – wohl weil sie ahnten, wie hoch die damit verbundenen Kosten sein würden. Ein weiterer Grund: Die erforderlichen software-archäologischen Grabungsarbeiten müssen unvermeidlich ebenfalls die historischen Mißgriffe und Versäumnisse der EDV-Verantwortlichen offenlegen.

Eine typische Reaktion zuständiger Abteilungsleiter, so kritisierte der kanadische Computerfachmann Peter de Jager, Vater der Y2K-Aufklärungskampagne in Amerika: »Im Jahr 2000 werde ich nicht mehr in dieser Position oder in dieser Firma sein. Ist nicht mein Problem.«

Nicht wenige deutsche Manager nahmen überdies an, das Jahrtausendprojekt sei vergleichbar mit der Umstellung der Postleitzahlen. Ein folgenschwerer Irrtum: Anders als 1993 steht die Deadline fest – und diesmal geht es ums geschäftliche und berufliche Überleben.

Denn mit Postleitzahlen wird vergleichsweise wenig gerechnet und gesteuert. Jahresdaten hingegen zählen zu den wichtigsten Informationsobjekten in der betriebswirtschaftlichen Datenverarbeitung – in computerisierten Telefonanlagen ebenso wie in Produktions- und Sicherungssystemen oder bei der Kreditkartenverifikation.

»Die Abhängigkeit von einer Datumsangabe in einem Programm und nachgeordneten Rechenschritten«, kommentiert ein IBM-Experte den Postleitzahlenirrtum, »ist unvergleichlich höher.« Und ein Sprecher des Debis-Systemhauses warnte: »Diesmal wird es eher schwieriger als vermutet.«

Die meisten DV-Manager, prophezeit Peter de Jager, stünden damit vor »der größten Herausforderung, die sie jemals erleben werden«. Mit dem Ende des 20. Jahrhunderts, orakeln Experten, dürften auch zahlreiche Karrieren beendet sein.

So müssen die betroffenen Unternehmen kostspielige Maßnahmen treffen, die sich im Erfolgsfall dann noch nicht einmal positiv in der Bilanz niederschlagen. Doch wenn sie scheitern, droht die Pleite. Das Y2K-Pflichtenheft umfaßt:

- Inventarisierung der Computersysteme;
- Aufspüren von Y2K-sensiblen Datenfeldern und Programmbefehlen durch Code-Experten und automatisierte Verfahren;
- Installation und Tests der angepaßten Software, von Programm-Updates oder »Patches«;
- Pläne zur finanziellen und juristischen Schadensbegrenzung, falls trotzdem etwas übersehen wurde.

»Grundsätzlich überlegenswert ist es«, empfahl deshalb Gartner-Deutschland-Chef Sempert in einem Beitrag für die »Computerwoche«, »sämtliche Anwendungen im Paket gegen neuere auszutauschen. Wer sich für ein Redesign der bestehenden Programme entschließt, muß entweder sämtliche Berechnungsformeln mit Zugriff auf das Datum umschreiben oder zusätzlich das Datumsfeld der Datenbank auf vier Felder dimensionieren.« Semperts Fazit: »In der Praxis wird sich vielfach eine Kombination dieser drei Ansätze als Königsweg erweisen.«

Doch manches Unternehmen neigt inzwischen zur Radikalkur. Die enormen Kosten, die mit den Sanierungsmaßnahmen verbunden sind, lassen Mainframe-Betreiber das Umstellen der Gesamt-EDV auf ein neues System zu einem bestimmten Stichtag (DV-Jargon: »Big Bang«) in Betracht ziehen. SAP-Vorstandsmitglied Peter Zencke frohlockte bereits, Y2K werde »dem Big-Bang-Ansatz einen neuen Schub geben«.

Denn als zusätzlicher Anreiz lockt dabei eine Y2K-taugliche Standard-Software für vernetzte Client/Server-Computer: R/3 von SAP. So ersetzte etwa der Elektronikhersteller NEC in den USA für 15 Millionen Dollar sein Mainframe-System durch eine R/3-Installation. Allein sieben Millionen Dollar hätte es gekostet, die mehr als sechs Millionen Cobol-Programmzeilen des alten Systems (Rechnungsgrundlage: 1,10 Dollar pro Zeile) für das neue Jahrtausend umzuformulieren. Der Jahrtausendwechsel, teilte das Unternehmen dazu mit, sei »nicht der einzige Grund für den Umstieg, aber ein wichtiger Faktor«.

Was Wunder, daß die Manager in Walldorf dem schicksalsträchtigen Stichtag frohgemut entgegensehen. Eine Prognose der Wirtschaftszeitschrift »Capital« listete 1996 für 30 DAX-Unternehmen die jeweils geschätzten Jahr-2000-Umstellungskosten auf. Die Spanne reicht von 0 (SAP) bis 297 Millionen Mark bei Daimler-Benz.

Ob mit R/3, R/2 5.10 oder als Berater – am Marktführer aus Walldorf kommen die meisten umstellungswilligen Firmen nicht vorbei: »Schließlich haben wir den Kraftakt bei der Aufrüstung von R/2-Release 5.0 bereits hinter uns gebracht«, verweist SAP-Vorstand Claus Heinrich auf die Y2K-Expertise der Standardsoftwerker, die bei den Konversionsprojekten auf ein erprobtes Konfigurations- und Versionsmanagement zurückgreifen können.

»Nicht wenige IT-Abteilungen«, warnte gleichwohl noch im Frühjahr 1997 sein Kollege Peter Zencke, »unterschätzen die Dimension des Problems immer noch.« Doch in solchen Fällen können die SAP-Berater dann auf ein zweites Mammutprojekt verweisen, das womöglich ebenfalls den Einsatz der Standardsoftware aus Walldorf nahelegt: die Umstellung der Finanzdaten auf die Euro-Währung.

An dem neuen Geld wollen die Walldorfer dann ebenso verdienen wie an dem neuen Jahrtausend. Denn auch außerhalb Europas dämmere es schon Unternehmen und ihren Beratern, freut sich Peter Zencke, »daß die Euro-Einführung und -Umstellung aufgrund der Globalisierung kein isoliert europäisches Problem ist«.

Anhang

Quellen, Fotonachweis und Danksagung

Der Verfasser hat für dieses Buch eine Vielzahl von (mehrheitlich durch Tonbandabschrift dokumentierten) Interviews geführt, auf die sich seine Darstellung in wichtigen Teilen stützt: u. a. mit den fünf SAP-Gründern Hans-Werner Hector, Dietmar Hopp, Prof. Dr. h. c. Hasso Plattner, Dr. h. c. Klaus Tschira und Dr. Claus Wellenreuther sowie mit Familienangehörigen; mit den SAP-Vorstandsmitgliedern Dr. Claus Heinrich, Prof. Dr. Henning Kagermann, Gerhard Oswald, Dr. Peter Zencke und Paul Wahl; mit (ehemaligen) Managern und zahlreichen Beschäftigten der Firma, darunter Klaus Besier, USA-Chef der SAP bis 1996, Helga Classen, Vertreterin der Arbeitnehmer sowie stellvertretende Vorsitzende im SAP-Aufsichtsrat, Paul Neugart, Leiter Vertrieb Deutschland, und Ulrich Daub, Leiter Corporate NCR Alliance Management; mit Weggefährten, Konkurrenten, Kritikern und journalistischen Beobachtern, darunter Prof. Dr. August-Wilhelm Scheer, Jan Baan, Dieter Eckbauer, Dr. Karl Schmitz und Burkhard Böndel. Hilfreich war ebenfalls ein Tonbandinterview mit Dr. h. c. Klaus Tschira, das der Fachjournalist Achim Born zur Verfügung stellte.

Der Verfasser ist allen genannten und ungenannten Gesprächspartnern gleichermaßen für ihre umfassende Auskunfts- und Hilfsbereitschaft zu Dank verpflichtet.

Überdies wurden Artikel zum Thema Standardsoftware/SAP u. a. aus folgenden Zeitungen und Zeitschriften verwertet: Berliner Morgenpost, Börsen-Zeitung, Business Week, Capital, CIO, Computerwoche, Computer Zeitung, c't, Datamation, Der Spiegel, Die Welt, Die Woche, Die Zeit, Financial Times, Forbes, Fortune, Frankfurter Allgemeine Zeitung, Handelsblatt, Information Week, Manager Magazin, Mannheimer Morgen, Rhein-Neckar-Zeitung, Software Magazine, Stern, Süddeutsche Zeitung, Wall Street Journal und Wirtschaftswoche. Ebenfalls hilfreich waren Publikationen der Gemeinden Walldorf, Wiesloch und Östringen sowie das Video »Astorstadt Walldorf« (I. D. Medienhaus, Walldorf). Außerdem haben dem Verfasser eine Reihe von SAP-Veröffentlichungen als Quellen gedient, beispielsweise Hausmitteilungen, E-Mail-Rundschreiben, Mitarbeiterzeitschriften, Videos, Geschäftsberichte sowie das Firmenmagazin SAP Info.

Für diejenigen Fälle, bei denen im Interesse der Lesbarkeit auf einen konkreten Quellennachweis verzichtet wurde, bittet der Verfasser die betreffenden Autoren und ihre Redaktionen um Verständnis. Besonderer Dank gilt den Journalisten von Manager Magazin, Der Spiegel, Wirtschaftswoche, Computerwoche und Computer Zeitung, den Wirtschafts- und Lokalredakteuren sowie den Archivaren der Rhein-Neckar-Zeitung und des Mannheimer Morgen sowie den Mitarbeitern des Bereichs Unternehmenskommunikation der SAP AG.

Die Schnellebigkeit der Software-Branche ist sprichwörtlich. Die Angaben zu Firmen, Personen und Positionen entsprechen – wenn nicht anders ausgewiesen – dem Stand zum 1. 4. 1997. Aktuelle Änderungen wurden nach Möglichkeit berücksichtigt.

Der Verfasser dankt allen, die ihm bei diesem Buch geholfen haben und deren Namen an dieser Stelle nicht erwähnt werden können oder dürfen.

Die Abbildungen wurden freundlicherweise von der SAP AG zur Verfügung gestellt, mit Ausnahme folgender Fotos:
S. 1, oben und Mitte: Stadtverwaltung Walldorf;
S. 3, unten links: C. Wellenreuther;
S. 4, unten rechts: W. Scheible / SAP;
S. 5, Mitte und unten: IBM Deutschland;
S. 7, unten: W. Scheible / SAP;
S. 8, oben: © H&B-Presse-Bild;
S. 8, unten: W. Scheible / SAP

Chronologie

1972: Im April gründen die ehemaligen IBM-Systemberater Dietmar Hopp, Hans-Werner Hector, Hasso Plattner, Klaus Tschira und Claus Wellenreuther die Firma »Systemanalyse Programmentwicklung« als Gesellschaft bürgerlichen Rechts (GbR). Geschäftssitz ist Weinheim, das Büro befindet sich in Mannheim. Ermöglicht wird der Start durch einen Entwicklungsauftrag des Chemieunternehmens ICI (Europa). Am Ende des ersten Geschäftsjahres hat das Unternehmen neun Mitarbeiter. Der Umsatz beläuft sich auf 620 000 Mark.

1976: Gründung der SAP GmbH »Systeme, Anwendungen, Produkte in der Datenverarbeitung« als Vertriebs- und Assistenzunternehmen. Die GbR wird erst fünf Jahre später aufgelöst. Im fünften Jahr hat die SAP 25 Mitarbeiter, der Umsatz beträgt 3,81 Millionen Mark.

1977: Der Firmen- und Geschäftssitz wird von Weinheim nach Walldorf verlegt. Die SAP kann zwei große österreichische Unternehmen als Kunden gewinnen, die Nettingsdorfer Papierfabrik und OKA, Linz. Damit gelingt der Einstieg in den österreichischen Markt.

1979: SAP hat mit der Einrichtung des Systems R/2 begonnen, der 2. Generation der Standardsoftware. Im Industriegebiet von Walldorf wird das erste eigene Gebäude errichtet. Im Frühjahr geht das erste SAP-Rechenzentrum in Betrieb, noch in gemieteten Räumen. Der Umsatz erreicht in diesem Jahr fast zehn Millionen Mark.

1980: Umzug in das neue Gebäude. Das Unternehmen beschäftigt 77 Mitarbeiter. 50 der 100 größten deutschen Industrieunternehmen zählen bereits zu den SAP-Kunden. Ende des Vertriebsabkommens zwischen SAP und ADV/Orga. SAP-Mitgründer Claus Wellenreuther verläßt mit einer Million Mark Abfindung aus gesundheitlichen Gründen das Unternehmen.

1982: Im 10. Jahr stellt das Unternehmen den 100. Mitarbeiter ein. SAP verzeichnet in diesem Jahr einen Umsatzsprung von 48 Prozent auf 24,2 Millionen Mark. 236 Unternehmen in Deutschland, Österreich und in der Schweiz verwenden SAP-Software.

1983: Die Software-Firma wächst rasant, neue Gebäude müssen errichtet werden. Der Umsatz steigt um mehr als 45 Prozent auf 46,7 Millionen Mark.

1984: Im Herbst wird die SAP (International) AG in Biel (Schweiz) gegründet. Das Unternehmen soll das Auslandsgeschäft übernehmen. Ende 1984 beschäftigt SAP 163 Mitarbeiter.

1985: Das SAP-Rechenzentrum verfügt inzwischen über drei Computer von IBM und einen Siemens-Rechner. Unternehmen in den Benelux-Ländern, in Dänemark, Großbritannien, Italien, Kanada, Kuwait, Österreich, in der Schweiz, in Spanien, Südafrika, Trinidad und in den USA setzen die Standardprogramme aus Walldorf ein.

1986: Die SAP stockt ihr Grundkapital von 500 000 Mark auf fünf Millionen Mark auf. Erstmals präsentiert sich das Unternehmen auf der Computermesse CeBIT in Hannover. In Österreich wird die SAP GmbH, Österreich, gegründet. In Ratingen bei Düsseldorf eröffnet das Unternehmen eine Geschäftsstelle. In Walldorf installiert die Firma einen IBM-Rechner mit 64 Megabyte Speichervermögen – damals eine Investition von rund sieben Millionen Mark. Der Umsatz übersteigt die Marke von 100 Millionen Mark.

1987: Im März beginnt die Software-Firma mit dem Bau ihres Internationalen Schulungszentrums. SAP startet in fünf europäischen Ländern eigene Gesellschaften. Auch in Hamburg und München befinden sich nun SAP-Niederlassungen. 850 Unternehmen verwenden inzwischen die Standardsoftware made in Walldorf, darunter 60 der 100 größten deutschen Industrieunternehmen. 750 Mitarbeiter beschäftigt SAP inzwischen, der Umsatz springt auf 245 Millionen Mark. In Walldorf wird eine neue Software-Generation geplant: das System R/3.

1988: Börsengang: Nachdem die SAP GmbH im August in eine Aktiengesellschaft umgewandelt wurde, geht sie im Oktober an die Börse. Beginn des Börsenhandels in Stuttgart und Frankfurt am 4. November. Das Unternehmen erweitert sein internationales Vertriebsnetz: Zusätzliche Landesgesellschaften entstehen in Dänemark, Schweden, Italien und in den USA: SAP startet mit der Tochter SAP North America, Inc., in Philadelphia. Außerdem gründet die Firma gemeinsam mit dem Beratungsunternehmen Arthur Andersen & Co. ein Joint-venture, an dem die Partner mit jeweils 50 Prozent beteiligt sind: die SAP Consulting GmbH. Das Internationale Schulungszentrum wird eingeweiht.

1989: Die SAP AG beruft im Juni in Karlsruhe ihre erste Hauptversammlung ein. Das Internationale Schulungszentrum muß erweitert werden, weil die Nachfrage nach SAP-Schulungen stark ansteigt.

SAP (International) AG in Biel koordiniert inzwischen zwölf Landesgesellschaften, neuerdings auch in Kanada, Singapur und Australien. Das Unternehmen, das weltweit mehr als 1250 Kunden gewonnen hat, führt rund 1000 Mitarbeiter auf seiner Gehaltsliste. Für Forschung und Entwicklung werden 83,3 Millionen Mark ausgegeben.

1990: Das Stammkapital wird durch Ausgabe von Vorzugsaktien auf 85 Millionen Mark aufgestockt. Die Wirtschafts- und Währungsunion mit der DDR und die anschließende Einheit Deutschlands öffnet den ostdeutschen Markt. SAP errichtet eine Geschäftsstelle in Berlin und gründet im Juni gemeinsam mit Siemens Nixdorf und Robotron die SRS in Dresden. Die Bilanz der AG weist ein Eigenkapital von mehr als 386 Millionen Mark aus. Der Umsatz beläuft sich auf mehr als 500 Millionen Mark, für Forschung und Entwicklung wendet SAP 109 Millionen Mark auf. Das Unternehmen beschäftigt rund 1700 Mitarbeiter.

1991: Erstmals wird SAP-Software auch in Japan installiert. 2225 Kunden in 31 Ländern nutzen die Standardsoftware aus Deutschland. Der Umsatz wächst in diesem Jahr um über 40 Prozent auf 707 Millionen Mark. Die Firma beschäftigt jetzt rund 2500 Mitarbeiter. SAP erweitert den Vorstand: Außer den Firmengründern Dietmar Hopp, Hasso Plattner, Hans-Werner Hector und Klaus Tschira gehören ab Anfang 1991 Professor Dr. Henning Kagermann und ab April 1992 Hans Schlegel dem SAP-Vorstand an.

1992: 20 Jahre SAP – das neue Entwicklungs- und Vertriebszentrum (EVZ) wird eingeweiht. Das internationale Geschäft wird jetzt von

Walldorf aus gesteuert. Das Stammkapital des Unternehmens erhöht sich durch Ausgabe von 300 000 Vorzugsaktien um 15 Millionen Mark auf 100 Millionen Mark. Nach einer Pilottestphase wird das neue System R/3 im Sommer ausgeliefert.

1993: SAP schließt einen Kooperationsvertrag mit Microsoft. Der Umsatz übersteigt erstmals die Marke von einer Milliarde Mark.

1994: November: IBM kauft R/3, bis dahin der größte Auftrag in der SAP-Geschichte. Mit mehr als 4000 Kundenunternehmen und einem Umsatz von 1,8 Milliarden Mark ist SAP weltweit der führende Hersteller von Standard-Anwendungs-Software. Die internationale Konkurrenz verschärft sich: SAP verliert einen Auftrag des amerikanischen Luftfahrtkonzerns Boeing an die Konkurrenzfirma Baan aus Holland.

1995: SAP unter Scientology-Verdacht: Erfolgreich setzt sich das Unternehmen mit einer Aufklärungskampagne gegen Gerüchte zur Wehr, es sei von der Psychosekte unterwandert. »Aus persönlichen Gründen« verläßt Hans-Werner Hector den SAP-Vorstand und wechselt in den Aufsichtsrat. Mit Anzeigenstopp, rechtlichen Schritten und einer Medienkampagne wehrt sich SAP im Frühjahr gegen negative Presseberichte. Der amerikanische Software-Riese Microsoft entscheidet sich für R/3 im Bereich Finanzwesen. Im September wird die SAP-Aktie in den DAX aufgenommen. Das Software-Unternehmen gründet eine Landesgesellschaft in China. Das Jahr endet mit dem größten Vertrag der Firmengeschichte: Die Deutsche Telekom ordert 30 000 R/3-Arbeitsplätze. R/3 wird Hauptumsatzträger – Gesamtumsatz 1995: 2,7 Milliarden Mark.

1996: Im Januar verläßt Klaus Besier, Chef der SAP America, das Unternehmen. Der SAP-Vorstand wird um drei (stellvertretende) Mitglieder erweitert: Claus Heinrich, Gerhard Oswald sowie Paul Wahl, der die Nachfolge von Klaus Besier in den USA angetreten hat. Bill Gates besucht SAP. Im Mai kommt es zum Eklat zwischen der SAP und ihrem Mitgründer Hans-Werner Hector, als bekannt wird, daß dieser SAP-Stammaktien der UBS International Trustees Ltd. (Jersey) übertragen hat. Im Oktober erschüttert ein »SAP-Crash« die Börse, das Unternehmen büßt – vorübergehend – sieben Milliarden Mark an Marktwert ein. Doch dann kann SAP mit 1,35 Milliarden Mark Umsatz das beste Schlußquartal seiner Geschichte bekanntgeben. Anfang Dezember beginnt die Firma mit der Auslieferung der internet- und intranetfähigen R/3-Version 3.1, der ersten am Markt verfügbaren betriebswirtschaftlichen Anwendungs-Software mit integrierten Internet-Anwendungen. 1996 stieg der Umsatz um 38 Prozent auf insgesamt mehr als 3,7 Milliarden Mark. 1089 neue R/3-Kunden konnten gewonnen werden, zum Jahresende waren rund 9000 R/3-Systeme weltweit installiert. Das Unternehmen hat mehr als 10 000 Mitarbeiter.

1997: Die Personalverwaltung in der Hauptstadt Berlin soll mit R/3 bewältigt werden. Im Februar wird bekannt, daß Hans-Werner Hector den Großteil seiner restlichen Stammaktien verkauft. Die SAP AG und die Software AG, Deutschlands zweitgrößtes Unternehmen der Branche, gründen ein gemeinsames Beratungsunternehmen, die SAP Systems Integration GmbH (SAP-SI) mit Sitz im hessischen Alsbach. Am 11. April feiert die SAP in Mannheim ihr 25jähriges Bestehen. Die Festrede hält Bundeskanzler Helmut Kohl.
Im Juli wird Hasso Plattner neben Dietmar Hopp zum gleichberechtigten SAP-Vorstandssprecher ernannt. Dezember: SAP liefert Release 4.0 der R/3-Software an Pilotkunden aus. Ende 1997 startet SAP eine Reorganisation des Entwicklungsbereichs, bei der 13 sogenannte Industry Business Units (IBUs) mit dem Ziel der stärkeren Branchenausrichtung gebildet werden.

1998: Am 5. Februar teilt Dietmar Hopp dem SAP-Aufsichtsrat mit, daß er aus dem Vorstand ausscheiden und sich um den Aufsichtsratsvorsitz bewerben wird – Begründung:
»Unternehmenskrisen werden nicht selten ausgelöst durch einen verspäteten oder schlecht gemanagten Führungswechsel. Wir bei der SAP wollen einer solchen Gefahr vorbeugen.« SAP-Mitgründer Klaus Tschira verläßt ebenfalls den Vorstand und wechselt in den Aufsichtsrat. Henning Kagermann wird als Nachfolger von Dietmar Hopp in dessen Funktion als Vorstandssprecher neben Hasso Plattner berufen.
Am 3. August wird die SAP-Vorzugsaktie an der New York Stock Exchange (NYSE) in Form von American Depository Receipts (ADRs) gelistet. Das Tickersymbol an der NYSE für die SAP-Aktien lautet »SAP«. Das Listing am größten Kapitalmarkt der Welt soll die Präsenz des Unternehmens in den USA stärken.
Kurz darauf wird bekannt, daß Paul Wahl, Mitglied des Vor-

stands der SAP AG und CEO (Chief Executive Officer) der SAP America, Inc., das Unternehmen auf eigenen Wunsch verlassen wird, um die Geschäftsführung des kalifornischen Software-Unternehmens Tristrata Security zu übernehmen. Seine Nachfolge tritt Kevin McKay an. McKay wird zum Mitglied der erweiterten Geschäftsleitung der SAP AG ernannt.
Besucherrekorde wurden bei den Sapphire-Veranstaltungen in diesem Jahr aufgestellt. Madrid meldete mehr als 8000 Teilnehmer und Los Angeles mehr als 15 000 Teilnehmer. Zum Jahresende 1998 beschäftigte SAP weltweit 19 308 Mitarbeiter, in Deutschland (7580 Beschäftigte) wurden 2064 neue Stellen geschaffen.

Online-Quellen

Fragen und Antworten per Datennetz

Die folgenden Hinweise wurden mit freundlicher Genehmigung der Autoren z. T. dem FAQ (»Frequently Asked Questions«) für die Internet-Diskussionsgruppe news:de.alt.comp.sap-r3 entnommen. Redaktionell betreut und aktualisiert wird dieses unabhängige Online-Brevier zum Thema SAP, das auf Englisch veröffentlicht wird, von Andreas Bartelt, Oldenburg, gemeinsam mit Kaliana Kellye, Kalamazoo (US-Staat Michigan).

DV-Managern, Studenten, Wissenschaftlern und SAP-Fachleuten auf der ganzen Welt dienen diese Antworten auf »regelmäßig gestellte Fragen« rund um das Walldorfer Unternehmen und seine Produkte inzwischen als wichtige Informationsquelle und Orientierungshilfe.

Durch Kommentare, Anregungen, Ergänzungen und Korrekturen an Andreas Bartelt (E-Mail: andreas. bartelt@informatik.uni-oldenburg.de) und Kaliana Kellye (E-Mail: connect@pro-connect.com) tragen die Nutzer gleichzeitig zum Ausbau dieses Katalogs bei.

Die vollständige Fassung enthält beispielsweise auch zahlreiche Anschriften von Beratungsfirmen, Informationen über den SAP-Stellenmarkt und Adressen von Personen, die an Fachdiskussionen über SAP-Themen interessiert sind. Abrufen läßt sich das aktuelle SAP-FAQ – mit einem sogenannten Browser (Netscape Navigator, Microsoft Internet Explorer) für das World Wide Web – unter der Netzadresse

http://pro-connect.com/sap-faq.html

SAP im Internet

SAPs »Domain«, die Stammadresse im Internet, lautet sap-ag.de; vorangestellt wird jeweils der Name des Kontaktpartners sowie ein »Klammeraffe« @ nach dem Muster vorname.nachname@sap-ag.de. Auf diesem Weg läßt sich auch das Magazin SAP-INFO bestellen; E-Mail: infoservice@sap-ag.de.

Das SAP-interne Kommunikationsnetz ist nicht frei aus dem Internet zugänglich.

SAP versteht das World Wide Web (WWW), den Multimediabereich des Internet, als elektronischen Marktplatz und Einsatzbereich für wirtschaftliche Anwendungs-Software. Das Unternehmen informiert im WWW unter den Netzadressen http://www.sap-ag.de (SAP AG) sowie http://www.sap.com/ (SAP America). Zahlreiche weitere WWW-Informationsseiten anderer Anbieter zu SAP-Themen finden sich unter http://pro-connect.com/sap-faq.html.

CD-Roms, Informationsmaterial, Produktbroschüren, Datenblätter und Kundeninformationen können bei SAP im WWW unter http://www.sap-ag.de/shop.htm bestellt werden.

Diskussionslisten (Mailing Lists)

Die E-Mail-Liste SAP-R3-L – die Diskussionsbeiträge werden allen Teilnehmern automatisch per elektronischer Post zugesandt – ist der R/3-Software gewidmet; Listensprache ist Englisch. Technische und nichttechnische Beiträge sind gleichermaßen erwünscht. Werbung für Produkte oder Dienstleistungen sowie kommerzielle Ankündigungen sind nicht erlaubt.

Um die Funktionsweise der Liste zu erfahren, genügt eine E-Mail an listserv@mitvma.mit.edu mit »INFO SAP-R3-L« als erster Nachrichtenzeile.

Newsgruppen

Ebenfalls per Bildschirm erfolgt der Meinungs- und Informationsaustausch in den sogenannten Newsgruppen. Dabei werden die jeweiligen Beiträge im Kontext (»Thread«) vorausgegangener und nachfolgender Botschaften angezeigt. SAP ist regelmäßig oder gelegentlich Diskussionsgegenstand in den folgenden Newsgruppen:

news:de.alt.comp.sap-r3
news:comp.client-server

Literatur

AFOS: SAP, Arbeit, Management – Durch systematische Gestaltung zum Projekterfolg. Vieweg-Verlag, Wiesbaden 1996

Bancroft, Nancy: Implementing SAP R/3 How to Introduce a Large System into a Large Organization. Manning, 1996

Barbitsch, C., Einführung integrierter Standardsoftware – Handbuch für eine leistungsfähige Unternehmensorganisation. Hanser-Verlag, München/Wien 1996

Bell, C. Gordon (mit McNamara, John E.): High-Tech Ventures. The Guide for Entrepreneurial Success. Addison-Wesley, Reading et al. 1991

Brenner, W./Keller, G. (Hrsg.), Business Reengineering mit Standardsoftware. Campus-Verlag, Frankfurt/New York 1995

Buck-Emden, Rüdiger/Galimow, Jürgen: Die Client/Server-Technologie des Systems R/3. Addison-Wesley-Verlag, Bonn et al. 1995

CDI (Hrsg.): Praxistrainer SAP R/3 Einführung – Grundlagen, Anwendungen, Bedienung (für Release 3). Markt & Technik Buch- und Software-Verlag, Haar bei München 1996

Champy, James A.: Reengineering im Management. Die Radikalkur für die Unternehmensführung. Campus-Verlag, Frankfurt 1995

Christ, Angelika/Goldner, Steven: Scientology im Management. Econ-Verlag, Düsseldorf 1996

Coupland, Douglas: Microsklaven. Hoffmann und Campe-Verlag, Hamburg 1996

Davenport, Thomas H.: Process Innovation. Boston Harvard Business School Press, Boston 1993

Engels, A., Gresch, J., Nottenkämpfer, M.: SAP R/3 kompakt – Einführung und Arbeitsbuch für die Praxis. Tewi-Verlag, München 1996

Gassert, Herbert/Prechtl, Manfred (Hrsg.): Neue Informationstechnologien. Bedeutung und Herausforderung für die Unternehmensführung. Schäffer-Poeschel-Verlag, Stuttgart 1997

Gates, Bill: Der Weg nach vorn. Die Zukunft der Informationsgesellschaft. Hoffmann und Campe-Verlag, Hamburg 1995

Gronau, Norbert: Management von Produktion und Logistik mit SAP R/3. Oldenbourg-Verlag, München 1996

Grupp, B.: EDV-Projekte in den Griff bekommen: Arbeitstechniken des Projektleiters; Planungs- und Überwachungsmethoden; Zusammenarbeit mit der Fachabteilung. TÜV Rheinland, Köln 1987

Hammer, M./Champy, J.: Business Reengineering. Die Radikalkur für das Unternehmen. Campus-Verlag, Frankfurt 1994

Hammer, Michael: »Reengineering Work: Don't Automate, Obliterate«, Harvard Business Review, Juli–August 1990, S. 104–112

Keller, Gerhard/Teufel, Thomas: SAP R/3 prozeßorientiert anwenden. Addison-Wesley-Verlag, Bonn et al. 1997

Kirchner, M.: Geschäftsprozeßorientierte Einführung von Standardsoftware – Vorgehen zur Realisierung strategischer Ziele. Gabler-Verlag, Wiesbaden 1996

Köglmayr, H.-G./Porchert, K.: Festlegen und Ausführen von Geschäftsprozessen mit Hilfe von SAP-Software. Beiträge aus dem Bericht der Wirtschaft Nr. 71, FH Pforzheim 1994

Manes, Stephen/Andrews, Paul: Gates. How Microsoft's Mogul Reinvented an Industry – and Made Himself the Richest Man in America. Doubleday, New York et al. 1993

Martin, Hans-Peter/Schumacher, Harald: Die Globalisierungsfalle. Der Angriff auf Demokratie und Wohlstand. Rowohlt-Verlag, Reinbek bei Hamburg 1996

Negroponte, Nicholas: Total digital. Die Welt zwischen 0 und 1 oder Die Zukunft der Kommunikation. C. Bertelsmann-Verlag, München 1995

Pack, Dr. Oskar: 25 schmutzige Tricks der Konkurrenz und wie Sie sich dagegen wehren. Max Schimmel-Verlag, Würzburg 1996

Post, Henk A.: Ongoing Innovation. The Way We Built Baan. Baan Business B. V., Barneveld 1996

Sampson, Anthony: Die Manager. Porträt einer Führungskaste. Hoffmann und Campe-Verlag, Hamburg 1996

Scheer, August-Wilhelm: EDV-orientierte Betriebswirtschaftslehre. Springer-Verlag, Berlin et al. 1990

Scheer, August-Wilhelm: Architektur integrierter Informationssysteme. Grundlagen der Unternehmensmodellierung. 2. Aufl., Springer-Verlag, Berlin et al. 1992

Scheer, August-Wilhelm: Wirtschaftsinformatik. Studienausgabe. Springer-Verlag, Berlin et al. 1995

Staute, Jörg: Der Consulting-Report. Vom Versagen der Manager zum Reibach der Berater. Campus-Verlag, Frankfurt/New York 1996

Thome, Rainer/Hufgard, Andreas: Continuous System Engineering – Entdeckung der Standardsoftware als Organisator. Vogel-Buchverlag, Würzburg 1996

Wallace, James/Erickson, Jim: Mr. Microsoft. Die Bill Gates-Story. Ullstein-Verlag, Berlin 1993

Wenzel, Paul (Hrsg.): Betriebswirtschaftliche Anwendungen des integrierten Systems SAP-R/3: Projektstudien, Grundlagen und Anregungen für eine erfolgreiche Praxis. Vieweg-Verlag, Wiesbaden 1995

Wenzel, Paul (Hrsg.): Geschäftsprozeßoptimierung mit SAP R/3: Modellierung, Steuerung und Management betriebswirtschaftlich-integrierter Geschäftsprozesse. Vieweg-Verlag, Wiesbaden 1995

Whang, Sungjin/Gilland, Wendell/Lee, Hau: Information Flows in Manufacturing under SAP R/3. Case Study. Computer and Information Systems. Stanford University Graduate School of Business 1995

Adressen

Zentrale

SAP AG
Neurottstraße 16
69190 Walldorf
Tel. +49/6227/747474
Fax +49/6227/34-1282
Telex 466004 sap d

Inland

SAP AG
Waldstraße 86–90
13403 Berlin
Tel. +49/30/41092-0
Fax +49/30/41092-111

SAP AG
Berliner Straße 91
40880 Ratingen
Tel. +49/2102/4802-0
Fax +49/2102/4802-11

SAP AG
Hans-Henny-Jahnn-Weg 35
22085 Hamburg
Tel. +49/40/22707-0
Fax +49/40/22707-101

SAP AG
Ludwigstraße 45
85399 Hallbergmoos
Tel. +49/811/5545-0
Fax +49/811/5545-188

AsseT GmbH Assessment & Training Technologies
Ehlersstr. 13
88046 Friedrichshafen
Tel. +49/7541/3805-0
Fax +49/7541/3805-38

SAP Retail Solutions GmbH
Neue Bahnhofstraße 21
66386 St. Ingbert
Tel. +49/6894/981-0
Fax +49/6894/981-299

IXOS Software GmbH
Bretonischer Ring 12
85630 Grasbrunn
Tel. +49/89/46005-0
Fax +49/89/46005-199

SAP Solutions GmbH
Gründelbachstraße 10
71691 Freiberg a. N.
Tel. +49/7141/7004-0
Fax +49/7141/7004-60

SRS Software- und Systemhaus Dresden GmbH
St. Petersburger Straße 9
01069 Dresden
Tel. +49/351/4811-0
Fax +49/351/4811-303

Steeb Anwendungssysteme GmbH
Heilbronner Straße 4
74232 Abstatt
Tel. +49/7062/673-0
Fax +49/7062/673-164

Afrika

SAPSA (PTY) LTD.
Dunkeld Crescent North
Cnr. Albury & Jan Smuts Avenue
Dunkeld West 2196
Südafrika
Tel. +27/11/269-4800
Fax +27/11/880-6535

SAPSA (PTY) LTD.
Metropolitan Life Building
25th Floor
7 Coen Steytler Avenue
Cape Town 8000
Südafrika
Tel. +27/21/418-2860-7
Fax +27/21/419-9583

SAPSA (PTY) LTD.
4th Floor, Morningside Chambers
510, Windermere Road
Durban 4001
Südafrika
Tel. +27/31/23-1157
Fax +27/31/23-2847

Amerika

SAP America, Inc.
Strategic Planning and Support
701 Lee Road, Suite 200
Wayne, PA 19087
USA
Tel. +1/610/725-4500
Fax +1/610/725-4555

SAP America, Inc.
5 Westbrook Corporate Center
Suite 1000
West Chester, IL 60154
USA
Tel. +1/708/947-3400
Fax +1/708/947-3404

SAP America, Inc.
312 Walnut Street
Suite 2470
Cincinnati, OH 45202
USA
Tel. +1/513/977-5400
Fax +1/513/977-5401

SAP America, Inc.
127 Public Square
Suite 5000
Cleveland, OH 44114
USA
Tel. +1/216/615-3000
Fax +1/216/615-3001

SAP America, Inc.
3530 Dain Bosworth Plaza
60 S. 6th Street
Minneapolis, MN 55402
USA
Tel. +1/612/359-5000
Fax +1/612/359-5001

SAP America, Inc.
City Place One - Suite 403
St. Louis, MO 63141
USA
Tel. +1/314/213-7500
Fax +1/314/213-7501

SAP America, Inc.
Bay Colony Corporate Center
950 Winter Street
Waltham, MA 02154
USA
Tel. +1/617/672-6500
Fax +1/617/672-6501

SAP America, Inc.
Morris Corporate Center
300 Interpace Parkway
Atrium A 4th Floor
Parsippany, NJ 07054
USA
Tel. +1/201/331-6000
Fax +1/201/331-6001

SAP America, Inc.
International Court One
100 Stevens Drive
Suite 350
Philadelphia, PA 19113
USA
Tel. +1/610/595-4900
Fax +1/610/521-6290

SAP America, Inc.
301 Grant Street
One Oxford Center
Suite 1500
Pittsburgh, PA 15219-1417
USA
Tel. +1/412/255-3795
Fax +1/412/255-3797

SAP America, Inc.
Six Concourse Parkway
Suite 1200
Atlanta, GA 30328
USA
Tel. +1/770/353-2900
Fax +1/770/353-2950

SAP America, Inc.
2500 City West Blvd.
Suite 1600
Houston, TX 77042
USA
Tel. +1/713/917-5200
Fax +1/713/917-5201

SAP America, Inc.
600 East Colinas Blvd.
Suite 2000
Irving, TX 75039
USA
Tel. +1/214/868-2000
Fax +1/214/868-2001

SAP America, Inc.
800 Bellevue Way N. E.
4th floor
Bellevue, WA 98004
USA
Tel. +1/206/462-6395
Fax +1/206/462-2082

SAP America, Inc.
4600 South Ulster Street
Suite 700
Denver, CO 80237
USA
Tel. +1/303/740-6696
Fax +1/303/740-6612

SAP America, Inc.
950 Tower Lane
12th floor
Foster City
CA 94404-2127
USA
Tel. +1/415/637-1655
Fax +1/415/637-9592

SAP America, Inc.
18101 Von Karman Ave.
Suite 900
Irvine, CA 92715
USA
Tel. +1/714/622-2200
Fax +1/714/622-2201

SAP America, Inc.
Austin Center
701 Brazos, 8th floor
Austin, TX 78701
USA
Tel. bei Veröffentlichung noch nicht bekannt

SAP International
5201 Blue Lagoon Drive
Suite 580
Miami, FL 33126
USA
Tel. +1/305/269-4300
Fax +1/305/269-4301

SAP Technology, Inc.
950 Tower Lane
16th floor
Foster City
CA 94404-2127
USA
Tel. +1/415/287-3388
Fax +1/415/286-6887

SAP Canada Inc.
4120 Yonge Street
Suite 600
North York
Ontario M1P 2B8
Kanada
Tel. +1/416/229-0574
Fax +1/416/299-0575

SAP Canada Inc.
400-3rd Avenue, S. W.
Suite 600, Canterra Tower
Calgary, Alberta T2P 4H2
Kanada
Tel. +1/403/269-5222
Fax +1/403/234-8082

SAP Canada Inc.
380 Rue St. Antoine Ouest
Bureau 2000
Montreal, Quebec H2Y 3X7
Kanada
Tel. +1/514/350-7300
Fax +1/514/350-7500

SAP Canada Inc.
45 O'Connor Street
Suite 600
Ottawa, Ontario K1P 1A4
Kanada
Tel. +1/613/786-3270
Fax +1/613/786-3271

SAP Canada Inc.
1550 Park Place
666 Burrard Street
Vancouver
British Columbia V6C 2X8
Kanada
Tel. +1/604/681-3809
Fax +1/604/688-0739

SAP Mexico S. A. DE C. V.
Edificio Plaza Reforma
Prolongación Paseo de la Reforma No 600-220
Piso Col. Peña Blanca Sta. Fé
C. P. 01210 México, D. F.
Mexiko
Tel. +52/5/257-7500
Fax +52/5/257-7501

SAP Mexico S. A. DE C. V.
Av. Lazaro Cárdenas 2400 Pte.
Edificio Losoles Local B-17
Garza García, N. L.
66220 Monterrey
Mexiko
Tel. +52/8/363-3738
Fax +52/8/363-3755

SAP ARGENTINA S. A.
Torre Bouchard
Bouchard 547, 12° piso
1106 Buenos Aires
Argentinien
Tel. +54/1/317-1700
Fax +54/1/317-1701

SAP BRASIL COMERCIO E REPRESENTACOES LTDA.
Rua Guararapes, 2064 -16° Andar
Brooklin-Sao Paulo
CEP 04561-004
Brasilien
Tel. +55/11/5505-5757
Fax +55/11/5505-2307

SAP CHILE
Marchand Pereira 201 9th Fl.
Providencia
Santiago de Chile
Chile
Tel. +56/2/274-1021
Fax +56/2/274-7955

SAP COLOMBIA
World Trade Center
Torre B, PH 01
Calle 100, # 8A-49
Bogota
Kolumbien
Tel. +57/1/611-3918
Fax +57/1/611-4849

SAP ANDINA Y DEL CARIBE C. A.
Avenida Principal de la Castellana
Torre ING Bank, Centro Letonia,
Piso 13
Caracas 1060
Venezuela
Tel. +58/2/276-5400
Fax +58/2/267-4327

Australien/Neuseeland

SAP AUSTRALIA PTY LTD
Level 1
Northside Gardens
168 Walker Street
North Sydney, NSW 2060
Australien
Tel. +61/2/9935-4500
Fax +61/2/9935-4644

SAP AUSTRALIA PTY LTD
Level 24, State Bank Building
91 King William Street
Adelaide, SA 5000
Australien
Tel. +61/8/233-5814
Fax +61/8/233-5834

SAP AUSTRALIA PTY LTD
Level 12
133 Mary Street
Brisbane, QLD 4000
Australien
Tel. +61/7/3259-9500
Fax +61/7/3259-9599

SAP AUSTRALIA PTY LTD
Level 2, Digital Building
564 St. Kilda Road
Melbourne, VIC 3004
Australien
Tel. +61/3/9207-4100
Fax +61/3/9207-4244

SAP AUSTRALIA PTY LTD
Torrens Court
15 Torrens Street
Braddon, ACT 2612
Australien
Tel. bei Veröffentlichung noch nicht bekannt

SAP AUSTRALIA PTY LTD
Level 18
Central Park
152-158 St. George's Terrace
Perth, WA 6000
Australien
Tel. +61/9/288-4505
Fax +61/9/288-4505

SAP AUSTRALIA PTY LTD
SAPient College
910 Pacific Highway
Gordon, NSW 2072
Australien
Tel. bei Veröffentlichung noch nicht bekannt

SAP New Zealand Limited
Level 10
Microsoft House
67-69 Symonds Street
Auckland
Neuseeland
Tel. +64/9/355-5800
Fax +64/9/355-5899

SAP New Zealand Limited
Level 5
Castrol House
36 Customhouse Quay
Wellington
Neuseeland
Tel. +64/4/499-9866
Fax +64/4/499-8035

Asien

SAP Asia Pte. Ltd.
750A Chai Chee Road
7th Floor Chai Chee
Industrial Park
Singapur 469001
Tel. +65/446-1800
Fax +65/249-1818

SAP Hong Kong
Suite 1111-1114, 11/F
Cityplaza 4
12 Taikoo Wan Road
Taikoo Shing
Hongkong
Tel. +852/2539-1800
Fax +852/2539-1818

SAP India Pvt. Ltd.
Thapar Niketan
2nd & 3rd Floor
Brunton Road
Bangalore 560025
Indien
Tel. +91/80/509-5056
Fax +91/80/509-5055

SAP Japan Co., Ltd.
TIME24 Bldg. 9th Floor
2-45 Aomi, Koto-ku
Tokio, 135-73
Japan
Tel. +81/3/5531-3333
Fax +81/3/5531-1011

SAP Japan Co., Ltd.
Kobe-Crystal Tower, 18th Floor
1-3-1 Higashikawasaki, Chuo-ku
Kobe, 650
Japan
Tel. +81/78/362-7880
Fax +81/78/362-7881

SAP Japan Co., Ltd.
Aishin Chiyomi Bldg. 10th Floor
1-100 Chiyomi
Tottori, 680
Japan
Tel. +81/857/37-1950
Fax +81/857/37-1979

SAP Dato Processing (Malaysia) Sdn Bhd
12th Floor, Menara Tan & Tan
207 Jalan Tun Razak
50200 Kuala Lumpur
Malaysia
Tel. +60/3/261-0233
Fax +60/3/261-2688

SAP Korea Limited
23/F Ssang Yong Tower
23-2 Yoido-dong
Youngdeungpo-ku
Seoul 150-010
Korea
Tel. +82/2/3771-1810
Fax +82/2/3771-1818

SAP PHILIPPINES, INC.
32/F Citibank Tower
Citibank Plaza
8741 Paseo de Roxas
Makati City
Philippinen
Tel. +63/2/848-0181
Fax +63/2/848-0168

SAP THAILAND LTD
287 Liberty Square
22nd Floor
Silom Road
Bangkok 10500
Thailand
Tel. +66/2/631-1800
Fax +66/2/631-1819

SAP (Beijing) Software System Co., Ltd.
99 Shuang Quing Lu
Hai Dian District
Beijing 100084
China
Tel. +86/10/262-3388
Fax +86/10/261-0214

SAP Shanghai Office
Shanghai Royal Court
No. 7, Lane 622
Huai Hai Road Middle
Shanghai 200020
China
Tel. +86/21/6358-3388
Fax +86/21/6358-1818

SAP Taiwan Pte. Ltd.
Preparatory Office
18F Suite C & D
No. 156 Min Sheng E. Road
Sec. 3
Teipei
Taiwan
Tel. +886/2/546-1800
Fax +886/2/514-6418

Europa

N. V. SAP BELGIUM S. A.
2, Boulevard de la Woluwé
1150 Bruxelles
Belgien
Tel. +32/2/778-0511
Fax +32/2/772-5051

SAP Aktiengesellschaft
Representative Office
Kosmodaminskaja nab. 52/2
113054 Moskau
Rußland
Tel. +7/095/257-0454
Fax +7/095/956-9325

SAP Consult C. I. S.
Simonowsky val 26-A
109088 Moskau
Rußland
Tel. +7/095/275-0454
Fax +7/095/275-6181

SAP CR., s.r.o.
K Hajum 948
15500 Prag 5
Tschechische Republik
Tel. +42/2/65197-01
Fax +42/2/65198-43

SAP CR, s.r.o.
Kutlikova 17
P. O. Box 229
85000 Bratislava 5
Slowakische Republik
Tel. +42/7/834-650
Fax +42/7/830-792

SAP Danmark A/S
Ringager 4B
2605 Brøndby/Copenhagen
Dänemark
Tel. +45/4326-3900
Fax +45/4326-3901

SAP Finland
Valkjärventie 2
02130 Espoo
Finnland
Tel. +358/9/61333-030
Fax +358/9/61333-099

SAP France S. A.
»Les Olympiades«
10/12 Avenue des Olympiades
94132 Fontenay-sous-Bois
Frankreich
Tel. +33/1/4974-4545
Fax +33/1/4875-2096

SAP France S. A.
Cité Internationale
62 Quai Charles de Gaulle
Bâtiment Rhône Congrès
69463 Lyon Cedex 06
Frankreich
Tel. +33/4/7269-8830
Fax +33/4/7269-8831

SAP Italia S. p. A.
Centro Direzionale Colleoni
Viale Colleoni 17
Palazzo Orione 3
20041 Agrate Brianza/Milano
Italien
Tel. +39/39/6879-1
Fax +39/39/6091-005

SAP Italia S. p. A.
Via Bianchini 51
00150 Roma
Italien
Tel. +39/6/51956-122
Fax +39/6/51956-127

SAP Nederland B. V.
Bruistensingel 400
5203 DG 's-Hertogenbosch
Niederlande
Tel. +31/73/645-7500
Fax +31/73/641-9130

SAP Norge A/S
Vollsveien 6
1324 Lysaker
Norwegen
Tel. +47/67/529-400
Fax +47/67/529-401

SAP Polska Sp. z.o.o.
Mokotow Business Park
ul. Domaniewska 41/16A
02672 Warschau
Polen
Tel. +48/22/6060-606
Fax +48/22/6060-607

SAP Svenska AB
Gustavslundsvägen 151 B
10227 Stockholm
Schweden
Tel. +46/8/80-9680
Fax +46/8/26-2278

SAP Österreich GmbH
Stadlauer Str. 54
Postfach 25
1221 Wien
Österreich
Tel. +43/1/288-220
Fax +43/1/288-22222

SAP Österreich GmbH
Langgasse 11
4020 Linz
Österreich
Tel. +43/732/600460-0
Fax +43/732/600460-11

SAP Österreich GmbH
Loiger Straße 220
5071 Salzburg-Wals
Österreich
Tel. +43/662/853-687
Fax +43/662/853-68722

SAP Österreich Kereskedelmi Képviseleti Iroda Magyarország
Városmajor u. 13
1122 Budapest
Ungarn
Tel. +36/1/45783-33
Fax +36/1/45783-44

SAP (Schweiz) AG
Postfach 130
Leugenestraße 6
2500 Biel 6
Schweiz
Tel. +41/32/3447-111
Fax +41/32/3447-211

SAP (Schweiz) AG
Schulungszentrum (Zürich)
Eichwatt 3
8105 Regensdorf
Schweiz
Tel. +41/1/8711-511
Fax +41/1/8410-708

SAP (Suisse) SA
WTCL
Avenue Gratta-Paille 2
Case postale 469
1000 Lausanne 30 Grey
Schweiz
Tel. +41/21/641-5555
Fax +41/21/641-5550

SAP (UK) Limited
7, New Square
Bedfont Lakes
Feltham, Middlesex
TW14 8HA
Großbritannien
Tel. +44/181/893-2893
Fax +44/181/844-1200

SAP ESPANA Y PORTUGAL S. A.
Edificio Torre Picasso
Plaza Pablo Ruiz Picasso, Planta 4
28020 Madrid
Spanien
Tel. +34/1/456-7200
Fax +34/1/456-7201

SAP ESPANA Y PORTUGAL S. A.
Edificio Torre Mapfre
Carrer de la Marina 16–18,
Planta 11
08005 Barcelona
Spanien
Tel. +34/3/483-3500
Fax +34/3/483-3501

SAP ESPANA Y PORTUGAL S. A.
Edificio Restelo
Rua D. Christóvao da Gama,
1-2° A e B
1400 Lissabon
Portugal
Tel. +351/1/312-9000
Fax +351/1/312-9015

Vertriebspartner

Advanced Technology Ltd.
Atidim Neve Sharet
P. O. Box 58180
Tel-Aviv 61581
Israel
Tel. +972/3/5483-530
Fax +972/3/5483-653

SAP Arabia
1st Fl. Enany Headquarters Bldg.
Al Molek Road (beside Leylaty Bldg.)
Jeddah 21493
Saudi-Arabien
Tel. +966/2/6622-217
Fax +966/2/6914-114

SAP Arabia
P.O. Box 33188
Dubai
Vereinigte Arabische Emirate
Tel. +971/4/31-0777
Fax +971/4/31-0410

SAP Bilgi Islem Sistemleri ve Servisleri A.S.
Fahtettin Kerim Goekay Cad. No. 22
81190 Altunizade/Istanbul
Türkei
Tel. +90/216/391-8462
Fax +90/216/391-4555

Dynasoft Kft
Bartfai u. 54
1115 Budapest
Ungarn
Tel. +36/1/2034-272
Fax +36/1/2034-273

SAP Hellas S.A.
103 Kallioris Street
17671 Athen
Griechenland
Tel. +301/924-0242
Fax +301/924-0350

SAP Hrvatska, d.o.o. za informacijska rjesenja
Savska 41
10000 Zagreb
Kroatien
Tel. +385/1/6121-460
Fax +385/1/6119-016

iXOS Software International AG
Hugistraße 12
2501 Biel
Schweiz
Tel. +41/32/3418-146
Fax +41/32/3418-193

SAP Ltd.
Grigoriou Afxentiou 112
Nicosia 2360
Zypern
Tel. +357/2/472-369
Fax +357/2/455-490

SAP ROMANIA SRL
21, Calea Victoriei
etaj VI-VII
Bukarest - 3
Rumänien
Tel. +40/1/312-5929
Fax +40/1/312-4138

SEITZ Information Systems
59, Solunska Str.
1000 Sofia
Bulgarien
Tel. +359/2/9515-478
Fax +359/2/9515-875